한국어 동사 교육론

패턴(pattern)을 통한 동사 교육의 이론과 응용

한국어 동사 교육론

패턴(pattern)을 통한 동사 교육의 이론과 응용

고 경 태 지음

한국문화사

한국어 동사 교육론

패턴(pattern)을 통한 동사 교육의 이론과 응용

초판인쇄 2015년 2월 5일
초판발행 2015년 2월 10일

지 은 이 고 경 태
펴 낸 이 김 진 수
펴 낸 곳 **한국문화사**
등   록 1991년 11월 9일 제2-1276호
주   소 서울특별시 성동구 광나루로 130 서울숲 IT캐슬 1310호
전   화 (02)464-7708 / 3409-4488
전   송 (02)499-0846
이 메 일 hkm7708@hanmail.net
홈페이지 www.hankookmunhwasa.co.kr

ISBN 978-89-6817-197-0 93710

이 도서의 국립중앙도서관 출판예정도서목록(CIP)은 서지정보유통지원시스템
홈페이지(http://seoji.nl.go.kr)와 국가자료공동목록시스템(http://www.nl.go.kr/kolisnet)에서
이용하실 수 있습니다.(CIP제어번호: CIP2015002666)

이 책은 2008년도에 「한국어 동사 교육 연구 : 동사의 통사 및 의미 교육을 위한 패턴(pattern) 선정을 중심으로」라는 필자의 박사학위논문을 바탕으로 출간한 것이다. 학위논문을 집필 당시 필자는 한국어 교사로서 중고급 한국어 학습자들을 대상으로 그들의 말하기와 쓰기들을 살필 기회가 많았다. 이때의 체험으로 필자는 한국어 학습자들의 각종 오류들을 한국어 교사의 입장에서 다룬다고 할 때, 어떤 것에 중점을 둘 것인지를 고민하다가, 그 하나의 대안으로서 개별 동사가 갖는 격틀 혹은 문형에 초점을 맞추어 교육하는 것이 필요하다고 생각하게 되었다.

그런 생각을 토대로 학위논문을 작성한 뒤에도, 한국어 교사로서의 삶을 계속하던 필자는 여전히 한국어교육계에서 교육 내용에 대한 연구가 빈약해 보인다는 생각을 떨치기가 어려웠다. 한국어 학습자에 대한 오류 연구 등이 비교적 초기의 한국어교육 연구의 중심 테마였다면, 이후에는 교수법 관련 연구가 한 차례 유행을 하였고, 다문화 이주 여성을 대상으로 하느냐 혹은 학문 목적으로 공부하는 외국인을 대상으로 하느냐 등에 따라 한국어 교육의 대상자와 관련된 연구가 유행하기도 하였다. 또 한편으로는 미디어를 활용한 교수법이나 한국 문화 교육, 혹은 문학 교육에 대한 관심도 간간이 눈에 띄기도 했다. 그런 연구물들 속에서 아쉽게도 한국어교육에 있어서의 교수되어야 할 '교육 내용'에 대한 연구는 보기 드물었다.

필자의 학문이 부족하여 국내외 어디에서인가 나왔을 수도 있는 연구물들을 미처 다 확인할 수는 없었지만, 적어도 한국어교육계라는 큰 테두리 안에서 한국어 교육 내용론이 두드러진 적은 별로 없었다고 생각된다. 바로 이 점이 꽤 오래 전에 써 놓은 학위논문을 책으로 엮게 된 계기가 되었다. 필자의 은사이신 혜당 박영순 선생님은 교육이란 내용, 방법, 평가 등

3가지 요소가 조화를 이루어야 한다고 역설하시곤 했다. 필자의 관찰이 틀리지 않다면 현재 한국어교육은 방법론적인 면에서 섬세한 발전은 있었는지 모르되, 교육 내용론 방면의 연구는 상대적으로 빈약하다고 봐도 과언은 아닐 것이라 생각된다.

사실 이 책의 발간을 결정한 뒤에 부끄러운 마음이 앞섰던 것이 사실이다. 이 책이 한국어 교육 내용론에 있어서 획기적인 아이디어나 선구적인 결과물들을 담고 있다고 할 수는 없을 것이다. 그럼에도 불구하고 이 책을 내어놓는 것은, 한국어교육계에서 교육 내용론 관련 연구들이 진작되기를 바라는 마음에서이고, 기왕의 각종 언어 교수 이론에서 제기되었던 내용들을 토대로 교육 내용들을 구성한다면 이 책의 시각과 같은 연구도 가능하다는 사실을 알리고 싶었기 때문이다.

아마도 어느 서점에서 이 책을 발견한 독자들은 이 책의 규모에 조금 놀라지 않았을까 생각된다. 필자의 욕심껏 이론 편과 응용 편을 모두 한데 모았기 때문이다. 이론 편에서는 응용 편에서 소개될 각종 한국어 동사 교육용 패턴을 선정하기까지의 과정들을 가감 없이 넣으려고 했다. 이 책을 조금만 집중해서 본다면, 필자가 교육 내용으로서의 패턴을 선정하기 위해서 고민한 흔적들을 읽을 수 있으리라 생각한다. 한편 응용 편은 그 고민의 결과로서 제시한 것이다. 이 부분은 현재 한국어 교사들에게 필요할 만하다고 생각되는 실제적인 자료로서의 가치까지도 고려하였다. 그래서 응용 편은 사전에 준하여 편집하려고 애를 썼다. 국내외에서 한국어를 가르치고 있거나 가르치려는 많은 교사들에게 작은 도움이 되면 좋겠다는 필자의 소망이 전해졌으면 하는 바람이다.

학부 2학년 시절, 도서관 한편에 꽂힌 이관규 선생님의 「국어 대등구성 연구」라는 책의 서문을 보고 필자 역시 나중에 이런 멋진 머리말을 쓰고 싶다는 생각을 한 적이 있다. 그 분의 종교적 신앙과 감사의 마음이 담긴 서문을 보면서 진한 감동을 받았기 때문이다. 막상 이 책의 서문을 쓰고자 하니, 여기서 밝히게 될 분들께 누가 될까 두려운 마음이 앞선다. 그렇지만 적어도 네 분께는 감사의 뜻을 전하고 싶다. 먼저, 출판 사정이 점점 악화되는 상황 속에서도 이런 규모의 책을 발간하는 데 있어서 큰 결정을 내려주신 한국문화사 김진수 사장님께 심심 감사의 뜻을 전한다. 그리고 필자가 한국어교육론을 하고자 했을 때, 교육 내용론 관련 연구의 필요성을 강조하셨던 고려대학교의 김정숙 선생님께도 고마운 말씀을 전하고 싶다. 또한 지금까지 필자가 만났던 어떤 국어학자보다도 비상한 두뇌를 갖고 있고 재주가 많으신 목포대학교 최운호 선생님께도 감사한다. 그분이 경희대에서 하셨던 대학원 세미나 강의를 듣지 않았다면 이 책에서 사용된 주된 전산 언어학적 방법론들을 응용하는 데 한참의 시간이 걸렸을지도 모른다. 그리고 마지막으로 필자의 학문적 사고와 실천에 큰 영향을 주신 필자의 은사이시자 제2의 어머니이신 혜당 박영순 선생님께는 형언할 수 없는 감사의 마음을 드린다.

요새는 섣부른 종교 이야기를 하다가 핀잔을 받기 십상이지만, 그래도 필자의 신앙에 기대어 꼭 이 말만큼은 하고 싶다. 기독교 쪽에서는 아주 유명한 복음성가로서 성악가 박종호 씨가 부른 '하나님의 은혜'라는 노래가 있다. 그 노래 중 '나의 나 된 것은 다 하나님 은혜라'라는 가사가 등장한다. 공부를 소명으로 하는 이들에게도 삶이란 힘겹고 벅차기는 마찬가지이다. 겁 많고 의기가 낮은 필자가 이렇게나마 책을 낼 수 있게 된 것은 모두 다 하나님의 은혜라고 고백하지 않을 수 없다.

2015년 1월
저자

|차례|

'한국어 동사'의 중요성과 '패턴 학습'의 필요성

이 책은 한국어 동사 교육을 위한 기초적인 연구로서, 동사를 중심으로 하는 어휘적 덩어리(lexical chunk)로서의 패턴(pattern) 교육을 제안하고, 주요 한국어 동사에 대한 실제적인 패턴의 목록을 작성하는 데 중점을 두고 있다. 이를 위해서 이 책은 대규모 말뭉치를 통해 패턴을 추출하는 방법론을 마련하고, 그를 통해 한국어 동사 102개를 대상으로 한국어 학습자들에게[1] 필요한 동사 교육 패턴을 선정·발굴하는 데 역점을 둔다.

동사는 문장의 근간 성분으로서, 주어나 목적어 등 다른 문장 성분의 실현에 관한 주요한 통사적 정보를 담고 있고, 다양한 문장과 담화 속에서 다의적으로 활용된다는 점에서 통사적으로나 의미적으로 매우 중요한 품사이다. 따라서 한국어 학습자가 동사를 올바르게 이해하고 사용할 줄 안다면, 수많은 적법한 문장과 담화의 생성 및 이해가 가능하리라는 기대를 가질 수 있다.

그러나 동사가 갖는 교육적 중요성에도 불구하고 한국어 교육 현장에서

---

1 이 책에서는 제2 외국어로서의 한국어 학습자나 이중 언어로서의 한국어 학습자 등의 구분은 하지 않고, 이들을 통틀어 '한국어 학습자'라고 지칭하도록 한다. 다만, 논의에 따라서 한국어 모어 화자의 직관이 없는 외국인으로서의 특징을 부각시킬 때에는 별도로 '외국인 학습자'라는 용어를 사용할 것이다.

의 동사에 대한 관심은 그리 두드러지지 않아 보인다. 명사 등 실질 형태를 비롯하여 다른 문법 형태들과 비교해 보아도, 동사가 상대적으로 특별하게 다뤄지지는 않는 것 같다. 이 점은 현행 한국어 교육에서 문법 교육과 어휘 교육과 관련된 제 논의들에서도 확인이 된다. 동사를 문법 교육적으로 논한다면 그것이 갖는 활용형이나 통사적 격틀의 교수에 관련된 논의가 중요 주제가 될 것이고, 어휘 교육적으로 접근한다면 어떤 동사의 기본 의미와 확대 의미에 대한 이론적 논의나 교수법에 관련된 내용이 주된 연구 대상이 될 것이다.[2] 그렇지만 현실적으로 문법 교육 연구에서는 용언의 형태 음운론적 교체 등과 같은 활용의 문제에 관한 것이나, 의미·기능 단위의 문법 형태의 교수 등의 문제가 중심을 이루고 있고,[3] 어휘 교육 연구에서는 동사의 파생 의미나 다의에 대한 연구가 상대적으로 소수가 발견될 뿐이다. 이렇게 볼 때, 동사의 통사 교육과 다의어 교육에 관한 연구는 상대적으로 미흡한 양상을 띠고 있다고 할 수 있다.

이러한 영향 때문인지는 몰라도, 한국어 학습자들은 동사의 문법으로 중요하게 부각되어야 하는 통사적 지식을 몰라서 격틀과 관련된 오류를 보이기도 하고, 기본 동사의 다의어적 용법으로 해결할 수 있는 문장이나 담화도 굳이 덜 기본적이고 더 어려운 동사를 사용하여 오류를 보이기도

---

[2] 어휘 교육에서는 어휘의 통사와 의미 교육이 동시에 관련되어야 할 것으로 보이지만, 현재 한국어 교육에서 어휘 교육은 주로 '어휘 의미 교육'을 지칭하는 경향이 있다. 이 책에서도 '어휘 교육'은 '어휘 의미 교육' 또는 '의미 교육'과 동일한 의미로 받아들이도록 한다.

[3] 문법 교육의 연구사를 짚은 이미혜(2005a:124)에서는 기존의 한국어 교육적 문법 연구들을 '문법 교육 체계', '문법 요소', '문법 교수법', '문법 교수요목', '문법 교육 자료', '문법 사용 양상' 등 크게 6 범주로 분류하였다. 그런데 여기에는 '통사론', 혹은 '통사 교육'과 관련된 항목이 보이지 않는다. 이미혜(2005a:124)에서의 언급처럼, 이들 분류가 기존의 선행 연구를 귀납적으로 구성하여 낸 것이라면, 적어도 한국어 교육에서 '통사 교육'에 관한 연구는 전무하다고 볼 수 있다. 20세기 후반의 언어학에서는 물론, 국어학에서도 각광을 받은 생성주의 문법의 영향으로 인해 '문법=통사론'으로 인식되기도 하는 현상에 비춰 보면, 한국어 문법 교육에서 통사 교육이 다뤄지지 않았다는 사실은 자못 의아한 점이라 하겠다.

한다. 그간의 오류 연구에서도 이러한 사실들이 지적된 바 있고, 그에 대한 처방적인 논의들도 다수 제시된 바 있다. 그렇지만, 아직까지 근본적인 해결책이나 방안이라 할 만한 것은 없는 형편이며, 그나마도 격 조사나 기본 문형(sentence pattern) 또는 연어(collocation)와 관련하여 소략하게 다뤄졌을 뿐, 동사를 중심으로 하는 교육적 논의는 거의 찾아보기 어렵다. 이런 점에서 동사에 대한 한국어 교육적인 조명과 탐색은 시급하고 절실한 문제라 하겠다.

이 책은 이러한 문제 제기에서 출발하여, 동사를 중심으로 하는 한국어 교육 방안을 모색하는 데 중점을 두고 논의를 진행하였다. 다만 그간의 연구에서 동사에 대한 연구가 미미했던 만큼, 이에 대한 연구는 동사의 교수 방법 등과 관련된 논의보다는 우선적으로 동사 교육 내용에 대한 논의가 이뤄지는 것이 바람직할 것이다. 여기서 고려되어야 할 것은, 최근의 외국어 교수 이론들이 단순한 언어 지식이 아닌, 의사소통에 기여할 수 있는 절차적 지식(procedural knowledge)을 강조하고 있다는 사실이다. 이를 위해서는 정교한 교수법의 개발도 고려될 수 있지만, 그보다는 먼저 적절한 교육적 형태를 갖춘 동사 교육 내용을 갖추는 것이 필요하다. 이는 단순히 개별 동사의 사전적 기술에 머무르지 않고, 효과적으로 의사소통 능력 향상에 기여할 수 있는 형태가 되어야 함을 뜻한다.

이에 따라 이 책은 동사가 다른 형태나 단어와 함께 자주 실현되는 특성, 즉 '패턴'의 특성에 주목하는 것이 동사의 교육 내용을 구성하는 데 유용하다고 보고, 이를 통사 교육 패턴과 의미 교육 패턴이라는 두 개념으로 정립하였다. 이를 위해 한국어 기본 동사 102개에 대한 말뭉치 조사를 통해 동사의 교육용 패턴을 선정·발굴하는 과정과 그 선정 결과를 보이는 데 역점을 두었다. 이러한 논의는 한국어 교육에서 전통적으로 문장의 중심으로 간주돼 온 동사의 지위를 적극적으로 끌어올린다는 점에서 중요하고 의미 있는 일이 되리라 믿는다.

이 책은 크게 두 부분으로 구성돼 있다. 먼저 1부에서는 우선적으로는 기존의 동사 관련 교육 이론에 대한 검토는 물론, 새로이 도입하려는 패턴 중심의 동사 교육과 관련된 제 논의들을 이론적 시각에서 다루고 있다. 아울러, 한국어 모어 화자의 실제 자료(authentic data)인 세종 말뭉치를 토대로 하여 한국어 학습자들에게 필요한 동사 교육 패턴을 작성하는 데 필요한 이 책만의 경험적인 접근까지 포함한다. 이어서 2부에서는 1부의 논의를 토대로 작성된 한국어 동사 교육용 패턴들을 사전 형태로 제시하였다. 이는 고빈도 동사 총 102개에 대한 통사 교육용, 의미 교육용 패턴들을 정리한 것으로서, 실제 한국어 교육 현장에서의 활용성을 염두에 두었다.

논의와 이론

패턴 중심의 동사 교육론

논의와 이론

패턴 중심의 동사 교육론

한국어 동사 교육 내용을 마련하는 데 있어서 필요한 첫 번째 절차는 기존의 동사 교육이 기반을 두고 있는 관점 혹은 이론을 짚어 보는 일이다. 기존의 동사 교육 관련 논의들이 갖는 한계나 문제점을 검토함으로써 동사 교육이 지향해야 할 목표가 무엇인지를 파악할 수 있을 것이다. 이 논의는 다음과 같은 가정에 기반을 두고 있다. 즉, 한국어 학습자들의 동사 관련 오류들 중 일정 유형의 오류가 쉽게 개선되지 않고 어느 정도 지속된다면, 이는 단순히 한국어 학습자만의 문제가 아니라, 동사 관련 교육에 대한 기본 관점이나 이론의 문제로도 볼 수 있다는 것이다.

이에 따라 1장에서는 기존에 논의되었던 여러 가지 견해들을 검토하면서, 바람직한 동사 교육을 위한 기본 관점을 수립해 나가기로 한다. 여기서 다루게 될 기존 동사 관련 논의들은 첫째, 현재 문법 교육의 중심으로 자리 잡고 있는 문법 항목(grammar item, grammatical entries) 중심의 문법 교육론, 둘째, 한국어 학습자의 격조사 오류 분석에 대해 처방적 차원에서 제시되었던 격조사 관련 교육 논의, 셋째, 전통적으로 통사 교육의 측면에서 중요하게 다뤄져 온 기본 문형(sentence pattern) 교육론, 그리고 마지막으로 동사의 의미적 측면에서의 다의어 교육론 등 네 가지이다. 이들 견해나 논의들에 대한 면밀한 검토를 통해서, 이 책은 그간의 한국어 교육에서 간과되었거나 혹은 주의하지 못하였던 문제들이 무엇인지 찾아내고, 이를 통해 바람직한 동사 교육이 갖춰야 할 요건을 살피기로 한다.

이를 토대로 2장에서는 이 책이 동사 교육의 주요 방법론으로 삼고 있는 패턴 관련 제 이론을 소개하고자 한다. 여기서는 어휘적 덩어리로서의 패턴이 전통적으로 외국어 교육에서 차지하고 있었던 비중을 살피고, 이와 관련된 언어 교수 이론으로서 최근 어휘 교육적 측면에서 논의되고 있는 어휘적 접근법(lexical approach)의 시각을 소개하면서, 패턴 중심의 언어 교수 이론이 갖는 주요한 특징을 설명한다. 이러한 논의에 이어, 패턴과 유개념으로 종종 거론되는 연어(collocation)는 물론, 최근 한국어 교육계에서 논의되고 있는 '표현 항목', '구문 표현' 등, 패턴과 유개념으로 볼 수 있는 각종 용어들을 비교하면서, 이 책에서 다룰 패턴이 포괄하는 범위를 구체적으로 제시한다. 이와 더불어, 패턴 관점의 언어 교수 이론이 갖는 효용성을 최근의 언어 교수 이론의 흐름 속에서 살필 것이다.

이어서 3장에서는 본격적으로 동사의 통사 및 의미 교육을 위한 패턴 선정 작업을 진행한다. 우선적으로 이 책에서 다루게 될 한국어 주요 동사를 선정하는 절차를 보이고, 최종적으로 102개의 기본 동사들을 선별한다. 그리고 이들 동사들이 실제로 사용된 몇몇 용례들을 세종계획 기초말뭉치(이하 '세종 말뭉치')의 문맥 색인(concordance)에서 관찰함으로서, 한국어 동사의 패턴이 유의미한 통사 및 의미 교육의 단위가 될 수 있음을 논한다.

패턴은 말뭉치 연구와 매우 밀접한 관계를 맺고 있지만, 이 책에서 이용하려는 세종 말뭉치는 범용성을 띠고 있기 때문에 연구에 따라 적절하게 수정하거나 가공하는 것이 필수적이다. 또한 연구 목적에 따라 말뭉치에 접근하는 방법론도 매우 세밀하게 다뤄져야 할 필요가 있다. '말뭉치의 이용 방법과 연구 목적에 맞는 접근법'이라는 말 자체가 암시하듯이, 이는 이론적이라기보다는 경험적인 성격이 매우 짙다. 그렇지만 말뭉치를 가공하고 변환하는 문제는 말뭉치 기반의 연구에서 기본 골격을 이루므로 매우 중요하게 다뤄져야 할 필요가 있다. 그래야만 말뭉치 조사 결과의 신뢰성을 확보할 수 있음은 물론, 그것이 갖는 일정한 한계도 유관 연구와 공유할 수 있기 때문이다.

이에 따라 3장에서는 동사 패턴 추출을 위한 기초적인 작업으로서, 비교적 쉽게 구할 수 있는 세종 말뭉치를 주된 대상으로 삼아, 이를 효과적으로 이용하기 위한 기초적인 가공 및 변환 작업을 소개하고, 아울러 동사 패턴의 추출을 용이하게 할 수 있는 방법론을 비교적 상세하게 논의하고자 한다. 이러한 논의를 통해 말뭉치를 이용함으로써 얻을 수 있는 효용은 물론, 이것이 갖는 소소한 문제나 한계들을 극복하기 위한 이 책 나름의 극복 방안도 함께 소개하도록 한다.

이 책은 단순히 어떤 어휘적 덩어리로서의 패턴을 밝혀내는 것이 목적이 아니라, 한국어 교육을 위한 패턴을 수립하는 것이 목적이므로, 말뭉치 조사에서 얻어진 각종 패턴들에 대한 교육적 판단이 필요하다. 이에 대한 문제는 4장에서 중점적으로 다루도록 한다. 여기서 동사 교육용 패턴을 선정하는 데 필요한 일반적인 기준으로서 빈도와 직관 및 교육적 필요성 등을 제시한다. 이에 더하여, 통사 교육적 측면과 의미 교육적 측면에서의 원리를 구분하여 논하기로 한다.

1. 검토

기존의 동사 교육 관련 논의들

한국어 동사 교육 모델을 수립하기 위한 첫 번째 절차로서, 이 장에서는 지금까지의 한국어 교육 및 동사 교육에 관한 여러 가지 주요한 접근들을 살펴보고자 한다. 여기서 검토하게 될 것은 한국어 동사 교육과 관련될 수 있는 것으로서, 크게 문법 항목 중심의 교육론, 격 조사 교육론, 문형 교육론, 그리고 다의어 교육론 등이다.

여기서는 주로 한국어 동사 교육의 측면에서 이들 네 가지 접근에 대한 비판적 검토를 중점적으로 보게 될 것이다. 특히, 한국어 학습자들이 보여주는 일정 유형의 오류를 통해서 이들 네 가지 이론 또는 교육 방법이 어떤 면에서 한계가 될 수 있을지를 면밀히 논의하고자 한다.

1.1. 문법 항목 교육론

한국어 교육에서는 일찍이 문법의 중요성을 인지하고, 의사소통 중심의 교수법에 문법 교육을 접목하여 왔다. 최근의 의사소통 중심의 교수법에서 문법 교육은, 의사소통이라는 본연의 목적에 부합하도록 각종 문법 요소를 교육적으로 적절히 구성하고 유형화한 '문법 항목'(grammar items, grammatical entries)을 중심으로 이뤄지고 있다.1 문법 항목이란 문법 내용을 교육하기 위해서 구체적으로 유형화한 것으로서, 단일 문법 요소 또는 복합 형태의 어휘 및 문법 요소로 구성된 것들을 가리킨다(이미혜 2005b:40). 여기서 단일 문법 요소라 함은 각종 시제 선어말 어미를 비롯하여 조사나 어미류가 해당되고, 복합적인 문법 및 어휘 요소라는 것은 '-ㄹ 것이다'와 같이 하나의 문법적·기능적 의미를 담당하는 복합적인 어휘나 문법 형태의 복합체를 가리킨다.2

'문법 항목'이라는 용어가 연구사에서 최초로 나타난 논의는 아마도 김유정(1998)과 이해영(1998) 등이라 생각된다.3 그러나 한국어 교육의 역사에 비춰 볼 때, 문법 항목이라는 구체적인 용어만 없었을 뿐이지, 그 이전

---

1 이미혜(2005b)에 따르면, 최근 한국어 교육계에서는 '문법 요소'(grammatical constituents)와 '문법 항목'(grammar item, grammatical entry)을 구별하여 사용하고 있다고 한다. 전자는 각종 문법적 형태를 가리키는 용어이며, 후자는 이들 중에서 한국어 교육의 목적에 맞춰 구성하고 유형화한 것을 이른다는 것이다.

2 이미혜(2005b)에서는 '문법 항목'을 조사나 어미 등의 문법 요소가 교육적으로 재구성된 것을 가리키는 용어로 사용하고, 여러 개의 어휘가 하나의 기능적 단위로 구실하는 것에는 별도로 '표현 항목'이라는 용어를 취하고 있다. 그러나 이병규 외(2005)에서는 이 두 종류를 모두 '문법 항목'이라고 부르고 있다.
이 책에서는 이미혜(2005b)의 '문법 항목'과 '표현 항목'의 구분이 특별히 교육적 의의를 갖는 것으로 보지 않고, 그 둘을 함께 묶어 '문법 항목' 즉, '문법 교육을 위해 항목화된 것들'이라는 뜻으로 사용한다. 이 점에서 이병규 외(2005)와 동일한 입장이다.

3 '문법 항목'이라는 용어가 언제부터 쓰이게 되었는지는 불분명하다. 필자의 검토로는 김유정(1998)이 처음인데, 이 논의를 보면 '문법 항목'이란 용어는 새롭게 제시되었다는 느낌보다는 이미 존재해 있던 용어를 재정립했다는 인상이 강하다. 아마도 '문법 항목'이란 용어는 전통적으로 문법+어휘 교육을 통한 외국어 학습의 관점에서 볼 때, '문법 교육'에 필요한 교육 항목인 동시에, 어휘 교육에 필요한 '어휘 항목'에 상대되는 개념으로 인식되었을 가능성이 높다. 그런 면에서 '문법 항목'은 '문법 교육 항목'이라는 말로 부르는 것이 좋다고 본다.

의 교육에서도 조사나 어미 및 여러 기능 단위들에 대한 교육이 이뤄져 왔을 것으로 보인다. 물론, 문법 항목이라는 용어가 쓰인 이후의 논의에서는 좀 더 포괄적인 범위에서 한국어 문법 교육 방안이 제시되었음은 분명한 사실이다. 이들 논의들의 공통점이라고 할 수 있는 동시에, 그 이전에 막연하게 논의되던 한국어 문법 논의와 다른 점이 있다면, 그것은 문법 교육에서 담화·화용적 특성을 고려해야 한다는 점을 강조했다는 것이다.

'담화·화용적 고려'는 문법 항목에 대한 간단한 검토에서도 확인이 된다. 한국어 교재에서 다루고 있는 각종 문법 항목과 어휘들을 총 망라한 이병규 외(2005)를 참고해 보면 2005년 현재 각급 한국어 교재에 나타난 문법 항목은 1,158개 정도로 집계된다.4 이들 문법 항목의 특징을 살펴보면, 용언의 활용형으로 등장하는 것이 상당수를 차지하고 있으며, 그 뒤로 명사의 곡용형이 뒤를 잇고 있다. 특히 명사의 곡용형이라 할 수 있는 것들은 대부분 보조사나 명사 파생 접사들이 주종을 이루고 있으며 격 조사는 '-에', '-로'5 등의 부사격 조사가 소략하게 다뤄지고 있다. 이 중에서 어휘적 요소인 명사나 용언 등을 포함하고 있는 것은 연어적 구성으로 볼 수 있는 '-기 마련이다', '-에 대하여' 등과 같은 것들이다. 지면상 현재 각급 한국어 교육 현장에서 사용되고 있는 각종 문법 항목들 중 고급용 수준으로 제시되어 있는 것들의 예를 보이면 아래와 같다.

---

4 여기서 제시된 목록에는 몇몇 중복된 문법 항목도 발견되곤 한다. 이는 각급 교재에 있는 중복된 문법 항목을 제거하기보다는 초중고급에서 제시된 모든 문법 항목들을 빠짐없이 정리하는 데 주안을 두었기 때문인 것으로 보인다. 실제로 한국어 교재에 나타난 문법 항목은 이보다 더 많을 가능성이 높다.

5 이 책에서는 각종 문법 용어를 학교 문법의 체계에 준하되, 다만 조사는 학교 문법에서와 같이 단어로서의 자격을 가지는 '助詞'로 보지 않고 비자립 형태소로서의 '助辭'로 보고자 한다. 이에 따라 각종 조사 앞에는 의존 형태소임을 뜻하는 '-'(하이픈)을 표기할 것이다. 이에 따라 조사 '로'는 '-로'와 같이 표기될 것이다.
이는 국어의 조사가 어미와 동등하게 의존적 교착소임을 명시해 주는 것은 물론, '-에 대하여'와 같이 조사로 시작되는 문법 항목의 의존성을 나타내는 데에도 일관성을 유지할 수 있으므로 오히려 당연한 처리라 할 수 있다. 조사의 표기에 '-'(하이픈)을 넣는 원칙에 대한 설명은 이관규(2005b:111f) 참고.

(1) 고급용 문법 항목(이병규 외 2005)

A	-(으)ㄴ가 보다	V	-다시피
A	-(으)ㄴ가요?	V	-다시피 하다
A	-이	V	-더라고요
N	-(으)로 인해서	V	-도록 하다
N	-(으)로써	V	-아/어 하다
N	-(은/는) 커녕	V	-아/어/여 가다/오다
N	-(이)나	V	-아/어/여 내다
N	-(이)나마	V	-아/어/여 대다
N	-(이)라고	V	-아/어/여 두다
N	-(이)라도	V	-아/어/여 치우다
N	-(이)라면서요?	V	-아/어/여지다
N	-(이)라야	V	-았더니/었더니/였더니
N	-(이)란	V	-이-/-히-/-리-/-기-
N	-(이)랑	V	-이-/-히-/-리-/-기-/-우-
N	-(이)야	V	-이-/-히-/-리-/-기-/-우-/-구-/-추-
N	-(이)야말로	V	-자
N	-(이)자	V	-자면
N	같으면	V, A	-(느)ㄴ가요/(으)ㄴ가요?
N	거리	V, A	-(느)ㄴ다니까요/다니까요
N	관	V, A	-(느)ㄴ다면서요?
N	께	V, A	-(는)군요
N	꾼	V, A	-(으)ㄴ/는 가운데
N	끝에	V, A	-(으)ㄴ/는 걸요
N	-대로	V, A	-(으)ㄴ/는 데다가
N	-더러	V, A	-(으)ㄴ/는 탓
N	따위	V, A	-(으)ㄴ/는 탓에
N	-로	V, A	-(으)ㄴ/는/ㄹ 듯하다
N	-마저	V, A	-(으)ㄴ가/는가
N	-만 하다	V, A	-(으)ㄴ들
N	-만 해도	V, A	-(으)나
N	-에 따라(서)	V, A	-(으)ㄹ 듯하다
N	-에 불과하다	V, A	-(으)ㄹ 리가 없다
N	-에 비해(서)	V, A	-(으)ㄹ 리가 없다/있다
N	-에 의하면	V, A	-(으)ㄹ 뻔하다
N	-에 이르다	V, A	-(으)ㄹ 정도

N	-은/는 고사하고	V, A	-(으)ㄹ 지경이다
N	-은/는 N대로	V, A	-(으)ㄹ걸
N	-을/를 타다	V, A	-(으)ㄹ지도 모르다
N	-을/를 통해(서)	V, A	-(으)ㄹ지라도
N	-을/를 풀다	V, A	-(으)련만
N	-이/가 뭐예요	V, A	-(으)ㅁ
N	-인가요?	V, A	-(으)며
N	-조차	V, A	-(으)면서도
N	-째	V, A	-(으)므로
N	-치고(는)	V, A	-(으)시-
N	-투성이	V, A	-거든
N	-한테(서)/에게(서)	V, A	-거든요
V	-(으)ㄴ 채로	V, A	-건
V	-(으)ㄴ/는 김에	V, A	-게
V	-(으)ㄴ/는 법	V, A	-게끔
V	-(으)ㄹ 듯이	V, A	-고도
V	-(으)ㄹ 만큼	V, A	-기
V	-(으)ㄹ 정도이다	V, A	-기 마련이다
V	-(으)ㄹ래요	V, A	-기로는
V	-(으)러	V, A	-기로서니
V	-(으)려고	V, A	-길래
V	-(으)려고요	V, A	-네
V	-(으)렴	V, A	-노라면
V	-(으)리라고 생각하다	V, A	-느니
V	-(으)ㅁ	V, A	-니
V	-(으)ㅁ으로써	V, A	-다가는
V	-(으)세요	V, A	-다니
V	-(으)시오	V, A	-다지요?
V	-게	V, A	-더-
V	-게 하다	V, A	-더니
V	-게나	V, A	-더라
V	-고 나서	V, A	-더라고(요)
V	-고 말다	V, A	-더라니
V	-고 보니	V, A	-더라도
V	-고자 하다	V, A	-던가요
V	-곤 하다	V, A	-던데(요)

V	-기 십상이다	V, A	-데(요)
V	-기 일쑤이다	V, A	-도록 하다
V	-기 짝이 없다	V, A	-되
V	-는 길에	V, A	-듯이
V	-는 수가 있다	V, A	-서
V	-는 통에	V, A	-아야지요/어야지요/여야지요
V	-는 한	V, A	-이자
V	-다가 보니까	V, A	-지요

이 책의 동사 교육 논의와 관련하여 눈여겨 볼 대목은 동사의 격 실현에 중요한 역할을 담당하는 격 조사 부분이다. 위에 제시된 고급 학습자용 문법 항목을 보면, 주로 동사나 형용사 등의 용언을 중심으로 그 활용과 관련된 어미들이 많다는 사실이 두드러진다.6 그 반면에 체언의 곡용과 관련되는 것은 그 수효가 많지 않을뿐더러, 그나마도 서술격 조사에 선행하는 체언이나 보조사가 다수이다. 초·중급 학습자를 대상으로 하는 문법 항목에서도 이러한 사정은 크게 다르지 않다. 이를 테면 중급용 교재에 나타난 명사 후행 요소를 다룬 항목은 총 121개로서 중급 전체 435개 중 27.8% 정도이다. 그나마도 조사와 관련된 것은 '-로' 하나뿐이며, 그 나머지는 대개 의존명사가 포함된 패턴이 주종을 이루고 있다. 이상억(2001)에서 정리한 국내외 한국어 교재 15권에서 한국어 교재의 문법 항목 또는 형태들 334개를 보아도, 보조사 몇몇을 제외하면 어미나 어말 형태 구성이 대다수를 차지하고 있다. 격 조사가 문법 항목에서 상대적으로 적은 비중을 차지하고 있는 것은 어미의 수효가 조사에 비해 많기 때문일 수도 있다. 그러나 이런 결과가 실제로 한국어 학습자들에게 제공되는 학습 시간과 분량과도 관련이 된다고 생각하면, 올바른 격조사 사용에 대한 교육은 무척 낮은 비중을 차지하고 있는 것은 아닌지 우려가 된다.

---

6 김정은(2002)에서도 한국어 교육 기관에서 발행한 한국어 교재에서 다루고 있는 문법 내용 중에서는 조사, 어미, 관용 구문(기능적인 역할을 하는 '-에 대하여'와 같은 부류들)이 대부분이라고 지적하고 있다.

격 조사 관련 문법 항목의 부족보다도 더욱 심각한 문제는, 이들 문법 항목들의 학습이 온전한 한국어의 문장 생성과 이해라는 지식에 이르게 하는 데 필요 충분한 것인지 의문이 든다는 점이다. 격 조사나 어미나 모두 기능적 의미를 갖고 있지만, 특히 어미는 문장의 연결이나 절의 구성, 또는 시제나 상, 서법 등과 같은 양태(modality)를 담당하는 경우가 많다. 이 즈음에서 Fillmore(1975)의 '문장(S) = 명제(P) + 양태(M)'이라는 등식을 떠올려 보면, 문법 항목의 상당수가 '명제'로서의 문법보다는 '양태'로서의 문법, 그리고 명제로서의 문장 생성보다는 절의 구성 방식에 더 치우쳐 있음을 간과하기 어렵다. 다시 말해, 우리가 '문법'이라고 했을 때 일반적으로 기대할 수 있는 문장 구성 능력, 즉 통사론적 지식이 부족한 모습으로 나타날 수 있다는 말이다.7 그렇기 때문에, 시제, 상, 서법, 존대법 등과 같은 양태 범주에 속하는 어미류가 많은 문법 항목 교육에서는 자연스럽게 순수한 통사론으로서의 문법보다는 담화·화용적 특성을 강조하는 문법으로의 귀결될 수밖에 없을 것이다.8

　문법 항목이 주로 조사나 어미 등의 기능적 요소에 집중되어 있는 것은, 한국어 교육 문법의 기틀이 된 것이 기존의 학교 문법에서 비롯되었기 때문일 수도 있다. 새삼스러운 지적일지는 몰라도, 문법 항목들의 면면을 살

7　여기서 지적한 '명제로서의 문장 구성 능력의 부족'이라는 언급이 곧 명제 중심의 통사론 교육이 필요하다는 것을 의미하지는 않는다. 명제 중심의 통사론 교육이라면 기본 문형(sentence pattern)이나 필수 논항과 수의 논항, 또는 논항과 부가어의 구분 문제가 거론될 수 있겠지만, 이 책은 명제 중심의 통사 교육도 한계가 있다고 생각하고 있다. 이에 대한 논의는 1.3에서 후술한다.

8　한국어 교육에서는 담화 및 화용적 측면에서의 문장 구성과 그 이해를 중시한다. 그런 면에서 한국어 교육에서의 문법은 문장(sentence)이라기보다는 발화(utterance)를 더 중시하는 것이라 말할 수 있을 것이다. 발화는 문장 그 자체일 수도 있고, 문장의 생략형일 수도 있으며, 때로는 잘못된 문장일 수도 있다. 그렇지만, Levinson(1983:18~9)에서처럼 문장과 발화는 엄밀하게 구별하기 어려우므로, 이 책에서는 '발화 = 문장 + 맥락'이라는 입장을 취하고자 한다. 이런 측면에서, 한국어 교육에서 발화가 중요하다고 해도, 문장에 대한 문법이 기본이 되어야 한다는 것이 이 책의 기본 관점이다.

펴보면 학교 문법에서 제시돼 있는 기본적인 대분류 체계와 매우 관계가 깊음을 어렵지 않게 확인할 수 있다. 여기서 주요 한국어 문법서에 나타난 얼개를 살펴보도록 한다.

(2) 주요 한국어 교육 문법서의 구성
    a. 임호빈·홍경표·장숙인(1997)
       한국어의 품사, 한국어의 문법적 특징, 한국어 문장의 기본구조, 명사, 대명사, 수사, 동사, 관형사, 부사, 감탄사, 조사, 시제, 존대법과 낮춤법, 부정, 활용어미에 의한 특수 표현, 보조 용언, 피동과 사동, 화법, 접두사와 접미사
    b. 표준한국어문법(2005)
       한국어의 특징, 한국어의 문자, 문장 구조, 문장 성분, 문장의 종류, 문장의 확대, 시간 표현, 높임 표현, 부정 표현, 사동·피동, 양태 표현, 단어의 구조, 단어의 갈래, 한국어의 모음·자음, 한국어의 음절, 한국어 소리의 변동, 글, 말
    c. 백봉자(2006)
       동사의 활용·불규칙 활용, 시제와 시상어미, 문장 종결법, 인용문, 어순, 부정법, 존대말과 반말, 피동사, 사동사, 인칭 대명사, 숫자, 품사

(2)에서 볼 수 있듯이, 전반적으로 문법서의 내용은 기본적으로 학교 문법과 비교해 볼 때 현격한 차이를 보이지는 않는다. 이러한 공통점에서 추측할 수 있는 문법 항목 중심의 교육의 문제는 두 가지를 들 수 있다. 첫째는 앞서 언급한 대로 이들 체계가 주로 어미와 접사, 특히 어미가 깊이 관련된 것들이 많다는 점이다. 예를 들어, 시제나 시상, 경어법도 그 문법적 실현에 있어서 선어말 어미, 또는 선어말 어미와 다른 요소의 복합 형태와 깊이 관련돼 있다. 문장의 연결이나 확대에서도 이는 연결 어미나 전성 어미들이 주요 비중을 차지한다.

문법 항목에서 격 조사가 차지하는 비중이 낮다는 사실도 위의 문법서 구성에서 충분히 짐작이 된다. 격 조사와 관련된 내용은 단지 품사론 각론 또는 단어의 갈래 등에서 비교적 소략하게 다뤄지고 있다. 이런 현상은 그간 조사에 관하여서는 대부분 동사의 격틀이나 문형 측면에서 접근하는 것이 일반적이었기 때문일 수도 있고, 서정수(2002)의 지적대로 기존의 학교 문법 체계 기반의 분류 체계에서 조사가 비중 있게 다뤄지지 못한 영향이 한국어 교육에도 미친 탓일 수도 있다.

둘째는 학교 문법과 한국어 문법서의 구성 체계가 근본적으로 동일하다고 볼 때에, 학교 문법과 같은 문법은 문장이나 발화의 '정확성'을 판단하는 기준을 제공해 줄 수 있을지 몰라도, '문장 구성의 원리'를 가르쳐 줄 수는 없다는 사실이다. 학교 문법은 '규범 문법'으로서 한국어를 모국어로 하는 화자들이 기본적으로 정확한 한국어 문장을 발화할 수 있게 하는 데 도움이 된다. 그렇지만, 한국어를 처음 접하는 학습자들에게는 '규범 문법'으로서의 문법보다는 '문장 구성에 필요한 원리', 즉 통사론으로서의 문법이 우선적으로 제공되어야 한다. 따라서 설령 격 조사에 대한 교육을 강화한다고 하여도, 기본적으로 규범성에 기반을 두고 있는 문법 관점으로는 한국어 학습자들에게 필요한 통사론으로서의 문법 능력을 가르치기가 어려울 수도 있다.

이 문제를 좀 더 깊이 다뤄 보도록 하자. (1)에서 소개한 각종 문법 항목들을 몇 가지 유형으로 분류해 보면 다음의 (3)과 같이 보일 수 있다.

(3) 문법 항목의 분류
  a. 조사류 : N-이/가, N-(으)ㄹ/를, N-(으)ㄴ/는, N-까지, N-조차
  b. 어미류 : V·A-아서/어서, V·A-(으)니까, V·A-길래
  c. 기능적 복합 형태 : V-는 바람에, N-에 대하여, V-지 말다, V-게 하다, V-아/어 보다, V-고 싶다
  d. 어휘적 복합 형태 : V-ㄹ 리가 없다 / V-ㄹ 뻔하다 / V-기 마련이다

문법 항목에는 체언이나 체언류에 붙는 조사류 (3a), 동사나 형용사의 활용을 담당하는 어미류 (3b), 그리고 여러 어휘가 함께 쓰이면서 어휘적 의미보다는 문법적 기능을 갖는 것으로서, 소위 문법화(grammaticalization)의[9] 과정을 겪은 것으로 판단되는 '-는 바람에', '-에 대하여'를 비롯하여, 통사적으로 부정문이나 사동문을 만들게 하는 '-지 말다', '-게 하다' 등 문법 항목에 중요한 부분을 차지하는 기능적 복합 어절 구성인 (3c), 이와 비슷하게 어휘적 덩어리로서 하나의 단위로 볼 수 있지만 그 의미는 문법적이라기보다는 다소 실질적인 의미에 가까운 어휘적 복합 어절 구성 (3d) 등이 두루 포함된다.[10]

이들 문법 항목이 갖는 공통점은 그 각각이 의미 기능적으로 하나의 단위라는 사실에서 찾을 수 있다. 예컨대 (3c)의 '-에 대하여'는 형태적으로 조사 '-에'와 동사 '대하다' 및 '-아/어'라는 활용 어미 등 총 3개의 형태소가 결합돼 있지만, 문장이나 담화 속에서는 하나의 요소로 기능한다. 이것은 문법 항목이 의사소통 능력 습득이라는 한국어 교육의 목표를 위해 '형태적 분석'이 아닌 '기능적 통합'을 꾀하고 있음을 보여주는 예이다.[11]

---

9 문법화(grammaticalization)는 어휘적인 요소가 문법적 기능을 하는 요소로, 또는 덜 문법적인 요소가 더 문법적인 기능을 하는 요소로 바뀌는 현상을 이른다. 문법화에 대한 상세한 논의는 Heine, Claudi and Hünnemeyer(1991), Hopper & Traugott (1993) 참고.

10 이들을 비롯하여 '-기 십상이다', '-기 짝이 없다' 등과 같이, 언뜻 보기에 순수한 문법 교육 항목으로 간주하기 어려워 보이는 예들도 있다. 이것은 문법 항목을 분류하고 집대성한 이병규 외(2005)에서 이미 언급된 문제이기도 하다. 교재에 따라서 문법 항목이라고 분류된 것 중에서도 어휘적인 성격이 강한 것과 문법적인 성격이 강한 것들이 특별한 분류 없이 혼재되어 있어서 실제 문법 항목을 간추리는 데 난점이 있다는 것이다.
이렇게 된 데에는 문법 항목이라는 용어가 이미 보편적으로 사용되고 있음에도 불구하고, 그에 대한 정확한 개념의 공유가 덜 이뤄졌거나 혹은 교재에 따라서 문법 항목과 그렇지 않은 것을 구별하는 것을 그다지 중요하지 않게 여기는 태도나 방침과 관련 있을 것으로 보이지만, 여기서는 이 문제를 깊이 다루지 않도록 한다.

11 이러한 생각은 다음과 같은 언급에서도 읽을 수 있다(방성원 2002:111).

여기서 문법 항목을 중심으로 하는 한국어 교실을 상상해 보자. 문법 교육은 이병규 외(2005)에서 문법 항목에 대한 총 정리가 이뤄졌을 만큼 어느 정도 표준화되고 발전되었다고 생각해 볼 수 있다. 반면, 상대적으로 어휘 교육에 관한 논의는 이제야 시작되어 발전하고 있다는 사실은 어쩌면 실제 한국어 교육 현장에서 어휘 교육에 대한 관심이 그만큼 적었다는 의미로 해석해 볼 수 있을 것이다. 그러한 상황이라면, 한국어 교실은 다분히 문법 항목이 중심이 되고, 어휘 교육은 어쩌면 그에 부속되어 이뤄질 가능성이 높다. 실제로 많은 한국어 교실에서 어휘 교육은 주요한 문법 항목을 중심으로 예문을 통해서 학습하거나 혹은 주제별로 선별된 어휘들을 중심으로 읽기, 쓰기, 말하기, 듣기 등의 활동에 포함시켜 나타나는 일이 많다. 이러한 상황에서 문법 교육과 어휘 교육의 관계를 종합하여 이 둘의 관계를 구성해 본다면 대략 다음과 같은 방식의 교육이 이뤄지고 있다고 생각된다. 이를 도표로 보이면 아래와 같다.12

(4) '늦잠 자는 바람에 지각했다.'의 경우

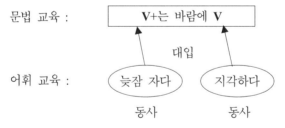

"국어 문법이 의미 또는 기능의 최소 단위, 즉 문법 형태소를 중시한다면 한국어 교육 문법에서는 단일한 의미 개념을 드러내거나 화행 기능을 수행하는 단위를 중시한다."

12 현행 한국어 교육의 양상은 교육 현장이나 한국어 교사에 따라서 다를 수 있다. 다만, 여기서 논한 것은 각종 논의 속에서 다뤄진 문제점들을 중심으로 재구성한 것임을 밝혀둔다.

(4)는 문법 항목 '-는 바람에'에 대한 문법 교육과 '늦잠 자다'와 '지각하다'라는 어휘 교육의 관계를 보인 것이다. 여기서 주된 교수 대상은 '-는 바람에'라는 표현 항목이고, '늦잠 자다'나 '지각하다' 등은 표현 항목을 의미 있는 단위로 제시하기 위해 '대입'한 어휘 요소들이라고 볼 수 있다.[13]

언뜻 보면, 이는 '늦잠 자다'와 '지각하다'라는 비교적 단순한 표현 또는 문장 구성을 보여주고 있으므로, 이 둘을 연결하여 보다 큰 상위문을 만들어 주는 '-는 바람에'의 비중이 상대적으로 더 커 보인다. 반면 '늦잠 자다', '지각하다'는 마치 단일 명사나 명사구처럼 하나의 어휘에 지나지 않는 것처럼 보인다. 그러나 문제는 모든 '-는 바람에'가 사용될 수 있는 문장 구성이 위와 같이 단순하지만은 않다는 사실이다.

기본적으로 동사는 '하나의 문장'을 구성할 수 있는 능력을 갖고 있다. 다만 위의 예문에서는 완성된 문장의 형태로 보이지 않을 뿐이다. 위 예문이 사실 '제가 늦잠을 잤다', '제가 지각했다'라는 두 문장과 '-는 바람에'의 결합으로 보이지 않는다는 것은, 애초 예문을 만든 이가 애초부터 의도하였든 의도하지 않았든 동사가 기본적으로 절을 구성한다는 사실을 간과한 것처럼 보이게 만든다. 만일 (4)와 동일한 구성의 '-는 바람에'의 또 다른 예를 통해 이 문제점을 좀 더 생각해 보도록 하자.

---

13 기본적으로 문법과 어휘를 가르치기 위한 교수요목을 설계하거나 작성할 때에는 급 수준과 학습자를 고려하여 적절한 문법 항목 또는 표현 항목과 어휘를 선별하는 것이 일반적이다. 그리고 이들 문법과 어휘는 가능한 한 일관성과 통일성이 있는 담화 텍스트로 한정하여 효과적이고 효율적인 교육을 도모한다. 여기서 드는 예는 다만 문법 교육과 어휘 교육의 상관성을 살피기 위한 것으로 교수요목 설계나 어휘 선정 등에 대한 여러 제반 문제들은 이 책의 범위에서 벗어나므로 깊이 다루지 않는다.

(5) '사람들이 심 감독을 코미디언으로만 보는 바람에 영화 홍보가 힘들
    었다고 한다'의 경우

문법 교육 :

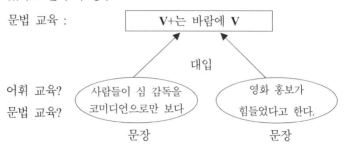

예컨대 (5)처럼 '사람들이 심 감독을 코미디언으로만 보는 바람에 영화
홍보가 힘들었다고 한다'와 같은 예문이 있을 때, 한국어 학습자들이 '-는
바람에'의 앞뒤에 대입해야 하는 것은 (4)에서처럼 단어나 어휘가 아니라,
절 또는 문장이 될 것이다. 더욱이, 그 대입되는 문장 중 앞의 것은 '보다'
가 갖는 중요한 다의적 용법을 포함하고 있다. 즉, '어떤 대상으로 간주하
다, 여기다'의 의미를 갖는 '심 감독을 코미디언으로만 보다'에서의 '-로
보다'는 '보다'의 학습에서 꼭 필요해 보이는 다의적 용법이라 할 수 있다.
이쯤에서 눈치챌 수 있는 독자가 있을지 모르지만, 정작 문법 항목 중심의
현행 문법 교육 방법론에서는 이러한 다의적 용법을 가진 동사의 문장을
생성해 내는 데 필요한 교육이 다뤄지기 어렵다는 점이다. 그렇다고 어휘
교육에서도 동사의 통사 교육의 문제는 제대로 다뤄지지 않는 듯하다. 다
음의 예문에서 좀 더 상술해 보도록 한다.

(6) a. 나는 날아가는 새들을 망원경으로 보았다.
    b. 나는 철수를 바보로 보았다.

현행 문법 항목으로 분류된 각종 문법 형태나 기능 단위들을 종합해 보

면, (6a)와 같은 문장의 생성은 충분히 학습할 수 있을 것으로 보인다. '나', '날아가다', '새', '망원경', '보다' 등은 어휘 교육적인 측면에서 다룬다고 볼 수 있고, 보조사 '-은/는', 명사형 전성어미 '-은/는', 목적격 조사 '-을/를', 도구의 부사격 조사 '-로' 등은 대체로 기존의 문법 항목에서 제시돼 있는 것들이다. 그러나 (6b)는 이와 다르다. 앞서서 동사를 고려하지 않은 조사 단독의 교육 방법론이 한계가 있음을 지적했거니와, (6b)의 '-로 보다'가 '간주하다, 오해하다' 등의 의미를 갖는 경우의 '-로'는 현행 문법 항목에도 없고, 그렇다고 '보다'의 어휘 교육에서도 적극적으로 다뤄지지는 않는 것 같다. 뒤의 1.4에서도 후술하겠지만, 어휘 교육의 중요성을 주장하는 논의들이 단어의 다의어적 용법에 주목하고 있는 것은, 현실적으로 다의적 쓰임으로서의 '-로 보다'를 주요한 교육 내용으로 삼고 있지 않는 현실의 반증으로 볼 수도 있기 때문이다.[14]

그렇다면 아예 (6b)의 '-로 보다' 등과 같은 유형은 은연중에 학습될 수 있다고 생각해 보자. 다시 말해, 학습자들이 '-로 보다' 등 '보다'와 관련된 여러 용례들을 반복하며 연습하는 가운데 자연스럽게 '-로 보다'가 학습될 거라고 가정해 보자는 것이다. 그러나 이는 학습자 간의 편차를 더욱 크게 할 수 있기 때문에 문제가 될 수 있다. 일부 분석적인 성향의 학습자는 명시적으로 학습되지 않은 (6b)의 '-로 보다'에 대해서도 주의를 기울여 자신의 것으로 만들기 위해 노력할 수 있을 것이다. 반면, 주어진 교육 항목에 대한 이해와 전달되는 전체적인 의미에만 집중하는 학습자라면 단지 명시적으로 학습하여야 할 대상인 '-는 바람에'라는 표현에만 주의를 기울일 수도 있다.

---

[14] 다의어에 대한 인식의 부족은 본격적인 한국어 학습 사전을 표방하고 있는 「외국인을 위한 한국어 학습 사전」에서도 드러난다. 이 사전은 「표준국어대사전」에서 취하고 있는 격형에 따른 다의 분류조차 돼 있지 않다. 일례로, '보다'의 뜻풀이에서는 오직 '-을/를 보다'의 유형일 때의 다의적 용법만이 기술돼 있을 뿐, '-로 보다'에 대한 별도의 뜻풀이는 전개돼 있지 않다.

학습자의 성향이나 언어 형태에 민감한가에 따라, '보다'의 문법적·어휘적 특징이 습득되기도 하고 그렇지 않을 수도 있다는 것은 문제이다. 이런 면에서 앞서 학습자들이 쉬운 단어의 다의어를 사용하지 않고 더 어려운 동사를 사용하거나, 부적절한 동사를 선택함으로써 모어 화자의 직관에 이상한 문장을 생성해 낸 오류들이 나타나는 것은 하나도 이상한 일이 아닐 것이다.

이렇게 된 데에는 동사에 대한 문법 교육론과 어휘 교육론의 관점 차이 때문일 수도 있다. 즉, 문법 교육론에서 동사를 어휘 교육의 소관으로 보고, 어휘 교육론에서는 동사를 문법 교육의 문제로 여기는 생각이 그것이다. 이 문제점이 현재 교육 현장의 실제적인 문제이든 혹은 예견되는 문제이든지 간에, 문법 교육과 어휘 교육의 바람직한 접목을 위해서는 동사가 중요한 교수 항목이 되어야 하며, 동사를 중심으로 하는 문법 및 어휘 교육이 실시되어야 한다는 것만큼은 분명한 사실이라 생각된다.

1.2. 격 조사 교육론

언어를 형식으로서의 문법과 내용으로서의 의미의 문제로 구분하여 볼 때, 한국어 학습자들의 동사 관련 오류 중 형식적인 오류는 동사의 활용과 관련된 오류나 문장에서의 조사 관련 오류를 들 수 있다. 전술한 문법 항목 교육론의 검토에 이어서, 여기서는 동사의 통사적 실현에 중요한 축을 차지하는 조사와 관련된 제 논의들을 검토해 보도록 한다.

현재 격 조사들은 문법 항목의 일부로 교수되고 있다. 문법 항목 중심의 교육론에서는 개별 동사가 갖는 격틀을 중시하기보다는 조사나 어미의 개별 의미나 기능 등에 더 중점을 둔다. 문법 항목들은 대체적으로 문장에서 기능어로 구실하는 경우들이 많기 때문이다. 이런 생각의 저변에는 조사나 어미 등의 기능 요소들에 대한 온전한 이해를 우선적으로 하고, 동사를 비롯한 단어들은 그에 대입하는 것이 교수나 학습에 효과적이라는 생각이 자리 잡고 있다. 다시 말해, 선어말 어미 '-겠-'의 의미와 그 다양한 기능을 학습하면, '미래'나 '추측'을 표현하고 이해할 수 있게 되는 것처럼, 조사 역시 그 개별적인 의미나 기능을 학습하면 올바른 조사 사용이 가능하리라는 생각이 전제돼 있다는 것이다.

그런데 이러한 관점이 문법 형태에 대한 일반적인 원리나 규칙을 습득하게 하는 데 도움이 될 수는 있어도, 정작 한국어 학습자들이 올바른 문장을 만들어 내는 데에서는 그다지 도움이 되지 못하는 예들을 어렵지 않게 볼 수 있다. 그 대표적인 예를 아래 (7)에서 보이도록 한다.

(7) 한국어 학습자의 조사 오류의 예
　　a. 봄은 꽃이 피고 새가 ^{?*}하늘에서(√하늘을) 난다.
　　b. 여름 일수는 70년 전과 비교하면 103일에서 [*]130일에(√130일로) 증가했다.
　　c. 만약 내년에 마음에 드는 회사에 취직하는 [*]것을(√것에) 실패하면 일본으로 돌아갈 거예요.

(7)의 예들은 필자가 한국어를 가르치는 동안, 한국어 학습자들이 보여준 일정 유형의 오류에 주목하며 모은 비문 중 몇몇을 보인 것이다. 이들 비문은 학습자에 따라서 어느 정도 지속적으로 관찰된 것으로서, 학습자의 언어 수행(performance)보다는 능력(competence)과 관련이 깊은 것으로 추정되는 것들이다.[15]

---

[15] 필자는 동사 교육의 모델을 구상하는 과정에서 학습자들이 보여주는 동사 관련 오류에 오랫동안 관찰해 왔다. 한국어 학습자의 오류 분석에서 중요한 것은, 박영순(2001)의 지적처럼 '그 오류가 언어 수행(performance) 차원에서의 오류인지, 아니면 언어 능력(competence) 차원에서의 오류인지를 구별하는 것'이다. 이를 위해서 필자는 고려대학교 한국어문화교육센터에서 중급 학습자의 작문을 꾸준

먼저 (7a)의 '-에서'는 '-을/를'로 쓰는 것이 자연스럽지만, '날다'를 사용한 학습자들은 대체로 '-에서'를 쓰는 경우가 많았다. 이 오류는 학습자들이 '동작이 이뤄지는 장소'를 나타낼 때에는 '-에서'를 쓴다는 사실에서 비롯되었을 가능성이 높다. 이들의 다른 예문에서 '-에서'는 그들이 알고 있는 대로 비교적 정연하게 사용되었기 때문이다. 또한, (7b)의 오류는 흔하지 않은 유형이기는 하지만, 흥미로운 오류의 예로 인용한 것이다. 이를 쓴 학습자는 '최종점, 최종적 지점'을 나타낼 때에 예외 없이 '-에'를 사용하는 경향을 보여주었다. 추측컨대, '103일이 최종적으로 130일이 되었음'을 나타내기 위해 이 조사를 사용한 것으로 생각된다. 한편, (7c)는 '실패하다'가 '-에'라는 격 조사를 취한다는 지식을 알지 못하여 생긴 오류인데, 대체로 이런 오류는 학습자들이 사전을 통해서 자신에게 아직 익숙하지 않은 동사들을 사용하였을 경우에 많이 발생한 것으로 추정된다.

상기한 예들은 모두 한국어 중·고급 학습자의 오류로서, 단순히 부적절한 조사를 사용한 오류라고 볼 수만은 없다. (7a)처럼 동작 동사의 '장소'를 뜻할 때에 '-에서'만 쓰이는 것도 아니고, (7c)에서 보는 바와 같이 '대상'을 나타낼 때에는 격 조사 '-을/를'뿐만 아니라 '-에'도 쓰일 수 있다. 이러한 오류들은 기본적으로 형태와 의미 간의 관계가 양방향 유일성(biuniqueness)을 갖지 않는다는 사실에서 비롯된다.16 즉, 어떤 의미를 나타내는 데 필요한 형태가 단 한 개만 있는 것은 아니며, 반대로 어떤 형태가 단 하나의 의미만을 나타내는 경우도 없는 것이 자연언어가 갖는 일반적 특성이다.

히 관찰하면서, 학습자 개별적인 학습 성향과 더불어 그들이 보여주는 일정 유형의 오류에 주목하였다. 여기서 소개하는 학습자의 오류는 그다지 많지 않을지 모르지만, 필자가 모아 온 것 중에서는 대표적이라 생각되는 것들을 소개한 것임을 밝혀둔다.

16 양방향 유일성(biuniqueness)은 형태와 의미 간의 정연한 1:1 대응이 존재하지 않음을 뜻하는 용어로서 일찍이 구조주의를 대표하는 프라그 학파 계열의 통사론과 의미론에서 언급된 바 있다. 이에 대한 자세한 논의는 Hajičová(1994) 참고.

격 조사가 갖는 일반적인 의미나 기능을 알고 있어도, (7)과 같이 문법적 비문이 나타날 수 있다는 사실은, 격 조사의 의미나 기능 교육만으로 문법 교육이 완성될 수 없음을 환기해 준다. (7)에 보이는 오류들은 격 조사의 의미와 용법을 몰라서 생긴 것이 아니라, 동사가 갖는 올바른 격틀을 몰라서 생긴 것들이다.

조사나 어미 등의 기능 단위를 중심으로 한 문법 교육의 경향은 이러한 오류에 대한 처방적 논의에서도 확인할 수 있다.17 일례로 몇몇 한국어 조사의 습득 순서를 다룬 Eom(1989), 보조사 '-은/는'과 주격 조사 '-이/가'의 차이를 다룬 김원경(1992), 목적격 조사와 주격 조사를 다룬 이지영(1997), '-까지', '-조차', '-마저' 등의 보조사를 다룬 김정(1998), 그리고 부사격 조사를 다룬 허용(2001), 부사격 조사 '-로'를 집중적으로 살핀 이양혜(2005), 관형격 조사에 대한 연구로 안경화·양명희(2005) 등을 들 수 있다.

이들 연구의 공통점이라고 할 수 있는 것은, 격 조사 교육 문제를 접근하는 데 있어 여타의 문장 성분의 고려 없이, 오직 조사 자체에서만 그 의미나 기능을 찾으려는 경향이 강하다는 것이다. 예를 들면, Eom(1989)에서는 한국어의 격 조사의 습득 순서를 연구한 것으로서, 학습자가 보이는 조사 사용의 정확도와 그 습득 순서가 반비례한다는 가정에서 출발하고 있다. 그리하여, 조사의 습득 순서는 -에(time), -에서, -에, -로(direction from/to) > -에게서, -한테서, -에게, -한테(person from/to) > -을/를(object) > -이/가(subject) > -에(place) > -은/는(topic)이 된다고 밝히고 있다.

비록 매우 이른 시기에 이뤄진 계량적 연구라는 점과 흥미로운 가정을

---

17 각종 한국어 학습자들의 오류에 대한 처방은 크게 두 가지로 분류된다고 볼 수 있다. 그 하나는 한국어 자체에 대한 연구를 통해 좀 더 상세한 형태-의미 기술을 함으로써 오류를 예방하고자 하는 것이고, 다른 하나는 교수법 등을 통해 오류를 일으키지 않도록 하자는 것이다. 전자는 여기서 거론하고 있는 제 논의들을 포함하며, 후자의 논의는 김정숙·김유정(2002), 김지영(2004) 등이 해당된다. 이 책에서는 동사 교육을 위한 내용론적 측면에 집중하므로, 후자는 다루지 않도록 한다.

바탕으로 하고 있다는 점, 그리고 그 결과에서도 자못 의미심장한 면이 있음은 인정하더라도, 여기에서 각 조사들이 선후 문법적 관계에 대한 고려 없이 독립적이고 개별적인 것처럼 다뤄지고 있는 것은 다소 의아한 부분이다. 조사의 습득이 어려운 이유는 다양하고, 그 쓰임도 여러 문법적·담화적 환경에 따라 다름에도 이렇게 단순한 순서적 배열로 그 특색을 나타낼 수 있는지는 선뜻 받아들이기 어렵다고 할 수 있다.

조사 연구에 있어서 비교적 최근 논의라 할 수 있는 정지은(2004)의 경우는 세종 말뭉치에서 나타난 조사의 빈도를 참고하여, 문형별로 조사의 학습 순서를 제시하고 있는데, 이 역시 조사 범주 그 자체를 독립적으로 관찰하려는 태도가 엿보인다. 특히 부사격 조사 '-에'는 각급 교재에서 살핀 의미 빈도를 고려하여, '위치', '목적/장소', '시간'의 순서대로 가르칠 것을 제안하고 있다. 초급 학습자를 대상으로 하여 조사의 습득 순서를 다룬 것이나, 문형에 의거하여 조사의 습득 순서를 구성한 것은 교육적으로 의의가 있지만, '-에'가 '위치', '목적/장소' 등의 의미 등을 가질 수 있는 경우는 주로 이동의 자동사와 연관을 맺고 있을 때이다. 따라서 서술어 자격을 가질 수 있는 용언에 대한 적극적인 고려 없이는 격 조사에 대한 일괄적인 원칙론을 말하기 어렵다고 할 것이다.

사실 조사를 이렇게 문장 성분과의 관계에서 파악하지 않고 그 자체의 의미나 기능을 부여하려고 하는 데에는, 주로 다수의 연구들이 초급 학습자를 대상으로 한 조사 교육을 염두에 두고 있기 때문이라 생각된다.18 초급 학습자들이 경험하는 서술어는 주로 이동 동사나 기초 동사들이 많으므로 그와 관련된 부사격 조사의 용례 역시 특별히 문장 내 관계를 고려하지 않아도 되는 간단한 용법들이 주를 차지하게 되므로, 조사에 관한 한 이러

---

18 지금까지의 한국어 문법 교육 관련 연구들이 주로 초급에 집중돼 있었다는 자각은 방성원(2003)이나 한송화(2005)에서도 제시되고 있고, 최근 들어 보이고 있는 중·고급 학습자 혹은 학문 목적의 학습자를 대상으로 한 교육적 논의에서도 발견된다. 일례로 오선경(2005), 이유경(2005), 이준호(2005) 등이 이에 해당된다.

한 교수 방법이나 원리가 받아들여질 수 있을지 모른다.

그러나 조사 자체의 의미나 기능에 대한 설명만으로는 다양한 서술어와 다양한 문장에서 나타나는 각종 용법을 설명하기 어렵다. 그 예로 부사격 조사 '-로'를 다룬 이양혜(2005)를 통해 좀 더 집중적으로 검토해 보도록 하자. 이 논의에서는 '-로'의 의미를 다음의 7가지로 제시하고, 서술어와 관련하여 난이도와 빈도에 따라 가르쳐야 할 것으로 제시하고 있다.

> (8) 이양혜(2005:276~7)에서 제시한 한국어 조사 '-로'의 7가지 의미
>   a. 재료 : 오늘은 깨로 죽을 쑤었다.
>   b. 도구 : 나무꾼은 도끼로 나무를 찍었다.
>   c. 수단 : 그는 맨손으로 싸웠다.
>   d. 원인 : 곡식이 가뭄으로 메말라 버렸다.
>   e. 방향 : 우리는 공항으로 갔다.
>   f. 자격 : 철수가 반장으로 뽑혔다.
>   g. 결과 : 물이 얼음으로 변했다.

그러나 이러한 논의 결과를 직접적으로 적용하기에는 여러 모로 무리가 따르리라 예상된다. 첫째, 위에 있는 '-로'가 모두 동일한 성격이 아니라는 데 있다. (8a)~(8e)의 '재료', '도구', '수단', '원인', '방향' 등은 그 나름대로의 의미 기능을 가진 조사라 생각해 볼 수 있지만, (8f)~(8g)의 '자격', '결과'의 '-로'는 서술어인 '뽑히다', '변하다'라는 동사와의 관련성이 더 깊어 보인다.

둘째, (8)의 7가지 의미만으로 '-로'의 각종 실현 양상이 모두 설명될 수 있는가 하는 문제를 들 수 있다. 구태여 의미역 이론을 거론하지 않아도 위 7가지 의미는 전통적으로 소위 '관계적 의미'로 간주되었던 것들이다. 학자에 따라 '-로'가 갖는 관계적 의미는 매우 다양하게 정의되어 왔지만, 그때마다 '-로'는 매우 규정하기 어려운 복합적인 의미를 갖고 있다는 것

을 거듭 확인하는 정도였다. 더욱이, '약속 시간을 1시로 잡았다'와 같은 경우의 '-로'는 위 (8a)~(8g) 중 어디에 속한다고 보기 어렵다.

셋째, 학습자들이 이런 의미를 어떻게 구별하게 할 것인가 하는 문제이다. 일례로 '도구'와 '수단'은 어떤 차이가 있는지, 그리고 '도구'와 '원인/이유'는 어떻게 구별될 수 있는지를 판단하는 것은 모어 화자들에게도 어려울 일일뿐더러,19 이때의 '도구'나 '원인/이유' 등의 메타언어가 갖는 정확한 개념을 한국어 학습자에게 인식시키는 문제도 쉽지 않아 보인다.

넷째, (8)의 7가지 의미는 '-로'만이 담당하는 것만은 아니라는 점이 문제이다. '이유'나 '원인'은 '-에'에 의해 실현되는 경우도 많다. 김재욱 (2003)에서 논한 대로 외국인들은 자신이 나타내고자 하는 의미를 먼저 생각하고, 그에 맞는 문법 형태를 선택한다고 할 때, 다음의 (9)~(10)과 같은 문장에서 외국인들은 어떤 조사를 사용해야 할지 고민하지 않을 수 없을 것이다.

(9) a. 나무가 톱으로 잘렸다.
     b. 나무가 톱에 잘렸다.
(10) a. 나무를 톱으로 잘랐다.
     b. 나무를 *톱에 잘랐다.

---

19 졸고(1999:99f)에서는 도구와 원인/이유의 구분이 어려운 예로 다음을 들고 있다.

　(예) a. 올해는 비닐하우스 재배로 농민들이 빚더미에 올라앉았다.
　　　 b. 올해는 비닐하우스 재배로 딸기를 사철 내내 먹을 수 있다.

모어 화자의 직관으로는 a는 '이유'로 b는 '도구'로 볼 수 있지만, 논자에 따라서는 둘 다 '이유'로 볼 수도 있다. '도구'나 '이유'는 이런 면에서 문장에 의해 표현되는 사태를 긍정적으로 보는가, 부정적으로 보는가에 따른 화자의 판단이 개입될 여지가 높다. 요행히 두 예문 모두 '이유'를 나타내므로 '-로'를 사용할 수 있다고 볼 수도 있을지 모르지만, 문제는 '이유'의 의미를 나타내는 것으로 알려진 '-에'는 쓸 수 없다는 것이다. 위 두 예문에서는 모두 '-에'를 사용할 수 없다.

(9)~(10)의 두 예문에 쓰인 '-로'나 '-에'는 모두 '도구'의 의미라고 생각할 만하다. 그러나 (9)에서는 '-에'와 '-로'의 대치가 별 문제 없어 보이지만, (10)에서는 그렇지 않다. 한국어 학습자가 '도구'로서의 '톱'을 알고 있다고 해도, '-로' 대신 '-에'를 쓸 수도 있다는 사실도 알아야 하고, 그럼에도 불구하고 (10b)는 비문이 되는 이유도 알아야 한다. 교사의 입장에서는 '-로'뿐만 아니라 '-에'의 의미 기능을 설명하는 동시에 (10b)처럼 비문이 되는 이유도 열거해 주어야 한다. 더 나아가 (9a)와 (10a)가 동일하게 '-로'로 실현된 논항을 갖고 있다고 해도, 그 둘의 의미가 완벽히 동일하지는 않다는 점도 설명해 주어야 한다. 현실적으로 이런 문법 교수는 어떤 교수법을 적용하든, 학습 대상이 누구이든 간에 난해할 수밖에 없는 문법이다.

위 예문에서 보이는 차이는 근본적으로 격 조사 '-로'나 '-에' 역시 동사의 영향을 받는다는 사실을 재차 상시시켜 준다. (9)에서는 '잘리다'는 피동사가, (10)에서는 '자르다'라는 능동사가 쓰인 차이로 인해 '나무'라는 논항도 (9)에서는 주어로, (10)에서는 목적어로 실현되는 것처럼, '-로'와 '-에'의 문제도 결국은 동사와의 관련성 속에서 바라보아야 할 것이다.

동사와의 관련성에서 격 조사를 바라봐야 한다는 연구는 두 연구에서 발견할 수 있다. 김재욱(2003)에서는 외국인이 한국어를 발화할 때에는 우선 그 문법적 기능보다는 의미를 생각하고 어떤 문법 형태가 그 의미를 나타내는지 생각하게 된다면서, 비슷한 문법 형태가 여럿일 경우에 그중 어떤 것을 선택할 것인지에 대해 문법적으로나 의미적으로 세밀하고 구체적인 기술을 해 주어야 한다고 제시하고 있다(김재욱 2003:174). 예를 들어, 주격 조사 '-이/가'와 보조사 '-은/는' 의미의 차이를 통해 기술되어야 할 문법 형태이며, '장소'의 부사격 조사 '-에'와 '-에서'는 문법의 차이, 즉 통사적 제약을 통해 기술되어야 한다고 언급하고 있다. 즉, 각 문법 형태에 대한 의미적·기능적 차이는 물론, 그 문법적 차이도 함께 고려돼야 한다는 말이다.

'장소'의 부사격 조사 '-에'와 '-에서'에 대해서는 허용(2001)을 거론해 볼 수 있다. 허용(2001)에서는 조사의 용법을 중심으로 어떤 조사가 어떤 상황에 쓰이는가에 초점을 맞출 것이 아니라, 그 반대로 어떤 '상황'에서 어떤 조사를 사용할 것인가의 관점에 서야 할 것임을 피력하고 있다는 점에서 근본적으로 김재욱(2003)의 관점과 동일하다. 여기서 '상황'이란 서술어나 그 의미, 특정 부사나 명사 등 문장 성분에 의한 환경을 가리키는 것으로 기술되고 있다. 예를 들면, 동작 동사가 일반적으로 '-에서'를 취하는 반면 '-에'를 취하는 경우도 있는데, 가령 '걸다'라는 동작 동사의 경우 대체로 '피동사+아/어 있다'의 꼴, 즉 '벽에 옷이 걸려 있다'가 가능하다는 것이다. 한편, '-에서'와 '-에'가 모두 가능한 동사로는 '살다, 머무르다, 체류하다' 등과 같은 동사 등이라고 한다.

얼핏 보면, 허용(2001)은 조사의 실현에 있어서 그 주변 문장 성분과의 관계를, 김재욱(2003)은 조사 자체의 문법적·의미적 차이에 더 주안을 둔 것 같아 보이지만, 이 둘은 어떤 조사의 실현에 있어 '통사적 특징 또는 제약'을 염두에 두고 있다는 점에서 공통적이다. 그럼에도 불구하고, 그 '통사적 특징과 제약', 즉 동사의 개별적 특성을 보다 좀 더 심도 있게 논의하고 있지 않다는 점은 아쉽다.

학습자에게 규칙으로서의 문법을 제시한다는 것은 곧 일반화된 원리를 교수한다는 것을 뜻한다. 그런데 '일반화'를 하기 위해서는 필연적으로 '추상화'의 절차가 뒤따르기 마련이다. 더욱이 각종 격 조사 등의 의미를 일반화하여 보고자 한다면, 매우 추상적인 지식이 될 수밖에 없다.[20] 한국어

---

[20] 이는 어떤 형태이든지 그 의미의 기본 의미를 추구할 때에 생기는 현상 중의 하나이다. 최소한의 동음어와 최대한의 다의어를 주장하는 입장에서 기본 의미를 논할 때에는 매우 추상적이며, 최대한의 동음어와 최소한의 다의어를 주장하는 관점에서는 기본 의미가 매우 개별적이고 구체적인 것과 같다. 이에 대한 설명은 임지룡(1995:231~2) 참고.

학습자들에게 일반적인 원리를 가르치고 이해시키는 것보다 개별적인 용례를 중심으로 반복적으로 가르치는 것이 더 나을 수 있는 것은 이 때문이다. Dirven(1994:175)에서 "소위 '문법적 의미'(grammatical meanig)는 '어휘적 의미'(lexical meaning)와는 달리 본연적으로 매우 추상적이어서, 그것을 어떤 식으로든 바꿔 쓰기(paraphrase)하더라도 왜곡을 피할 수 없으며, 학습자들에게 문법적 의미를 보여줄 수 있는 방법은 잘 정련된 자료들을 제공하여 모국어화자처럼 익히게 하는 것 정도"라고 언급한 것은 시사하는 바가 크다. 따라서 조사를 문장과 별도로 놓고 생각하거나 그 자체의 의미 기능을 궁구하는 것은 그 적용상에서도 일정한 한계가 예상될 뿐더러, 문법을 더 복잡하고 어렵게 만들 뿐이다.

격 조사들은 동사가 문장이나 담화 속에서 실현되었을 때, 그 격 기능을 담당하는 것으로서, 그 온전한 의미나 기능은 동사와의 관련성 속에서 살펴야만 가능하다. 조사 자체에 초점을 맞추어 그 의미 기능을 살피는 것이 압축적으로 격 조사의 의미 기능을 설명할 수 있으므로 유용할지 모르지만, 상론한 것처럼 동사의 전체에 대해 의미 기능을 설명하기 어렵다면 개별 동사와의 관련성 속에서 격 조사의 쓰임을 찾는 것이 더 바람직하다. 요컨대, 동사의 격틀에 대한 올바른 지식을 습득하는 것만이 올바른 조사 사용을 가능케 하는 방법이다.

1.3. 문형 교육론

아마도 많은 독자들은 문형에 대한 이해와 지식이야말로 문장을 구성하는 능력 향상에 도움이 될 것이라고 생각할 것 같다. 여기서는 격 조사의 의미 기능을 교수함으로써 한국어 학습자들의 올바른 조사 사용을 도모하려는 것은 한계가 있음을 유념하면서, 동사의 통사적 교육을 위해 오래 전부터 그 효용과 가치가 검토된 바 있는 문형 교육과 관련된 제 논의들을 살펴보도록 한다.

문형(sentence pattern)은 프라그 학파로 대표되는 구조주의의 계보를 따르는 문법관에서 비롯된 것으로서, 문장의 서술어를 기본으로 하여 해당 언어의 문장 공식을 유형화한 것을 이른다(Staal 1994:3285~7). 석주연 (2005:170)에서의 언급처럼, 제2 언어에서의 문형(sentence pattern)은 학습 자에게는 목표 언어의 문장에 대한 구체적 형상을 제공하며, 교사에게는 문장 교육을 위한 효율적인 수단이 되고, 교재에서는 문장 교수 학습의 실질적 틀을 시각화하는 존재가 된다고 보기 때문에, 문형을 통한 동사 교육법은 한국어 교육 초기부터 지금까지 꾸준히 주목을 받아 왔다.

한국어 교육에서 문형에 대한 연구는 민현식(2004:80)에서 언급한 것처럼 '기본 문형'과 '표현 문형'으로 나누어서 고찰해 볼 수 있다. 기본 문형 은 대체적으로 문장의 서술어를 중심으로 문장 성분 간의 관계를 격틀로 나타낸 것으로 정의한다면,[21] 표현 문형은 이미혜(2005b)의 '표현 항목'처 럼 몇 개의 어휘나 형태소의 통사적 결합이 기능적으로 하나의 단위처럼 구실하는 것을 가리킨다.[22] 표현 문형은 사실상 전통적으로 문형이라고 일 컬어진 것에 비해 상당히 구체화되고 개별화된 특징을 갖고 있는 것으로 의사소통 중심의 교수 이론에서는 대개 문법 항목의 일부로 교수되고 있는 특징을 지닌다.

---

21 기본 문형에서 '기본'을 단순하고 기초적인 기본으로 여기는 것은 이른바 핵문 (kernel sentence)과 같은 것이고, 사용 빈도에 의한 기본으로 여기는 것은 최근의 교육적 관점에서 볼 수 있다.

22 석주연(2005:181~5)에서는 이미혜(2005a)에서 거론한 '표현 항목'의 용어와 그 하위분류에 대한 문제점을 짚고 있지만, '몇몇 어휘나 형태소가 하나의 기능 단 위로 구실하는 통사적 구성'을 한국어 교육에서 논의했다는 점을 높이 사고 있다. 이 책에서도 이미혜(2005a)의 표현 항목의 개념은 받아들이되, 용어는 민현식 (2004), 석주연(2005)의 논의를 따라 '표현 문형'으로 사용하고자 한다.

1.3.1. 기본 문형(sentence pattern) 교육

한국어 교육에서 논의된 문형 연구 중 전통적인 '기본 문형'에 착안한 연구들은 배희임(1987), 원진숙(1993), 그리고 노은희(1999) 등을 들 수 있다. 한국어 문법 교육에 대한 확고한 인식이 싹트기 전이라 할 수 있는 1990년대 이전 시기에 한국어 교육 관점에서의 문형 연구로서 두드러지는 것은 배희임(1987)이다. 여기서는 외국인 학습자들에게 문형의 학습이 필요하다고 하면서, 기본 문형과 기본 문형의 확대문, 그리고 출현 빈도가 높은 관용 문형 등을 제시하고 있다. 전통적인 문형 구분과는 달리, 여기서는 각급 한국어 교재에 소개된 여러 표현 문형들을 문형적으로 접근한 것에 의의가 있다. 전반적으로 한국어의 기본 문형을 설정하는 기준으로서, '한국어의 어순을 고려할 것', '서술어가 공기하는 논항과의 관계에 둘 것' (배희임 1987:765)이라 한 원칙론은 오늘날의 동사 교육에도 좋은 본보기가 된다.

배희임(1987)이 주로 기본 문형과 그 확대 문형, 표현 문형 등 한국어 교육을 위한 문형 분류와 그 적용에 중점을 두고 있다면, 원진숙(1993)은 서술어와 논항 관계를 중점적으로 살핀 논의라 할 수 있다. 서술어의 결합가(valency)를 이용하여, 서술어가 요구하는 논항의 개수에 따라 결합가가 1인 것에서부터 3인 것까지의 문형들을 보이고 있다.

한편, 각종 말뭉치의 확보와 구축, 그리고 의사소통 중심의 교수 이론의 일반화 등으로 인해 노은희(1999)와 김유미(2005) 등에서는 문형에 대한 빈도 연구가 이뤄지고 있어 주목된다. 대표적으로 노은희(1999)에서는 총 1,279개의 한국어 문장을 대상으로 한국어 교육을 위한 문형 빈도 조사를 논의한 것이다. 여기에서는 문장 성분을 N(명사), V(동사), Adj(형용사), Adv(부사) 등으로 부호화하는 한편, 조사는 대표형으로 기록하고, 본용언만을 서술어로 표시하며, 연결문은 단문으로 분해하는 등의 절차를 밟는 등 핵문(kernel sentence) 또는 원자문(atomic sentence)의[23] 꼴을 갖는 것을 문형으로 삼아 분석하고 있다. 이러한 절차를 밟아 계량화한 결과에 따르면 대체적으로 고빈도로부터 저빈도에 이르기까지 'N이 N을 V' > 'N이 N이다' > 'N이 V' > 'N이 Adj' 등의 순서로 나타나고 있으며, 이들 문형이 전체 텍스트의 75%를 차지하고 있으므로, 한국어 교육에서도 기본 문형 위주의 교육이 강화될 필요가 있음을 제안하고 있다(노은희 1999:293~4).

그러나 기원적인 면을 놓고 보면, 기본 문형 연구는 전통적으로 문장의 원형적이고 기본적인 구조를 밝히려는 데 목적이 있었으므로, 본질적으로는 교육적 목적보다는 통사적 얼개를 제시하는 것에 더 무게가 실려 있다고 할 수 있다. 따라서 기본 문형이나 구문 문형이 일반적인 한국어 학습자들에게 얼마나 유용할 수 있을지는 검토가 필요하다고 본다.

이는 크게 세 가지 문제로 나누어 살펴볼 수 있다. 그 첫째는 기본 문형이 필수 논항만을 위주로 이뤄져 있기 때문에 생기는 문제이다. 이를 아래에서 살펴보도록 한다.

    (11) N-이 N-와 V
    (12) a. 딸이 엄마와 닮았다.
         b. 영수가 철수와 여행했다.

(11)은 기본 문형의 하나이고, 'N-이'와 'N-와'는 모두 필수 논항들을 가리킨다. 여기서 'N-와'는 소위 필수적 부사어인 것이다. 그런데 (12)의 두 문장 중에서 (11)의 문형과 관련이 있는 것은 오직 (12a)뿐이라는 것을

---

23 원자문은 Stockwell(1977)에 따르면, 한 개의 동사만 갖고, 접속사에 의해 연결되지 않으며, 최소한도의 관사나 보조 동사 성분만 갖고, 부정·양태·명령·의문 등 2차적 운용소(operator)를 포함하지 않는 것으로 정의된다(원진숙 1993:502f 재인용). 이것은 '필수적 구성요소로만 이루어진 문장 구조를 일정한 유형으로 공식화한 틀'로 정의한 고영근(1969)이나 '확장·변형되지 않은 기본적인 단순한 문의 유형'이라고 한 성광수(1971)와도 부합한다.

한국어 학습자가 알기 위해서는 논항의 필수성이 무엇인지를 알아야 할 것이다. 그런데 '논항의 필수성'은 한국어에 능숙한 일반 모국어 화자들에게도 종종 어려운 문법 개념이다. 더욱이 정주리(2000:286~7)에서도 언급되어 있듯이, 어떤 성분을 필수 논항으로 볼 것인지 아니면 단순한 부가어로 볼 것인지 구분하는 문제는 끊임없이 논의되고 있으면서도 여전히 명쾌하지 않은 문제로 남아 있다. 또한 의사소통을 중시하는 관점에서 본다면, 굳이 (12b)의 '철수와'를 수의적이라고 판단할 근거도 없다. 즉 (12b)에 대한 질문이 '누구와 여행했는가?'라면, '철수와'는 담화상 꼭 필요한 정보를 담고 있는 요소이기 때문이다. 이런 면에서 문형이란 '맥락이 배제되어 있는 문장', 즉 '명제'(proposition)에 다름 아니다.24

이와 더불어 (11)에서 'N-이'와 'N-와'가 모두 필수 논항을 의미한다고 해도, 한국어 학습자들에게는 그렇게 인식되지 않을 수도 있음도 지적할 만하다. 주지하다시피 구어에서 가장 생략이 많은 문장 성분은 주어와 목적어이며, 부사어는 구어나 문어 상관없이 생략이 잘 되지 않는 문장 성분으로 알려져 있다(김건희·권재일 2004:10). 따라서 'N-와'가 필수 논항인 (12a)의 '엄마와'과 (12b)의 '철수와'는 구어에서도 생략될 가능성이 적을 것이라 예상된다. 그렇다면, 한국어 학습자들은 생략 가능한 주어 'N-이'가 오히려 수의 논항이라고 생각할 법하다. 그럼에도 불구하고, 각종 논의에서 기본 문형을 수립할 때에 항상 주어나 목적어, 필수적 부사어 등을 고려하는 것은, 전통적인 명제 중심의 문법적 사고를 매우 중요하게 여기고 있음을 뜻한다고 할 것이다.

이 같은 생각은 한국어 교육을 위한 구어 문형을 연구한 서은아(2004)에

---

24 문형에서 명제가 중심이 된다는 사실은 이미 태생적으로 갖고 있는 특징이다. 초기의 문형 이론은 물론, 그 계보를 잇는 결합가 이론(Valency Theory)나 의존 문법(dependency grammar) 등에서도 명제가 중심적으로 다루어지고 있다. 이는 명제 외적인 요소들, 가령 화용적 요소들을 고려하였을 경우에 갖게 되는 여러 가지 난해함 때문이기도 하다.

서의 고심에서도 엿볼 수 있다. 이 논의에서는 구어에서 문장 성분의 빈번한 생략을 거론하는 중에 이것이 본질적으로 기본 문형에서의 생략인지 혹은 화·청자가 공유하고 있는 정보의 완성으로서의 기능을 하는지를 판단하기 어렵다면서, 화·청자가 공유하는 정보의 양이나 대화 상황에 대한 의존도에 따라 문장 성분의 생략이 일어날 수 있으므로, 생략된 주어라 할지라도 주어를 포함하는 문형을 제시하는 것이 바람직하리라는 의견을 제시하고 있다(서은아 2004:117).[25]

구어의 가장 큰 특징이 문장 성분의 빈번한 생략임을 감안하더라도, 생략된 문장 성분까지 고려하여 구어 문형을 구성한 것은, 그만큼 많은 연구자들이 명제적 측면에서의 필수 논항을 매우 중시하고 있음을 반증하는 것이라 생각된다. 결론적으로 여기서 제시된 문형의 유형도 명제와 같은 기본 문형 꼴에서 크게 벗어나지 않는다는 점도 이러한 추측이 과히 지나치지 않음을 확인시켜 준다.

결론적으로, 노은희(1999)에서처럼 기본 문형에 바탕을 둔 문장을 학습자에게 풍부하게 제시하자는 논의를 포함하여, 기본 문형을 한국어 교육 현장에 바로 적용할 수 있을 것처럼 여기는 생각은, 사실상 그 적용의 문제를 고민하기에 앞서 교육적 실효성 문제부터 검토되어야 할 필요가 있다. 문형이 갖는 중요성이 한국어 교육에서 제대로 발휘되려면, 문형 그 자체와 더불어 용언의 선정 작업, 적용 대상과 범위, 제시 방법 등에 대한 면밀한 검토가 뒤따라야 할 것이다.

---

25 많은 한국어 문법 교육 관련 논의에서 구어를 충실히 반영해야 한다는 언급은 어렵지 않게 찾아볼 수 있다. 그러나 이는 연구 목적이나 주제에 따라 신중히 생각해 볼 필요가 있다고 본다. 구어를 어떻게 정의하는가에 따라 그 범위와 대상이 조금씩 다를 수 있지만, 실제로 구어만을 대상으로 문법 관련 이론을 이끌어 내기란 쉽지 않다. 그 일차적인 이유는 문장 외적인 화용적 요소들이 구어 상황에서 활발히 작용하고 있다는 사실에서 비롯된다. 화용적인 요소들은 너무도 다양하고 그 상황을 적절히 제한하는 것이 어렵기 때문에, 전통적으로도 화용론은 '언어학의 쓰레기통'이라고 불리기도 했다.

한편, 기본 문형을 교육적으로 적용할 때에 예상되는 두 번째 문제로는, 기본 문형이 동사나 형용사를 중심으로 그 격틀, 즉 격 조사와의 관계만을 고려하고 있다는 점을 들 수 있다. 그러나 모국어 화자에게서는 거의 볼 수 없지만, 한국어 학습자들의 오류 중에는, 통사 교육이 문형 또는 격틀 외에도 일부 어미의 교육 차원으로도 확대되어야 할 필요성을 느끼게 하는 예들이 다수 있다. 다음을 보도록 한다.

(13) 한국어 학습자들의 명사화소[26] 관련 오류의 예
    a. 나는 초등학교에 ?입학하는 것을(√입학하기를) 신나게 기대하고 있었어요.
    b. 어머니가 나에게 영어를 *공부한다고(√공부하기를) 바랐다.
    c. 24살 때 오카나와 섬에 가서 바다를 ?볼 것을(√보기로, 보자고) 약속했다.

(13)의 각 예문에서 쓰인 동사 '기대하다', '바라다', '약속하다' 등은 전형적인 타동사이므로, 기본 문형에서는 단지 'N-이/가 N-을/를 기대하다·바라다·약속하다'로밖에 표시되지 않지만, 실제로는 목적어로서 'N-을/를' 대신에 다양한 형식으로 절을 취할 수 있다. 하지만 절을 취할 때의 방식은 모든 동사가 동일하지 않다. (13a)는 '기대하다'나 (13b)의 '바라다'는 절을 취할 때에는 주로 '-은/는/을 것' 명사화소보다는 '-기' 명사화소를 취하는 경우가 많다. 직관적으로 볼 때에도, '것' 명사형을 취할 때에라도 예외 없이 관형형 어미 '-ㄹ'을 선행한 형태인 '-ㄹ 것을 기대하다'와 같이 나타나리라 예상할 수 있다. 한편, (13c)의 '약속하다'는 '-기' 명사화소는 물론,

---

26 이 책에서는 기능적 동일성에 입각하여, '-음'과 '-기'는 물론, '-은/는/을 것' 역시 명사화를 만드는 기능적 요소로 보아, 이들을 뭉뚱그려 '명사화소'(nominalizer)라고 부르기로 한다. 또한, 각종 의존 형태를 표시할 때에는 매개 모음 '으'를 포함하는 형태로서 '-ㄴ/는/ㄹ 것'으로 쓰지 않고 '-은/는/을 것'으로 나타내도록 한다.

그와 비슷한 의미를 전달하기 위해서 인용격 조사 '-고'나 '-다고'를 취할 수 있다. 그런데, 이 경우 각각 청유형 종결 어미 '-자'와 '-겠-'이 선행하는 것이 일반적이며, 그 외의 다른 형태가 대동되는 경우는 거의 없어 보인다.

명사형 어미 '-음'과 '-기'의 의미 기능적 특성은 국어학계에서도 오랫동안 관심을 기울여 왔던 문제 중의 하나로서, 대체로 '-음'과 '-기'와 공기하는 주변 맥락 속에서 이들이 갖는 의미나 기능에 주목한 연구들이 다수이다(김일환·박종원 2003:144~9 참고). 그러나 한국어 교육의 입장에서 '-음'과 '-기', '-은/는/을 것'의 의미나 기능에 대해서는 공통적으로 절을 명사화해 준다는 것 외에는 이들의 차이를 쉽게 설명하기 어렵다. 그런 이유로 외국인 학습자들이 설령 '-음', '-기' 등에 관한 지식을 가졌다 해도, 실제 언어활동에서 이들을 적절히 운용할 수 있는지는 장담하기 어렵다. 이들은 매우 통사적인 직능이 강한 형태여서 그 의미를 설명하기도 어려울뿐더러, 어떤 동사와 어울릴 때 어떤 명사화소를 취할 수 있는지의 문제는 일반적인 원리나 규칙으로 제시하기 어렵기 때문이다. 이 어려움은 앞서 1.2에서 보았던 조사 '-로'의 의미나 기능을 가르치는 것의 한계와도 통한다.

이렇듯 절이 논항이 될 때 어떤 명사형 어미가 사용될 수 있는가의 문제는 사실 일반적인 규칙으로 포착하기 어렵고, 설령 일반적인 규칙으로 볼 수 있다 해도 학습자들이 쉽게 절차적 지식(procedural knowledge)으로 전환되기 어렵다. 통사적 격틀이나 정보는 동사에 특정적(specific)인 것이며, 동사가 갖는 고유한 특성이다. 그러나 격 조사를 제외한 어미 등의 부류를 포함하는 이런 종류의 통사적 정보는 기본 문형에 기반을 둔 통사 교육에서는 종종 간과되기 쉽다. 명사형과 관련된 문법 지식은 모국어 화자들에게는 불필요한 지식일 수는 있지만, 외국인 한국어 학습자들에게는 생소하고 어려운 것이며, 따라서 이에 대해 교육적인 고려가 필수적이다.

마지막으로 기본 문형의 교육이 가질 수 있는 세 번째 문제는, 추상적으로 부호화된 'V'나 'N' 따위, 특히 이 책의 관점에서 볼 때, 'V' 즉 동사와 관련된다. 이 문형은 단지 명사(또는 명사 상당어)와 동사(또는 동사 상당어)라는 정보만 있을 뿐이다. 이 문형에 따르면 '영수가 영희와 V'에서 'V'에 들어갈 수 있는 많은 동사들의 생성은 배제하고, 오로지 '닮다', '사귀다', '싸우다' 등만 가능하다고 해야 할 것이다. 이는 'V'라는 단순 표기에 해당 동사가 갖는 통사론적이고도 의미론적인 정보가 담겨 있지 않은 데에서 기인한다. 이를 다른 관점에서 보면, 실제적으로 발화를 하거나 문장을 만드는 데 있어서 단순한 문장 성분의 통사적 배열 원리보다는 실제 사용되는 어휘와 그 어휘에 대응하는 문장 성분 간의 관계가 중요하다고 하겠다. 이에 대해서 한재영 외(2003:189~93)에서는 국어 문법 개론서 등에서 문형에 대해 자세한 기술을 행하지 않는 이유를 들며, 그 하나는 문형을 상세하게 분류하기 위해 대단히 많은 자료를 오랫동안 관찰해야 하는데 그것이 쉽지 않고, 다른 하나는 문형이 거의 전적으로 서술어의 어휘 특성에 의존하므로 결국 문형은 어휘의 문제라고 보는 시각 때문이라는 점을 피력한 바 있다. 바로 이 후자의 성질을 간과하고서는 기본 문형이라는 것을 생각하기 어렵다.

요컨대, 문장 성분의 단선적 배열을 보여주는 기본 문형 자체만으로는 사실상 한국어 교육적인 적용에 한계가 따른다. 배희임(1985)의 지적처럼 문형은 그 자체에서 얻을 수 있는 정보가 많지 않은 탓이다(원진숙 1993:496 재인용).[27]

---

[27] 홍재성 외(1997)에서는 한국어 주요 동사에 관한 구문 정보를 선보이고 있는데, 여기에서는 문장 성분으로 절을 취할 때까지도 폭넓게 다루고 있어 기존 기본 문형에서 가일층 발전한 것으로 볼 수 있다. 그러나 교육적 적용에서는 생각해 볼 면이 없지 않다. 가령, '바치다'는 그 통사적·의미적 특성에 따른 유형으로 다음과 같이 제시되어 있다.

   (예) 바치다 ① N0 N2-(에+에게) N1-을 V
     1. N0 = 인물·단체, N1 = 사물, N2 = 인물·단체·장소
      ¶ 우리 식구는 지난 한식날 아버님의 무덤에 꽃을 바쳤다.
     2. N0 = 인물·단체, N1 = 추상, N2 = 인물·단체
      ¶ 그는 좋은 자리를 얻기 위해 상급자에게 뇌물을 바쳤다.

1.3.2. 표현 문형 교육

　한편, 앞선 기본 문형과는 다른 개념으로서의 표현 문형과 관련된 논의는 김유미(2005), 이미혜(2005b), 조현용(2005a), 그리고 석주연(2005) 등을 들 수 있다. 먼저 김유미(2005)에서는 기존의 기본 문형을 포함하여, 새로이 한국어 교육적으로 의의를 갖는 이른바 문법화된 덩어리(grammaticalized chunk) 항목들을 포함하여, 여러 개의 어휘들이 하나의 기능적 단위로 구실 할 수 있는 것들에 대해 표현 문형(expression structure pattern)이라는 용어를 부여하고 있다. 그리고 한국어 교재와 교육용 사전에서 추출한 자료와 학습자들이 산출한 자료를 각각 말뭉치로 구축하여 각각의 빈도를 제시하고 있다. 표현 문형의 개념은 조현용(2005a)에서도 볼 수 있다. 여기에서는 각급 학교의 교재에서 문법화된 덩어리 항목 중 특히 명사나 의존 명사가 결부된 요소들을 중심으로 그 선정 기준과 교육의 필요성을 강조하고 있다.

　이 두 연구에서 나온 표현 문형은 단지 몇몇 형태소의 공기 관계(co-occurrence)나 연쇄 등이 하나의 기능적 요소가 될 수 있는 것을 가리키는 것으로, 이미혜(2005b)의 '표현 항목'과 근본적으로 동일하다. 앞서 1.1에서 보았던 (1)의 고급 학습자용 문법 항목 중 담화나 문장에서 하나의 기능을 가질 수 있는 복합 형태들은 물론, 조현용(2005a)에 제시된 'N-은/는 고사하고', 'V-는 서슬에' 등이 대표적인 예라 할 수 있다. 그런데 이것은 분명 전통적으로 불러왔던 문형(sentence pattern)이라기보다는 그냥 구

그러나 이것 역시 교육적 적용에서는 검토해야 할 문제가 없지 않다. 무엇보다도, 위 예에서 'N2-(에+에게)' 등의 논항이 생략 가능하다는 점이 잘 드러나지 못하고 있다는 점이다. 더욱이, 'N0 N2-(에+에게) N1-을 V'와 같은 표현을 이해하기가 어렵다는 것이 더 큰 문제이다. 이러한 형태가 의미하는 것이 무엇인지를 알기 위해서는, 한국어 학습자가 별도로 위와 같은 유형화를 이해하는 데 필요한 규약을 따로 익힐 필요가 있다. 그러나 한국어 학습자들이 알아야 할 것은 '바치다'가 갖는 중요한 통사적·의미적 특징이지, 위와 같은 형태의 표현을 이해해야 하는 것은 아니다.

(句)나 절(節)을 구성하는 어휘의 연속체 또는 패턴(pattern)이다.[28] 이들은 실제로 하나의 완성된 문장을 실현시킬 수 있는 역할을 할 수는 없기 때문에, 문장의 형틀의 의미로서의 '문형'이라는 명칭을 사용하기가 어렵다고 할 것이다.

이에 반해 석주연(2005)에서는 진정한 문형으로서의 모습을 볼 수 있어 주목을 끈다. 여기에서는 표현 문형들이 갖고 있는 담화적 기능에 주목하여, 아예 표현 문형이 들어간 문장 전체를 하나의 담화의미적 단위로 설정하려는 시도를 보이고 있다. 다음의 (14)에서 예를 보인다.

> (14) 석주연(2005)에서 제시된 표현 문형의 예
> a. V-바람에 V
> b. A·V-(으)ㄴ/는 데(에)는 N-이/가 좋다

(14)에서 보이는 것은 단순히 하나의 구(句)가 아닌 진정한 문형 차원으로 확대된 것으로, '기본 문형'과 대비해 볼 때 하나의 문형이라 할 만하다. 그렇지만 이러한 유형의 표현 문형도 교육적 적용에 한계를 갖고 있다. 이는 석주연(2005)에서도 언급된 바 있는 것으로, 문형이 중의적인 해석을 가질 수 있는 문제이다. (14a)는 'V-는 바람에'가 갖는 의미 기능적 특성으로 인해 모어 화자에게나 한국어 학습자에게 모두 '좋지 않은 어떤 이유 때문에 어찌됐다'는 의미를 담고 있다고 볼 수 있지만, (14b)는 문형 자체가 중의적이다. 다음에서 (14b)의 문형이 의도하고 있는 표현은 (15a)라 할 수 있는데, (15b)와 같은 문장, 즉 의존 명사 '데'가 실제 장소를 가리키는 용법으로 쓰인 경우도 포함될 수 있다.

---

28 '패턴'(pattern)은 일종의 어휘적 덩어리(lexical chunk)로서, 이에 대한 자세한 개념 정의는 다음의 2장에서 다루도록 한다. 다만, 여기서는 이 책의 패턴의 개념이 한국어 교육의 '표현 항목'과도 관련이 있다는 정도로만 언급하고 넘어가기로 한다.

(15) a. 대전 가는 데에는 고속 전철이 좋아요.
      b. 오늘 가는 데는 경치가 좋아.

　　표현 문형이 갖는 중의성 문제는 차치하더라도, 이러한 유형들을 가르칠 때의 문제점은 다른 데서 찾을 수 있다. 그 첫째는, 이런 유형의 표현 문형이 너무 구체적이어서 문제가 될 수 있다는 것이다. 일례로 (14b)의 'A·V-(으)ㄴ/는 데(에)는'과 같은 유형은 반드시 'N-이/가 좋다'와 어울리는 것만은 아니다.

(16) a. A·V-(으)ㄴ/는 데(에)는 N-이/가 최고이다.
         N-이/가 나쁘다.
         N-이/가 필요하다.
      b. A·V-(으)ㄴ/는 데(에)는 N-을/를 생각해야 한다.
         N-을/를 고려해야 한다.
                   ⋮
(17) a. A·V-(으)ㄴ/는 데(에)는 N-이/가 A·V
      b. A·V-(으)ㄴ/는 데(에)는 N-을/를 V

　　'A·V-(으)ㄴ/는 데(에)는'과 어울릴 수 있는 것들은 위 (16)처럼 다양하다. 이런 경우를 모두 아울러서 그 각각을 표현 문형으로 삼는다면, 표현 문형의 개수는 교육 현장에서는 감당할 수 없을 만큼의 많은 분량을 차지할 게 분명하다. 이것은 표현 문형이 너무 구체적이기 때문에 비롯된 것이다. 설령, (16a)는 (17a)로, (16b)는 (17b)로 어느 정도 유형화하는 것을 고려해 봐도 여전히 문제가 제기된다. (17)은 한국어의 문장 중 일정 유형의 범위만을 포괄할 뿐, 근본적으로 한국어 학습자들이 문장을 생성해 내는 지식으로 전환되기에는 한계가 있다. (17)에서 'A·V-(으)ㄴ/는 데(에)는'에 후행하는 밑줄 친 부분 'N-이/가 V' 혹은 'N-을/를 V'와 같은 '문형'은 앞서 기본 문형 교육론에서 거론했던 문제점을 그대로 갖고 있다. 어떤 동사가 주어를 취하며, 어떤 동사가 목적어를 취할 수 있는가에 대한 정보는 하나도 담겨 있지 않다. 다시 말해, 각종 품사 범주를 표시하는 'A, V, N' 등을 사용하는 문형 교육은 일반적인 한국어 문장의 유형을 살피는 데 도움이 될 수는 있어도, 한국어 학습자들이 올바른 한국어 문장의 생성을 도모하는 데에는 근본적으로 한계를 갖고 있음을 의미한다.

그간의 논의를 보면, '표현 문형'은 완전한 문장을 구성할 수 있게 하는 '문형'이라는 개념과 문장의 일부로서 의미·기능적인 형태소의 결합체인 '패턴'의 의미를 둘 다 지시하는 용어로 사용되고 있다. 표현 문형이 이 중 무엇을 가리키든지 전체 서술어나 문장 성분 사이의 관계보다는 그 문형을 통해 드러나는 의미나 기능에 더 초점이 있다는 점은 공통적이다. 또한 표현 문형은 동사의 의미나 조사를 통해 실현된 문장 성분과의 관계보다는 특정 패턴에 의해 전달될 수 있는 담화적 의미나 표현 방법을 중시하는 것이다. 그렇기 때문에 표현 문형을 통한 교육적 접근에서는 동사와 문장 성분의 관계에는 주목받기 어렵다는 문제를 안고 있다.

1.4. 다의어 교육론

한편, 한국어 학습자가 보여주는 동사 관련 오류로 지적할 수 있는 것은, 동사의 어휘적 의미에 대한 올바르지 않은 이해로 인해 생기는 오류이다. 이는 특히 어떤 동사가 갖는 다의적 속성을 잘 이해하지 못하여, 문법적으로는 별 문제가 없어 보여도 모국어 화자가 보기에는 어색하게 받아들여지는 문장들이 이에 속한다.

(18) 한국어 학습자의 부적절한 동사 사용의 예

    a. 몽골에 황사 현상이 좀 심하게 [*]나오기(√나타나기) 때문에 사람들
      이 봄마다 고생한다.

    b. 친구와 여자 친구가 나를 기숙사에 [*]배달했습니다(√데려다 줬습니
      다).

이러한 오류들은 모두 3급 이상의 중·고급 학습자 작문에서 추출한 것들이다. (18)의 각 밑줄 친 부분에서 알 수 있듯이, 모두 적절한 동사를 사용하지 못하여 문법적으로는 문제가 없다 해도 의미론적으로는 어색하거나 부자연스러운 예들이 보인다. (18a)는 '황사 현상이 심하게 나타나기 때문에'라고 해야 하지만, '나타나다' 대신 '나오다'라는 동사를 사용하여 틀린 예이고, (18b)는 전형적으로 '사람'을 목적어로 취하지 않는 '배달하다'를 사용하여 발생한 오류이다.

이런 종류의 오류는 그간의 한국어 교육 연구에서 '연어'(collocation)에 대한 지식의 부족으로 생긴 것으로 지적된 바 있다. 또한 이러한 오류는 주로 중고급 학습자들에게서 많이 발생하므로, 체계적인 연어 교육의 필요성을 제기하는 여러 연구들이 이어져 오고 있다. 일례로 강현화(1997), 김진해(2000), 신자영(2005), 한송화·강현화(2004) 등이 그것이다. 그런데, 연어의 문제로 국한하지 않더라도 동사의 다의와 관련된 오류들은 많이 있다. 여기서 주목할 만한 것은 다음의 (19)이다.

(19) 한국어 학습자들의 동사의 다의적 활용 오류의 예

    a. 현금자동지급기에서 돈을 [?]얻을(√찾을) 수 있는 아주 편리한 서비
      스라고 볼 수 있다.

    b. 돈이 있을 만큼 아니라 마음 [*]필요하는(√가는, 내키는) 대로 많이
      쓴다.

    c. 그는 아무 때나 그녀에게 따뜻한 시선을 [?]주시한다(√보낸다).

(19)는 한국어 학습자들이 이미 알고 있는 동사들을 사용하지 못하고, 다른 동사나 더 어려운 동사를 사용함으로써 생긴 오류들이다. (19a)는 '돈을 찾다'와 같은 '찾다'가 갖는 다의 중의 하나를 알지 못하여 발생한 오류이며, (19b)는 '가다'가 갖는 여러 다의어적 용법 중 '마음이 가다'와 같은 용례를 몰라서 '필요하다'라는 형용사를 사용하여 어색해진 것이다. 이와 마찬가지로 (19c)는 '시선을'과 어울려 '보내다'라는 기본 동사를 사용할 수 있지만, 그 대신 '주시하다'라는 덜 기본적인 동사를 사용하여 생긴 오류이다. 이 오류는 '가다'와 '보내다'의 기본 의미와 다의어를 잘 알지 못한 몇몇 학습자들에 국한된 문제될 수도 있지만, 사실 적절한 동사를 선택하는 데 어려움을 겪거나 기존에 알고 있는 동사의 다의어로 충분히 나타낼 수 있는 경우에도 어려운 동사나 단어를 사용하여 어색해지는 것은 여타의 한국어 학습자들에게서 흔히 볼 수 있는 문제이다.

한국어 학습자들이 동사의 다의성을 이해하게 된다면, 굳이 어려운 단어를 선택하여 문장이나 발화를 생성해 내는 번거로움을 피할 수 있다는 장점이 있다. 더욱이, 동사는 그 숫자가 명사에 비해 적고 신조어도 적은 편이기 때문에 교수에 대한 부담도 비교적 덜한 편이다. 그렇지만 그간의 한국어 교육 관련 논의에서 동사의 다의성은 그다지 주목을 받지 못한 것 같다. 조현용(2005b)의 지적처럼 한국어 교육 연구에서 어휘의 중요성에 비해 그 연구 성과가 부족한 탓이 가장 크다.[29] 그러한 이유로 동사의 다의성은 물론 일반적인 다의어의 교수 방안이나 그에 대한 제 논의 역시 거의 없는 편이다.

---

[29] 한국어 교육에서 다의 관련 연구가 적은 것은 전반적으로 어휘 연구의 부족과 긴밀한 관계가 있다. 진대연(2006)에서의 지적처럼, 주로 '불규칙하고 무한한' 어휘 대신에 '규칙적이고 유한한' 문법을 연구의 중심으로 삼은 20세기의 언어학과 언어교육학의 경향일 수도 있다. 영어권에서도 1980년대부터 제2 언어 교육 분야에서 어휘 연구가 이뤄지기 시작했다는 언급은 어휘 교육 연구가 부족한 이유를 짐작케 한다.

그런 면에서 동사의 다의어에 주목하여 연구한 논의로서 하화정(2001)
이나 문금현(2005b), 문금현(2005c), 문금현(2006) 등은 좋은 본보기가 된
다. 그렇지만, 동사의 다의어에 대한 교육론이 초기 단계에 머무르고 있어
서 그런지 몰라도, 한국어 교육 현장에 직접 적용하는 데 있어 생각해야
할 문제가 없지 않다.

일례로 문금현(2006:148)에서는 '보다'의 다의성에 대해 논하면서 '볼
낯이 없다'와 같이 의미가 반투명한 경우와 '손을 보다'에서처럼 의미가
불투명한 경우 등에 대해 구별하여 가르쳐야 하며, 후자의 경우는 '보다'의
2차적인 기능을 통해서 형성된 의미임을 설명해 주어야 한다고 논하고 있
다. 또한 '보다'를 구성 요소로 하는 관용구절 항목들을 체계적으로 정리하
여 의미의 투명성 정도에 따라 구분해 보는 1차 작업이 선행되는 것이 좋
겠다는 의견도 제시하고 있다. 그리고 그 교육 순서에서는 기본 의미를
우선적으로 가르치고, 파생 의미는 사전에 있는 의미 파생의 순서를 기본
으로 삼되, 의미의 사용 빈도나 말뭉치상의 빈도를 종합적으로 판단하자도
논하고 있다(문금현 2005c:81). 이에 따르면 '보다'의 다의어 학습 순서는
다음과 같다고 볼 수 있을 것이다.

(20) '보다'의 의미 교육의 순서(문금현 2005c에 의거)

기본 의미의 '보다'	반투명한 의미의 '보다'	불투명한 의미의 '보다'
"한강을 보다"	"볼 낯이 없다"	"손을 보다"
우선적으로 제시	사용 빈도 및 말뭉치 상의 빈도에 따라 교육 순서 결정	사용 빈도 및 말뭉치 상의 빈도에 따라 교육 순서 결정

대체적으로 동사가 기본 의미를 갖고 쓰일 때는 많으므로, 기본 의미로
쓰일 때와 파생 의미로 쓰일 때를 구분하는 것은 바람직하다는 데 동의하

지만, 파생 의미에 대해서도 1차 파생 의미, 2차 파생 의미 등으로 구분하는 것은 의미론적이고 언어학적 측면이 강조된 면이 없지 않다.[30] 한국어 학습자에게 필요한 '보다'와 관련된 의미 지식은 단순히 '보다'가 갖는 의미론적 내용 지식이 아니라, 실제적으로 사용하고 활용할 수 있는 지식이 되어야 한다. 의미의 반투명성이나 투명성 등에 따른 '보다'의 다의성보다는 '보다'와 함께 어울려 자주 쓰이는 용례들을 통해서 실제적으로 한국어 학습자가 나타내고자 하는 표현들을 사용할 수 있도록 하는 것이 더 바람직할 것이다.

이를 테면, 상기한 논의에서 '볼 낯이 없다'는 '보다'의 의미가 어느 정도 느껴지는 예이며, '손을 보다'의 경우는 그렇지 않은 것이라 하더라도, 실제로 일상생활 가운데서는 '고치다', '혼을 내다', '확인하다' 등의 의미를 나타내기 위해 '손을 보다'를 배우는 것이 더 우선적인 일이 된다. 이러한 기준으로 본다면, '시험을 보다', '손해를 보다' 등이 '손을 보다'의 경우보다도 더 기본적이고 우선적으로 제시되어야 할 것이다. 이렇게 보면, '보다'의 다의성을 교육적으로 논할 때에 의미의 파생 단계나 파생의 정도가 절대적인 기준이 될 수는 없음을 알 수 있다. '보다' 자체의 의미적 유연성이나 이와 관련된 관용구 판단 여부, 의미 파생 절차 등의 언어학적·의미론적 기준이, '보다'와 관련된 여러 다의적 용법의 사용 빈도와 일치한다고 볼 수는 없기 때문이다.

성인 학습자의 경우 다의어, 관용구, 비유적 용법 등 여러 패턴이나 언어적 연속체(collocational continuum) 등에 대한 지식은 단순한 어휘처럼 처리

---

30 지금까지 소개된 어휘 교육 관련 논의들이 대체로 이러한 경향을 띠고 있다고 해도 과언이 아니다. 가령, 어휘 교육에 있어서, 상하의어, 반의어, 유의어, 동음어 등은 물론, 의미장 이론까지 거론되고 있는 것을 보면, 한국어 교육을 위한 어휘 교육론이라기보다는 그냥 어휘 의미론의 교육론과 같이 느껴질 때도 있다. 이 자체가 문제라고 할 수는 없지만, 상하의어, 반의어 등이 기본적으로 언어에서 어휘를 분리시켜 그 자체만의 구조적인 체계를 염두에 두는 구조 의미론적 시각에 바탕을 두고 있다는 점은 고려할 필요가 있다고 하겠다.

되는 경향이 있는 것으로 알려져 있다. 즉, 성인 학습자의 경우 어떤 동사가 포함된 언어적 연속체를 분석하여 그를 구성하고 있는 단어의 의미적 통사적 분석을 꾀하기보다는 그 전체를 하나의 단어처럼 간주한다는 것이다. 이런 면에서 의미적 유연성 여부에 따른 다의어, 관용구의 구분보다는 그 활용도에 따라 학습자들에게 제시하는 것이 더 효과적이라고 볼 수 있다.

이상에 언급한 네 가지의 동사 교육 관련 논의들을 통해서 보았을 때, 문법 교육에서의 통사 교육과 의미 교육에서 동사의 다의어 교육의 문제가 가장 두드러지는 문제임을 알 수 있다. 언어가 기본적으로 형태와 의미라는 두 양면성을 띠고 있다는 사실을 상기해 볼 때, 동사는 통사적 중추로서 문법적·형태적 특성은 물론, 다의에 의한 의미 확장 또는 관용적 쓰임이라는 어휘적·의미적 특성을 동시에 갖고 있다고 할 수 있다. 따라서 조사 자체의 기능에 역점을 두거나, 혹은 연어 등의 어려운 개념을 도입하여 교수하지 않더라도, 개별 동사에 대한 충분한 통사적·의미적 특징의 교수를 통해 위의 이들 오류들의 상당 부분을 해소할 수 있다. 이들 오류를 해결하기 위한 방법으로 격 조사의 교육이나 연어 교육의 강화를 찾는 것은, 전통적으로 문장과 담화의 핵심으로 간주되어 온 동사는 도외시하고, 그 주변적인 요소, 즉 격 조사나 명사들을 통해 올바른 동사의 용법을 교수하려는 것이나 다름없다. 이는 분명히 올바른 문제 해결법이라고 보기 어렵다고 할 것이다.

2. 왜 '패턴'인가?

패턴의 개념과 효용

2.1. 패턴(pattern)의 개념과 역사

패턴은 일종의 어휘적 덩어리(lexical chunk)로서, 그 일반적 정의는 Hunston and Francis(1999:37)에 따라 다음의 세 가지 요건을 만족하는 것을 가리킨다. 첫째, 어떤 어휘의 결합이 상대적으로 자주 나타나고, 둘째, 이 경우 어떤 어휘가 다른 단어를 선택하는 관계로 볼 수 있으며, 셋째, 그러한 결합이 분명한 의미를 가질 때를 가리키는 것이다. 이를 간단하게 말하면, 패턴이란 분포상 인접한 어휘들이 하나의 분명한 의미를 가짐으로써 상호 긴밀성을 갖게 되는 어휘의 결합 관계를 뜻한다고 하겠다.

이러한 패턴의 정의는 전통적인 '기본 문형'(sentence pattern)에서 말하는 문형으로서의 '패턴'과는 다르다. 기본 문형은 분석을 추구하는 문법관에 기초하고 있고, 언어의 통사 구조(structure)를 보여주기 위한 간단한 얼개라면, 패턴은 형태나 어휘를 일련의 연속체(sequence)로 본다는 특성이 있다. 형태의 연속체라는 관점에서 볼 때, 상대적으로 자주 공기(co-occurrence)하는 어휘나 형태들을 볼 수 있는데, 바로 이러한 언어의 특징에 주목하기 시작한 것이 패턴 인식의 출발점이라 할 수 있다. 그런 점에서 패턴을 논할 때에는 패턴 내부에 있는 어휘 간의 문법적 관계는 그다지 중요하게 간주되지 않으며, 하나의 패턴에 몇 개의 어휘가 포함될 수 있는지에 대한 이론적 제약도 없다는 특징이 있다.[1]

패턴은 말뭉치를 기초로 하는 전산 언어학의 발달과 더불어 더욱 주목을 받고 있지만, 그 최초의 인식은 언어 교육적인 관점에서 출발하고 있다. Hornby(1954)의 *A Guide to Patterns and Usage in English*의 서문에는 '분석적인 문법도 유용하지만, 무엇보다 언어 학습자들은 영어 문장의 패턴을 알아야 하며, 어떤 단어가 어떤 패턴에서 사용될 수 있는지를 알아야 한다'고 말하면서, 이에 따라 주요 문법 범주인 동사, 명사, 형용사를 중심으로 각각의 패턴을 정리하고 있다. 아래에 몇 가지 패턴의 유형과 용례를 들어 보도록 한다.

(1) Hornby(1954)의 패턴 유형과 예
  a. 동사 패턴 : verb + noun + adjective
      (They proved him wrong)
  b. 명사 패턴 : noun + to-infinitive
      (Anne's desire to please her mother-in-law)
  c. 형용사 패턴 : adjective + preposition + noun
      (Are you afraid of the dog?)

(1)에서 볼 수 있는 특징은 일련의 통사적 구성을 패턴으로 간주하고 있다는 데 있다. 즉, 주요한 통사 범주들에 대한 분석적 관점이 아니라,

---

1 이러한 패턴의 특징은 전산 언어학적 관점에서 '연어'(collocation)를 살핀 Sinclair (1991:170)의 언급에서 인용한 것이다. 이 책의 '패턴'과 Sinclair(1991)의 '연어'는 약간 다르지만 전산 언어학적인 면에서 본질적인 취지는 같으므로 여기에 인용한 것임을 밝혀둔다.

통사 구조 자체를 하나의 패턴으로 보고 있는 것이 특징이라 하겠다. 또한 Hornby(1954)는 위의 각 패턴에서 사용될 수 있는 동사나 형용사 명사들을 일목요연하게 정리하여, 패턴과 어휘를 매우 밀접한 관계에서 보고자 했다. 이는 문법과 어휘를 분리하지 않는 시각을 갖고 있음을 암시한다.

이후 생성 문법의 발달과 더불어, 통사와 어휘를 독립적으로 보는 시각이 우세해지고, 문법을 통사 규칙의 조합으로 보는 문법관이 자리를 잡아갔지만, 패턴 연구는 오히려 사전학, 언어 교육, 그리고 심리 언어학 등 다양한 학문 분야에서 새롭게 주목을 받기 시작했다. Melčuk(1988)에서의 'phrasemes'는 사전학적 관점에서 본 패턴이며, Nattinger and DeCarrico (1989)의 'lexical phrase'나 Krashen(1981)의 'prefabricated routines and patterns'는 언어 교육론은 물론 심리 언어학적인 관점도 겸하고 있는 패턴이라 할 수 있다.

이렇듯 패턴에 대한 관심이 다양한 학문에 걸쳐 인지되었다는 사실은, 그만큼 이 용어의 개념이 연구자나 연구 분야에 따라 대동소이하게 정의될 수 있음을 시사한다. 최근의 말뭉치 언어학을 기반으로 한 연구에서 복수어(multi-word)나 인접 공기어(adjacency co-occurrence) 등도 여기서 말하는 패턴과 비슷하지만, 그 정확한 개념 정의는 조금씩 다를 수 있다. 이러한 이유로, 이 책에서는 특히 언어 교육적인 관점에서 논한 패턴의 개념들을 위주로 살펴보고자 한다.

언어를 일련의 연속체로서 바라보는 관점에서 가장 두드러지는 발견의 하나는, 어떤 어휘나 형태의 결합이 갖는 긴밀성이 정도성의 차이를 갖는다는 사실이다. 어휘 결합체의 긴밀성 문제에 대한 논의로서 Howarth (1998a)에서 보이는 네 가지 연어적 연속체(collocational continuum)의 구분은 대표적인 예로 잘 알려져 있다. 이를 아래에 보이도록 한다.

(2) 언어적 연속체 (Collocational continuum, Howarth 1998a:28)

	자유 결합 free combinations	제한적 연어 restricted collocations	비유적 관용어 figurative idioms	순수 관용어 pure idioms
어휘적 조합 (동사+명사) lexical composites	blow a trumphet	blow a fuse	blow your own trumphet	blow the gaff
문법적 조합 (전치사 + 명사) grammatical composites	under the table	under attack	under the microscope	under the weather

←――――――――――――――――――――――――――→

투명　　　　　　　　　　　　　　　　　　　　　불투명

여기서 자유 결합(free combinations)은 어휘들이 그 각각의 의의를 갖고 자유롭게 결합된 형식을 이르며, 제한적 연어(restricted collocations)는 기본 명사에 대해 동사, 형용사, 전치사 등이 특별한 관계를 맺고, 어떤 맥락에서는 비유적인 의미로도 사용될 수 있는 연어를 가리킨다. 한편, 비유적 관용어(figurative idioms)는 해당 구성 전체가 은유적으로 사용되는 경우로서, 그 구성 어휘들의 표현에서 어느 정도 유추할 수 있는 것이며, 마지막으로 순수 관용어(pure idioms)는 구성 어휘들의 축자적인 의미로는 이해할 수 없는 구성을 이른다.

(2)에서 보인 네 가지 연어의 구분은 의미적인 투명성(transparency)을 기준으로 하여, 좌측의 항목은 의미적으로 투명한 것, 우측의 항목은 의미적으로 불투명한 것을 가리킨다. 어떤 통사적 조합은 생성 문법적인 관점과 같이 자유로운 결합이 가능할 수 있고, 어떤 조합은 하나의 어휘 단위처럼 고정된 것으로 볼 수 있는데, 양자의 차이는 극단적인 이분법적 논리가 아닌 정도성의 논리로 봐야 한다는 생각은 패턴에 입각한 언어 교육 이론이 갖고 있는 공통적인 인식이다.[2]

그런데 정도성의 차이를 전제로 하여 언어 교육 이론을 구상할 때에 대두될 수 있는 의문은, 외국인들이 패턴을 학습하는 것만으로도 목표 언어를 모어로 하는 화자들의 언어 능력을 습득할 수 있는가 하는 문제일 것이다. Cruttenden(1981:87)에 의하면 어린이들은 모국어를 배울 때 언어를 덩어리로 받아들이며 점차 덩어리를 분석적으로 보게 되어 문법 규칙에 대한 지식으로 확대된다고 말한다. 즉, 어린이들의 언어 습득은 항목 습득(item-learning)이 먼저이고, 그 뒤 스스로 음운과 형태 통사 등에 대한 인식으로 체계 학습(system-learning)이 이뤄진다는 것이다. 즉, 언어는 패턴으로 학습하고 이후에 점차 문법 규칙에 대한 습득으로 이어진다는 생각이다. 많은 언어 교육 이론들은 이러한 모어 화자의 언어 습득 과정과 외국어 학습자들의 언어 습득 과정이 비슷하다고 전제하고 그 나름의 언어 습득 모델을 제시하고 있다. 그 대표적인 예로 자주 인용되는 것은 (3)에서 보이는 Nattinger and DeCarrico(1992:12)의 도식이다.

(3) 언어 습득과 어휘구(lexical phrase)의 상관성

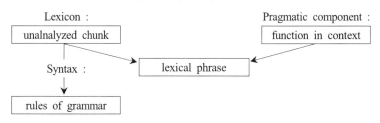

---

2 이분법(dichotomy)은 프라그 학파의 Trubetzkoy의 음운론에서 태동된 것으로 알려져 있다. 구조주의 음운론에서 음운들은 +와 -의 이가적 구분을 통해 그 체계가 도시되고 있다. 이 논리는 생성 의미론(generative semantics)과 성분 분석(componential analysis) 등의 의미 자질(semantic feature) 등으로도 이어진다. 이에 대해 정도성 개념은 이가적 기술이 아닌 다가적 기술과 관련된다. 즉, 특정 언어 단위와 자질은 여러 위계에 걸친 정도의 문제로 볼 수 있다는 생각이다. 이러한 정도성 논의는 이분법적 시각을 비판하는 '경계의 모호성'이나 '가장자리 원리' 등을 제시하는 인지 의미론적 시각과도 부합하며, 최근의 언어학 이론에서도 각광을 받고 있다. 국내에서 정도성과 관련한 선구적인 논의로는 문장의 의미를 요청의 정도성으로 파악한 박영순(1992), 격조사의 생략의 순위를 정도성으로 다룬 권재일(1989) 등을 꼽을 수 있다.

(3)은 일종의 패턴이라 할 수 있는 어휘구(lexical phrase)를 중심으로 어휘부와 통사론, 그리고 화용론이 관련을 맺고 있는 방식을 보여준다. 이 도식의 의미는 다음과 같다. 어린이들은 모어를 '분석되지 않은 덩어리'(unanalyzed chunk), 즉 패턴의 형태로 배우는데 덩어리로서의 형태를 발화하면서 자연스럽게 특정한 어휘구가 갖는 '맥락에서의 기능'(function in context)을 알게 된다. 가령, 'I-want-to-go'와 같은 문장은 분석되지 않은 덩어리 형태로서의 '[aʸwanəgəʊ]'와 같은 형태로 익히며, 점차 'I-want-to-get-up', 'I-want-my-ball', 'I-want-a-cookie' 등을 익히면서 이 중 'I-want'는 맥락에서 '요청'의 기능을 갖는 어휘구(lexical phrase)임을 인지한다. 이러한 과정이 반복됨에 따라서 어린이들은 점차 '통사 규칙'(rules of grammar)을 자연스럽게 습득하게 된다는 것이 위 모델에서 말하는 언어 습득 과정이다.

그런데 위와 같은 모델은 두 가지의 문제점을 갖고 있다. 그 하나는 통사적으로는 문제가 없으나 모국어 화자들에게는 자연스럽지 않게 받아들여지는 예들이 다수 존재한다는 사실과 관련된다. 가령, 다음과 같은 한국어 학습자의 오류는 통사적으로는 문제가 없으나 의미적으로 이상하게 받아들여지는 예들이다.

(4) 한국어 학습자의 부적절한 동사 사용 오류의 예
   a. *친구와 여자 친구가 나를 기숙사에 배달해 주었습니다.(= 1장 (18b) 예문 재인용)
   b. *갑자기 눈 앞에서 교통사고가 출현했어요.
   c. *?일본의 문화와 경치가 나를 깊이 흡인합니다.

의미론의 관점에서는 (4)의 각 오류들을 일종의 연어 제약(collocational restriction)의 문제로 본다. 즉, (4a)의 '배달하다'나 (4b)의 '출현하다', 그리고 (4c)의 '흡인하다'의 개념적 의미는 각각 '어떤 장소로 옮기다', '나타나다', '빨아들이다'의 뜻을 갖지만, 이들은 어휘 자체의 문제가 아닌 공기 제약에 의해서 (4a)의 '나를', (4b)의 '교통사고가', (4c)의 '나를' 등과 어울릴 수 없는 것으로 설명하는 것이다.3

이에 대해서 Nattinger and DeCarrico(1992:14~6)는 어린이들이 통사적으로 적법한 문장을 생성했을 때 그것이 화용론적으로는 받아들여지지 않는 '수용 가능성의 제한'(limits of adaptibility)을 경험하는데, 이는 기본적으로 화용론의 영역인 동시에 통사론과도 관련이 있다고 설명하고 있다. 어떤 면에서는 이 문제가 위 도식의 lexical phrase, 즉 어휘구나 어휘부와도 관련이 있을 것 같은데, Nattinger and DeCarrico(1992)에서는 그에 대한 언급이 없다.

또 하나의 문제는 외국인 학습자들이 모어 학습과 반드시 동일한 습득 과정을 밟는 것 같지 않다는 심리 언어학적 연구 결과와 관련된다. 위 (3)의 모델은 기본적으로 분석되지 않은 덩어리의 학습을 통해서 은연 중 통사 규칙을 학습하는 것을 기대하고 있다. 그런데 Krashen and Scarcella (1978), Yorio(1980), 그리고 Weinert(1995) 등에서는, 모어 습득과 달리 외국어의 습득에 있어서 고정적인 표현의 학습이 문법 규칙의 자연스러운 학습에 도움이 되는지는 불확실하다고 논하고 있다. 최근의 신경언어학 (neuro-linguistics)의 연구에서도 어휘나 연어적 연속체들에 대한 뇌의 반

---

3 선택제약(selectional restriction)이나 연어 제약(collocational restriction)은 Cruse (1990)에서 제시된 개념이다. 선택 제약은 어휘 자체의 의미로 인해 모순이 되는 경우를 뜻하는 것으로 이를테면 '나는 책상을 죽였다'와 같은 경우가 선택 제약을 위반한 경우라 할 수 있다. 반면, 연어 제약은 위에서 보는 것처럼 어휘 자체의 의미와 무관하게 공기 관계가 성립하지 않는 경우를 뜻한다. 이에 대한 자세한 논의는 임지룡(1995:204~5) 참고.
그러나 연어 제약이라 할 만한 것들이라도, 어휘 자체에 세부적인 의미 자질(semantic feature)을 명세하면 선택 제약의 문제로 볼 수 있다. 이는 성분 분석(semantic analysis) 이론이나 컴퓨터를 이용한 언어 처리에서 취하는 관점이기도 하다. 가령 (4a)의 '배달하다'는 '사람이 아닌 것을 대상으로 한다'는 속성을 '배달하다' 자체의 의미에 귀속시킨다면, (4a)의 오류는 선택 제약의 위반으로 볼 수도 있다.

응과, 문법적 규칙을 적용할 때에의 뇌의 반응이 다르게 나타난다고 하는 것을 보면, 성인들이 외국어를 학습할 때에 연어적 연속체를 분석하여 문법 규칙화하지는 않고, 패턴은 분석되지 않는 덩어리로만 인식한다고 볼 수도 있다(Granger 1998:156~7, Richards 1983:115).

이상에 거론한 두 가지 문제에 대해서 최근의 언어 교수 이론인 어휘적 접근법(lexical approach)에서는 보다 적극적으로 연어(collocation)의 개념을 앞세워 이들 문제를 해결을 도모하고 있다. 어휘적 접근법은 기존의 패턴의 관점과 유사한 입장에서 각종 언어 교육 이론의 기반이 되는 제 논의들을 아우르고 있는 특징이 있으므로, 이를 좀 더 자세하게 소개하고자 한다.4

어휘적 접근법에서의 연어(collocation)는 기존에 잘 알려진 긴밀한 결합 관계를 갖는 어휘들을 뜻하는 정도에 그치지 않고, Howarth(1998a)의 통사적 자유 결합을 포함하는 네 가지 연어적 연속체 모두를 연어라고 할 만큼 매우 포괄적으로 정의되고 있다는 점이 특징이다(Lewis 2000:130~4 참고), 즉, 패턴이라는 관점에서 볼 때, 어휘적 접근법에서의 연어는 Nattinger and DeCarrico(1992)에서의 어휘구(lexical phrase)보다는 더 넓은 외연을 갖는다고 할 수 있다.

이러한 폭넓은 연어의 정의는 앞서 들었던 Nattinger and DeCarrico (1992) 모델에서 보이는 두 가지의 문제, 즉 통사적으로 적법하지만 의미가 자연스럽지 않은 문제와, 덩어리로 학습하는 것이 통사 규칙의 습득에 별 영향을 주지 못한다는 문제에 대해 공통적인 해답을 제공하고 있다. 즉 언어를 연어 위주로 배우게 되면 자연스럽지 않은 어휘 복합체를 경험

---

4 Lewis에 의해 주창된 어휘적 접근법(lexical approach)은 정대성(2000)에서는 '어휘적 구성 접근법'으로 소개되고 있다. 연어를 통한 언어 교육이라는 어휘적 접근법의 취지를 생각해 본다면 '어휘적 구성 접근법'이 좀 더 분명한 번역어라 생각되지만, 이 논의를 소개하는 국내 논의의 대부분이 '어휘적 접근법'이라는 용어를 취하고 있으므로, 이 책에서도 '어휘적 접근법'이라 명명하도록 한다.

할 일이 별로 없게 되며, 광의의 연어 개념은 통사적 자유 결합에 가까운 것까지도 포함되므로 통사적 규칙의 은연 중 습득은 도모할 수 있다는 생각이다.

어휘적 접근법의 초점은 사실 연어 그 자체에 있는 것이 아니라, 어휘를 중심으로 하는 언어 습득의 방법에 모아져 있다. 이는 다음과 같은 어휘적 접근법의 대전제에서도 짐작할 수 있다. - '언어는 문법화된 어휘 집합이지, 어휘화된 문법은 아니다'(Lewis 2000:137).[5] 어휘적 접근법이 갖는 두드러진 특징은 다음의 세 가지로 요약된다.

(5) 어휘적 접근법의 특징
  a. 언어는 단어들이 들어갈 빈칸을 가진 '커다란' 구조로만 볼 수는 없다.
  b. 언어 교육에서 문법과 어휘를 구분하는 것은 무의미하다.
  c. 고정된 어휘의 조합과 그렇지 않은 조합 사이에는 연속성이 존재한다.

(5a)는 외국어 학습자들에게 문법을 제시하였을 때, 문법 규칙을 과도하게 적용하여 때로는 모어 화자의 직관으로는 '자연스럽지 않은' 문장을 만들어 내는 현상에서 말미암은 주장이다(Lewis 2000:148). 문법적인 과도한 생성은 고급 학습자에게서 흔한 일로서, 이들에게는 연어 구성을 교육하는 것이 더 큰 의미가 있다고 한다. Nesselhauf(2003)에서 독일어권 학생들이 고급 수준에서 영어를 배울 때 가장 많이 보이는 오류로서 이러한 부자연스러운 예들을 지적하고 있는 것이나,[6] 최근의 신자영(2005:187)에

---

5 "It is insight - that language consists of grammaticalised lexis, not lexicalised grammar - which is the single most fundamental principle of the Lexical Approach." 한국어 교육계에서도 최근 어휘 교육에 대한 관심이 증가하면서 이 이론에 대한 응용 가능성 등이 논의되고 있다. 대표적으로 강현화(2004), 한송화·강현화(2004), 신자영(2005), 강현화(2005a), Lee-Smith(2005) 등에서 이론에 대한 소개와 그 적용 방안 등에 대한 개괄적인 연구들이 진행되고 있다.

서 한국어의 경우 연어 관련 오류는 쉽게 줄어들지 않고, 한국어 중고급 학습자의 경우에는 외국어 학습 시 나타나는 대부분의 오류가 연어와 관계있다고 지적한 것 등은 어휘적 접근법적 시각에 설득력을 더해준다고 하겠다.

(5b)는 앞서 들었던 Hornby(1954)의 패턴 개념에서 볼 수 있었던 기본 태도이기도 한데, 문법은 항상 어휘의 실현에 의해서만 의의를 가지며 어휘가 없는 문법은 존재할 수 없다는 점에서 문법과 어휘의 구분은 무의미하다는 것을 의미한다. 어휘적 접근법에서는 언어 학습에서 문법과 어휘의 이분법을 고려하지 않고, 어휘의 패턴을 학습함으로써 자연스럽게 문법이 습득될 수 있을 것으로 기대한다. 반면, 전통적인 언어 교수법에서는 어휘 교육과 문법 교육이라는 두 가지를 서로 구분하여 가르치되, 고정 표현은 어휘 교육의 일부로 간주하고, 주로 문법 규칙을 통한 자유 결합을 강조한다. 어휘적 접근법은 이와 같은 전통적인 언어 교수법이 구별하고 있는 어휘 교육과 문법 교육의 문제에 대해서, 제2 언어 학습자들은 수많은 어휘들을 학습함과 동시에 이를 조합하여 말할 수 있도록 노력해야 하므로, 학습자들의 오류가 많은 것은 당연하다는 입장이다(Lewis 2000:15)[7].

그런데 (5b)는 문법 교육과 어휘 교육이 엄밀하게 구분되기가 어렵다는 특성을 염두에 둔 것일 수도 있다. 앞서 든 Howarth(1998a)의 연어적 연속체의 도식에서도 볼 수 있었지만, Pawley and Syder(1983) 역시, 어떤 언어에나 어느 정도 고정된 표현과 그보다 덜 고정된 표현(more or less prefabricated

---

6 이 논의에서도 규칙에 의한 자유 결합(free combination)에서는 오류율이 낮으나, 어느 정도 굳어진 연어 구성 등에서는 오류율이 높게 나오는 것이 고급 학습자들의 특징이라고 보고하고 있다. 특히 이는 모국어의 영향에 의한 것이 많다고 한다 (Nesselhauf 2003:235).

　예) *make(√do) homework < Haufsaufgaben machen
　　 *train one's muscles(√to exercise) < seine Muskeln trainieren

7 "This view of language has meant that students have learned to name a lot of things - an extensive vocabulary, predominantly nouns - and then struggled to use grammar to talk about those things. No wonder students make so many grammar mistakes!"

expression)들이 존재하고, 이런 것들이 문법 교육과 어휘 교육의 구분을 모호하게 한다고 지적한 바 있다(Altenberg 1998:101 재인용). 이는 (5c)의 명제, 즉 어휘 결합 관계의 긴밀성은 정도성의 차이를 보인다는 논의로 이어진다.

그렇지만 (5b)나 (5c)를 통해서 정작 어휘적 접근법이 강조하고 있는 것은, 연어를 통한 자연스러운 문법의 습득이다. 이러한 생각은, 언어는 매우 많고 작은 패턴들로 구성돼 있으며, 다양한 정도의 고정된 표현과 일반적 표현, 즉 통사적 자유 결합이 사용되고 있는데, 이는 모두 단어를 통해 구성되는 것이므로, 근본적으로 모든 단어는 그 자신의 문법을 갖고 있다고 한 Lewis(2000:137)의 주장에서 잘 읽을 수 있다. 일찍이 Nation(1990:31)에서도 하나의 단어를 안다는 것은 그것의 문법 구조와 공기 관계에 관한 지식까지 포함하는 것을 의미한다고 논한 바 있다.[8] 따라서 어휘 결합체 내부의 어휘 간 긴밀성의 정도가 어떻든지, 또는 문법 교육과 어휘 교육을 분리하는 것이 의미가 있든 없든, 연어를 이용하여 언어 교수를 하면 문법 학습은 자연스럽게 이뤄질 수 있다고 보는 것이 어휘적 접근법이 갖는 기본 신념이라 할 수 있다.

비록 어휘적 접근법과 패턴은 각론적인 면에서 약간 상이할 수 있으나 그 대의나 기본 입장은 같다. 첫째로, 패턴이라는 덩어리의 학습을 통해 자연스러운 표현의 생성이 가능하다고 생각하는 점, 둘째로 규칙으로서의 문법이라기보다는 어휘적 덩어리로서의 문법을 염두에 둔다는 점, 셋째로 문법적 규칙은 이러한 덩어리 구조의 학습에 대한 연습을 통해 가능하다는 점이다.

---

8 이러한 생각은 국어교육에서 어휘 교육의 방향을 논하고 있는 신명선(2004)에서도 보인다. 어휘 교육은 정태적 존재로서의 어휘(usage in vocabulary)가 아니라 사용으로서의 어휘(use in vocabulary)가 돼야 한다는 것이다. 따라서 한 가지 단어에 대한 지식과 그에 대한 절차적 지식의 첨가는 그 단어에 대한 완전한 이해와 사용으로 이어진다고 보기 어렵다는 주장에는 이 책도 동의한다.

이상에서 볼 때, 패턴은 그 유래가 언어 교육적인 관점에서 출발한 만큼, 최근까지 각종 언어 교육 이론을 중심으로 매우 각광을 받고 있으며, 모어 화자의 언어 습득 능력과 외국인의 언어 습득의 방식이 비슷하다는 전제 하에, 패턴에 의한 언어 습득을 강조하고 있다는 공통점을 갖고 있다고 정리할 수 있다.

또한, 언어 교육 이론에서도 패턴이 '어휘구' 또는 '연어' 등으로 다양하게 불려 왔으며, 근본적으로 패턴의 한 종류이기는 하지만 저마다 의미가 조금씩 다르다는 점도 볼 수 있었다. 이것은 연구 목적이나 이론이 지향하는 목표에 따라서 조금씩 패턴의 의미를 달리 규정할 수 있음을 시사한다. 이상에서 소개한 논의들이 영어를 바탕으로 하는 연구들이었음을 볼 때, 언어 유형적으로 조사나 어미 등의 문법 형태가 발달한 한국어에 패턴을 적용하기 위해서는 그 개념이나 범위에 대한 명확한 규정이 불가피하다고 하겠다.

2.2. 패턴의 범위와 유사 개념어들

앞선 2.1의 모두에서 패턴은 일종의 덩어리 항목(chunk)로서, 긴밀한 결합 관계를 보이며 그 의미가 분명한 복합 어휘 구성을 가리킨다고 정의한 바 있다. 또한, 패턴은 특정한 통사 구조와는 무관하게 일정 이상의 빈도로 나타나는 어휘의 연쇄 자체를 일컫는다고 밝힌 바 있다. 이 절에서는 한국어 교육에서 언급된 각종 패턴 관련 논의들을 살피면서, 특히 동사의 통사 및 의미 교육을 위한 패턴의 범위를 좀 더 구체적으로 논하고자 한다. 아울러, 이 책의 '패턴'이라는 용어 외에 다른 적절한 술어가 없는지 함께 생각해 보도록 한다.

전술한 어휘적 접근법에서도 '연어'가 거론된 바 있지만, 일반적으로

'연어'라고 불리는 것들 중 상당수가 패턴에 속한다고 볼 수 있다. 특히 한국어 교육에서는 자주 거론되는 표현 항목(이미혜 2002), 표현 문형(민현식 2004, 석주연 2005), 구문 표현(최윤곤 2004)도 패턴과 유사한 개념이며, 전산 언어학에서의 복수어(강승식 1993), 인접 공기어(홍종선 외 2000, 박병선 2003) 등도 패턴과 대동소이하다고 볼 수 있다. 이렇듯 패턴과 관련된 유사 개념들이 많음에도 불구하고, 이 책에서 굳이 기존의 유의어들을 수용하지 않는 데는 다음과 같은 이유가 있다.

먼저, 연어는 주로 실질 형태와 실질 형태의 결합 관계나 공기 관계를 가리키며, 그 결합에 있어 긴밀성이 있는 경우를 가리키는 것이 일반적이다. 이에 반해 패턴은 그 정의에서 볼 때 연어보다는 좀 더 넓은 의미로 해석될 수 있다. 즉 앞서 보인 Hunston and Francis(1999)의 패턴에 관한 일반적인 정의에서 '어휘'라는 말을 한국어의 형식 형태소까지도 포함되는 것으로 좀 더 넓게 본다면, 문법 형태와 실질 형태, 혹은 문법 형태만의 긴밀한 결합도 패턴에 포함될 수 있는 것이다. 연어를 실질 형태 간의 결합 관계로 본다면, 한국어에서 보이는 다음과 같은 긴밀한 결합 관계 혹은 공기 관계는 전형적인 연어로 분류될 수 없을 것이다.

(6) 패턴이지만 전형적인 연어로 인정되지 않는 예
   a. -에 따라 : 책에 나온 방법에 따라 요리를 했다.
   b. -에도 불구하고 : 주변의 만류에도 불구하고 길을 나섰다.
   c. -은/는커녕 : 떡은커녕 물 한 잔도 못 마셨다.

(6)의 각 예는 '문법 형태 + 실질 형태'가 보여주는 긴밀한 공기 관계를 보여주고 있다. 이들은 어느 정도 문법화가 진행된 것으로서, 사실상 이들을 분석하여 보는 것이 한국어 학습자들에게는 불필요한 일이라 판단하여, 각급 교육 현장에서는 이들 하나하나를 어휘적 덩어리(lexical chunk) 항목

으로 가르치고 있다.

이들에 대해서 이희자(1995)의 '형태적 연어'나 김진해(2000)에서의 '형태·통사적 연어'라는 이름을 고려해 봄직도 하다. 그러나 이들 용어는 태생적으로 '형태론', '통사론'과 같은 문법적 사고 위에 바탕을 두고, 그 정의조차 까다로운 '연어'라는 용어에 기대어 있는 모양을 띠고 있다. 이들 용어를 굳이 사용하지 못할 이유는 없지만, '-에 따라'나 '-에도 불구하고', '-는커녕' 등 전체를 분석하지 않고 통합된 형태의 덩어리로 보는 관점을 추구하는 입장에서, 구태여 '형태론', '통사론' 등 문법 분석적 관점이 강한 용어를 사용하는 것은 한국어 교육의 관점에서 그리 바람직해 보이지 않는다.

또한 연어가 갖는 내부적인 특성을 염두에 둔 논의에서는 대체로 연어를 구성하는 어휘 또는 어휘소 간의 관계를 중시하는 경향이 있다. 이렇게 볼 때, (6)과 대를 이루는 다음의 (7)은 연어라고 보기 어려워진다.

(7) 특정 명사화소와 결합되는 패턴의 예
    a. -음에 따라 : 마트가 번성함에 따라 주변 시장들이 기울기 시작했다.
    b. -음에도 불구하고 : 쉬운 일이 아님에도 불구하고 또 한다는 건 뭐냐.
    c. -기는커녕 : 떡을 먹기는커녕 보지도 못했다.

(6)에서 보인 '-에 따라', '-에도 불구하고', '-는커녕' 등은 선행하는 요소로서 절이 위치할 때 각각 (7)에서처럼 '-음에 따라', '-음에도 불구하고', '-기는커녕' 등과 같이 특정 명사화소(nominalizer)와 결합된다는 특징이 있다. 이 경우 '-에 따라'나 '-에도 불구하고'가 명사화소 '-음'과만 결합된다는 것은 '따르다'나 '불구하다'라는 어휘나 어휘소에 의한 것이 아니라, '-에 따라', '-에도 불구하고' 그 전체의 구 구성에 의한 것으로 보인다. 이렇게 볼 때, 연어에 대한 종합적 고찰을 보이고 있는 김진해(2000:20)에서

'특정 어휘가 다른 어휘를 요구함으로써 발생하는 어휘소들 간의 제한적 공기관계'라고 하는 것이나, 이동혁(2004:36)에서 '의미 분절로 인하여 의미 계열이 다른 어휘소들이 맺는 직접적인 어휘 관계'라고 한 것들은 (7)과 같은 예들을 연어로 포함시키지 못하는 한계를 갖는다. 왜냐하면, 이들 논의에서는 단지 어휘가 다른 어휘와 맺는 관계만 명시돼 있을 뿐, 어떤 어휘적 덩어리 구성이 다른 어휘와 맺는 관계까지는 포괄하지 못하는 까닭이다.

하지만 한국어 학습자의 오류를 보면, (7)의 각각을 하나의 긴밀한 구성으로 보는 것이 좋다는 점은 충분히 짐작할 수 있는 것이다. 한국어 학습자에게 '-음', '-기', '-은/는/을 것' 등은 모두 기능상 동일한 '명사화를 위한 형태'로 인식될 뿐이어서, 어떤 어휘나 구 구성이 특정한 명사화소를 요구한다는 정보는 매우 중요하게 학습되어야 할 필요가 있다. 이것은 아래의 (8)과 같이 주로 고급 학습자에게서 나타나는 오류가 시사하고 있는 것이다.

(8) 한국어 학습자의 명사화소 관련 오류의 예
 a. 나는 젓갈에 아무 관심도 없었기 때문에 강경 읍내의 젓갈 상가를 그냥 *지나가는 것이(√지나가기가) 일쑤였다.
 b. 경제적으로 화폐와 도량을 *통일시키기(√통일시킴)에 따라 지방과 지방의 경제과 쉽고 더 빠르게 발전되었다.

이들 (8)은 고급 학습자의 작문에서 선별한 것들이다. 한국어 학습자들에게서 '-음', '-기'를 포함하여 명사화소 '-은/는/을 것'이 서로 구별 없이 사용하거나, 혹은 모든 명사화에 있어서 '-은/는/을 것'을 전용하는 오류는 흔한 것으로서, 이들 명사화소에 대한 충분한 의미 기능 설명으로는 그 각각의 올바른 쓰임을 제시하기 어렵다. 그런 점에서 (8a)~(8b)는 각각 '-기 일쑤이다', '-음에 따라' 등을 하나의 긴밀한 구성, 즉 패턴으로 간주하여 이들 전체 구성을 하나의 교육 항목으로 교수하는 것이 바람직하다. 이런 면에서 일반적인 '연어'에서 제외되는 이들 '-기 일쑤이다', '-음에 따라'를 적극적으로 논의의 범위에 포함시키기 위해서라도 기존의 '연어'보다는 넓은 외연을 갖는 용어로서 이 책은 '패턴'이라는 용어를 쓰고자 한다.

연어와 더불어 패턴과 유사한 개념으로 들 수 있는 것은, 최근 한국어 교육계에서 흔히 사용되고 있는 '표현 항목'(이미혜 2002), '표현 문형'(김유미 2002), 또는 '구문 표현'(최윤곤 2004) 등이다. 그런데 표현 항목이나 표현 문형은 대체로 패턴 중에서도 특히 연어와 같이 어휘적 성격이 강한 것보다는 '-에 따라', '-에도 불구하고', '-는커녕' 등 문법적 성격이 강한 형태·통사론적 연어들이 중심이다. 이미혜(2005b:43)에 따르면, 표현 항목이란 문법 교육을 위하여 교육적으로 구성된 문법 항목 중에서 복합 어휘로 된 것들을 가리킨다. 또한 방성원(2002)에서는 국어 문법이 형태소를 중시하는 데 반해, 한국어 교육 문법은 형태의 분석보다는 단일한 의미 개념을 드러내거나 화행 기능을 수행하는 단위를 중시한다고 하였다. 이렇게 볼 때 '표현 항목'의 정의에서 '복합 어휘'란 단일한 의미 개념을 드러내는 문법적·화용적 기능 단위라 할 수 있다. 이런 점에서 보면 '표현 문형'이나 '구문 표현' 등도 모두 유사한 부류로서 형태·통사론적 연어와 비슷하며, 이를 한국어 교육적인 관점에서 조명한 용어라고 할 수 있겠다. 또한 이들 '표현 항목', '구문 표현', '표현 문형' 등의 용어가 주로 문법적 기능을 수행하는 '-에 따라'와 같은 형태·통사론적 연어에 집중돼 있다는 점에서 기존의 실질 형태의 결합 관계인 연어와는 정반대라고 할 수 있으며, 따라서 이 책에서 내놓는 패턴의 정의에 비춰 볼 때 그 외연이 작다고 할 수 있다.

그런데 이들 '표현 항목' 등의 용어가 이 책의 '패턴'을 대신할 수 없는 이유는 이들의 외연적 한계 때문만은 아니라, 용어 그 자체에도 있다. 이 문제의 주요인은 바로 이들 용어들이 공통적으로 갖고 있는 '표현'(expression)이라는 어휘에서 말미암는다. '표현'이라는 용어는 연어만큼이나 연구자에 따라 다양한 해석을 가질 수 있지만, 대체적으로 다음의 두 가지로 나눠 볼 수 있다. 그 첫째는 대체로 많은 언어 이론, 특히 언어 내용과 해석에 관련된 이론에서 '표현'은 발화나 글, 또는 몸짓 등과 같이 주로 의사소통을 위해 화자가 전달하려는 내용을 외재화하는 수단이나 매개체를 가리키는 용어로 사용된다(Catford 1994:4738~9). 이는 Cruse(1990: 148~9)에서 언급된 '표현적 의미'(expressive meaning)에서의 '표현'과 같다. 이러한 정의를 따른다면, '표현'은 발화상의 특성 또는 화용적인 차원에서의 문제이지, 구 구성이나 연어 등의 특정 범주를 가리키는 용어는 아니다.

'표현'이라는 용어가 갖는 또 다른 의미는 단일 어휘가 아닌 복합 어휘를 뜻하는 경우이다. 즉 어떤 둘 이상의 어휘가 긴밀한 결합 관계를 가질 때 그 결합 관계를 이루는 복수의 어휘를 가리켜 '표현'이라고 하는 것이다. 이런 구분에서는 단일 어휘는 '어(語)', '어휘' 또는 '형태', '요소'를 사용하는 특징이 있다. 한국어 교육 논의에서 긴밀한 관계를 갖는 복합 어휘들을 '표현 항목'이나 '구문 표현' 등으로 부를 때의 '표현'은 이러한 뜻을 염두에 둔 것으로 생각된다. 이동혁(2004)의 '연어 표현'을 비롯, '관용 표현', '속담 표현' 등에서의 '표현'이 이러한 의미를 갖는다.

그런데 '표현 항목'에서처럼 '표현'이 수식어로 쓰이고 있는 경우는 상술한 내용 중 전자의 뜻으로 해석되기 쉽다. 즉, '담화·화용적인 항목'이라는 의미로 해석될 가능성이 높다는 것이다. 이때의 '항목'은 교육을 위해 항목화된 것 중의 하나를 의미한다고 보면, '표현 항목'이라는 용어를 처음 접하는 사람들은 발화나 담화 차원에서의 교육 항목을 뜻하는 것으로 볼 가능성이 높다.9 그런 면에서 '표현 항목'이라는 용어는 부적절한 면이 있다.

---

9 석주연(2005)에서는 이미혜(2002)의 '표현 항목'이라는 용어에 대해 '단순히 복합 어휘로 구성돼 있다고 하여 이를 별도로 표현 항목이라 구분하는 것이 타당한가' 며 문제제기를 하고 있다. 추측컨대, 이미혜(2002)에서 '표현 항목'에서의 '표현'은 아마도 피수식어로 사용될 때의 '복합 어휘'를 뜻하는 것으로 사용하였지만, 석주연(2005)에서는 이를 '표현'이 수식어로 사용될 때의 의미, 즉 '담화·화용적 성격을

다른 한편, '구문 표현'에서처럼 '표현'이 피수식어로 쓰인 경우에는 후자의 '복합 어휘'라는 해석을 가질 가능성이 높다. 이에 따르면 '구문 표현'이란 '구문적 특성을 갖는 복합 어휘' 정도로 풀어 볼 수 있을 것이다. 그런데이는 동어 반복(tautology)에 가까워 보인다. '구문'이라는 것은 이미 복합적인 어휘를 전제하고 있으므로 굳이 이 뒤에 '복합 어휘'라는 의미로서'표현'을 덧쓰는 것은 잉여적이다. 그러나 이 책의 '패턴'을 '표현 항목'이든 '구문 표현'이든 어떤 것으로 지칭하더라도 패턴이 갖는 중요한 특징의하나를 담아낼 수 없다. 패턴이 갖는 주요한 특성, 즉 둘 이상의 어휘나형태의 결합이 갖는 '긴밀성'은 '표현'이라는 용어에 담기가 어렵다는 점이다.

이렇게 볼 때, 어떤 형태나 어휘 및 다른 형태와 어휘 간의 긴밀한 관계를 보여주기 위한 용어로서 '패턴'(pattern)이 가장 적절해 보인다. 패턴에대한 적절한 번역 술어가 있으면 더욱 좋을 것 같지만, 이에 대하여 현재로서는 마땅한 것이 없다는 것은 아쉽다. 이를 '유형' 혹은 '문형' 등으로바꿔 볼 수 있을 것 같지만, 전자는 너무 포괄적이고 일반적이며, 후자는'전체 문장의 틀'이라는 느낌이 강하므로 이 두 용어 모두 적절히 '패턴'의의미를 나타낸다고 보기 어렵기 때문이다.[10]

한편, 패턴과 비교해 볼 수 있는 유개념으로는 이상에서 논한 것 외에도

갖는'으로 받아들였기 때문에, 이러한 오해가 빚어진 것으로 추정된다. 그러나 그간의 '표현'에 대한 해석 관행으로 볼 때, '표현'이라는 말이 '표현 항목'에서처럼수식어로 쓰일 때에는 '복합 어휘'라는 의미를 갖는 것으로 해석되기 어렵다.이렇게 볼 때, 석주연(2005)에서 '표현 항목'이라는 용어를 '담화·화용적 측면에서의 교육 항목'으로 해석했다면, 복합 어휘 교육 항목을 따로 구분할 필요가 있었느냐는 문제 제기가 하등 이상할 게 없다고 하겠다.

10 이밖에도 강현화(2004), 강현화(2005a)에서 보이는 '프레지올러지'(phraseology)를 생각해 볼 수 있다. 결론적으로 말하면, 이들 논의에서 정의된 프레지올러지는이 책의 패턴과 가장 가깝다. 다만 이 용어는 '패턴'보다는 덜 친숙하고, '구절론'(句節論)이라는 학문을 가리키는 느낌이 강하므로, 이 책에서는 이를 수용하지 않도록 한다.

어휘적 덩어리라는 측면에서 '관용 표현', '속담', '상투적 표현' 등을 거론해 볼 수 있다. 다음의 예를 보도록 한다.

(9) 패턴의 기타 유개념
  a. 상투 표현 : 코가 삐뚤어지게 술을 마시다, 눈이 빠지게 기다리다.
  b. 속담 : 원숭이도 나무에서 떨어질 때가 있다.
  c. 관용 표현 : 미역국을 먹다, 파리를 날리다

(9)에 열거한 것들은 각각 상투 표현, 속담, 관용 표현 등의 예로 볼 수 있는 것들이다.11 먼저, (9a)의 '코가 삐뚤어지다'나 '눈이 빠지게' 등에서도 긴밀한 어휘의 결합 관계를 볼 수 있지만, 그 각각이 다시 '술을 마시다'나 '기다리다'와도 연어적 특성을 가질 수 있음을 보여준다. 이를 좀 더 엄밀하게 본다면 (9a)에 열거된 두 문장이 각각 문장 차원에서의 패턴이라 볼 수 있다. (9b)는 전형적으로 속담으로 분류된 것으로서 '원숭이', '나무', '떨어지다' 등의 어휘간의 긴밀한 결합이 문장 차원으로까지 확대된 점을 고려하면, (9a)와 비슷하게 문장의 측면에서 패턴으로 볼 수 있다. 문장 차원으로까지 확대된 패턴이라는 점은 (9c)의 관용 표현에 대해서도 마찬가지이다.

이들은 앞서 논한 패턴처럼 실질 형태와 각종 문법 형태들 간의 긴밀한 결합이 보인다는 점에서 이들도 원칙적으로는 패턴의 범주에 포함될 수 있을지 모른다. 그러나 동사의 통사와 의미 교육을 위해서는, 문장을 구성하는 단위로서 생산성을 지닐 수 있는 어휘 간의 결합 관계에 주목할 필요가 있다. 문장 전체가 패턴처럼 쓰이는 (9)의 용례들은 문장 차원을 넘어

---

11 상투적인 표현, 속담, 관용 표현 등은 연구자에 따라서 약간 상이하게 정의될 수 있다. 이 책에서는 이들 각각이 어떤 정의에 따라 구분될 수 있는지는 다루지 않는다. 다만, 예문으로 삼은 것들은 대체적으로 전형적이라 여겨지는 것들로 선정한 것임을 밝혀둔다.

전체 맥락 속에서 담화적 의의를 가지기 때문에, 문장 구성과 관련된 통사적·의미적 의사소통 능력과는 직접적인 연관이 없다고 하겠다. 그런 점에서 (9)에 열거된 문장 전체는 하나의 어휘처럼 보는 편이 더 낫다.

그런 점에서 이 책에서 제안하는 패턴이란, 앞서 들었던 패턴의 일반적 정의에 더하여, '기능 면에서 볼 때 형태적 분석이 무의미한 복합 형태'라는 특징을 명시하는 것이 바람직하다고 본다. 이것은 명제 중심의 문장에서 형태소를 기본적 요소로 보는 것처럼, 표현이나 발화 등 화용적 측면에서는 '-에 대하여'나 '-기 때문이다' 등과 같이 형태적으로 분석하지 않고 의미나 기능상의 단일성을 인정하여 어휘적 덩어리를 하나의 형태로 간주하는 것을 뜻한다.[12]

'형태적 분석이 무의미한 복합 형태'라는 면에서 보면, (9a)의 '코가 삐뚤어지게', '눈이 빠지게' 및 (9c)의 '파리를 날리다' 등은 동사 교육 시에 고려할 수 있는 패턴의 개념에 부합된다고 볼 수 있다. 다만, '코가 삐뚤어지게'나 '눈이 빠지게'는 그것과 결합될 수 있는 어휘가 각각 '술을 마시다' 혹은 '기다리다' 등 몇몇 어휘에 한정돼 있으므로, 구태여 '코가 삐뚤어지게', '눈이 빠지게'만을 패턴으로 보는 것이 아니라 '코가 삐뚤어지게 술을 마시다', '눈이 빠지게 기다리다' 전체를 하나의 패턴으로 보는 것이 더 낫다는 것이다. 반면, '파리를 날리다'는 '코가 삐뚤어지게'나 '눈이 빠지게'와 달리, '(주로 장사하는) 사람이 일감이 없거나 손님이 없다'는 뜻으로 쓰여서 적어도 다양한 문장 속에서 생산적으로 쓰일 수 있으므로 문장 구성에 생산적으로 참여할 수 있는 동사 패턴이라 할 수 있다. 이것은 '날리다'라는 동사가 갖는 관용구로서, '날리다'의 동사를 교수할 때에 고려할 수 있는 패턴이 될 수 있다. 이상에서 논한 것을 바탕으로 패턴의 특징을 나타내면 다음과 같다.

---

12 이러한 관점은 동사의 통사 교육과 의미 교육에도 적용될 수 있다는 것이 이 책의 입장이다. 이에 대한 논의는 4장에서 보이도록 한다.

(10) 이 책에서 정의하는 '패턴'

    a. 긴밀한 결합 관계를 보이며 그 의미가 분명한 복합 어휘 구성

    b. 실질 형태는 물론, 형식 형태와의 결합을 보이는 복합 어휘 구성

    c. 발화나 표현으로서의 문장 구성에 참여하는 복합 어휘 구성

다른 각도에서 보면, 이 책에서 정의하는 '패턴'이란 사실상 기존에 논의되었던 각종 유사 개념어들에 비해서 포괄하는 범위가 더 넓고, 이를 정의할 수 있는 기준 자체도 상대적으로 언어학적 색채를 빼내어 덜 엄격해진 것이라고 할 수 있다. 즉, 교육적 목적을 달성하기 위해서 유의미해 보이는 어휘적 덩어리를 모두 일컫는 말로서 패턴을 해석한 것이라고 볼 수 있다. 참고로 이상의 논의를 통해 정의한 패턴과 기존의 유사 개념어들과의 차이를 보이면 아래의 도표와 같다.

(11) 패턴과 유개념의 비교

구분	실질 형태 + 실질 형태	문법 형태 + 실질 형태	지시 대상
패턴		○	기능면에서 볼 때 형태적으로 분석하는 것이 무의미한 모든 복합 어휘
연어	○	X	실질 어휘 간의 긴밀한 결합 관계를 보이는 경우 또는 그러한 특징을 보이는 복합 어휘
형태·통사적 연어	X	○	실질 및 형식 형태 간의 긴밀한 결합 관계를 보이는 경우 또는 그러한 특징을 보이는 복합 어휘
표현 항목 표현 문형 구문 표현	X	○	기능면에서 볼 때 형태적으로 분석하는 것이 무의미하고, 주로 문장이나 담화에서 기능적으로 쓰이는 복합 어휘
상투적 표현 속담 관용표현	·	○	하나의 어휘처럼 간주될 수 있는 문장, 패턴의 일부

2.3. 패턴의 교육적 효용성

앞서의 논의를 통해서 규정된 패턴은 전통적인 '연어'는 물론, 기존 논의에서 '표현 항목'이나 '구문 표현', '상투적 표현'이나 '관용 표현'까지도 두루 포함할 수 있다는 점에서 패턴의 범주는 무척 넓다고 볼 수 있다. 이러한 포괄적인 개념 정의를 통해 한국어 교육에서 기대할 수 있는 효용에 대해서는 허용 외(2005:151~2)를 참고할 수 있다. 여기에서는 구 단위 이상이 되며 긴밀한 관계를 갖는 일종의 고정 표현(fixed expression)의 학습이 갖는 의의를 다음과 같이 네 가지로 정리하고 있다.

(12) 고정 표현(fixed expression)의 학습이 갖는 의의
　　a. 고정 표현의 교수는 기존의 교사 중심에서 학습자 중심의 교육으로 전환하는 데 도움이 된다.
　　b. 문맥을 통한 덩어리의 학습을 통해서 어휘 관계에 대한 귀납적 지식을 얻을 수 있다.
　　c. 의사소통에 있어서 유창성을 증진할 수 있다.
　　d. 외국인 학습자 모국어 언어 전이에 따른 오류를 줄일 수 있다.

고정 표현은 이 책의 패턴과 완벽하게 동일한 것은 아니지만, 일종의 덩이 구조의 학습이라는 측면에서 이상에 열거한 네 가지는 패턴의 학습에서도 동일하게 기대할 수 있다. (12a)에서 '고정 표현'의 교수가 학습자 중심의 교육으로의 전환에 도움을 준다는 점은 (12b)와 관련이 깊다. 패턴과 같은 덩어리 형태는 실제 문맥 속에서 사용된 경우를 중심으로 다뤄줌으로써 어휘 관계에 대한 귀납적 지식은 물론, 한국어 학습자 스스로 그 형태와 의미에 주목하여 한국어를 학습하는 데 도움을 주므로, 결과적으로는 학습자 중심의 교육을 도모하는 데 효과적일 수 있기 때문이다.

또한, 낱낱의 형태의 통사적 조합이라는 규칙 적용을 통한 부자연스러운

발화의 생성보다는, 일정 부분 고정되어 있는 패턴의 학습을 통해서 학습자의 오류를 줄이는 것은 물론, 유창성의 증진에도 도움이 될 수 있다. 앞서 검토하였던 동사 교육 관련 논의 중에서, 특히 1.3에서 개별적인 격 조사의 교육이 가질 수 있는 문제로 들었던 한국어 학습자의 조사 오류를 통해서 이 문제를 논해 보도록 보자.

> (13) 한국어 학습자의 조사 오류의 예
>   a. 봄은 꽃이 피고 새가 ^{?*}하늘에서(√하늘을) 난다.
>   b. 만약 내년에 마음에 드는 회사에 취직하는 [*]것을(√것에) 실패하면 일본으로 돌아갈 거예요.

'날다'의 행위가 이뤄지는 '장소'는 '-에서'보다는 '-을/를'에 이끌리는 것이 더 자연스럽고, '실패하다'의 '대상'이 되는 것은 '-을/를'보다는 '-에'에 이끌려 나타나는 것은 한국어 모어 화자에게는 매우 당연한 지식이다. 그런데 비교적 수준이 높은 한국어 학습자들에게서도 (13)과 같은 오류가 나타난다고 하는 사실은, '-에서'가 동사의 전형적인 장소를 나타낼 때 주로 사용되는 조사이고, 타동사의 행위를 입는 '대상'을 가리키는 말에는 '-을/를'이 부착된다는 규칙을 아는 것만이 자연스러운 한국어 발화에 도움이 되지만은 않는다는 사실을 보여준다.

이 책의 2.1에서 '하나의 단어를 안다는 것은 그것의 문법 구조와 공기 관계에 관한 지식까지 포함되는 것'(Nation 1990:31)이라 언급하였던 것을 상기해 보자. 이렇게 보면 '날다'는 그냥 '날다'가 아니라, '-을/를 날다'이며, '실패하다'는 '-에 실패하다'라 할 수 있다. 이렇듯 특정 격 조사와 동사의 결합에서 보이는 긴밀성은 이들 '-을/를 날다'나 '-에 실패하다'를 모두 패턴으로 볼 수 있게 해 준다. 여기서 한국어 학습자들이 조사와 관련된 의미와 특징을 익히는 한편, 동사 '날다'와 '실패하다'를 배워 그 둘을 조합

할 수 있게끔 하는 것과, 패턴으로서 '-을/를 날다'나 '-에 실패하다'를 익히는 것 중에서 어느 것이 더 단순하고 효과적이며 오류를 줄일 수 있는 방법인지는 직관적으로도 쉽게 판단할 수 있는 문제이다. 요컨대, 어차피 외국인 학습자에게는 어휘나 문법 모두 새로 배워야 할 대상이기 때문에 구태여 격 조사와 동사를 분리하여 가르칠 필요가 없다는 것이다.

격 조사보다도 더 문법적인 의미를 갖는 문법 형태의 교육에서는 패턴의 관점이 좀 더 절실하다고 할 수 있다. 가령, 명사화소 '-음'이나 '-기'와 같이 의미나 기능을 명쾌하게 설명하기 어려운, 순수한 통사적 기능을 담당하는 형태들에 대한 한국어 교육적 적용에 대해, 패턴은 사실상 유일한 대안이라고 해도 과언이 아니다.

졸고(2007b)에서는 한국어 학습자가 보이는 명사화소 사용 오류와 관련하여, 명사화소 '-음'이나 '-기'를 다른 형태나 구성과 결합된 형태로서의 패턴으로 제시되어야 할 것을 제안한 바 있다. 기존의 국어학적 연구에서 드러난 '-음'과 '-기'의 의미나 기능을 외국인 학습자에게 가르치기는 현실적으로 어렵기 때문이라는 것이 가장 큰 이유이다. 가령, 우형식(1987)을 빌어 '-음'은 감정 표현의 상태 동사인 '분명하다'와 '마땅하다' 등과 어울릴 수 있고, '-기'는 감정적 평가 표현의 상태 동사 '좋다', '편하다' 등과 함께 쓰일 수 있다고 하는 것이나, 혹은 심재기(1980)의 논의를 따라 '-음'은 [+결정성]을, '-기'는 [-결정성]을 갖고 있다고 설명하는 것은 현실적으로 외국인 학습자들에게는 막연하고 어려운 문법 설명일 수밖에 없다.

그럼에도 불구하고 이들은 절이나 문장을 명사화하는 통사적 구실을 한다는 점에서, 학습자들이 고급 수준에 이를 때까지 교육을 유보해야 하는 형태도 아니다. 더욱이 기존의 명사화소 관련 연구로는 앞서 들었던 (7)에서 보았던 것처럼 '-에 따라' 앞에 절이 올 때에는 명사화소 '-음'을, '-는커녕'이 절을 선행할 때에는 '-기'를 취하는 이유를 설명할 수 없다. 이에 대한 유일한 대안은 '-음'이나 '-기'를 각각 '-에 따라'와 '-는커녕'과 분리하여 보지 말고, '-음에 따라', '-기는커녕' 전체의 패턴에 주목하여 이를 익히게 하는 수밖에 없는 것이다. 이와 마찬가지로, 그 의미나 기능의 설명으로는 온전한 이해를 돕기 어려운 한국어의 다양한 격 조사의 교육을 위해서는 이를 동사와 결부하여 패턴이라는 교육적 형태로 제시하는 것이 필요하다.

이밖에도 패턴이 갖는 포괄적인 개념 정의를 통해서, 그간 한국어 문법 연구에서 크게 주목받지 않은 한국어의 특징적 현상을 포착하기 위한 새로운 시각이 주어질 수 있다는 점도 패턴의 관점이 가질 수 있는 장점이 된다. 이 책의 기본 문형과 관련된 논의 1.3.1의 문제와 관련하여서도, 통사 구조를 염두에 두는 전통적인 문형 기반 접근이 갖는 인식론적 한계를 극복하는 데 패턴의 관점이 유용하게 작용할 수 있다. 가령, '알다'를 문형 또는 통사적 관점에서 접근한다면 '-이/가 -을/를 알다', 또는 '-이/가 -을/를 -로 알다'가 될 것이고, 이때 '알다'가 취할 수 있는 격형은 주격 조사 '-이/가', 목적격 조사 '-을/를', 부사격 조사 '-로' 정도를 꼽을 수 있을 것이다. 반면, 부사격 조사 '-에서'는 '알다'와 크게 연관을 맺는 것으로 보이지 않을 뿐더러, 설령 관련을 맺는다 하더라도 그 빈도는 무척 낮을 것이라 예상된다. 다음을 보자.

(14) a. 당시의 긴박한 상황은 그가 남긴 사진에서 알 수 있다.
　　　b. 이상의 기록에서 알 수 있는 바와 같이 당대 사회는 탈이념적 사고가 팽배하였다.

(14)의 두 예문에서 볼 수 있듯, '알다'가 '가능'을 나타내는 '-을 수 있다'와 결합되면, 격 조사 '-에서'가 '알 수 있다'에 선행하는 것으로 나타나는 경우가 많다. 이때의 '-에서'는 '알다'가 갖는 통사적 격틀로서는 파악하기 어려운 것으로서, 이때 격 조사 '-에서'는 '알 수 있다'라는 구성과 더

긴밀한 요소라고 보는 것이 타당해 보인다.

이와 유사하게 볼 수 있는 현상은 한국어의 단음절 어간으로 된 동사의 특정 패턴에서도 관찰할 수 있다.

(15) '명사+동사'가 구 동사(phrasal verb)처럼 쓰이는 경우
    a. 두다 : -와/과 바둑을 두다, -와/과 차이를 두다, -와/과 간격을 두다
    b. 받다 : -에 감동을 받다, -에 열을 받다, -에 자극을 받다

(15)에서 보인 동사 '두다'와 '받다'는 어떤 명사를 선행하여 다의적으로 활용되는 경우를 볼 수 있는데, 여기서 주목하고자 하는 것은, 이 때 '두다'나 '받다'가 취할 수 있는 격형과는 무관한 격 조사를 선행하는 경우가 많다는 사실이다. (15a)의 '바둑을 두다' 등은 선행하는 격 조사로서 '-와/과'를 취하는 경우가 많은데, 이는 '두다' 단독의 통사 구조로는 포착하기 어려운 형태이다. 마찬가지로 (15b)의 '열을 받다' 등은 격 조사 '-에'나 '-로'를 선행하는 경우가 많은데, 이들 조사 역시 '받다'의 통사적 특징과는 관련성이 적은 형태이다. 이때의 격 조사 '-와/과' 또는 '-에·-로'가 나타나는 이유를 설명해야 한다면 이는 '바둑을 두다'나 '감동을 받다'라는 복합 형태와 관련을 짓지 않으면 안 될 것이다. '-와/과 바둑을 두다' 그리고 '-에·-로 감동을 받다'는 일련의 복합 형태의 연속체를 이루고, 각각의 '바둑을 두다' 혹은 '감동을 받다'가 특정 격 조사의 결합이 긴밀하다는 점에서 패턴으로 삼는 데 전혀 문제가 없다.

이렇듯 동사를 패턴의 관점에서 보게 되면, 동사를 주축으로 하는 통사 구조에 얽매여 있을 때에는 잘 드러나지 않던 격조사의 미묘한 용법을 밝히는 데 매우 유용하다.[13] 요컨대, 주요 문법 범주를 중심으로 각 범주들이

---

13 '-에서 알 수 있다'를 비롯한 각종 동사 관련 패턴 추출을 위한 방법론은 4장에서 다루도록 한다. 그밖에 주요 동사에 대한 개별 패턴에 대한 것은 2부에서 보일 것이다.

상호 관련을 맺는 방식을 다루는 기존의 문법론적 관점은 이상에서 열거하였던 한국어의 특징들까지도 포괄하기에는 한계가 있으므로, 이에 대한 대안으로서 '복합 형태들의 긴밀한 결합적 구성'이라는 포괄적인 개념을 갖는 패턴의 관점이 훨씬 유용하다고 하겠다.

여기서 새삼 강조하고 싶은 것은, '패턴'이 기존의 '연어'나 '관용어'는 물론, 한국어 교육에서의 '표현 항목' 등까지도 두루 포함되는 광의의 개념이라고 하여, 이것이 매우 불분명하고 모호한 개념이라고 생각할 필요는 없다는 점이다. '연어'로부터 '표현 항목' 등 그간 다양한 용어로 분류되고 구분되었던 범주들이 모두 '패턴'에 포함될 수 있다는 것은 패턴의 본질에서 비롯된 부수적인 특징일 뿐이다. 한국어 교육적 관점에서 '패턴'의 의의는 '긴밀한 결합 관계를 보이는 형태들'에 대한 관찰과 그를 통해 교육적으로 유용한 형태들이라는 점에 있다.

지금까지 주로 한국어의 문법을 규칙화하고 이를 교육적 형태로 가공하여 한국어 학습자에게 제시하는 시각이 우세하였다면, '형태의 연속체'라는 패턴의 관점에서도 한국어를 관찰하고 그에 따라 적절한 형태를 추출하여 교수할 필요가 있다는 것이 '패턴'을 논하는 기본적인 태도이다. 그런 점에서 '패턴'은 단순히 여러 범주들을 총칭하는 상위어일 뿐만 아니라, 한국어의 관찰에 있어서 필요한 또 하나의 관점을 의미하는 것이기도 하다. 이러한 관점의 전환이 있어야만 '-음에 따라', '-기는커녕'과 같은 복합 문법 형태들은 물론, '-에 -로 감동을 받다'와 같은 다양한 복합 형태 구성들을 발굴할 수 있는 것이다.

여기서 한국어 교육적으로 제시되어야 하는 언어 형태와 관련하여 주목하여야 할 부분이 있다. 그것은 바로 '교육적으로 적절한 형태'에 대한 Larsen-Freeman(2001)에서의 언급이다. 문법 교육은 의미와 화용과 문법의 조화 속에서 이뤄져야 한다고 주장한 것으로 잘 알려진 Larsen-Freeman(2001)에서는 최근 외국어 교사들에게서 선호되고 있는 과제 수행 중심

접근법이나 내용 중심의 교수법(Content-based Language Teaching)이 적절한 방법에 의해 의미를 전달할 수 있는 의사소통 능력과 관련된다는 점을 언급하면서, 의사소통적인 상호 작용 속에서 학습자들이 형태에 집중하게 하는 것이 큰 효과가 있다고 지적하고 있다. 이는 전통적인 문법 교육이 맥락을 배제한 상태에서 단순히 문법 규칙의 학습만으로 점철된 데 반해, 유의미한 의사소통 상황을 토대로 한 문법 교육을 지향한다는 점에서 의의를 찾을 수 있다.

그리하여 이 논의에서는 문법의 교수에 있어 단일한 문법 형태는 물론, 여러 가지 복합 어휘 구성도 교수 대상이 될 수 있음을 예시하고 있는데, 전자의 예로 든 것은 영어의 소유격 's이며, 후자의 예로 든 것은 'hang up', 'look up'과 같은 구 동사(phrasal verb)들이다. 이들을 교수함에 있어서 교사는 문법 구조를 정확하게, 유의미하게, 그리고 적절하게 사용할 수 있도록 가르치는 것이 중요하다고 하면서, 이를 규칙의 집합을 습득하는 '문법'(grammar)이 아닌, 습득되어야 할 일종의 기술(skill)로서 문법을 고려한다는 의미로 '문법 습득'(grammaring)이라 부르고 있다.

여기서 간과할 수 없는 사실은 Larsen-Freeman(2001)의 논의에서 두 가지의 중요한 요소가 전제되어 있다는 점이다. 첫째는 '학습자들에게 가르쳐야 할 언어 형태가 있다'는 것으로서 교육 내용과 관련된 것이고, 그리고 둘째는 '그 형태를 과제 수행을 통해 터득하게 한다'는 것으로서 교수법과 관련된다. 그간 한국어 교육 관련 논의에서는 주로 후자에 대한 논의가 활발하였다. 하지만 논리적 선후 관계상 교수법에 대한 논의에 앞서서 먼저 어떤 형태를 학습자들에게 제시할 것인가 하는 교육 항목 선정이 필요할 것이다.

안타깝게도 그간의 한국어 교육계에서 있어서만큼은 '학습자들에게 가르쳐야 할 언어 형태가 있다'는 부분에 대한 인식이 부족했다고 생각된다. 김정숙·원진숙(1992)에서는 한국어 교육에서 '문법성'과 '유창성'이라는 두 가지 주요한 목표가 분리될 수 없는 개념이고, 이 둘을 조화롭게 배양하기 위해서는 적절한 교수요목과 교수법의 설계가 필요하다고 언급한 바 있다. 그러나 그보다도 문법성과 유창성을 증진하는 데 도움이 될 수 있는 교육 내용의 구성이 더 선결되어야 한다고 본다.

안타깝게도 문법 교육이라는 면에서 한국어 교육계는 한국어학계와 큰 갈등을 경험한 바 있다. 한국어 교육계의 입장은 외국인을 위한 문법이 한국어 모어 화자를 위한 문법과 같을 수 없다고 거듭 주장해 왔으나, 이는 민현식(2003:111)에 의해 혹독하리만큼 비판을 받은 바 있다. 여기서는 한국어 교육 문법과 학교 문법은 차이가 없으며, 효율적인 교수 학습 방안의 개발이 더 중요한 문제라고 지적하면서, 한국어 교육 문법과 학교 문법이 다를 경우 발생할 수 있는 문제에 대해 다소 격앙된 어조로 논의하고 있다. 이 둘의 주장은 완전히 다름에도 놀랍게도 공통적인데 그것은 문법 교육에 대한 대안으로서 한결같이 '교수 요목, 교수법 설계, 교수 학습 방안' 등 교수 활동 측면을 내세우고 있다는 점이다. 그러나 문법 교육을 위해 적절히 가공된 교육 내용이 중요하다는 논의는 어디에서도 부각된 적이 없었던 것 같다.

이런 점에서 이 책의 패턴은 그에 대한 대안이 될 수 있다. 김정숙(1998b)에서는 한국어가 갖는 복잡한 문법적 특징으로 인해서 과제 중심의 교수법에서도 문법 교육이 병행되는 것이 효과적이라고 언급했거니와, 문법 교육에서 이용되어야 할 교육적 형태로서 패턴을 통한 동사 교육은 하나의 대안이 될 수 있을 것이다.

3장에서 후술하겠지만, '날다'가 실제 의사소통 상황에서 쓰이게 될 때에는 최소한 '-을/를 날다'와 같은 꼴로 쓰이지, '날다' 단독으로 쓰이는 것은 기대하기 어렵다. 이는 '실패하다'에 대해서도 마찬가지이다. 적어도 '-에'와 함께 쓰인 '-에 실패하다'야말로 '실패하다'가 의사소통 상황에서 쓰이게 되는 의미라 할 수 있다. 다의어로 쓰이는 동사의 경우에서는 패턴의 관점이 좀 더 용이한 교육적 수단이 될 수 있다. 가령, '보다'는 '-을/를'과 어울린 '-을/를 보다'와 '-로'와 어울린 '-로 보다'가 같은 의미일 수 없는데, 이때의 '보다'의 '의사소통적 의미'에 있어서 가장 중요한 것은 '보다'가 '-을/를'과 '-로' 중 어떤 것과 어울리는 경우의 패턴인가 하는 점이다.

그런데 패턴을 교육의 중심에 놓고 이를 통하여 외국어로서의 한국어를 교수한다고 할 때 중요하게 고려해야 할 것은 바로 학습자들의 학습 과정 (learning process)이라 할 수 있다. 패턴은 순수 일반 언어학이나 전산 언어학의 관점에서도 볼 수 있지만, 우리에게 중요한 것은 언어 교육의 목적으로 사용되는 패턴이므로, 학습자들의 학습 과정에 대한 이해는 필수적이다. 이에 대해 Larsen-Freeman(2001)에서 언급한 다음의 세 가지를 참고할 수 있다.14

> (16) 학습 절차에 관한 세 가지 통찰 (Larsen-Freeman 1998:255~6. 밑줄 필자)
>
> a. 학습자들은 한 번에 언어 구조를 배우는 것은 아니다. 다시 말해, 하나의 언어 형태를 습득한 다음에 다른 형태에 대한 습득으로 이어지는 것이 아니라는 것이다. 또한, 어떤 언어 형태를 잘 배웠다고 하더라도 그것이 체득의 단계로 되기 위해서는 더 긴 시간이 요구된다. 그런 점에서 학습이란 형태와 의미, 사용과 관련된 점진적인 과정이라 할 수 있다.
>
> b. 학습자들이 특정 구조를 잘 익혔다고 판단되더라도, 학습자들이 자신의 중간 언어(interlanguage)에 따라 그 특정 구조를 익히기 전에 자신들이 범하던 오류를 다시 보이는 것은 이상한 일이 아니다. 이런 모습을 보면서 교사는 실망할 필요는 없다. 그런 것은 스스로 체득하는 단계로 나아가는 데 필요한 과도기적 증상이기 때문이다.

---

14 Larsen-Freeman(2001)은 학습 절차 외에도 교수 절차(teaching process)에 대해서도 언급하고 있지만, 이는 이 책의 논의와 직접적인 연관이 없으므로 여기서 다루지는 않는다.

c. 외국어 학습자들은 그들이 가진 경험과 지식에 의존한다. 그래서 <u>초급 단계의 학습자들은 주로 자신의 모국어에 의지하여 자신이 배우는 외국어를 생각하며, 중급의 학습자들은 자신이 배우고 있는 외국어를 토대로 하여 학습해야 할 외국어의 형태를 생각한다.</u> 따라서 교사는 교수 대상이 되는 형태나 구조를 일일이 가르칠 필요가 없으며, <u>차라리 학습자들이 이미 알고 있는 지식을 상기해 주는 편이 낫다. 이는 곧 주어진 문법 구조의 학습이 학습자의 수준에 따라 달라져야 함을 의미한다.</u> 이런 점에서 성공적인 언어 학습은 교사가 얼마나 학습자들을 단계별로 잘 조직화하였는가에 달려 있다고 할 수 있다.

　여기서는 주로 문법 교육의 측면에서의 언어 학습 과정을 다루고 있지만, 패턴의 교수에서도 깊이 유념해야 할 일반적 원칙들을 읽을 수 있다고 생각된다. 그 하나는 (16a)에서처럼 학습자들의 언어 습득이 진정한 절차적 지식(procedural knowledge)이 되기 위해서는 오랜 시간이 요구된다는 점, 그리고 그 긴 시간 중에 보이는 학습자의 오류들은 (16b)에서 보는 바와 같이 일종의 과도기적 특성이므로 염려할 필요가 없다는 점이다.

　상기한 두 가지가 언어 형태에 대한 학습 과정 중에 나타나는 현상을 나타낸 것이라고 한다면, 교육의 내용을 구성하고 학습자들을 조직화하는 교사의 측면에서 일종의 원리를 제시하고 있는 것은 (16c)이다. 외국어 학습자들이 자신의 수준에 따라서 학습해야 할 언어 형태를 대하는 태도가 다르므로 교사가 이를 유념하여야 한다는 것인데, 그 하나는 '기존에 이미 알고 있는 형태들을 상기해 주는 것'이며, 다른 하나는 '학습자들을 수준별·단계별로 적절히 분류하는 것'이 필요하다는 것이다. 이들은 동사 교육을 위한 패턴의 선정에서도 깊이 참고해야 할 것이라 생각된다. 특히 패턴 중심의 교수를 꾀함에 있어 (16c)의 '기존에 알고 있는 형태'를 상기해 줘야 한다는 주장의 이면에는 '가르쳐야 할 형태'가 있고, '그 전에 가르친 형태'가 있었다는 것을 전제하고 있다. '가르쳐야 할 형태 혹은 가르쳤던 형태'는 곧 이 책에서의 패턴이라 할 수 있으므로, 패턴을 선정하는 데에서 (16c)의 언급은 중요하게 참고해야 된다고 본다. 이 문제는 뒤의 4장에서 구체적으로 다루도록 한다.

3. 탐색

동사 패턴, 무엇을 어떻게 추출할 것인가?

3.1. 주요 동사의 선정을 위한 논의

그간 한국어 교육계에서는 한국어 교육용 어휘 선정을 위해 여러 차례의 연구를 진행한 바 있다. 그러나 한국어 교육계 전반적으로 통일돼 있는 어휘 목록이라고 할 수 있는 것은 국립국어연구원(2003)의 한국어 교육용 어휘 목록 정도 외에는 마땅한 것이 없는 것 같다.

국립국어연구원(2003)에 제시돼 있는 단어들은 총 5,965개이고, 이 중 동사는 852개이다. 이 단어 목록은 현재 TOPIK 등 시험 등에서 유용하게 쓰이고 있기는 하지만, 그 선정 기준에는 한국어 교육 전문가들의 직관도 크게 작용되어 있다. 즉, 이들 목록의 개별 단어에 별도로 표기되어 있는 A(초급), B(중급), C(고급) 등의 태그는 한국어 교육 전문가들의 직관과 경험에 의해 매겨진 것들이다. 이러한 선정 기준은 단순히 빈도를 우선시하여 단어를 선정할 때 갖게 되는 맹점, 즉 학습 필요성은 있으나 빈도상으로는 주목을 끌지 못하는 단어들에 대해서도 주의 깊게 고려한다는 면에서 의의가 있다. 그러나 자칫 현실 생활에서 쓰이는 고빈도 어휘를 반영하지 못할 염려도 적지 않다.

따라서 기왕의 한국어 교재나 각종 기본 어휘 목록 연구 등을 참고하여 좀 더 정교하게 산출한 동사의 목록을 구축하는 것이 필요하다. 현 시점에서 이용할 수 있는 모든 자료들을 종합적으로 검토해 볼 때, 가장 좋은 방법이라 할 수 있는 것은 각종 어휘 연구 자료와 한국어 교재, 사전 등에서 추린 중요 단어들의 목록을 상호간 대조하여 모두에게 공통적인 동사들을 찾는 것이다.

이런 점에서 이 책은 「외국인을 위한 한국어 학습 사전」에 실린 2,975개의 주요 어휘를 중요한 참고 자료로 삼았다. 이 사전의 부록에는 크게 네 가지 조건에 따라 어휘들을 분류해 놓은 단어 목록이 마련돼 있다. 이 네 가지 기준은 아래와 같다.

(1) 「외국인을 위한 한국어 학습 사전」의 주요 어휘 선정 기준
   a. 5개 어휘 빈도 목록 공통 중요 단어.
   b. 26종의 한국어 교재에 공통 수록된 중요 단어.
   c. 12종의 기본 어휘 목록과 7종의 사전 중요어 목록 공통 중요 단어.
   d. 국립국어연구원(2003)에서 선정된 A(초급), B(중급) 타입의 단어.

이를 참고하면 필수적으로 교육되어야 할 단어들 중에서 (1d), 즉 국립국어연구원(2003)의 어휘 목록에서는 제외됐지만, (1a)~(1c)의 조건들을 만족하는, 즉 각급 한국어 교재에서나 중요 어휘 목록에서 선정된 단어들은 무엇인지를 살필 수 있다. 국립국어연구원의 목록에서 제시된 동사 852개 중에서 (1a)~(1c)의 조건을 모두 만족하는 단어들은 270개이다. 이들 목록을 보이면 아래와 같다.

(2) 각종 교재 및 목록 공통 등재 한국어 동사 (270개)

가다	가르치다	가리다	가리키다	가지다
갈다	감다	갖다	갚다	걱정하다
건너다	걷다	걸다	걸리다	견디다
결혼하다	계속하다	계시다	고르다	고치다
구하다	굽다	그리다	그만두다	그치다
기다리다	기르다	깎다	깨다	깨다
꺼내다	꾸미다	끄다	끊다	끌다
끓이다	끝나다	끝내다	끼다	나가다
나누다	나다	나오다	나타나다	나타내다
남기다	남다	낫다	낳다	내려가다
내려오다	내리다	넘다	넣다	놀다
놀라다	놓다	누르다	눕다	느끼다
늘다	늙다	다녀오다	다니다	다치다
다투다	닦다	닫다	달다	달리다
닮다	담다	당하다	대다	대하다
던지다	덮다	데리다	도착하다	돌다
돌리다	돌아가다	돌아오다	돕다	되다
두다	드리다	듣다	들다	들다
들르다	들리다	들어가다	들어오다	따다
따르다	때리다	떠나다	떨다	떨어지다
뛰다	뜨다	마르다	마시다	마치다
막다	막히다	만나다	만들다	말다
말리다	말하다	맞다	맞다	맞추다
맡기다	맡다	매다	맺다	먹다
멈추다	모르다	모시다	모으다	모이다
모자라다	못하다	묵다	묻다	미치다
믿다	밀리다	바꾸다	바라다	바라보다
받다	밝히다	배우다	버리다	벌다
벗다	변하다	보내다	보다	보이다
부르다	부리다	부탁하다	불다	붓다
붙다	붙이다	비다	빌다	빌리다
빠지다	빠지다	빼다	뽑다	사귀다
사다	사라지다	사랑하다	살다	살리다
생각나다	생각하다	생기다	서다	서두르다
세우다	쉬다	시작하다	시키다	신다
싫어하다	심다	싸다	싸우다	쌓다

쌓이다	쓰다	쓰다	쓰다	씻다
아끼다	앉다	알다	알리다	앓다
어울리다	얻다	여기다	열다	열리다
오다	오르다	올라가다	올리다	옮기다
울다	움직이다	웃다	위하다	이기다
이루다	이르다	익다	일어나다	일으키다
일하다	읽다	잃다	입다	잇다
잊다	잊어버리다	자다	자라다	자르다
잘하다	잡다	잡히다	적다	전하다
정하다	조심하다	좋아하다	주다	죽다
죽이다	줄이다	즐기다	지나가다	지나다
지내다	지다	지르다	지키다	짓다
찌다	찍다	차다	차리다	참다
찾다	쳐다보다	추다	취하다	치다
치르다	켜다	키우다	타다	태어나다
통하다	틀리다	팔다	팔리다	펴다
풀다	피다	피우다	피하다	하다
향하다	헤어지다	흐르다	흔들다	흘리다

그런데 이들 270개의 동사 중에서, 한국어 교육 전문가들의 직관이라는 (1d)의 기준까지 만족하는 동사들은 252개이다. 여기서 제외된 18개의 동사들은 국립국어연구원(2003)의 목록에서는 C 타입의 동사, 즉 고급 학습자용 동사들이 대부분으로 아래 (3)에 제시돼 있다. 이를 간단히 훑어보면, 충분히 기본 동사라 볼 수 있는 동사들이 초·중급용 단어 목록에 반영되지 않고 고급 학습자용 단어로 분류돼 있는 것을 볼 수 있다. 더욱이, '쌓다'는 아예 초·중·고급 동사 목록에 반영돼 있지 않은 점도 눈에 띈다.

(3) 국립국어연구원(2003)에서 기초·중급용 어휘에 해당되지 않지만, 각종 교재 및 사전 목록에 등재돼 있는 동사 (18개)

갚다 (C)	다투다 (C)	당하다 (C)	대다 (C)	때리다 (C)
말리다 (C)	맺다 (C)	묵다 (C)	밀리다 (C)	부리다 (없음)
비다 (C)	사귀다 (C)	쌓다 (없음)	아끼다 (C)	여기다 (C)
올리다 (C)	치르다 (C)	피하다 (C)		

주어진 동사가 기본적인지를 판단하는 데에는 빈도와 직관이라는 기준에 더하여, 해당 동사와 자주 어울려 쓰이는 명사 또는 명사 상당어에 대한 고려도 필요하다. 왜냐하면 동사란 기본적으로 명사를 취하여 하나의 온전한 문장이나 담화를 이루는 기준 요소가 되기 때문이다. 따라서 해당 동사와 자주 어울려 쓰이는 명사들과의 관계도 고려하는 것은 동사의 교육에서 급별 분류를 할 때에 중요한 고려 사항이다.

가령, (3)에서 '갚다'는 고급용 단어인 C 타입으로 분류돼 있지만, '돈을 갚다'와 같은 구성에서와 같이 '갚다'와 많이 어울려 쓰일 것 같은 명사 '돈'은 초급용 단어 A로 분류돼 있다. 도리어 '빌리다'라는 동사는 중급용 단어인 B 타입으로 분류돼 있는 것을 본다면, '갚다' 역시 초급 또는 중급용 단어로 볼 수 있다. 이러한 이유로 이들 동사들을 굳이 연구 대상 동사 목록에서 제외할 필요는 없다고 본다. 더욱이 다의성이나 동음성을 갖는 어휘들이 대체로 더 기본적이라는 사실을 고려한다면, (3)의 동사들을 고급 학습자용 단어로 분류할 필요가 없다고 하겠다.

이에 따라 이 책에서는 우선 국립국어연구원(2003)의 동사 목록은 제외하고, (1a)~(1c)의 조건에 맞는 어휘들 270개에서도 좀 더 기본적이고 우선적인 동사의 목록을 선정하기 위해 세종 말뭉치에 나타난 동사와 상호 대조를 해 보았다. 강현화(2000a:87)에서는 일반 텍스트의 어휘 빈도 목록과 교육용 텍스트에 나타난 어휘 빈도 목록은 차이를 보일 것이라고 논한 바 있는데, 실제로 동사에 대해서는 어떤 결과가 나올 수 있는지 확인하기 위해서, 기왕의 세종 말뭉치의 1,000만 어절과의 비교를 꾀하여 보기로 한 것이다.

이러한 비교 대조 작업에 있어 이 책이 가정하고 있는 것은 다음의 두 가지이다. 첫째, 동사는 명사와는 달리 신조어가 많지 않을뿐더러, 대개의 기본 동사들이 다양하게 다의어로 쓰이므로 빈도에 의한 동사의 우선순위를 검토하는 것은 명사에 비해 높은 신뢰도를 가진다고 기대할 수 있고,

둘째 그러한 이유로 동사의 경우 일반 텍스트에 나타난 빈도 목록과 교육용 어휘 목록에 나타난 빈도 목록은 큰 차이를 보이지 않을 것이라는 생각이다.

그러나 이 책의 조사 자료로 삼은 세종 말뭉치는 형태적인 분석까지만 완료된 것이므로, 형태적 분석으로는 구별해 내기 어려운 동음어는 전산적으로 계산하지 못한다는 단점이 존재한다. 동음어를 구별하지 않고 단순히 형태적인 비교만을 꾀한다면, 저빈도의 동사들이 고빈도군에 속하게 되는 문제가 생길 수 있다. 하지만 한국어 기본 동사들은 (1a)의 '5개 어휘 빈도 목록 공통 중요 단어'라는 점이 일차적으로 고려돼 있으며, '쓰다'를 비롯한 주요 동음어들은 기본용 단어로 이미 선정되어 있으므로, 의미적인 면을 배제하고 형태적인 공통성에 따라 기존의 한국어 교육용 기본 동사 목록과 세종 말뭉치 내의 동사 빈도와 비교해 보는 것이 아주 무의미한 일은 아니라고 할 수 있다.[1]

세종 말뭉치와 교육용 동사 목록과의 비교를 위해, 우선 세종 말뭉치에 나타난 동사들을 모두 선별한 뒤, 그것들의 총 빈도에 따라 동사의 순위를 매기고, 각 동사들의 상대 빈도와 누적 빈도를 구하였다. 그 결과 중 일부를 보이면 아래와 같다.[2]

---

[1] 조현용(1999a)에서는 말뭉치에서 어휘의 빈도를 조사할 때에 의미의 빈도를 고려해야 한다는 점을 논하고 있다. 다시 말해, 많은 의미를 가진 어휘의 빈도와 단일한 의미를 가진 어휘의 빈도를 똑같이 취급하는 것은 문제가 있다는 것이다. 그러나 이는 다분히 이상적인 논의에 가깝다. 의미론을 제대로 공부했거나 말뭉치에서 실제 용례들을 깊이 들여다 본 사람이라면, 경험적으로 의미의 빈도를 다루는 것은 매우 어려운 일임을 알 수 있을 것이다. 사전마다 하나의 표제어에 따른 다의항도 제각각임을 고려해 보자. 어떤 기준으로 어떤 다의항들을 설정할 것인지부터가 어려우며, 구체적으로 어떤 용례가 어느 다의항에 대응되는지 결정하는 일도 종종 어려운 일이다.

[2] 세종 형태 분석 말뭉치는 형태적 차원에서의 표지만이 태깅돼 있는 것이므로 의미적인 면은 고려돼 있지 않다. 따라서 단순히 단어의 개수만을 파악하여 나열한 (4)의 표에는 동사의 동음어가 고려돼 있지 않다. 그러므로 (4)의 표는 잠정적이고 미완성된 동사의 빈도 순위표라 할 수 있다. 동음어를 구분하기 위해서는 수많은 단

(4) 세종 말뭉치 1,000만 어절 내 동사들의 어휘 빈도 (순위 1~15까지)

동사	말뭉치 내 빈도	상대 빈도	누적 빈도	순위
하다	136,444	6.17%	6.17%	1
있다	79,485	3.60%	9.77%	2
되다	76,441	3.46%	13.23%	3
대하다	34,833	1.58%	14.81%	4
보다	33,232	1.50%	16.31%	5
위하다	26,988	1.22%	17.53%	6
말하다	24,774	1.12%	18.65%	7
가다	23,376	1.06%	19.71%	8
받다	22,190	1.00%	20.71%	9
알다	20,050	0.91%	21.62%	10
보이다[3]	18,536	0.84%	22.46%	11
들다	17,745	0.80%	23.26%	12
오다	17,037	0.77%	24.03%	13
따르다	16,996	0.77%	24.80%	14
쓰다	15,461	0.70%	25.50%	15

위 표에서 상대 빈도란 전체 말뭉치에서 사용된 동사 중 본용언으로 사용된 것의 전체 개수에서 해당 동사가 차지하는 상대적인 비율을 말한다. 상대 빈도에 따라 동사를 나열하면, 상위 순위로부터 몇 개의 동사가 전체 말뭉치에 차지하는 비율을 계산해 볼 수 있는데, 이는 누적 빈도라 할 수 있다.

동음어의 존재를 무시하고 (4)에서 보인 누적 빈도를 검토해 보면, 1000

어를 일일이 조사하여 어깨 번호 등을 태그해 주어야 하지만, 이 책에서는 잠정적으로나마 이렇게 단순히 동일 형태의 단어는 동일한 동사인 것으로 간주하고 계산을 해 보았다. 동사의 동음어를 파악하지 못하는 것은 이 빈도 표가 갖는 한계이며, 추후 극복되어야 할 문제이다. 아울러, 이 빈도 목록은 세종 말뭉치에서 간혹 발견되는 태깅상의 문제로 인한 오류에서도 완전히 자유롭지는 못하다.

3 상위 고빈도 동사에 반영돼 있는 동사 중에서 '보이다'는 '보다'의 피동형 및 사동형이라는 점에서 다른 고빈도 동사에 비해 유표적이라 할 수 있다. 이 동사는 주로 '곧 합의가 이뤄질 것으로 보인다'와 같이 '-은/는/을 것으로 보이다'의 패턴으로 쓰여서 '추측되다', '생각되다'와 같은 의미로 사용되는 경우로서, 각종 실용문 텍스트에서 흔하기 때문에 고빈도 동사 목록에 반영된 것으로 생각된다.

만 어절 내에서 상위 15개의 동사들이 동사 전체 비율의 약 25.5% 정도를 차지하고 있는 것으로 이해할 수 있다. 순수하게 확률적인 관점에서 논한다면, 전체 1,000만 어절의 1/4 정도인 250만 어절에 나타난 동사는 15개밖에 없다는 논리도 성립될 수 있다. 이렇게 마련된 전체 동사 목록과 앞서 (2)에 제시된 270개의 동사 목록을 비교하여, 말뭉치 내 빈도에서 누적 빈도 50% 미만의 범위에 드는 모든 동사들을 간추려 보면 동음어를 제외하고 총 99개, 동음어까지 고려한다면 102개의 동사 목록을 추려낼 수 있다. 이를 보이면 아래의 (5)와 같다.

(5) 세종 말뭉치 누적 빈도 50% 미만의 교육용 동사 목록 (99개)

동사	상대 빈도	누적 빈도	국립국어연구원 (2003) 기준	말뭉치 내 순위	일련 번호
하다	136,444	6.17%	ⓐ	1	1
되다	76,441	13.23%	ⓐ	3	2
대하다	34,833	14.81%	ⓑ	4	3
보다	33,232	16.31%	ⓐ	5	4
위하다	26,988	17.53%	ⓑ	6	5
말하다	24,774	18.65%	ⓐ	7	6
가다	23,376	19.71%	ⓐ	8	7
받다	22,190	20.71%	ⓐ	9	8
알다	20,050	21.62%	ⓐ	10	9
보이다	18,536	22.46%	ⓑ	11	10
들다	17,745	23.26%	ⓐ	12	11
오다	17,037	24.03%	ⓐ	13	12
따르다	16,996	24.80%	ⓑ	14	13
쓰다	15,461	25.50%	ⓐ	15	14
나오다	14,973	26.18%	ⓐ	16	15
살다	14,866	26.85%	ⓐ	17	16
모르다	14,209	27.49%	ⓐ	18	17
생각하다	13,974	28.13%	ⓐ	19	18
만들다	12,726	28.70%	ⓐ	20	19
가지다	11,301	29.21%	ⓐ	21	20

통하다	11,275	29.72%	ⓑ	22	21
지나다	11,243	30.23%	ⓑ	23	22
먹다	10,641	31.21%	ⓐ	25	23
듣다	9,386	31.64%	ⓐ	26	24
나다	9,023	32.47%	ⓐ	28	25
주다	8,971	32.87%	ⓐ	29	26
시작하다	8,011	33.23%	ⓐ	30	27
갖다	7,752	33.59%	ⓑ	31	28
찾다	7,225	33.91%	ⓐ	32	29
들어가다	7,158	34.24%	ⓐ	33	30
죽다	7,040	34.88%	ⓐ	35	31
나타나다	6,889	35.19%	ⓑ	36	32
만나다	6,758	35.49%	ⓐ	37	33
잡다	6,680	35.80%	ⓐ	38	34
묻다	6,516	36.09%	ⓐ	39	35
서다	6,212	36.37%	ⓐ	40	36
부르다	6,184	36.65%	ⓐ	41	37
밝히다	6,142	36.93%	ⓑ	42	38
나가다	6,000	37.20%	ⓐ	43	39
앉다	5,913	37.47%	ⓐ	44	40
느끼다	5,757	37.73%	ⓑ	45	41
맞다	5,754	37.99%	ⓑ	46	42
두다	5,701	38.25%	ⓑ	47	43
일어나다	5,578	38.50%	ⓐ	48	44
짓다	5,215	38.74%	ⓑ	49	45
치다	5,167	38.97%	ⓐ	50	46
이르다	5,167	39.20%	ⓑ	50	47
내리다	5,054	39.43%	ⓐ	52	48
타다	5,047	39.66%	ⓐ	53	49
읽다	4,996	40.11%	ⓐ	55	50
남다	4,963	40.34%	ⓑ	56	51
보내다	4,900	40.56%	ⓐ	57	52
떨어지다	4,653	40.77%	ⓑ	58	53
얻다	4,640	40.98%	ⓑ	59	54
생기다	4,634	41.19%	ⓐ	60	55
사다	4,568	41.61%	ⓐ	62	56

들어오다	4,458	41.81%	ⓐ	63	57
열다	4,395	42.01%	ⓐ	64	58
다니다	4,360	42.20%	ⓐ	65	59
떠나다	4,120	42.39%	ⓐ	66	60
넣다	3,963	42.75%	ⓐ	68	61
빠지다	3,856	42.92%	ⓑ	69	62
기다리다	3,821	43.10%	ⓐ	70	63
입다	3,796	43.61%	ⓐ	73	64
밀다	3,731	43.78%	ⓑ	74	65
끝나다	3,673	43.95%	ⓐ	75	66
돌아오다	3,643	44.11%	ⓐ	76	67
나누다	3,511	44.27%	ⓑ	77	68
이루다	3,465	44.43%	ⓑ	78	69
넘다	3,431	44.59%	ⓑ	79	70
오르다	3,426	44.74%	ⓐ	80	71
올리다	3,382	44.89%	ⓒ	81	72
웃다	3,359	45.05%	ⓐ	82	73
열리다	3,351	45.20%	ⓑ	83	74
돌아가다	3,337	45.35%	ⓐ	84	75
바라보다	3,257	45.50%	ⓑ	85	76
향하다	3,255	45.64%	ⓑ	86	77
놓다	3,216	45.79%	ⓐ	87	78
지키다	3,013	46.21%	ⓑ	90	79
배우다	2,968	46.48%	ⓐ	92	80
걸리다	2,957	46.74%	ⓑ	94	81
바꾸다	2,927	46.88%	ⓐ	95	82
세우다	2,899	47.14%	ⓑ	97	83
마시다	2,747	47.65%	ⓐ	101	84
돌리다	2,747	47.77%	ⓑ	101	85
당하다	2,743	48.02%	ⓒ	104	86
맡다	2,720	48.14%	ⓑ	105	87
걷다	2,682	48.26%	ⓐ	106	88
지내다	2,630	48.38%	ⓐ	107	89
끌다	2,580	48.50%	ⓑ	108	90
잇다	2,576	48.62%	ⓐ	109	91
낳다	2,566	48.73%	ⓑ	110	92

울다	2,563	48.85%	ⓐ	111	93
모으다	2,560	48.96%	ⓑ	112	94
미치다	2,552	49.08%	ⓑ	113	95
팔다	2,549	49.20%	ⓐ	114	96
들리다	2,528	49.31%	ⓑ	115	97
일으키다	2,463	49.65%	ⓑ	118	98
흐르다	2,442	49.76%	ⓑ	119	99

이들 동사들은 1000만 어절 말뭉치 내 빈도에 있어 누적 빈도 50% 미만
인 49.76%이고, 세종 말뭉치 내 순위로는 119위 안에 속한다. 그리고 세종
말뭉치 내 빈도 순위를 보더라도, 교육용 기초 동사라 일컬어진 것들이
세종 말뭉치에서도 상위 순위부터 골고루 잘 나타나고 있는 것을 볼 수
있다.

그러나 동사 순위는 119위 내에 속함에도 실제 동사의 목록은 99개이므
로, 그 중간 중간에 누락된 동사들이 20개 이상이 있음을 볼 수 있다. 얼핏
보면 이런 점은 교육용 동사 빈도와 일반 텍스트의 동사 빈도가 차이를
보이는 것으로 비쳐 보일 수 있지만, 사실은 그렇지 않다. 위 목록에 누락
된 동사들은 '그러다'를 비롯하여 조사 '-에'와 어울려 일종의 단일 기능어
역할을 하기도 하는 '의하다, 관하다, 비하다' 등 '-에 의해', '-에 관하여',
'-에 비해' 등으로 고정적으로 쓰임으로써 소위 문법화(grammaticalization)
과정에 있다고 볼 수 있는 동사들, 그리고 '-하다' 접사가 붙은 '사용하다,
주장하다, 이용하다, 이해하다, 강조하다', '-되다' 접사가 붙은 '시작되다'
등이다. 이들 '-하다'나 '-되다' 접사가 붙은 동사들은 국립국어연구원
(2003)의 기본 동사 목록에서 상당수 제외돼 있지만, 이들 동사의 어근들
이 '사용', '주장', '이용', '이해', '강조' 등의 명사이며, 이 명사들은 교육
용 기초 명사 목록에 반영돼 있기 때문에 구태여 동사 목록에는 반영하지
않은 것이라 생각된다. 따라서 이런 점을 고려한다면 한송화(2002:92)에서
의 예견과는 달리, 일반 텍스트의 동사 빈도 목록과 교육용 텍스트에 나타

난 동사 빈도 목록은 큰 차이를 보이지 않는다고 할 수 있다.

(5)의 목록은 앞서 제시한 (1a)~(1c) 요건이 갖춰진 것은 물론, 국립국어연구원(2003)의 목록도 대체로 잘 반영하고 있음을 볼 수 있다. '올리다'와 '당하다'는 원래 국립국어연구원(2003)의 목록에서 고급용 단어로 분류돼 있었지만, 빈도에 의한 우선순위에서는 고빈도 동사들에 속하므로 연구 대상으로 삼을 만하다.

이 책은 (5)에서 제시한 동사 중 최상위 빈도를 차지하고 있는 '하다'와 '되다'를 제외한 나머지 동사를 연구 대상으로 삼기로 한다. '하다'나 '되다'는 다양한 어근 또는 명사와 더불어 파생어를 만들 수 있기 때문에 단일 동사 교육 항목으로는 반영하지 않는 것이다. 이에 따라 이 책이 다루게 될 기본 동사는 '가다' ~ '흐르다'까지의 97개, 동음어까지 포함하여 102개로 한정하고자 한다.

3.2. 말뭉치의 관찰과 한국어 동사 패턴의 유형

말뭉치를 이용하여 패턴을 추출하는 데 있어서 필요한 방법은 문맥 색인(concordance)를 이용한 방법이다. 문맥 색인이란 말뭉치 내에서 원하는 문자열을 검색하여 그 문자열의 앞뒤 문맥을 일정한 길이로 보여주는 것을 가리키는데(연규동·박진호·최운호 2003:245), 이것은 해당 문자열과 공기하는 여러 어휘들을 살피는 데 용이한 방법으로 패턴이나 연어 등을 전산적으로 다룰 때에 많이 사용된다. 문맥 색인은 Sinclair(1991)의 *Corpus, Concordance, Collocation* 의 저서명, 즉 '말뭉치, 문맥 색인, 연어'라는 제목에서 알 수 있듯이, 말뭉치를 이용하여 연어 또는 일정 부류의 패턴을 관찰할 때 매우 요긴한 수단이 된다.

문맥 색인은 해당 문자열의 사용례를 그 앞뒤 문맥 사이에 보여주는 방식인 KWIC(KeyWord In Context) 방식과, 문맥과 별도로 검색어를 보여주는 방식인 KWOC(KeyWord Out of Context) 방식이 있는데 흔히 전자가 선호된다. 아래에 '보다'의 활용형 '보았던'의 문맥 색인을, 세종 말뭉치에서 무작위로 추출한 5만 문장을 대상으로 하여 KWIC 방식으로 작성한 것 중 그 일부를 보이도록 한다.

(6) '보았던'의 문맥 색인의 일부(검색 어절 범위 : 좌우 3어절)

낮에	보았던	더러운 자취는 요술처럼 간
언젠가	보았던	만화 영화.
책에서	보았던	호랑이 얘기들이 떠오르기도
그저 TV뉴스에서	보았던	장면들이 얼핏 떠올랐을 뿐.
나는 옛날에	보았던	그곳 오월의 밤 풍경을
이제야 우리가	보았던	하늘이 보인다.
나는 석굴암에서 그것을	보았던	것이다.
아마 흔히 영화에서	보았던	아름다운 여성의 독무대이거나
이제까지 무기물 덩어리로	보았던	지구가 하나의 유기체라는 것을
현상을 개벽의 조짐이라고	보았던	것입니다.
<늑대와 춤을>이라는 영화에서	보았던	인디언 부족의 이름짓기와
이미 여러 각도에서	보았던	시각적 정보를 분석하여 그
가장 감명 깊게	보았던	영화, <남자가 사랑할 때(When
것을 작가의 성장이라	보았던	것 같다.
다 하여 내려다	보았던	것은, 바로 저런 것이었던
한번 보고 이미	보았던	사람들은 다시 한 번
추운 의자에 앉아서	보았던	서부영화를 통하여 내 가슴속에
도대체 그녀는 무엇을	보았던	것일까.
내가 브레이의 원저에서 검토해	보았던	쟁기에 관한 내용을 보았을

그러나 이러한 방식으로는 '보았던'과 선행 어절과의 긴밀한 결합 관계를 파악하는 것이 힘들다. 한국어의 어절은 어휘 요소 뒤에 문법 요소가

붙어 있는 꼴을 하고 있는데, 이 문법 요소는 해당 어절의 범주를 결정하고 뒤에 오는 동사 등의 지배자를 찾아내는 데 결정적인 단서가 된다(박진호 2004:291). 또한, 한국어는 여러 문법 요소끼리 결합하더라도 상대적으로 뒤에 놓일수록 문법성이 더 강하다는 특성이 있다(목정수 2004:203). 따라서 남길임(2006:11f)에서 언급했던 것처럼 동사와 의미적인 긴밀한 결합 관계를 찾기 위해서는 동사를 검색어로 하여 선행 어절들을 정렬할 때에 선행 어절 끝 형태를 중심으로 역순정렬하는 것이 바람직하다.4

이에 더하여, 한국어를 위한 문맥 색인을 만들기 위해서는 각 문장 성분 간의 의존 관계를 따질 필요가 있다. 전형적으로 한국어 문장에서 의존적인 요소들은 우측에 오는, 즉 후행하는 성분의 지배를 받는 경우가 일반적이다. 따라서 검색어를 중심으로 문맥 색인을 만들 때에는 상대적으로 검색어 우측에 오는 어절들보다 좌측에 오는 어절들이 더 중요하다. 따라서 이러한 요소를 고려하여 '보았던'의 문맥 색인을 다시 정렬하여 보이면 아래와 같다.

---

4 문맥 색인을 만들어 주는 프로그램을 콩코던서(concordancer)라고 하는데, 현재 이용할 수 있는 콩코던서로는 MonoConc, WordSmith 그리고 세종계획 기초말뭉치 연구에서 배포된 글잡이(색인), 깜짝새, HanMaru 등이 있다. 전자의 두 프로그램 프로그램은 1byte가 한 글자를 차지하는 영어권에서 발전한 것이어서 한국어와 같이 한 글자가 2byte로 구성되는 언어에는 적합하지 않다. 한편, 후자의 세 프로그램은 한국에서 개발된 것이기는 하지만, 글잡이(색인)는 검색어 선행 어절들을 단순 정렬하는 기능만을 제공한다. 그보다 더 큰 문제는 동일한 검색어를 입력하여 실행한 결과가 매번 조금씩 달라진다는 문제이다. 깜짝새는 우회적인 방법으로 대상어 선행 어절 후행 형태를 위주로 정렬을 해 볼 수 있기는 하다. 그러나 텍스트 파일들을 2byte 형식의 파일로 변환해 주어야 하고, 결과가 나타나기까지의 시간도 제법 길다는 단점이 있다. 그나마 세종 계획에서 배포된 가장 최근작인 Hanmaru는 꽤 다양한 검색 조건을 가졌음에도 검색어 앞 어절들에 대한 역순행 정렬 옵션을 제공하고 있지 않다. 이러한 이유로 이 책은 자체적으로 한국어의 특성에 맞는 콩코던서를 개발하여 이를 본 연구에 활용하였음을 밝혀 둔다.

(7) '보았던'의 문맥 색인의 일부 (검색 어절 범위 : 좌우 4어절)

한 번 관찰해서, 내가	보았던	것을 재확인해 두는 것이
이제야 우리가	보았던	하늘이 보인다.
돌아온 품이는 어느 집에선가	보았던	것처럼 그 조개껍데기들을 진달래
언젠가	보았던	만화 영화.
그때 가장 감명 깊게	보았던	영화, <남자가 사랑할 때(When
설화·우화 등의 형식을 낮게	보았던	원래의 의의는 다름아닌 전체성(또는
지닌 기능 때문에 가능하다고	보았던	점이다.
따로이 존재하는 것은 아니라고	보았던	것이다.
같은 현상을 개벽의 조짐이라고	보았던	것입니다.
그리움을 다 하여 내려다	보았던	것은, 바로 저런 것이었던
그런 것을 작가의 성장이라	보았던	것 같다.
상스베 지방에서 여러 차례	보았던	진노래기벌이라는 것을 알았다.
가설은 이제까지 무기물 덩어리로	보았던	지구가 하나의 유기체라는 것을
오염이 아닌 번영의 상징으로	보았던	때였던 만큼 환경에 대한
내가 언제 처음 바다를	보았던가.	
지섭조차도 언제 거기서 통로를	보았던가	싶어질 정도였다.
시내 지하철 화장실에서 용무를	보았던	사람이라면 떼지어 몰려 있는
꼭 한번 보고 이미	보았던	사람들은 다시 한 번
나는 추운 의자에 앉아서	보았던	서부영화를 통하여 내 가슴속에
그들이 이미 여러 각도에서	보았던	시각적 정보를 분석하여 그
그저 TV뉴스에서	보았던	장면들이 얼핏 떠올랐을 뿐.
내무반의 펄럭이는 흑백 텔레비전에서	보았던	불타는 광주의 모습이 내내
책에서	보았던	호랑이 얘기들이 떠오르기도 합니다.
그녀는 <늑대와 춤을>이라는 영화에서	보았던	인디언 부족의 이름짓기와 비슷한
아마 흔히 영화에서	보았던	아름다운 여성의 독무대이거나 다양한
마약 단속하는 경찰돈(警察豚)으로 써	보았던	것 같다.
연우의 [국물있사옵니다]는 필자가 과거에	보았던	같은 작품의 다른 공연에
나는 옛날에	보았던	그곳 오월의 밤 풍경을
낮에	보았던	더러운 자취는 요술처럼 간
눈 하면 소년 시절에	보았던	장 드라노아가 감독한 '전원
틈새에다 집을 짓는 것을	보았던	일이 있다.
나는 석굴암에서 그것을	보았던	것이다.
만난 날도 역시 국화꽃을	보았던	것으로 미루어 한 달
종 표면에 부조된 그림을	보았던가,	분명히 그곳에 종은 있었으나,

	보았던	
낭패감…… 도대체 그녀는 무엇을	보았던	것일까.
하나의 개벽, 후천개벽(後天開闢)의 조짐을	보았던	것입니다.
볼 때마다 늘 처음	보았던	느낌 그대로 이번 달에는
우리의 귀로 듣고 그들이	보았던	현실을 우리의 눈으로 다시
보니 사진이나 텔레비전에서 많이	보았던	장면이 나타났다.
있는 것이라고는 다만 어제	보았던	그 교통 안전을 계몽하는
얼굴을 내민 것은 어제	보았던	그 푸른 제복을 입은
내가 브레이의 원저에서 검토해	보았던	쟁기에 관한 내용을 보았을

위 (7)은 '보다'의 활용형 중 '보았던'을 검색어로 하여 추출한 문맥 색인으로, '보았던'의 선행 어절의 끝 형태를 위주로 정렬한 결과이다. 이렇게 보면, 패턴의 관점에서 몇 가지 유의미한 결과를 관찰할 수 있다. 그것은 곧 '보았던'의 선행 어절, 특히 격 조사나 어미 등과의 인접 공기 양상이다. (7)에서 굵은 글씨로 보인 부분, 즉 1~2행은 주격 조사 '-가'와 '보다'의 패턴을, 그리고 3~4행에서는 어미 '-ㄴ가'와 '보다'의 패턴을 볼 수 있으며, 7~9행은 '-다고' 또는 '-라고'와 '보다'의 패턴을 볼 수 있다. 그밖에 '-에서', '-에', '-로', 그리고 '-을/를'과 '보다' 등의 패턴도 눈에 띈다. 이 외에도 특정 명사와 '보다'의 패턴도 눈여겨 볼 수 있다. 37행의 '처음'과 '보다', 40~41행의 '어제'와 '보다' 등이 그것이다.

이밖에도 '보다'와 후행하는 어절 사이에서의 패턴도 생각해 볼 수 있다. 가령, '보았던'에 후행하는 의존 명사로 '것'이 가장 많이 눈에 띄는데, 이들 역시 일정 빈도 이상으로 문맥 색인에 나타난다면 하나의 패턴으로 간주해 봄직하다. 그러나 한국어의 동사 및 형용사들에 의존하는 성분들은 전형적으로 그에 후행되는 경우가 별로 없다. 다시 말해서 '나는 사랑한다, 내게 금지된 것을'과 같은 문장을 논외로 하면, 전형적으로 동사에 의존하는 문장 성분들은 동사에 선행하는 것이 일반적이다. 이는 한국어 텍스트에 대한 자동 구문 분석기를 설계할 때에 기본적으로 고려하는 사항이기도 하다(박진호 2004:287 참고). 따라서 '보았던'과 그에 후행하는 '것'이 일정 정도 빈도를 보이며 공기를 한다 하여도, 이는 '보다'의 선행 요소와의 공기 관계를 살피는 것보다 덜하다고 할 수 있다. 이상의 관찰을 정리하여 보면 격 조사 또는 어미와 패턴을 이룰 것으로 보이는 '보았던'의 목록은 아래의 (8)과 같이 보일 수 있다.

> (8) '격 조사+보았던' 또는 '어미+보았던'의 패턴으로 볼 수 있는 항목
> -이/가 보았던   -인가 보았던   -게 보았던
> -다고 보았던   -을/를 보았던   -에서 보았던
> -에 보았던

여기서 다시 (8)에 보인 목록들을 좀 더 상세하게 살펴보도록 하자. '보았던'과 패턴을 이루는 것으로 여겨지는 각종 격 조사와 어미에 따라 '보았던'의 의미가 조금씩 다르게 해석된다는 것을 볼 수 있다. 즉, '-을/를'과 어울린 '보았던'은 기본 의미 혹은 기본 의미와 가까운 의미로 해석되는 반면에, '-로'나 '-다고/라고'와 어울린 '보았던'은 '간주하였던', '생각하였던'의 의미로 해석이 된다. 또한 어미 '-ㄴ가'와 패턴을 이루는 '보았던'은 '추측하였던'의 의미를 갖는 것으로 풀이된다.

Sinclair(1991)에서는 동사 'set' 단독의 의미를 논하는 것은 의미가 없으며, 그 구체적인 의미는 문맥에 포함되어 다른 단어들과 결합을 고려할 때 얻을 수 있다고 말한 바 있다. 다시 말해, 'set in', 'set on', 'set off' 등 다양한 전치사와 결합된 구 동사(phrasal verb)로서의 의미가 중요하다는 것이다. 이때 set이 어떤 전치사와 결합하는가 하는 문제는 문법 체계와 관련되는 것도 아니고, 'set'이 갖는 본연의 성질로도 볼 수 없다. 따라서 'set'의 진정한 의미를 찾는 것은 곧 이 동사와 공기하는 다른 전치사와의 결합을 고려해야 한다는 것이다. 요컨대, 하나의 단어가 갖는 구체적인 의의 (sense)는 그 패턴에 의해 정해질 수 있다고 하는 것이다(Sinclair 1991:65~8).

이러한 논리는 한국어 동사와 격 조사의 관계, 특히 인접 선행하는 격 조사와 동사의 관계에도 동일하게 적용될 수 있다고 본다. 엄밀하게 말하자면, '보다'는 그 자체로 의미를 갖는 것이 아니라, 실제 문맥에서 쓰였을 때 그 구체적인 의의가 정해지며, 그 의의는 '보다'와 가장 가까운 데 위치한 인접 선행 격 조사의 영향이 크다는 것이다. 이러한 다의의 구분은 「표준국어대사전」이 취하고 있는 기본 태도이기도 하다.

(9) '보다'의 사전적 정의 (<표준국어대사전>, 뜻풀이 및 용례 요약)
   a. (…을) 「1」 눈으로 대상의 존재나 형태적 특징을 알다. ¶ 난생 처음 보는 단어 「2」 눈으로 대상을 즐기거나 감상하다. ¶영화를 보다 「3」 책이나 신문 따위를 읽다. ¶신문을 보다 ......(이하 생략)
   b. ((…과))(…을) 『'…과'가 나타나지 않을 때는 여럿임을 뜻하는 말이 주어로 온다』 사람을 만나다. ¶학교를 졸업한 이후에 어제 처음으로 그녀와 서로 보게 되었다.
   c. (…을 …으로)(…을 -게)(…을 -고)(…으로)(-고) 『'…으로'나 '-게' 대신에 평가를 뜻하는 다른 부사어가 쓰이기도 한다』 대상을 평가하다. ¶어쩐지 그의 행동을 실수로 보아 줄 수가 없었다./도대체 사람을 뭘로 보고 그런 말씀을 하십니까?

「표준국어대사전」은 '보다'의 다의를 풀이하는 데 있어 그 일차적인 기준을 '보다'의 격틀에 두고 있다.5 그리하여 (9a)의 격 조사 '-을/를', (9b)의 '(-과) -을/를', 그리고 (9c)의 '-을/를 -로' 등의 다양한 격형이 '보다'의 다의성에 중요한 기준이 되고 있는 것이다.6 한송화(1997b:112)에서는 의미

---

5 「표준국어대사전」과 달리, 「외국인을 위한 한국어 학습 사전」에서는 격틀에 따른 다의의 구분이 전혀 반영돼 있지 않다. 이는 분명히 수정·보완되어야 할 문제이다.
6 현재 많은 사전들이 다의 항목을 선정하는 데 있어 해당 표제어의 의미에 기인한 것이 아니라, 다른 어휘와 함께 쓰였을 때의 의미를 제시한 데가 많다. <표준국어대사전>에 제시된 '보다'의 다의 항목에서도 이런 예로 보이는 것이 상당수이다.

적인 다의성이 통사적인 격틀에까지 영향을 미쳐 동사의 통사적 전이를 수반하기도 한다고 지적한 바 있으며, 남기심(1992)에서는 특히 부사격 조사에 따라 동음어와 다의어를 구분할 수 있다고 한 논의들은 통사적 격틀이 동사의 의미 구분에 중요한 기준이 됨을 지적한 것으로 볼 수 있다.[7]

동사에 인접 선행하는 요소들과 동사를 하나의 패턴으로 볼 수 있는 가능성은, 현재 한국어 교육에서 문법 항목이라 일컫는 여러 예에서도 쉽게 볼 수 있다. 예를 들어 '-로 인하여', '-에 대하여', '-에 따르면', '-에 비해', '-을/를 비롯하여', '-을/를 통틀어', '-와/과 더불어' 등의 문법 항목들이나, 보조사를 포함하는 문법 항목, 가령 '-에도 불구하고', '-은/는 고사하고' 등의 예를 보면, 기원적으로는 하나의 논항의 격을 나타내 주던 격 조사였던 것이 어떤 이유에서 '함께 자주 쓰이면서' 하나의 문법화된 단위가 되었다고 볼 수 있을 것이다. 이 말을 달리 생각하면, 어떤 특정한 의미나 기능을 나타내는 데 있어서 서술어 앞에 선행하는 격 조사는 그만큼 해당 서술어의 의미 기능을 한정하는 데 매우 중요한 의미를 지닌다는 뜻으로도 풀

「9」『'시험'을 뜻하는 목적어와 함께 쓰여』 자신의 실력이 나타나도록 치르다. ¶시험 잘 봤니? 「10」 어떤 일을 맡아 하다. ¶사무를 보다 「11」 어떤 결과나 관계를 맺기에 이르다. ¶끝장을 보다/결말을 보다/합의를 보다. 「12」 음식상이나 잠자리 따위를 채비하다. ¶어머니는 술상을 보느라 바쁘시다./아버님 진짓상을 보아야죠./손님 주무실 자리를 봐 드려라. 「13」『완곡한 표현으로』 대소변을 누다. ¶대변을 보다.

최호철(1993)에 따르면, 이것들은 순수한 '보다'의 의미로 볼 수 없다. 가령, '대/소변을 보다'는 '보다'의 의미에서 찾을 수 있는 성질의 것이 아니라, 그 전체가 하나의 연어나 관용어로 보는 편이 낫다. 이 책에서도 이러한 입장을 따르지만, 이는 여기서 다루지 않는다.

7 남기심(1992:28~9)에서는 '그는 철수를 의사로 만들었다.'에서의 필수적 부사어 '의사로'에서 '-로'가 실현되어야만 하는 경우와 그렇지 않은 경우에 '만들다'의 동음어 구분이 가능할 것이라는 제안을 하고 있다. 이러한 통사적 특성에 따른 동음어 혹은 다의어 구분은 '사전 풀이에 관한 이론적 측면에서의 검토'라는 다소 유보적인 태도를 보이고 있지만, 형태·통사적 특성에 따라 동사의 의미 구분을 시도한 것은 이 책의 관찰과도 부합한다. 논항의 성격에 따른 유형 구분도 역시 이러한 관점과 맞닿아 있는데, 이에 대해서는 유현경(2000)의 형용사 유형 연구가 참고 된다.

이할 수 있다. 이렇게 볼 때, '격 조사 또는 일부 어미 +동사'의 꼴을 갖추고 있는 패턴은 동사의 통사 교육에 대한 실마리를 던져 준다고 할 수 있다.

특정 격 조사와 동사를 패턴으로 보려는 이유는 격 조사의 한국어 교육적 적용의 문제와도 관계된다. 앞서 1.2에서 보았듯이 격 조사의 자체 의미나 기능을 배우는 것은 외국인 학습자들이 올바른 격 조사의 습득을 도모하는 데 한계가 있음을 논하였다. '보다'와 어울릴 수 있는 격 조사는 '-이/가', '-을/를', '-로', '-에서', '-에' 정도로 집계되는데, 이들 각각의 의미 기능을 안다고 해도 '보다'와 어울려 어떤 의미로 사용되는지 이해하는 데에는 별 도움이 되지 못한다. Sinclair(1991)에서 'set'과 각종 전치사와의 구 동사 패턴의 중요성을 지적하였던 것을 상기해 보자. 앞서 2.3에서도 잠깐 언급하였듯이, 한국어의 격 조사는 영어의 전치사보다도 더 문법적인 의미가 강하고 어휘적 속성은 덜하므로, 영어의 전치사보다 한국어의 격 조사를 개별 형태로 가르치는 것은 더 어렵다고 할 수 있다. 그러므로 한국어의 격 조사를 동사의 패턴으로 가르치는 것은 격 조사의 교육을 위한 불가피한 선택이자, 가장 합리적인 격 조사의 교육을 위한 방법일 수 있다.[8]

문장 요소간의 인접 공기 관계라는 패턴의 관점에서 볼 수 있는 또 다른 특징의 하나는, 동사에 인접 선행하는 요소 중에서 일부 어미도 패턴으로

---

8 패턴을 비롯한 연어 관련 연구에서 격 조사를 포함하는 '어휘간의 긴밀한 관계'를 살피는 어려움은 한영균(2002)에 잘 드러나 있다. 여기에서는 격 조사나 어미 등의 형식 형태들에 대한 연어 정보 추출과 그 활용에 관련된 몇 가지 문제를 거론하면서, '굳이 조사나 어미를 연어의 검토 대상에서 제외할 까닭은 없으나, 그것들이 다른 어휘적 의미를 지니는 단위에 비해 상대적으로 빈도가 높고, 따라서 분석해야 할 용례의 수가 많은 데 비해 어휘 사이의 고정적 결합 패턴의 파악이라는 면에서는 어휘적 의미를 지니는 단위들에 비해 얻어지는 것이 많지 않다'고 지적한 바 있다(한영균 2002:149). 격 조사를 포함하는 어휘 간의 관계를 포착하는 것은 어렵다는 데 동의할 수 있지만, 그렇다고 이러한 작업이 결코 '얻어지는 것이 많지 않다'고 볼 수는 없다. 한국어 교육에서 볼 때에는 외국인 학습자들이 익혀야 하는 통사적 학습으로서, '격 조사+동사'의 패턴은 충분히 교육적인 가치가 있다.

볼 수 있는 것들이 있다는 점이다. '보는'으로 검색하여 본 문맥 색인 중 일부를 보이면 아래 (10)과 같다.

(10) '보면'의 문맥 색인의 일부 (검색 어절 범위 : 좌우 4어절)

마련되어 있지 않았던 걸	보면	서하총 현실로 연해 있는
나이에 교감이 된 걸	보면	얼마나 철두철미했는지 알 수
새 장가를 안든 걸	보면	진짜진짜 괜찮은 홀아비 아녜요?
거동이 그토록 민첩한 걸	보면	용술은 이미 통로의 어둠에도
형님, 그런 것	보면	못써요!
동시에 보다 더 깊게	보면	인간의 자의식이 발생하고 문명이
것, 주체성 확립도 넓게	보면	외국 문화에 대한 존중과
어떻게	보면	거의 상투적이라고 할 수도
어떻게	보면	그 원리는 간단하다.
어떻게	보면	그는 이제 그 무덤의
어떻게	보면	도시 아이들은 불행하지요.
어떻게	보면	만의 경우 그가 누구보다도
어떻게	보면	우리의 인생에 아무런 도움이
어떻게	보면	이인성의 물음은 최수철의 명제
어떻게	보면	일상 생활 자체를 흥미의
것은 나를 위해서는 어떻게	보면	잘된 일이었다.
죽으면 없어지는 얼굴보다 어떻게	보면	글이 더욱 무서운 경우도
문화를 전개시킨 것도 어떻게	보면	이 물결이 담당하였던 몫이
면으로 들어가게 되어 어떻게	보면	먼저 말한 것은 물질적인
꼭꼭 막혀버린다는 것은 어떻게	보면	논리와 분별을 잃은 강요에
정치가 개입하는 것은 어떻게	보면	당연하다.
소설의 방대한 지면은 어떻게	보면	외부현실 인식의 무의미함이라는 한
관점들은 민중이라는 총개념(어떻게	보면	절대적인 개념)에 비한다면, 그
그렇게	보면	오강원은 참으로 오래 전에
이렇게	보면	과천군의 농민들은 거호당 평균
이렇게	보면	광고 텍스트의 이데올로기적 작용은
이렇게	보면	남자는 본래 천성이 경쟁적으로
이렇게	보면	당시 그들의 주요한 경제

이렇게	보면	사회관계에 있어 <지배>란 한
이렇게	보면	예술이 유희가 아니라 노동에서
이렇게	보면	이데올로기는 허위의식도 아니고 스스로를
믿고, 한 번 믿게	보면	끝내 믿지 못하는 호(好),
뜻도 가지고 있지만, 크게	보면	불교적 이상세계를 의미하는 것이다.
이거 집에 가서 신겨	보면	안 되겠수?
지나고	보면	모두가 정든 사람들뿐!
이렇게 놓고	보면	교과서는 단연 베스트셀러 가운데
발표문만 놓고	보면	참정권 유보까지 제의하게 된

'보다'의 문맥 색인에서 눈에 띄는 것은 '동사-게 보다'와 같은 연결 어미와 패턴을 이루는 경우이다. 흔히 어미는 동사의 활용형 정도로 인식되어 그에 대한 교육도 주로 동사의 활용이 중심이 돼 왔다. 그렇지만, (10)을 보면 동사와 가까운 위치에 놓인 연결 어미 '-게'와 '보다'와 어울려서 유의미한 단위를 구성하는 것으로 보이는 것을 알 수 있다. 이때의 '-게'가 포함된 성분들을 단순히 부사어로 간주하여 생략이 가능한 성분으로 보기도 어렵다. 우선 '어떻게 보면', '이렇게 보면' 등은 설명문 텍스트 등에서 흔히 볼 수 있고, 이들은 텍스트 안에서 담화적으로도 독특한 기능을 수행한다고 여겨진다. 문맥 색인을 추출하기 위해 들였던 표본 말뭉치의 크기가 작은 것을 고려해 보면 비록 그 빈도는 낮지만 '넓게 보다', '크게 보다', '믿게 보다', '넓게 보다' 등에서 '보다'는 '생각하다'의 의미로 해석된다. 이는 '격 조사+보다'의 패턴에서와 마찬가지로, 동사에 따라 특정 연결 어미가 자주 인접 선행하는 경우가 있으며, 그때에 동사의 의미도 다의적으로 해석될 수 있음을 의미한다. 따라서 이들도 '보다'의 통사·의미 교육에 있어서 중요하게 다뤄져야 하는 패턴의 일부라 할 수 있다.

　다만, '어미+동사'의 패턴을 판정할 때에는 이것이 패턴으로서의 가치가 있는지를 확인하는 절차가 필요하다. 이상의 (10)과 같은 예에서 패턴을 설정한다고 할 때 '-게 보다'가 좋을 것인지, 아니면 어미 앞의 동사나 형용사까지 포함시킨 '밉게 보다', '넓게 보다'를 패턴으로 볼 것인지를 말뭉치에서 확인하는 절차가 필요한 것이다. 그런데, 이 책의 관찰 결과를 보면, '보다'는 '그 사람이 자격 요건에 부합되는가 보다'에서 보이는 '-는가 보다'와 방금 들었던 '-게 보다'와 자주 어울리는 것으로 나타나는 반면, '시작하다'는 '-기 시작하다'와 같이 명사형 어미와 자주 연결되는 경향을 갖고 있다. 이처럼 동사에 따라서도 인접 선행하는 어미들 중에서 선호되는 것들이 조금씩 다르며, 그때의 동사 의미 해석도 어미의 영향을 받을 수 있으므로, 일단 통사 교육적 측면에서 '어미+동사'의 패턴을 살펴볼 필요가 있다.9

한편, 패턴의 범위를 좀 더 확장하여 보면, 동사에 인접 선행하는 명사를 파악하여 동사의 의미 교육 패턴을 구축하는 데에도 도움이 될 수 있다. 한국어의 문장 성분은 원칙적으로 어순이 고정되어 있지 않기 때문에, 대규모 말뭉치에서 동사에 선행하는 명사까지 검색 범위를 넓힌다면, 동사가 명사와 결합하여 갖게 되는 다의 용례들을 찾을 수 있으리라는 예상이 가능하다. 이를 '보는'의 문맥 색인에서 확인해 보도록 한다.

---

9 '어미+동사'의 패턴을 찾을 때에도 말뭉치 내에서 확인하는 절차가 필요하다. 그 대표적인 것이 연결어미 '-아/어'가 동사에 선행할 때이다. '동사+-아/어 동사'는 크게 세 가지의 통사적 구성이 가능한데, 그 첫째는 '본용언+보조용언', 둘째는 연속 동사 구성, 셋째는 기원적으로 연속 동사 구성이었지만 현재 합성 동사로 간주되고 있는 경우이다. 첫 번째 본용언과 보조용언은 말뭉치 상에서 쉽게 구별할 수 있다. 왜냐하면 세종 말뭉치는 보조 용언으로 쓰인 경우에 한하여, 본용언과는 다른 형태 표지인 VX를 사용하기 때문이다. 그러나 두 번째 것과 세 번째 것은 말뭉치의 태그로는 잘 구별되지 않는다. '살펴보다'나 '찾아보다' 등은 현재 합성 동사로 간주되는데, 말뭉치에서는 이들이 '살펴 보다' 혹은 '찾아 보다'와 같이 띄어쓴 경우에 대해서 일부 본용언+보조용언, 혹은 합성 동사 구성처럼 간주되고 있는 것이다. 이로 인해서 세종 말뭉치에서 '어미+동사'가 나타날 때는 좀 더 신중한 관찰과 판단이 필요하다.

(11) '보는'의 문맥 색인의 일부 (검색 어절 범위 : 좌우 4어절)

그녀가 하는 일은 경리를	보는	것이었다.
하면서 이중으로 짭짤한 재미를	보는	멋장이 과부였다.
신도와 부설노인대학 '학생들이 예배를	보는	주일이나 강의가 열리는 날
신봉하게 되었고, 의사는 환자를	보는	것이 아니라 환자의 질병만을
자신이 보지 않더라도 학습지를	보는	학생을 찾기란 어렵지 않다.
놓고 은행간에 서로 눈치를	보는	상태라고 밝혔다.
남의 눈치를	보는	데 에너지를 뺏기지 않으면서도
함부로 뛰어들기를 잘해서 손해를	보는	편이지만, 이번 일엔 어차피
버리는 것은 근본적인 손해를	보는	일이기 때문입니다.
공해 때문에 피해를	보는	학교는 용연과 덕신국민학교만이 아니다.
정력이 출중해서 그 덕을	보는	것 아닙니까?
자가 같이 있으면 덕을	보는	쪽은 아무래도 가난한 자라고
2백 25만원의 부당 이득을	보는	등 이들은 모두 7만
하면서 가장 정신적으로 이득을	보는	사람은 다른 사람이 아닌
김 선생님이 서서 소변을	보는	것을 뒤에서 구경했습니다.
길 옆이나 참호에서 용변을	보는	경우가 눈에 띄기도 했다.
없는 혼란의 연속이 불을	보는	것보다 뻔하다.
나름대로 지니고 있는 세상을	보는	눈, 이 사회를 진단하고
떴을 때 새로운 세상을	보는	것 같은 기쁨을 느꼈다.
당사자끼리 선을	보는	걸 일본말로 미아이 [見合]라고 하면서,
남녀 양쪽 집안이 맞선을	보는	자리에서 혼사를 결정하는 데까지
역에는 아무도 일을	보는	사람이 없습니다.
이웃 아주머니들이 그렇게 흉을	보는	소리인지도 모른다.
얼렁뚱땅, 간편의 상징이라고 흉을	보는	외국인이 있기는 하나, 소나기
사람들은 입을 비쭉비쭉하며 흉을	보는	것이었습니다.

이상의 문맥 색인은 세종 말뭉치 중 일부에서 '보는'을 검색어로 하여 만든 문맥 색인 중 목적격 조사 '-을/를'이 '보는'에 선행될 때를 가려낸 것이다. 앞서 보았던 (7)과(10)의 '격 조사 또는 일부 어미 + 동사'의 패턴의 범위를 조금 더 넓혀, 격 조사 앞에 사용되는 명사들까지 검색해 보면 (11)에서 굵은 글씨로 쓰여 있는 부분들을 만날 수 있다. 이들을 정리하여 보이면 아래와 같다.

(12) '명사(+격 조사)+보는'의 패턴으로 볼 수 있는 것들

경리를 보는	재미를 보는	예배를 보는
환자를 보는	학습지를 보는	눈치를 보는
손해를 보는	피해를 보는	덕을 보는
이득을 보는	소변을 보는	용변을 보는
불을 보는	세상을 보는	선을 보는
맞선을 보는	일을 보는	흥을 보는

(12)에서 볼 수 있듯이, 이들은 각각 '경리를 보다', '재미를 보다', '예배를 보다', '덕을 보다', '이득을 보다', '소변을 보다', '불을 보다', '선을 보다', '흥을 보다' 등 '보다'가 관용어의 일부나 다의적으로 쓰인 예이다.10 이들 용례들은 직관적으로 볼 때 '-을/를'이 생략된 형태로도 쓰일 수 있다. 즉, '경리 보다', '재미 보다', '예배 보다', '덕 보다', '이득 보다' 등과 같다.

한국어 교육의 관점에서 동사를 가르칠 때에 통사 교육은 물론, 의미 교육까지 포괄하려면 이렇듯 동사와 자주 어울리는 명사, 즉 동사와 패턴을 이루는 명사들에 대한 교육도 이뤄지는 것이 바람직하다. 앞서 1.4에서 다의어를 교육할 때 다의의 파생 정도에 따른 교육 순서에 대해 비판한 바 있다. 이는 한국어 학습자들에게 필요한 것은 다의의 파생 정도에 따른 동사의 의미론에 대한 학습이 아니라, 실제 사용할 수 있고 일상생활에서 접할 수 있는 용례가 중심이 되어야 한다는 당위론에 의한 것이었다. 이렇게 말뭉치의 문맥 색인을 통해서 동사의 패턴을 조사해 보면, 다양한 명사

---

10 예를 들어, '이득을 보다', '재미를 보다' 등과 같은 패턴들은 '보다'와 그에 인접 선행하는 명사들을 검색함으로써 쉽게 찾을 수 있는 용례들인데, 이에 대해 한영균(2002)에서는 '피나다', '피보다', '피끓다'처럼 '명사+(조사)+동사'형을 가진 '구의 형태를 지니고 있지만, 의미론적으로는 하나의 의미 단위로 기능하는 통사 구성'으로서 '합성구'가 영어의 구 동사(phrasal verb)와 비슷하다고 논한 바 있다. 이는 이 책의 동사 패턴으로 포함될 수 있는 것인데, 이밖에도 한국어의 부사격 조사를 영어의 전치사에 대응하는 후치사(postposition)와 동질적인 것으로 여긴다면, 한국어의 '부사격 조사 + 동사'의 패턴을 구 동사처럼 볼 가능성도 없지 않다고 본다.

와 어울리는 용례들을 볼 수 있는데, 이것은 곧 한국어 교육에서 유용한 동사의 의미 교육 패턴이 될 수 있다.

그런데 이와 같은 '명사(+격 조사)+동사'의 결합 유형 중에서 유의미한 패턴을 선정하기 위해서는 종종 문맥 색인에서 실제 용례를 확인해 볼 필요가 있다. 가령, 말뭉치 조사를 통해서 살펴보면 '보다' 앞에 '측면에서'라는 어절이 일정 빈도 이상 선행되는 것을 발견할 수 있는데, 이 경우에 단순히 '측면에서 보다'만을 패턴으로 삼기에는 직관적으로도 그 짜임에 있어 부족한 요소가 있음을 느낄 수 있다. '측면에서 보다'가 실제적으로 어떻게 쓰이는지를 확인하기 위해서, 동사가 포함된 문장을 무작위로 5만 개 추출하고, 이들 문장에서 '측면에서 보다'의 문맥 색인을 만들면 아래와 같다.

(13) '측면에서+보다'의 문맥 색인 (검색 어절 범위 : 좌우 3어절)

바는 비디어를 기능적인	측면에서	보는 것이 아니라,
대한 신문의 영향력이라는	측면에서	보더라도 만만하지 않은
통하여 밝혀진다) 의	측면에서	보려 한다는 점이다.
그런	측면에서	보면 80년대의
정신을 떠난 물질적인	측면에서	보면 눈앞에 확실히
흙의 부담을 더는	측면에서	보면 매우 반가운
물론 경제적	측면에서	본다면 이 지역
말의 본질적인	측면에서	볼 때,
이러한	측면에서	볼 때 지금까지의
- 교육적인	측면에서	볼 때 학생들의
전통에서 근대로의 이행이라는	측면에서	볼 때 해방
있지만 민심 현상이라는	측면에서	보자면 공통적인 현상이다.

(13)에서 볼 수 있듯이, '측면에서 보다'는 주로 관형형 어미 '-은/는 측면에서 보다'와 같은 꼴이 가장 많이 쓰이고, 일부분 관형격 조사 '-의'나 혹은 접사 '-적(的)'에 이끌린 파생어를 선행하는 것을 볼 수 있다. 패턴의 일반적인 정의에 따라서, 결합되는 어휘 간의 선택 관계가 보일 경우 패턴

으로 볼 수 있으므로, '측면에서 보다'는 그 선행하는 문법 형태, 즉 관형형 어미와 관형격 조사 등을 반영하여 패턴으로 삼는 것이 바람직하다. 다시 말하면, '측면에서 보다'의 패턴은 다음과 같이 보이는 것이 좋다는 것이다.

(14) '측면에서 보다'의 패턴
    -은/는 측면에서 보다   -의 측면에서 보다
    -적 측면에서 보다

　교육적인 면에서 볼 때에는 이 중에서 가장 많은 빈도를 보이는 '-은/는 측면에서 보다'를 대표적인 패턴으로 삼는 방법도 고려될 수 있다. 이 경우 '-의 측면에서 보다'나 '-적 측면에서 보다'는 교육의 필요성이나 한국어 학습자의 수준에 따라서 교육에 반영할 것인지의 여부를 결정할 수 있을 것이다.

　그런데 어떤 패턴이 '명사(+격 조사)+동사'와 같은 유형이라고 할 때, 이를 선행하는 문법 형태는 '-은/는 측면에서 보다'와 같이 대체로는 명사를 수식하는 관형형 어미나 관형격 조사 등이라고 예상해 볼 수 있으나, 이것이 모든 경우에 통용되는 원리는 아니다. 말뭉치를 조사해 보면 어떤 '명사(+격 조사)+동사' 패턴은 그 자체가 구 동사(phrasal verb)처럼 쓰여 이 패턴에 속한 동사가 가질 수 없는 격형을 새로이 취득하기도 한다. 일례로, '이루다'는 전형적으로 '-이/가 -을/를 이루다'와 같은 문형을 가지므로, 실제 말뭉치 조사 결과에서도 '이루다'에 선행하는 격 조사로는 주격 조사와 목적격 조사의 빈도가 가장 높게 나타날 것으로 기대된다. 그러나 '짝을 이루다'의 경우 이는 대부분의 용례에서 공동격 조사 '-와/과'를 선행하는 것을 볼 수 있는데, 이때의 '-와/과'는 '짝을 이루다'라는 구성이 갖는 새로운 격형이라 할 만하다. 이와 마찬가지로, '올리다' 역시 전형적인 타동사로서 부사격 조사 '-에'가 선행될 일이 별로 없을 거라 생각되지만, '열을 올리다'와 같은 유형에서는 대부분의 용례가 '-에'를 선행하는 형태로서

'-에 열을 올리다'와 같은 패턴으로 사용된다. 따라서 '명사(+격 조사)+동사'의 꼴을 갖는 패턴에서는 이를 선행하는 문법 형태로서 관형격 조사나 관형형 어미뿐만 아니라, 다른 문법 형태 역시 고려해 보아야 한다.

여기서 동사 패턴 검색을 위한 실제 측면에서의 문제를 살펴보도록 하자. 이상에서 논한 각종 동사들의 패턴들을 말뭉치에서 확인하기 위해서는 문맥 색인이 필수적임을 볼 수 있다. 그런데 앞서 보인 문맥 색인의 예들은 86만 문장이 넘는 말뭉치 중에서 고작 5만 문장을 대상으로 한 것이다. 세종 말뭉치에서 '보다'가 갖는 빈도는 33,232회이므로, '보다'의 문맥 색인 역시 33,232 행이 될 것이다. 이 많은 용례에서 유의미하다고 여겨지는 패턴들을 수작업으로 간추린다는 것은 매우 번거롭고 지루한 작업임에 분명하다. 따라서 좀 더 효율적으로 동사의 패턴을 살피기 위한 방법이 필요한데, 이를 위해서는 각종 동사가 가질 수 있는 패턴들의 유형을 미리 상정하고, 각 유형들의 빈도만이라도 먼저 계산하는 것이 도움이 된다.

즉, 검색 동사들에 대해 일일이 문맥 색인을 만들지 않고, 프로그래밍을 하여 '격 조사+보다'의 꼴을 갖춘 모든 유형들을 검색하여 그 빈도를 계산해 본다면, '-을/를 보다'가 가장 높은 빈도를 보일 것이며, '-에게 보다'는 '-을/를 보다'에 비해 매우 낮은 빈도를 가질 것이라 예측할 수 있다. 빈도가 높을수록 상대적으로 패턴이 될 가능성이 높으며, 빈도가 낮은 것은 패턴으로 삼을 가능성이 낮을 것이라는 가정도 가능하다. 이렇듯 '격 조사+보다'의 꼴을 찾아내어 그 빈도를 계산한다면, 주요 동사에 대한 문맥 색인을 만들어 확인해야 하는 번거로움을 덜 수 있다.

앞서서 살핀 동사의 패턴 유형들을 참고한다면, 동사 패턴의 추출을 위해 기본적으로 검색해야 하는 패턴의 기본적인 검색 유형들은 다음과 같다고 볼 수 있다.[11]

---

11 대규모 말뭉치에서 이를 활용하는 문제는 3.3.2에서 후술한다. 앞서 (13)~(14)의 '측면에서 보다'의 문제에서 살폈듯이, '격조사+동사', '어미+동사' 그리고 '명사

(15) 동사 교육 패턴의 기본 검색 유형과 예

a. 동사 교육 패턴	
격 조사 + 동사	: -을/를 보다, -로 보다 등
일부 어미 + 동사	: -은가 보다 등[12]
b. 의미 교육 패턴	
명사 (+ 격 조사) + 동사	: 손해(를) 보다, 흉(을) 보다 등
문법 형태 + 명사 (+ 격 조사) + 동사	: -은/는 측면에서 보다 등

(15)와 같은 방식은 곧 동사에 선행 인접한 문장 성분만을 대상으로 검색 범위를 좁힌다는 것을 의미한다. 즉, 문맥 색인 내에서 동사를 검색어로 하였을 때, 인접 선행하는 문장 성분 중 격 조사나 어미를 포함하고 있는 것들만 대상으로 한다는 것이다.

그런데 이러한 방법론은 사실 두 가지의 문제점을 안고 있다. 그 하나는 일반적인 텍스트 위주의 말뭉치로 검색할 때 갖게 되는 문제점이다. 즉 특정 동사가 사용된 모든 용례를 검색할 때에는 그 동사의 활용형을 모두 검색해서 정리해야 하는 번거로운 절차를 밟아야 한다는 것이다. 위에서 '보다'의 활용형으로 '보았던'과 '보는'의 두 가지를 검색했는데, 가령 '보다'와 어미 '-고서'의 결합형 '보고서'를 검색어로 하는 경우, 명사로서의 '보고서'가 검색되는 문제도 뒤따른다. 소규모의 말뭉치로 조사할 때에는 이를 수작업으로 걸러낼 수 있겠지만, 대규모 말뭉치에서 검색한다면 매우 비효율적이고 부정확한 결과를 얻을 수도 있다.

이 문제는 순수한 텍스트만으로 이뤄진 말뭉치 연구가 갖는 한계로서, 형태 또는 형태소 분석이 돼 있는 말뭉치를 이용하면 문제의 상당 부분을 해결할 수 있다. 형태 분석 말뭉치는 문장 텍스트에 대해 형태소 또는 형태

(+격조사)+동사'의 검색은 패턴을 추출하기 위한 하나의 최소 범위일 뿐, 모든 동사의 패턴들이 이러한 유형을 절대적으로 따른다고 보기는 어렵다. 이와 관련하여 교육적인 측면에서 동사 패턴을 선정하는 문제는 5.1에서 다루도록 한다.

12 예시한 '-은가 보다'의 '보다'는 보조 용언으로 사용된 경우가 아니라, '-은가 보다'는 '그 사람이 갔는가 보고 나에게 말해 다오.'와 같이 '확인하다'의 뜻을 가질 때이다.

분석을 함으로써, 동사의 불규칙 활용형이나 각종 형태 음운론적 이형태들 간의 동질성을 확인하는 데 유용하다. 따라서 '보다'가 어떤 모습으로 활용형을 보이든 간에 형태 분석 말뭉치로 '보다'의 모든 용례를 검색해 낼 수가 있다는 장점이 있다. 다만, 이를 위해서는 몇 가지 소정의 말뭉치의 수정과 변환을 거쳐야 하는데 이는 다음 절에서 구체적으로 보이고자 한다.

한편, (15)에서 제시한 패턴을 추출하는 데 있어 곤란한 문제 중의 하나는, 한국어의 어순과 관련된다. 한국어는 어순이 비교적 자유롭기 때문에, 동사를 수식하는 부사가 위 패턴 사이에 개재되는 경우도 있다. 그런 이유로 동사에 인접 선행하는 문장 성분이 반드시 격 조사를 포함하거나 명사를 포함하는 것만은 아닐 수도 있다. 다음의 (16)을 보도록 한다.

(16) 패턴 추출 시의 문제
    a. 나는 이 문제를 <u>그 사람의 실수로</u> <u>보았다</u>.
                     N-로   V
    b. 나는 <u>그 사람의 실수로</u>, 이 문제를 <u>보았다</u>.
            N-로   V
    c. 나는 이 문제를 <u>그 사람의 실수로</u> 종종 <u>보곤</u> 했다.
                     N-로   V

(16a)와 같은 문장이 전형적인 예라면, 이때 '보다'를 검색한 뒤 이에 인접 선행한 '실수로'를 검색하면 'N-로 보다'와 같은 패턴을 찾는 데 어려움이 없다. 그러나 (16b)와 같이 '이 문제를'과 '그 사람의 실수로'의 어순이 바뀐 경우나, (16c)처럼 '그 사람의 실수로'와 '보다' 사이에 부사어 '종종'이 개입되어 'N-로'와 '보다'가 분리되어 있으면, 'N-로 보다'라는 연속적인 형태로서의 패턴을 검색하지 못하는 문제가 있다.

이러한 문제로 인해, 말뭉치를 이용하여 패턴이나 연어를 검출할 때에는 검색 대상어를 중심으로 보통 앞뒤 ±4어절을 검색 범위(span)로 설정한 뒤, 대상어와 검색 범위 안에 있는 단어나 어휘 간의 공기 빈도를 구하는 방법을 사용한다. 이를 예로 들어 설명해 보도록 한다.

(17) '보기가'를 중심으로 한 문맥 색인 검색 범위(span)
봐도 <u>그가</u> <u>저지른</u> 일은 실수로 보기가 <u>어려웠다</u>. <u>하지만</u> <u>나는</u> <u>아무</u> 말도
    -4   -3   -2   -1   +1   +2 +3 +4

말뭉치에서 '보기가'를 검색하여 문맥 색인을 만든 뒤에 그 중 하나의 예를 들어 본 것이다. 여기에서 '보기가'를 중심으로 앞의 4어절, 즉 '그가', '저지른', '일을', '실수로'와 뒤의 4어절 곧 '어려웠다', '하지만', '나는', '아무' 등 총 8개의 어절은 검색 범위로 설정된다. 그리고 '보기가'와 이들 8개 어휘와의 공기 빈도를 계산하여 연어성을 판단하는 것이다.[13]

이러한 연어 판별 방식은 Sinclair(1991)에서 제안된 것으로서, 기본적으로 어절을 기본 단위로 하여 연어성을 판단하는 방법이며, 홍종선·강범모·최호철(2000)에서도 보이는 방식이기도 하다. 그런데 이는 기본적으로 하나의 단어가 하나의 어절을 이루는 영어에서는 긍정적인 결과를 보일 수 있을지 몰라도, 한 어절에 실질 형태와 조사·어미 등의 문법 형태가 함께 있는 한국어에서는 적용상 고려해야 할 점이 없지 않다. 무엇보다도 홀로 어절을 구성할 수 없는 각종 문법 형태와 동사와의 연어성 여부는 포착하기 어렵다. 즉, '-이/가 -을/를 -로 보다'와 같은 꼴을 말뭉치에서 검색할 때에 '-이/가', '-을/를' 및 '-로'가 '보다'와 연어성을 갖는지 파악하기 어렵다는 것이다.

---

13 이러한 방법은 통계적인 기술을 이용한 연어 판별법으로서, z-score, t-score, MI score 등은 검색 범위에 나타난 대상어 A와 문맥 속에 나타난 어떤 단어 B와의 공기 빈도, 그리고 전체 말뭉치 또는 표본 말뭉치에서 A+B의 조합이 어느 정도로 나타날 것인가를 의미하는 예상 빈도와의 관계를 통계적인 수식으로 나타낸 것들이다. 그런데, 이중 z-score와 MI score는 실제로 낮은 빈도를 보이는 단어에 대해서도 상대적으로 높은 수치를 보여주기 때문에 t-score가 선호되는 경향이 있다. 이와 관련한 논의 및 각종 도움말은 강범모(2003) 참고. 또한, 연어성 판정에 이용될 수 있는 각종 통계식과 세부적인 설명은 박병선(2003) 참고.

더 나아가, 어절 단위의 연어성 판단 문제는 '명사+격 조사+동사'와 같은 패턴에서도 나타날 수 있다. 가령, (17)처럼 검색어가 '보기가'였고, 통계적으로 연어적이라 볼 수 있는 어절이 '실수로'라고 할 때, 엄밀하게 말해 전산 언어학적인 측면에서 연어성을 인정할 수 있는 것은 '실수로 보다'가 아니라, '실수로 보기가'이다. 다시 말해서, 이 경우에도 '실수로 보다'가 연어인지 아닌지를 알기 위해서는 결국 모든 '보다'의 활용형에 대해서 일일이 특정 어절과의 연어성 판단을 해야만 한다는 것이다. 이 역시 매우 번거롭고 비효율적인 방법이라 생각된다.[14]

이 책은 이 문제들을 대규모화된 말뭉치를 이용하여 보완하고자 한다. 이는 현재 공개돼 있는 세종 말뭉치 1,000만 어절 전부를 대상으로 패턴을 검색함으로써 좀 더 신뢰성을 높이려는 의도이다. 말뭉치 내에 '격 조사+동사', '어미+동사' 혹은 '명사+격 조사+동사'의 패턴이 (16b)나 (16c)처럼 분리돼 쓰인 용례가 없지 않겠지만, 검색의 범위를 현재 이용할 수 있는 1,000만 어절을 약간 상회하는 대규모 말뭉치로 확대한다면 대체로 많은 문장들은 의미적으로나 통사적으로 서로 의존적인 요소 즉, 동사와 인접 선행하는 격 조사 및 일부 어미는 물론, 동사의 다이어 또는 관용어와 관계 깊은 명사의 패턴을 더 많이 관찰할 수 있으리라는 기대가 가능하다.[15]

Nattinger and DeCarrico(1992:22)에서는 검색 범위가 넓을수록 의미적

---

14 한영균(2002)에서는 이 책의 비판적 검토와는 다른 관점에서 대상어(검색어) 혹은 대상어(검색어) 중심의 검색 범위 ±4 어절의 검색이 한국어에서 그대로 적용될 수 있는지 의문을 제기하고 있다. 이 책에서는, 수식어가 피수식어에 후행하는 일이 드물고, 문법적 관계를 나타내는 어휘나 형태는 후행하는 성질이 있는 한국어에서는 대상어의 선행 어절이 더욱 중요하게 여겨져야 한다는 점에 있어서는 한영균(2002)의 견해와 동일하다.

15 장석배(1998)에서는 연세 말뭉치에 대한 관찰을 통해, 통계적으로 볼 때 모든 어절 유형이 나오려면 4,100만 어절이 넘어서야 할 것이라고 제안한 바 있다. 다룰 수 있는 말뭉치의 크기가 클수록 좋겠지만, 이 책에서는 어절 유형과 상관없이 어절 내부의 형식 형태소 또는 실질 형태소 간의 결합 관계에 주목하고 있으므로 1,000만 어절의 세종 말뭉치로도 어느 정도는 만족할 만한 결과를 기대할 수 있다고 본다.

인 개념이나 비교적 큰 어휘들 간의 관계를 살피기가 좋으며, 검색 범위를 좁히면 고정된 표현이나 다른 작은 범위에 걸치는 어휘들의 연쇄를 살피기 용이하다고 논한 바 있다. 또한, 최호철(1993:68)에서는 범언어적으로 의미격의 표지가 명사 의미격을 할당하는 서술어 쪽을 바라보고 있다고 하였는데, 이는 서술어와 인접한 조사와의 긴밀성을 시사하는 언급이라 할 수 있으며,16 서상규(2002a:332)에서는 구성 요소 간의 긴밀도는 해당 단어를 중심으로 하여 결합되는 대상어까지의 거리, 즉 결합 거리가 가까울수록 더 긴밀할 것이라고 한 바 있다. 이러한 논의들은 서로 인접 관계에 놓인 '격 조사+동사'나 '명사(+격 조사)+동사'의 검색 범위에 제한을 두는 것이 무의미하지 않음을 보여준다고 하겠다.17

---

16 이 논의에서는 명사에 대한 서술어의 관리는 위치와 표지에 의해서 이뤄지는데, 이때의 대원칙은 서술어가 명사를 관리하는 데에 있어서 방해가 되지 않는 위치에 자리하게 된다는 것이다. 이는 다음의 도식으로 보일 수 있다(최호철 1993:68ff 재인용).

    a. OV형 : (수식어) <명사>표지 <서술어> (보조 동사)
    b. VO형 : (보조 동사) <서술어> 표지 <명사> (수식어)

위 a~b에서 '#'은 띄어쓰기라고 할 때 이 책이 주목하려는 것은 굵은 글씨로 돼 있는 부분이다. OV형 언어라 할 수 있는 한국어에서는 서술어에 인접 선행하는 명사의 격 표지가, VO형 언어인 영어에서는 서술어에 후행하는 전치사 등의 요소가 격 표지가 될 수 있다는 것으로 해석되는데, 이 두 유형에서 공통점인 것은 중요한 격 표지는 서술어에 인접한다는 생각이다. 이를 통해 한국어에서는 서술어에 인접 선행하는 요소가 중요하다고 말할 수 있다.

17 이러한 관점은 컴퓨터를 통해 한국어의 문장의 술어-논항 구조를 나타내 주는 자동 구문 분석기(parser)를 만들 때에 필요한 동사의 술어-논항 구조를 파악하는 방법론으로서 제안된 바 있다. 박철우(2004)에서는 한국어 동사와 동사에 의존적인 문장 성분들의 구조에 있어서 동사가 갖는 다양한 격틀을 고려하는 방안으로서 다음과 같은 예문을 보이고 있다.

    (예) '보내다'가 가질 수 있는 구성(박철우 2004:179~80 예문 재인용)
        a. 보내-
        b. 내가 보내-
        c. 영희한테 보내-
        d. 꽃을 보내-
        e. 내가 영희한테 보내-

이에 따라, 이 책은 (15)에서 보인 바와 같이 동사의 문법 교육과 관련하여서는 '격 조사+동사' 및 '일부 어미+동사'의 패턴을, 그리고 동사의 의미 교육과 관련하여서는 '명사(+격 조사)+동사'의 패턴이 상정될 수 있다고 본다. 예컨대 '손을 보다'나 '장을 보다' 등의 경우, 대체로 동사의 다의성에 관여하는 명사들도 동사에 인접 선행한 것들에 국한하여 볼 수 있으므로, '명사(+격 조사)+동사' 간의 긴밀한 관계를 생각해 볼 수 있다는 것이다.

다음 절에서는 말뭉치에서 패턴을 검색할 때에 밟아야 하는 기본적인 절차들을 소개하고자 한다. 이것은 동사 패턴 추출이라는 목적을 위해 적절하게 말뭉치를 가공하거나 변환하는 것을 의미한다.

3.3. 말뭉치의 가공과 활용

이 절에서는 세종 말뭉치를 이용하여 패턴을 판별하기 위한 절차와 관련된 논의들을 소개하기로 한다. 그 하나는 세종 말뭉치를 본 연구의 목적에 맞게 가공하는 문제이고, 다른 하나는 가공된 말뭉치를 통해서 동사의 패턴을 찾기 위한 방법론을 마련하는 문제이다. 이를 위해 말뭉치의 가공

---

f. 내가 꽃을 보내-
g. 영희한테 꽃을 보내-
h. 내가 영희한테 꽃을 보내-

박철우(2004)에서는 이처럼 다양한 성분과 결합될 수 있는 동사의 예를 말뭉치에서 찾아 어떤 동사가 가질 수 있는 모든 격틀을 파악할 수 있고, 이를 통해 동사가 실제로 갖는 논항 구조를 살필 수 있으리라는 가령, '보내다'는 다양한 명사구들과 함께 쓰일 수 있는데, '내가', '영희한테', '꽃을'이 모두 쓰이는 h로부터, 이 중 한 요소만 갖고 있는 b~d와 같은 구성이 모두 가능하다. 만일, 여기서 '격조사+보내다'의 패턴 유형을 찾는다면, 즉 '격조사+동사'의 패턴으로서 '보내다'를 중심으로 그 선행하는 어절의 후행 격조사를 찾는다면, '보내다'는 '-이/가', '-한테', '-을/를' 등이 나타날 것으로 예상되는데, 이들이 말뭉치 내에 나타난 모든 '보내다'의 용례에서 각각 어느 정도 인접 공기하고 있는지를 파악하면 특별히 어떤 격조사가 동사와 가깝게 쓰이는지를 알아낼 수 있다는 것이다.

및 변환의 문제와 더불어, 방법론적 주요 내용들을 비교적 자세하게 소개하고자 한다.18

이 책이 주요 분석 대상으로 삼고자 하는 말뭉치는 세종 말뭉치이다. 세종 말뭉치는 일반적으로 접근할 수 있는 말뭉치로서는 최대 규모를 자랑하지만, 구어의 비율은 준구어를 포함해서 10%에 불과하다. 한국어 교육 연구를 위한 말뭉치는 대체적으로 구어와 문어가 골고루 반영되어야 한다는 데 의견을 같이 하고 있는 듯하다. 그런 면에서 세종 말뭉치를 한국어 교육적으로 이용하는 데 있어 어느 정도 한계가 있다고 여겨질 수도 있을 것이다.

이 책에서 세종 말뭉치를 이용하는 가장 큰 이유는 구어가 적절히 반영돼 있고 적정 규모를 갖춘 말뭉치를 구할 수 없기 때문이기도 하지만, 그보다도 현재 이용할 수 있는 말뭉치 중에서 세종 말뭉치가 동사의 패턴을 고찰하기 위한 최적의 자료이기 때문이기도 하다.

그 이유로는 첫째, 순 구어로만 된 말뭉치에서는 잦은 문장 성분의 생략으로 인해 패턴을 살피는 데 한계가 있을 수 있다. 새삼스러운 말일지 몰라도, 컴퓨터는 '존재하는 것'을 대상으로 검색하고 계산할 수는 있지만, '생략된 것'을 추측하며 계산할 수는 없다. 둘째, 언어 기능 중에서도 읽기와 쓰기 활동을 생각한다면 결코 구어의 비중이 낮은 것이 문제가 될 수 없다.

---

18 사실상 많은 말뭉치 관련 논의에서 말뭉치의 활용 과정은 매우 소략하게 다뤄진 감이 없지 않다. 물론 말뭉치를 활용한 연구라는 것 자체가 부족한 것도 문제이다. 일찍이 차재은(2003)에서는 말뭉치의 활용이 적은 이유에 대해서, 일선 교육자들이 말뭉치를 직접 이용하기에는 제한이 있으며, 제한된 자료이나마 이에 대한 소개가 체계적으로 이뤄지지 못하고 있는 점을 들었다.
필자의 생각으로는 일반적으로 말뭉치를 포함하여 전산적으로 텍스트를 다루는 데 필요한 지식들이 체계적으로 소개된 것으로는 연규동·박진호·최운호(2003) 정도이며, 그 외에 필요한 말뭉치 가공에 필요한 정보들은 주로 프로그래밍 언어를 다루고 있는 책들에서 찾아봐야 하는 형편이라 생각된다. 그러나 말뭉치 활용 연구에서는 그 과정을 보여주는 방법론을 다뤄주어야 하며, 그에 대한 문제나 한계 역시 논자와 독자가 공유하는 것이 필요하다고 본다.

초급이 아닌 중고급 학습자들, 그리고 최근 점차 증가 추세에 있는 학문적 목적의 한국어 학습자들을 생각해 볼 때, 한국어 화자가 사용하는 문법이 잘 담겨 있는 문어 말뭉치야말로 좋은 선택이라 할 수 있다. 요컨대, 구어 말뭉치를 활용할 것인지 문어 말뭉치를 활용할 것인지의 문제는 연구 목적이나 주제에 따라 결정될 문제이지, 한국어 교육이라는 측면에서 무조건 문어와 구어가 거의 동률로 반영된 말뭉치만을 고집하는 것은 바람직하다고 볼 수 없을 것이다.

3.3.1. 말뭉치의 가공 절차

세종 말뭉치 설계와 구축에서 중요한 기준이 되고 있는 세종 형태 태그 말뭉치 구축의 표준안에서는 '형태소 분석'의 차원이 아닌 '형태 분석'의 원칙을 명시하고 있다(김흥규·강범모 2000:12). 형태 분석의 원칙을 택한 것은 원문의 형태를 가능한 한 그대로 보여준다는 점에서 의의가 있기도 하고, 최소한으로만 가공함으로써 다양한 목적으로 활용될 수 있도록 했다는 점에서도 의의가 있다. 이 때문에 연구를 위해 말뭉치에 접근하기 위해서는 어떤 식으로든 연구 목적에 맞게 말뭉치를 가공 및 변환해야 할 필요가 있다. 우선 다음에서 전개될 내용을 돕기 위해 세종 형태 태그 말뭉치에서 쓰이는 각종 분석 표지들을 아래에 소개한다.

(18) 세종 형태 태그 말뭉치의 분석 표지

대분류	소분류	세분류
a. 체언	명사 NN	일반명사 NNG
		고유명사 NNP
		의존명사 NNB
	대명사 NP	
	수사 NR	
b. 용언	동사 VV	
	형용사 VA	

	보조 용언 VX	
	지정사 VC	긍정 지정사 VCP
		부정 지정사 VCN
c. 수식언	관형사 MM	
	부사 MA	일반 부사 MAG
		접속 부사 MAJ
d. 독립언	감탄사 IC	
e. 관계언	격 조사 JK	주격 조사 JKS
		보격 조사 JKC
		관형격 조사 JKG
		목적격 조사 JKO
		부사격 조사 JKB
		호격 조사 JKV
		인용격 조사 JKQ
	보조사 JX	
	접속 조사 JC	
f. 의존 형태	어미 E	선어말 어미 EP
		종결 어미 EF
		연결 어미 EC
		명사형 전성어미 ETN
		관형형 전성어미 ETM
	접두사 XP	체언 접두사 XPN
	접미사 XS	명사 파생 접미사 XSN
		동사 파생 접미사 XSV
		형용사 파생 접미사 XSA
	어기 XR	
g. 기호	마침표, 물음표, 느낌표	SF
	쉼표, 가운뎃점, 콜론, 빗금	SP
	따옴표, 괄호표, 줄표	SS
	줄임표	SE
	붙임표(물결, 숨김, 빠짐)	SO
	외국어	SL
	한자	SH
	기타 기호 (논리 수학 기호, 화폐 기호 등)	SW
	명사 추정 범주	NF
	용언 추정 범주	NV
	숫자	SN
	분석 불능 범주	NA

이에 따르면, 이 책에서 살피려는 '격 조사+동사' 및 '명사(+격 조사)+동사' 패턴을 찾을 때에는 말뭉치에서 여러 유형의 결합 구성을 찾아야 함을 의미한다고 볼 수 있다. 우선, '격 조사+동사'의 경우에는 '접속조사(JC)+일반 동사(VV)'의 결합은 검색할 필요가 없다. 문제는 학교 문법에서 격 조사라고 불리는 또한 관형격 조사와 호격 조사의 문제이다. 관형격 조사는 본래 동사나 서술어와는 관련이 없으므로,19 '관형격(JKG)+일반 동사(VV)'의 결합 유형은 생략할 수 있으며, 호격 역시 문장의 서술어보다는 선행 체언과 더불어 그 자체가 독립어를 이루므로 검토 대상에서 제외될 수 있다. 그러나 검색 프로그램을 제작하는 과정 중에서 처리 알고리즘을 최대한 단순하게 하기 위해 이들 역시 검색이 될 수 있도록 하였다.20 또한 '명사(+격 조사)+동사'의 경우에는 '고유명사(NNP)+일반 동사(VV)'과 '수사(NR)+일반 동사(VV)', 그리고 '대명사(NP)+일반 동사(VV)'의 결합 유형은 검색할 필요가 없으므로 이들은 검색 대상에서 제외하도록 한다.

한편, '어미+동사'의 패턴을 검색하기 위해서는 앞서 보았던 '-게 보다'와 같이 '연결어미(EC)+동사', 그리고 '-기 시작하다'에서 보이는 '명사화 어미(ETN)+동사'를 고려해 볼 수 있다. 여기서 후자는 '-기를 시작하다'와 같이 심층적으로는 격 조사를 포함하고 있는 형태로 추정되지만, 실제 사용에서 빈번이 조사가 생략되어 명사형 어미와 동사가 서로 인접하여 쓰이

---

19 관형격은 그 머리어가 체언이기 때문에 본래 동사나 형용사 등 서술어와는 직접적인 관련이 없다. 현행 학교 문법의 격과 조사와 관련된 제 문제는 이관규(2005b)참고.

20 패턴을 추출하기 위한 프로그램에서 가장 중요한 절차 중의 하나는 정규 표현(regular expression)을 통한 패턴의 검색이다. 정규 표현은 UNIX 기반의 운영 체제에서 특정 규칙을 따르는 문자열을 모두 검색해 내기 위한 방편으로 고안된 것이다. 모든 격 조사는 형태 태그가 'JK-'로 시작되므로 이들을 포함하는 격 조사는 모두 추출하게 할 경우 관형격 조사와 호격 조사도 함께 검출된다. 이 책의 관찰 결과, 대체로 동사 앞에 관형격 조사가 선행하는 경우는 있으나 그 수가 매우 작아서 수작업으로 충분히 걸러낼 수 있었으며, 호격 조사는 거의 나타나지 않아서 별도의 수작업이 불필요하였다. 이는 뒤에서 다시 보이기로 한다.

는 경우를 뜻한다고 하겠다. 그러나 '선어말 어미(EP)+동사'나 '어말 어미(EF)+동사'는 직관적으로도 불가능한 결합 유형이며, '관형형 어미(ETM)+동사'의 결합 유형은 가능할 수 있겠지만, 이는 '나의 먹던 사과'의 예문에서와 같이 관형형 어미가 의존하고 있는 것은 동사보다는 명사이므로 이 역시 패턴 검색 대상에서 제외해 볼 수 있다.

그러나 이들이 생략될 수 있는지의 문제는 실제 검색에서 예상치 못하였으나 유의미한 결과를 기대할 수 있는 경우도 있으므로, 이 책에서 '격 조사+동사', '어미+동사' 및 '명사(+격 조사)+동사' 패턴을 찾기 위해서 검색하게 될 결합 유형들은 좀 더 포괄적으로 아래와 같이 제시하고자 한다.

(19) 말뭉치 검색 대상 결합 유형

    a. 통사 교육을 위한 '격 조사 + 동사', '어미 + 동사' 결합 유형

        $JKS_{주격}+VV_{동사}$

        $JKO_{목적격}+VV_{동사}$

        $JKC_{보격}+VV_{동사}$

        $JKB_{부사격}+VV_{동사}$

        $JKG_{관형격}+VV_{동사}$

        $JKV_{호격}+VV_{동사}$

        $JKQ_{인용격}+VV_{동사}$

        $EC_{연결어미}+VV_{동사}$

        $ETN_{명사화\ 어미}+VV_{동사}$

    b. 의미 교육을 위한 '명사(+격 조사)+동사' 결합 유형

        $NNG_{일반명사}(+JKS_{주격})+VV_{동사}$

        $NNG_{일반명사}(+JKO_{목적격})+VV_{동사}$

        $NNG_{일반명사}(+JKC_{보격})+VV_{동사}$

        $NNG_{일반명사}(+JKB_{부사격})+VV_{동사}$

        $NNG_{일반명사}(+JKG_{관형격})+VV_{동사}$

NNG_{일반명사}(+JKV_{호격})+VV_{동사}

$\text{NNG}_{일반명사}(+\text{JKV}_{호격})+\text{VV}_{동사}$

$\text{NNG}_{일반명사}(+\text{JKQ}_{인용격})+\text{VV}_{동사}$

$\text{NNB}_{의존명사}(+\text{JKS}_{주격})+\text{VV}_{동사}$

$\text{NNB}_{의존명사}(+\text{JKO}_{목적격})+\text{VV}_{동사}$

$\text{NNB}_{의존명사}(+\text{JKC}_{보격})+\text{VV}_{동사}$

$\text{NNB}_{의존명사}(+\text{JKB}_{부사격})+\text{VV}_{동사}$

$\text{NNB}_{의존명사}(+\text{JKG}_{관형격})+\text{VV}_{동사}$

$\text{NNB}_{의존명사}(+\text{JKV}_{호격})+\text{VV}_{동사}$

$\text{NNB}_{의존명사}(+\text{JKQ}_{인용격})+\text{VV}_{동사}$

(19)와 같은 유형 중에서 유의미한 패턴을 검색하기 위해서는 수직 말뭉치로 돼 있는 세종 형태 태그 말뭉치를 수평 말뭉치로 전환해야 한다. 수직 말뭉치는 하나의 행에 하나의 어절을 반영하고 있는 형태를 띤 말뭉치로 아래 (20)과 같다.

(20) 세종 형태 태그 말뭉치 원본의 모습 (수직 말뭉치)

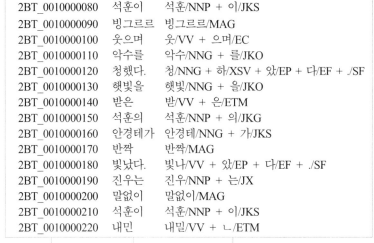

2BT_0010000080	석훈이	석훈/NNP + 이/JKS
2BT_0010000090	빙그르르	빙그르르/MAG
2BT_0010000100	웃으며	웃/VV + 으며/EC
2BT_0010000110	악수를	악수/NNG + 를/JKO
2BT_0010000120	청했다.	청/NNG + 하/XSV + 았/EP + 다/EF + ./SF
2BT_0010000130	햇빛을	햇빛/NNG + 을/JKO
2BT_0010000140	받은	받/VV + 은/ETM
2BT_0010000150	석훈의	석훈/NNP + 의/JKG
2BT_0010000160	안경테가	안경테/NNG + 가/JKS
2BT_0010000170	반짝	반짝/MAG
2BT_0010000180	빛났다.	빛나/VV + 았/EP + 다/EF + ./SF
2BT_0010000190	진우는	진우/NNP + 는/JX
2BT_0010000200	말없이	말없이/MAG
2BT_0010000210	석훈이	석훈/NNP + 이/JKS
2BT_0010000220	내민	내밀/VV + ㄴ/ETM

고유 번호   원래 형태   형태 태그

세종 말뭉치 원본은 좌측의 '고유 번호'와 가운데 '원래 형태' 부분, 그리고 우측의 '형태 태그' 부분 등 총 세 부분으로 구성돼 있다. 이 중 이 책에서 필요로 하는 부분은 우측의 형태 태그 부분이다. 그런데 수직 말뭉치에서 우측의 형태 태그된 부분을 취하더라도, 하나의 어절이 하나의 행을 차지하고 있기 때문에 '격 조사+동사'와 같은 유형을 검색할 수 없다. 동사는 단독으로 하나의 절을 이룰 수 있기 때문에 인접 선행하는 격 조사와의 관계를 살피기 위해서는 하나의 행에 한 문장이 들어가는 수평 말뭉치로 변환해 주어야 한다. 이를 위해서 이 책은 다음의 (21)의 절차를 밟아 수평 말뭉치로 변환하였다. 그 결과는 (22)에서 간략하게 보이도록 한다.

(21) 수직 말뭉치의 수평 말뭉치 변환 절차
　　a. 형태 태그 정보를 담고 있는 최우측 열만 추출한다.
　　b. 문장 종결 태그인 '/SF'를 기준으로 한 문장은 한 행에 기록한다.
　　c. 어절 내부의 띄어쓰기는 삭제하고 각 형태소는 '+'로 구분한다.
　　d. 각 어절은 띄어쓰기로 구분한다.

(22) 형태 태그 수직 말뭉치의 일부[21]
　　a. 원문

> 석훈이 빙그르르 웃으며 악수를 청하였다. 햇빛을 받은 석훈의 안경테가 반짝 빛났다. 진우는 말없이 석훈이 내민 손을 잡았다. 따뜻했다. 석훈의 진지한 눈동자와 마주 잡은 손을 통해 가슴 깊이 묻어 둔 서러움이 꿈틀대는 것 같았다.

　　b. 수평 말뭉치로 전환된 형태

> 석훈/NNP+이/JKS 빙그르르/MAG 웃/VV+으며/EC 악수/NNG+를/JKO 청/NNG+하/XSV+았/EP+다/EF+./SF

---

[21] 원래는 한 행에 한 문장으로 나타나지만, 여기에서는 지면상 긴 문장은 두 줄 혹은 그 이상으로 표시하였고, 가독성이 좋도록 문장과 문장 사이에는 행을 띄웠다.

햇빛/NNG+을/JKO 받/VV+은/ETM 석훈/NNP+의/JKG
안경테/NNG+가/JKS 반짝/MAG 빛나/VV+았/EP+다/EF+./SF

진우/NNP+는/JX 말없이/MAG 석훈/NNP+이/JKS 내밀/VV+ㄴ/ETM
손/NNG+을/JKO 잡/VV+았/EP+다/EF+./SF

따뜻/XR+하/XSA+았/EP+다/EF+./SF

석훈/NNP+의/JKG 진지/XR+하/XSA+ㄴ/ETM 눈동자/NNG+와/JC
마주/MAG 잡/VV+은/ETM 손/NNG+을/JKO 통하/VV+아/EC
가슴/NNG 깊/VA+은/ETM 곳/NNG+에/JKB 묻/VV+어/EC
두/VX+ㄴ/ETM 서러움/NNG+이/JKS 꿈틀대/VV+는/ETM 것/NNB
같/VA+았/EP+다/EF+./SF

그러나 이렇게 얻은 수평 말뭉치로 '격 조사+동사'의 결합 유형을 보려면, 몇 가지 후처리 과정을 더 밟아야 한다. 우선적으로 형태소 기준으로 태그가 부착된 것이 아니라 원래 어형의 형태를 중심으로 태그가 부착되어 있기 때문에 이를 형태소 위주로 다시 변환해 줄 필요가 있다. 가령, 보조사 '-은'과 '-는'은 서로 이형태 관계에 있지만, 말뭉치에는 그 각각에 보조사를 표시해 주는 태그가 부착돼 있다. 따라서 이 각각은 여타의 보조사 '-만', '-조차' 등과 같이 별개의 보조사인 것처럼 처리되고 만다. 이것은 주격 조사 '-이/가', 매개모음 '으'를 수반하는 어미 즉 명사형 전성어미 '-ㄹ'과 '-을', '-ㄴ'과 '-은' 등 여러 형태소가 해당된다. 따라서 '격 조사+동사'의 패턴을 살필 경우, 동일 형태소임에도 서로 다른 형태소인 것처럼 검색되는 문제를 막기 위해서는 여러 교체형들을 하나의 형태소로 인식할 수 있도록 변환해 주어야 한다.[22]

두 번째, 앞서 보았던 (18)의 형태 표지 일람에서도 볼 수 있듯이, 이 말뭉치에는 격 조사와 어미와 같은 통사론적 표지를 담당하는 태그는 물

---

[22] 세종계획 보고서에 발표된 바에 따르면, 가장 많은 빈도를 보이는 조사는 관형격 조사 '-의'이다. 이것은 목적격 조사 '-을'과 '-를'이 별도로 처리돼 있기 때문에 발생한 것으로, '-을/를'이 이형태 관계에 있는 동일한 조사로 처리한다면 목적격 조사가 최고 빈도의 조사가 된다.

론, 접사(XSV, XSA, XSN 등)나 어근(XR) 범주처럼 순전히 형태론적 차원의 표지만을 가리키는 것들이 함께 섞여 있다. 그리하여 어절의 끝부분에는 주로 형식 형태소가, 어절의 첫 부분에는 실질 형태소가 올 거라는 일반적인 직관에 어긋나는 추출 결과가 나타날 수 있다. 이 문제를 아래 (23)에서 보이도록 한다.

(23) 형태 분석 말뭉치 '철수가 공부한다.'의 분석 예

철수/NNP + <u>가/JKS</u>　공부/NNG + 하/XSV + ㄴ다/EF + ./SF

가령, '철수가 공부한다'는 문장에서 띄어쓰기를 기준으로 하여 '공부하다'에 인접 선행하는 격 조사를 찾는다고 할 때에는 아예 '공부하다'라는 동사가 검색되지 못하는 문제가 생길 수 있다. 위 (23)의 밑줄 친 부분은 인접 공기 관계에 놓인 주격 조사 '가/JKS' 뒤에 용언이나 기타 통사적 성분이 오지 않고 명사(NNG)이 나타남을 보여준다.[23] 이 경우 '격 조사+동사'의 유형이 검색되지 못하므로, 이런 문제가 생기지 않도록 '공부/NNG+하/XSV'를 '공부하/VV'와 같이 일반 동사로 바꿔 주어야 한다.

세 번째로는 '-은/는/을 것' 등 사실상 명사화 어미로 봐도 무방한 것들에 대한 처리와 관련된다. 분석적으로 보면, 이들은 관형형 어미(ETM) '-은/는/을' 등에 의존 명사(NNB) '것'이 통합된 형태이지만, 기능상으로는 명사형 어미 '-음'이나 '-기'와 동일한 구실을 하기 때문에 이들을 모두 하나의 형태소인 것처럼 처리해 주는 것이 좋다.

네 번째로 말뭉치의 띄어쓰기 문제를 수정할 필요가 있다. 세종 말뭉치는 원문 형태에 가깝게 구축되어 있기 때문에, 원문의 띄어쓰기가 잘못돼 있는 경우에도 이를 그대로 수용하고 있다. 따라서 보다 철저한 검색을

---

23 경우에 따라 '공부하다'의 '공부'는 일반 명사로서 '공부/NNG+하/XSV+다/EF'로 분석된 것도 있고, '공부/XR+하/XSV+다/EF'처럼 어근으로 표기된 것도 있다.

위해서는 띄어쓰기 문제도 해결해 주는 것이 좋을 것이다. 그러나 원칙론적인 띄어쓰기를 위해서는 1,000만 어절 이상의 문제를 모두 수작업으로 하여야 하는 문제가 있다. 이 책은 세종 말뭉치에 부착돼 있는 형태 태그를 참고하여 이를 전산적으로 처리하였다. 이를 위해서는 형태 경계 표지를 모두 삭제하고 띄어쓰기한 상태로 만든 다음, 형식 형태소 부류들은 앞 형태에 붙여 쓰고, 실질 형태소 부류들은 모두 앞 말에서 띄어주는 방식을 취하면 해결된다. 이는 다음의 (24)처럼 보일 수 있다.[24]

(24) 원문 "우리집이 멀다고한다."에 대한 띄어쓰기 교정 절차
　　a. 기존 태그 부착 형태 : 원문 형태를 기준으로 분석

> 우리/NP+집/NNG+이/JKS 멀/VA+다고/EC+하/VV+ㄴ다/EF+./SF

　　b. '+' 태그를 삭제하고 모든 형태를 한 칸씩 분리

> 우리/NP 집/NNG 이/JKS 멀/VA 다고/EC 하/VV ㄴ다/EF ./SF

　　c. 형식 형태소(및 기호)는 그 앞에 '+' 기호를 태그하고 선행 형태에 부착

> 우리/NP 집/NNG+이/JKS 멀/VA+다고/EC 하/VV+ㄴ다/EF ./SF

(24a)에서는 '우리집이 멀다고한다'는 문장의 원문 형태를 중시하여 형태 태그를 부착한 것을 볼 수 있다. 이 문장의 띄어쓰기를 교정하기 위해서는 (24b)에서처럼 형태 결합을 표시하는 '+'기호를 삭제하고 모든 형태를

---

[24] 필자가 수평화한 말뭉치의 총 어절 수는 10,120,501개로 조남호(2002a)에서 제시된 10,099,512개보다 좀 더 많이 관측되었다. 여기에 띄어쓰기 교정 절차를 밟고 나니 총 어절 수는 10,804,404개로 1,100만 어절에 육박하는 수준으로 나타났다. 여기에는 각종 문장 부호 등과 기호가 독립된 어절로 나타났기 때문에 실제 띄어쓰기 교정으로 인한 어절 수의 증가는 이보다는 훨씬 작다. 각종 기호와 부호 등을 구태여 선행 형태에 부착시키지 않은 데에는 '격 조사+용언'의 결합 사이에 문장 부호나 기호가 위치할 때 이미 그것은 이 책이 살피려는 연어적 구성이 될 가능성이 매우 낮기 때문이었다.

띄어쓰기를 하여 분리한 뒤, (24c)와 같이 조사, 어미, 접사류 등의 의존 형태 앞에 '+'를 덧붙여 앞 형태에 부착해 주면 기계적으로 간단하게 처리할 수 있다.

이상의 네 가지가 말뭉치의 이용을 위한 일반적인 절차라면, 패턴을 용이하게 추출하기 위해서 별도로 한 가지의 수정 절차를 추가할 필요가 있다. 이는 곧 각 어절의 실질 형태 부분과 형식 형태 부분을 구분하기 위한 별도의 태그를 마련하는 일이다. 이 책에서 찾으려는 패턴은 결국 '격 조사+동사', '어미+동사' 및 '명사(+격 조사)+동사'의 꼴인데, 이는 각 어절 내부의 실질 형태와 형식 형태를 구분해 줌으로써 좀 더 용이하게 검색할 수 있다.

모든 어절은 실질 형태소와 형식 형태소의 결합, 혹은 실질 형태소 단독으로 이뤄져 있으므로[25] 어절 내부에서 실질과 형식 형태소 부분을 구분해 주면 단순히 '격 조사+동사'만을 찾을 때보다도 교육적으로 유용한 정보를 검출해 낼 수 있다. 다음의 (25)를 보도록 한다.

> (25) '합의하기에 이르렀지만'의 형태 분석 표지
>
> a. 수정 전
>
> | 합의하/VV+기/ETN+에/JKB 이르/VV+었/EP+지만/EC |
> | --- |
>
> b. 수정 후
>
> | 합의하/VV^기/ETN+에/JKB 이르/VV^었/EP+지만/EC |
> | --- |

'이르다'는 동사는 '-에'라는 격 조사가 인접 선행하는 일이 많을 것으로 예상되는 동사 중 하나이다. 만일, 어절 내부에서 실질 형태 부분과 형식 형태 부분을 구분하지 않은 (25a)와 같은 경우는, '-기에 이르다'와 같은

---

[25] 강승식(2005:86~7)에는 한국어의 어절 유형으로 36개가 제시돼 있는데, 이는 실제 띄어쓰기 원칙을 반영하지 않았을 경우를 포함하고 있는 경우까지 합한 것이다. 원칙상으로는 '실질 형태소 단독' 그리고 '실질 형태소+형식 형태소(군)'으로 분류된다.

꼴을 검색하는 것이 쉽지 않지만, 어절 내부에서 실질과 형식 형태 부분을 구분해 주면, (25b)의 밑줄 친 부분 즉, '-기에 이르다'와 같은 유형을 쉽게 검출해 낼 수 있다. '동사+-기에 이르다'는 '명사+에 이르다'만큼 '이르다'의 교육에서 중요하게 다뤄져야 할 부분이다. 왜냐하면, '-에 이르다' 앞에 절이 선행하는 경우 예외 없이 명사형 어미 '-기'를 취하기 때문이며, 다른 명사형 어미는 사용되는 일이 거의 없기 때문이다. 따라서 실질 형태소와 형식 형태소 사이에 구분자 '^'를 삽입하면, 프로그래밍을 통해 동사가 보충어로 절을 취하든 명사를 취하든 상관없이 일괄적으로 선행 형식 형태를 간단히 추출해 낼 수 있으므로, 동사의 통사적 특성을 살피는 데 매우 유용하다고 할 수 있다.

이상에서 논한 것들을 기초로 하여, 이 책은 다음과 같은 순서로 세종 말뭉치를 수정하였다.

    (26) 수평 말뭉치의 수정 절차
        a. 각종 교체형의 형태론적 동일성 확보
          - 각종 이형태는 형태론적 동일성을 확보할 수 있도록 처리한다.
          (예) 이/JKS, 가/JKS → 이/JKS
                은/JX, 는/JX, ㄴ/JX → 은/JX
                을/JKO, 를/JKO, ㄹ/JKO → 을/JKO
                으로/JKB, 로/JKB → 로/JKB
                에서/JKB, 서/JKB → 에서/JKB
                와/JKB, 과/JKB → 와/JKB
                라고/JKQ, 이라고/JKQ → 라고/JKQ
                ㄴ다고/EC, 는다고/EC → 은다고/EC
                아/EC, 어/EC → 어/EC
                ㄴ지/EC, 은지/EC → 은지/EC
                았/EP, 었/EP → 었/EP
                으시/EP, 시/EP → 시/EP

b. 단어 형성 관련 접사 태그의 삭제 및 통사론적 지위 확보.
  - 형태론적 표지인 접사와 어근은 모두 단어의 지위를 갖도록 수정한다.[26]
    (예) '깨끗/XR+하/XSA' → '깨끗하/VA'
       '공부/NNG+하/XSV' → '공부하/VV'

c. 띄어쓰기 조정
  - 모든 형태소 경계 표지 '+'는 삭제한 뒤, 조사(J-), 어미(E-), 지정사(VCP)는 앞에 '+' 기호를 붙여 선행 형태에 붙인다.

d. '-(으)ㄴ 것, -는 것, -ㄹ 것' 등의 명사형 전성어미화
    (예) ㄴ/ETM 것/NNB → 은것/ETN
       ㄹ/ETM 것/NNB → 을것/ETN

e. 어절 내부 실질 형태소와 형식 형태소 구분
  - 각 어절 내에서 실질 형태소 부분과 문법 형태소 부분을 '^'으로 분리한다.

상기한 여러 가지 요건들을 반영하여 최종적으로 구축된 말뭉치의 모습을 보이면 아래와 같다.

(27) 변환이 완료된 최종 말뭉치의 모습

> 석훈/NNP^이/JKS 빙그르르/MAG 웃/VV^며/EC 악수/NNG^을/JKO
> 청하/VV^었/EP+다/EF ./SF
>
> 햇빛/NNG^을/JKO 받/VV^은/ETM 석훈/NNP^의/JKG
> 안경테/NNG^이/JKS 반짝/MAG 빛나/VV^었/EP+다/EF ./SF

---

26 형태 분석 말뭉치에 나타난 모든 접사들을 교정하면서 부득이 명사에 덧붙는 접미사(XPN)도 선행 명사(NNG)에 덧붙는 문제가 발생하였다. 즉,
  (예) 사람/NNG+들/XPN → 사람들/NNG
     친구/NNG+끼리/XPN → 친구끼리/NNG
그러나 이러한 오류는 '격 조사+동사'의 패턴을 판별에는 큰 영향을 미치지 않으므로 별도의 수정 절차는 밟지 않았다.

진우/NNP^은/JX 말없이/MAG 석훈/NNP^이/JKS 내밀/VV^은/ETM
손/NNG^을/JKO 잡/VV^었/EP+다/EF ./SF

따뜻하/VA^었/EP+다/EF ./SF

석훈/NNP^의/JKG 진지하/VA^은/ETM 눈동자/NNG^와/JC 마주/MAG
잡/VV^은/ETM 손/NNG^을/JKO 통하/VV^어/EC 가슴/NNG
깊/VA^은/ETM 곳/NNG^에/JKB 묻/VV^어/EC 두/VX^은/ETM
서러움/NNG^이/JKS 꿈틀대/VV^는것/ETN 같/VA^았/EP+다/EF ./SF

3.3.2. 가공된 말뭉치에서의 패턴 추출을 위한 절차

앞서 '보았던'과 '보는'을 검색어로 하여 살핀 예에서 알 수 있듯이, 문맥 색인은 패턴 판별이나 선정에 있어서 중요한 역할을 한다. 그런데 세종 말뭉치에서 '보다'가 사용된 모든 용례를 찾아 이를 문맥 색인으로 만든다는 것은 실제적으로 매우 복잡한 일이다. 일례로 '보다'가 본용언으로 사용된 경우는 총 33,232개이므로, '보다'의 문맥 색인 역시 그와 동수의 용례를 보여주게 될 것이다. 이 많은 용례 중에서 유의미하다고 여겨지는 패턴을 판별하기 위해서는 '보다'의 모든 용례 중에서 직접 패턴을 찾아내야 하는 수작업이 동반되어야 하는데, 이러한 방법으로는 정확성을 기하기 어렵다. 이러한 사정은 다른 동사의 경우에도 마찬가지이다. 특히 이 책에서 다루게 될 동사들은 최소 7천 회 정도를 웃도는 빈도를 갖고 있으므로, 이들을 일일이 검토한다는 것은 비효율적이다.

이런 면에서 패턴을 판별해 내는 데 좀 더 편리한 방법을 강구할 필요가 있다. 이를 위한 실마리는 패턴의 특징에서 찾을 수 있다고 본다. 패턴을 이루고 있는 요소들은 최소한 두 어휘 이상이기 때문에, 서로 인접한 두 어휘의 빈도를 알아낸다면, 패턴 판별이 좀 더 용이해질 수 있다. 논의를 위해 앞서 (15)에서 보인 패턴의 유형을 다시 인용하여 보이면 아래와 같다.

(28=15) 동사 교육 패턴의 기본 검색 유형과 예

a. 통사 교육 패턴	
격 조사 + 동사	: -을/를 보다, -로 보다 등
일부 어미 + 동사	: -ㄴ가 보다 등
b. 의미 교육 패턴	
명사 (+ 격 조사) + 동사	: 손해(를) 보다, 흉(을) 보다 등
문법 형태 + 명사 (+ 격 조사) + 동사 : -은/는 측면에서 보다 등	

　동사가 가질 수 있는 패턴으로는 '격 조사+동사', '어미+동사', 그리고 '명사(+격 조사)+동사' 등 세 유형이다. 이를 문맥 색인의 개념에 기대어 말한다면, 검색어인 동사를 중심으로 그 좌측에 인접한, 즉 동사에 선행하는 격 조사, 어미, 또는 명사를 찾는다는 것을 의미한다고 하겠다. 따라서 동사를 검색어로 하였을 때, 그에 선행하는 요소들인 격 조사, 어미, 명사의 빈도를 각각 자동적으로 계산하는 프로그램을 만들어, 그 결과를 참고한다면 패턴 판별이 좀 더 용이해질 수 있다. 예를 들어, '격 조사+보다'만을 전체 말뭉치에서 찾아내어, 그 빈도를 세면 '-이/가 보다', '-을/를 보다', '-로 보다' 등의 다양한 결합 유형을 찾을 수 있을 것이다. 이때 이들 각각이 유의미한 패턴이라면 이들 '-이/가 보다', '-을/를 보다', '-로 보다' 등이 매우 높은 빈도를 가질 것이라 예상할 수 있다. 이러한 방법을 통해 문맥 색인을 일일이 만들어 확인해야 하는 번거로움을 다소 덜 수 있을 것이다.

　이를 프로그램으로 구현하려면, 앞 절에서 보인 어절 내 실질 형태와 형식 형태의 구분자 '^'을 기준으로 그 사이에 놓인 '격 조사+동사', '어미+동사', '명사(+격 조사)+동사'를 검출해 내면 된다. 이를 도표로 보이면 아래 (29)와 같다.

(29) 동사 패턴의 검색 범위 (음영 처리된 부분)

a. 통사 교육을 위한 '격 조사+동사'의 검색 범위

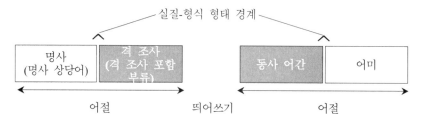

b. 통사 교육을 위한 '어미+동사'의 검색 범위

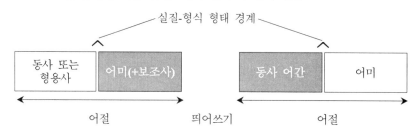

c. 의미 교육을 위한 '명사(+격 조사)+동사' 검색 범위

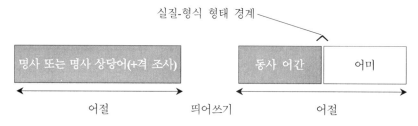

이 방법은 결과적으로 문맥 색인에서 다음의 (30)에서 음영 처리된 부분을 검출하는 것을 의미한다.

(30) 프로그램을 통하여 검출해 낼 부분 (음영 처리 부분)

    a. '격 조사+보사'의 패턴 검출 시

50	각자/MAG 헤어지/VV^은것/ETN+로/JKB	보/VV^고/EC	정/NNP 씨/NNB^을/JKO
51	기능/NNG^을/JKO 갖추/VV^은것/ETN+로/JKB	보/VV^어도/EC	되/VV^은다/EF ./SF
52	사실/NNG^에/JKB 근거하/VV^은것/ETN+로/JKB	보/VV^기/ETN+이/JKS	어렵/VA^다/EF ./SF
53	분기하/VV^어/EC 발달하/VV^은것/ETN+로/JKB	보/VV^었/EP+다/EF	./SF
54	순간/NNG^에/JKB 폭발하/VV^은것/ETN+로/JKB	보/VV^어야/EC	하/VX^은다/EF ./SF
55	시기/NNG^에/JKB 발생하/VV^은것/ETN+로/JKB	보/VV^지만/EC	실제/NNG 이자/NNG^의/JK
56	/SS+에/JKB 의하/VV^은것/ETN+로/JKB	보/VV^은다/EF	./SF
57	同一性/SH+을/JKO 전제하/VV^은것/ETN+로/JKB	보/VV^어/EC	무방하/VA^을것/ETN+이/V
58	두/VV^고/EC 실행하/VV^은것/ETN+로/JKB	보/VV^는/ETM	견해/NNG^이/JKS 지배적/N
59	겸/NNG^에/JKB 감염되/VV^었/EP+은것/ETN+로/JKB	보/VV^며/EC B/SL+형/XSN	있/VX^며/EC B/SL+형/XSN
60	각/NNG^을/JKO 탈출하/VV^었/EP+은것/ETN+로/JKB	보/VV^고/EC	있/VX^다/EF ./SF
61	제공하/VV^기/ETN 어렵/VA^을것/ETN+로/JKB	보/VV^고/EC	있/VX^기/ETN 때문/NNB^
62	별하/VV^기/ETN+이/JKS 어렵/VA^을것/ETN+로/JKB	보/VV^고/EC	있/VX^다/EF ./SF
63	순/NNG^이/JKC 되/VV^을것/ETN+로/JKB	보/VV^는/ETM	관측/NNG^이/JKS 우세하/V
64	흉작/NNG^이/JKC 되/VV^을것/ETN+로/JKB	보/VV^고/EC	'/SS 9/SN

    b. '어미+보다'의 패턴 검출 시

528	사진/NNG^을/JKO 숱하/VA^게/EC	보/VV^어/EC	오/VX^었/EP+다
529	어리석/VA^고/EC 비열하/VA^게/EC	보/VV^었/EP+던/ETM	./SP 육법전서/NN
530	퍽/MAG 신통하/VA^게/EC	보/VV^지/EC	않/VX^었/EP+나/
531	어렵/VA^지/EC 않/VX^게/EC	보/VV^을/ETM	수/NNB 있/VV^지
532	더/MAG 놓/VV^구/EC	보/VV^구려/EF	./SF /SS
533	꾸중/NNG^을/JKO 듣/VV^구/EC	보/VV^니/EC	서산댁/NNG^이/.
534	내/NP 그러/VV^구/EC	보/VV^니/EC	너/NP 태어나/V
535	옹색하/VA^게/EC 살/VV^니까/EC	보/VV^다가/EC	못/MAG 하/VV^
536	바퀴/NNG^을/JKO 달/VV^었/EP+나/EC	보/VV^읍니다/EF	./SF
537	물/NNG 들/VV^었/EP+나/EC	보/VV^구/EC	배/NNG 띄우/V
538	좀/MAG 살아나/VV^나/EC	보/VV^읍니다/EF	./SF /SS

    c. '명사(+격 조사)+보다'의 패턴 검출 시

1389	뒤/NNG^에/JKB+야/JX 신문/NNG^을/JKO	보/VV^고서/EC	문제/NNG^이/JK
1390	사이/NNG^에/JKB+은/JX 신문/NNG^을/JKO	보/VV^을/ETM	때/NNG^마다/JK
1391	심술궂/VA^은/ETM 질문/NNG^을/JKO	보/VV^기/ETN	좋/VA^게/EC 받
1392	사발/NNG 통문/NNG^을/JKO	보/VV^었/EP+다는/ETM	주산/NNP 마을/
1393	돌아다니/VV^며/EC 물/NNG^을/JKO	보/VV^다가/EC	드디어/MAG 허
1394	흐르/VV^는/ETM 눈물/NNG^을/JKO	보/VV^었/EP+다/EF	./SF
1395	따라서/MAJ 사물/NNG^을/JKO	보/VV^을/ETM	때/NNG^에/JKB
1396	그/MM 동사물/NNG^을/JKO	보/VV^니/EC	./SP 내/NP^이/가
1397	싱싱하/VA^은/ETM 해물/NNG^을/JKO	보/VV^자/EC	새롭/VA^은/ETM
1398	쌍/NNG^의/JKG 교미/NNG^을/JKO	보/VV^면서/EC	/SS 그/MM
1399	오/VV^는/ETM 어미/NNG^을/JKO	보/VV^라/EC	하/VV^었/EP+지
1400	쏠쏠하/VA^은/ETM 재미/NNG^을/JKO	보/VV^을/ETM	때/NNG^이/JKS
1401	박/NNP 선배/NNG^을/JKO	보/VV^고/EC	세수/NNG^을/JK

위 (30a)의 '격 조사+동사' 결합 유형과 (30b)의 '어미+동사'의 결합 유형은 공통적으로 동사를 포함하는 어절의 동사 어간 부분과 그에 인접 선행하는 어절의 형식 형태 부분까지를 검색 범위로 하여 추출해 내는 것을 의미한다. (30a)에서는 '-은 것을 보다'와 '-을 것을 보다'의 결합 유형이 나타나는 것을 볼 수 있고, (30b)에서는 '-게 보다', '-았/었나 보다' 등이 보인다.27 (30c)는 '명사(+격 조사)+동사'의 결합 유형을 보인 것인데, 이것은 검색어 '보다'를 중심으로 그 앞 어절에 명사가 포함되어 있을 경우, 그 선행 어절 전체를 추출해 내는 것을 뜻한다. 이렇게 하면 (29)에서 보인 세 가지 결합 유형들을 비교하여 그 빈도 목록을 작성할 수 있다.

(30)의 음영 처리된 부분만을 프로그램으로 추출하여 다음에 보이는 (31)의 결과를 얻었다.28 여기서는 간단하게 세종 말뭉치 중 동사가 포함된 5만 문장 중에서 '격 조사+동사'의 결합 유형의 빈도를 계산한 결과를 보이도록 한다. 아래 (31)에서 우측의 숫자는 해당 결합 유형이 나타난 빈도를 의미한다.

---

27 여기서 '-았/었나 보다'의 '보다'는 보조 용언(VX)으로 태깅되어야 하는 것을 본 동사(VV)로 처리한 것으로서 이러한 오류는 그리 많지 않다.

28 이를 위한 프로그래밍에서는 정규 표현(regular expression)이 사용되었다. 정규 표현은 일정한 유형을 가진 문자열들을 찾아내는 데 쓰는 것으로, 가령 '[a-zA-Z]{3}'라고 하면 영문 소문자나 대문자가 세 개가 연속한 유형을 뜻한다. 정규 표현에서는 한글을 인식하게 하는 방법이 없으므로 이 책은 다음과 같은 정규 표현으로 한글을 찾게 하였다.

> [^a-zA-Z0-9\+\^]

위 정규 표현은 Python(ver.2.4.3.) 프로그래밍 언어에서 유니코드로 변환된 한글 한 글자를 찾는 데 사용되었다. 세종 말뭉치에서는 한글, 영문, 숫자, 한자, 그리고 각종 기호로 구성돼 있으므로, 일단 영문자와 숫자 그리고 말뭉치 태그 기호로 사용되는 것 중에서 '+' 및 '^' 및 띄어쓰기를 제외한 나머지 글자는 한글 또는 한자로 볼 수 있다. 그런데 한자는 세종 말뭉치의 표기 규약(4.3.1의 (18) 참고)에 따라 '/SH'라는 별도의 표기를 부여하고 있으므로, 실제로 프로그래밍으로 한글 문자열을 찾을 때 한글 외에 다른 문자가 추출되는 일은 없었다.

(31) '격 조사+동사'의 유형과 빈도 일부 (5만개 문장 대상 추출 결과)

로/JKB	#서/VV	7
을/JKO	#베/VV	15
을/JKO	#주지시키/VV	2
을/JKO	#여의/VV	3
기/ETN+을/JKO	#바라/VV	55
에/JKB	#충성하/VV	3
에/JKB	#몰입하/VV	2
을/JKO	#대신하/VV	38
을/JKO	#투여하/VV	2
로/JKB	#빛나/VV	3
로/JKB	#닦/VV	5
로/JKB	#뽑히/VV	4
을/JKO	#제거하/VV	18
에/JKB	#빠지/VV	105
이/JKS	#끝나/VV	144

이를 다시 동사별로 정렬을 하면 어떤 동사 앞에 어떤 격 조사들이 인접 선행하였고, 그 빈도는 무엇인지 쉽게 볼 수 있을 것이다. 다음의 (32)에서 '가다'와 '가르다', '가르치다' 동사에 관한 '격 조사+동사'의 결합 유형들의 정렬한 결과를 보이도록 한다.

(32) '격 조사+동사'의 결합 유형의 정렬(동사 우선) 결과 일부

께/JKB	#가/VV	2
로/JKB	#가/VV	270
루/JKB	#가/VV	7
에/JKB	#가/VV	284
에/JKB+을/JKO	#가/VV	16
에게/JKB	#가/VV	9
에게/JKB+로/JKB	#가/VV	2
을/JKO	#가/VV	120

의/JKG	#가/VV	4
이/JKS	#가/VV	95
로/JKB	#가르/VV	4
을/JKO	#가르/VV	15
이/JKS	#가르/VV	2
로/JKB	#가르치/VV	2
에/JKB	#가르치/VV	2
에게/JKB	#가르치/VV	4
에서/JKB	#가르치/VV	7
을/JKO	#가르치/VV	41
이/JKS	#가르치/VV	7

　　여기서 다시 해당 동사별로 가장 많은 빈도를 보이는 '격 조사+동사'의 결합 유형으로부터 낮은 빈도의 '격 조사+동사'의 결합 유형으로 정렬을 하면 다음과 같은 표를 얻을 수 있다.[29]

---

29 동사가 포함된 문장 5만 개를 대상으로 하여 '격조사+동사'의 결합 유형 중 빈도 2이상인 것들은 총 6,117개였다. 이러한 자료를 정렬하는 데 있어 MS Excel(ver. 2003)은 좋은 도구가 된다. Excel은 데이터 행의 우선순위를 따져 정렬하기가 편리하고 사용이 간편하므로, 각종 빈도 조사 연구에서도 자주 활용되고 있는 것 같다. 최근에 발표된 한국어 교육 논의에서도 이를 이용한 연구를 볼 수 있는데, 간혹 Excel이 가진 한계를 이해하지 못한 논의도 발견되기도 한다. Excel 2007을 제외한 그 하위 버전에서는 65,536개(=2^{16})가 넘는 행은 절삭되어 버리는 문제가 있다. 따라서 연구자가 다루는 데이터가 65,536 행을 넘게 되면 정확한 결과를 기할 수 없게 된다. 이 책에서 수정 변환한 1,000만 어절의 세종 말뭉치는 846천 개가 넘는 문장으로 구성돼 있으므로, 여기서 추출한 '격조사+동사'의 결합 유형 만도 65,536개를 훌쩍 넘는다. 이런 이유로 해서 이 책에서도 이러한 정렬 결과를 얻기 위해 별도로 프로그램을 만들어 사용하였다.

(33) '격 조사+동사'의 결합 유형 정렬 최종 결과

a. 해당 결합 유형의 빈도(token)

b. 전체 결합 유형의 빈도(type)

c. 상대 빈도 = (a ÷ b) × 100

에/JKB	#가/VV	284	809	35.11%
로/JKB	#가/VV	270	809	33.37%
을/JKO	#가/VV	120	809	14.83%
이/JKS	#가/VV	95	809	11.74%
에/JKB+을/JKO	#가/VV	16	809	1.98%
에게/JKB	#가/VV	9	809	1.11%
루/JKB	#가/VV	7	809	0.87%
의/JKG	#가/VV	4	809	0.49%
에게/JKB+로/JKB	#가/VV	2	809	0.25%
께/JKB	#가/VV	2	809	0.25%
을/JKO	#가르/VV	15	21	71.43%
로/JKB	#가르/VV	4	21	19.05%
이/JKS	#가르/VV	2	21	9.52%
을/JKO	#가르치/VV	41	63	65.08%
이/JKS	#가르치/VV	7	63	11.11%
에서/JKB	#가르치/VV	7	63	11.11%
에게/JKB	#가르치/VV	4	63	6.35%
에/JKB	#가르치/VV	2	63	3.17%
로/JKB	#가르치/VV	2	63	3.17%

(33a) 열은 해당 '격 조사+동사'의 전체 빈도를, (33b)는 어떤 동사가 갖는 모든 '격 조사+동사' 결합 유형의 전체 빈도를 의미한다. 따라서 (33b)의 값으로 (33a)를 나눈 뒤에 여기에 100을 곱하면 전체 '격 조사+동사'의 결합 유형 중에서 어떤 '격 조사+동사'의 결합 유형이 몇 퍼센트 정도를 차지하는지를 알 수 있는데, 이는 곧 해당 결합 유형의 상대 빈도라 할 수 있다. 이렇게 보면, (33)의 '가다'는 '-에 가다'가 전체 '격 조사+가다'

중 35.11%라는 상대 빈도를 차지하고, 그 뒤를 '-로 가다'(33.37%), '-을/를 가다'(14.83%)로 이어지고 있다고 말할 수 있다.[30]

이들 상대 빈도 합을 구하면 누적 빈도를 구할 수 있다. '격 조사+가다' 의 결합 유형 중 상위 빈도를 가진 세 유형 '-에 가다', '-로 가다', '-을/를 가다'의 상대 빈도를 각각 더하면, 83.31%이라는 수치를 얻을 수 있는데, 이것은 '가다' 앞에 격 조사가 선행한 경우, '-에'와 '-로', '-을/를'이 쓰이는 것이 전체 '격 조사+가다'에서 83.31%를 차지한다는 것을 뜻한다. 다시 말해서, '가다' 앞에 조사가 쓰이게 되면 그 중 83.31%는 '-에'나 '-로'나 '-을/를' 셋 중 하나가 된다는 것이다. 이러한 정보들은 어떤 결합 유형이 패턴이 될 수 있는지를 판단하는 데 있어 좋은 정보를 제공해 준다. 다음 장에서는 이러한 각종 빈도와 상대 빈도 값 등을 참고하여, 어떤 결합 유형 을 패턴으로 선정할 것인지의 문제를 논하도록 한다.

---

30 이러한 방식의 접근은 한영균(2001)에 의하면 단어의 연접 빈도를 구하는 것과 관련된다. 여기서는 이를 '단어의 연접 빈도'라 정의하는데, 이는 개별 언어 단위 를 대상으로 각 단위가 어떤 언어 단위와 어느 정도 자주 연쇄를 이루는가를 밝 히는 것이 목적이다. 이는 이 책의 패턴 추출을 위한 절차와 부합한다. 한영균 (2001)에서는 이러한 연구가 '연쇄를 이루는 어휘 단위에 대한 빈도 연구'에 기초 작업이 될 수 있다고 하였다. '연쇄를 이루는 어휘 단위에 대한 빈도 연구'란 앞 서 3.2에서 들었던 홍종선·강범모·최호철(2000)에서의 전산 언어학적 연어 연구 와 같은 맥락이다.

4. 수립

교육용 동사 패턴, 어떻게 선정할 것인가?

4.1. 패턴 선정을 위한 판단 기준

4.1.1. 빈도와 하위 패턴의 유무

　말뭉치를 통해 얻을 수 있는 정보 중에 가장 명시적인 것은 빈도이다. 말뭉치상에 나타난 빈도가 높은 형태 또는 어휘 결합은 상대적으로 그렇지 않은 것에 비해서 더 중요하거나 기본적이라고 볼 수 있다. 앞 장에서 논하였던 방법론을 적용하면, '격 조사+동사' 및 '명사(+격 조사)+동사'의 결합 유형들이 추출될 수 있고, 그 결과를 빈도에 따라 정렬하여 볼 수 있다. 빈도와 패턴의 관계를 논하기 위해, 이 절에서는 세종 말뭉치에서 무작위로 추출한 5만 문장(약 82만 어절)에 한정하여 보고자 한다. 앞선 논의로부터 꾸준히 예로 들고 있는 '보다'를 검색어로 하고 3.3.2에서 보인 방법론을 적용하여, '격 조사+보다'의 결합 유형을 살피면 아래 (1)과 같다.

(1) '격 조사+보다'의 결합 용례와 상대 빈도[1]
 - 5만개 문장 중 추출, 빈도 2이상

격 조사(포함 군)	동사	빈도	상대빈도
-을/를	#보다	760	54.05%
-로	#보다	200	14.22%
-에서	#보다	140	9.96%
-는 것을	#보다	95	6.76%
-이/가	#보다	69	4.91%
-은것을	#보다	27	1.92%
-은 것으로	#보다	24	1.71%
-는 것으로	#보다	21	1.49%
-을 것으로	#보다	18	1.28%
-에	#보다	17	1.21%
-음을	#보다	8	0.57%
-만을	#보다	4	0.28%
-을 것을	#보다	3	0.21%
-았/었음을	#보다	2	0.14%
-았/었다는 것을	#보다	2	0.14%
-시는 것을	#보다	2	0.14%
-는가를	#보다	2	0.14%
-인 것으로	#보다	2	0.14%
-았/었을 것으로	#보다	2	0.14%
-았/었던 것으로	#보다	2	0.14%
-처럼	#보다	2	0.14%
-로써	#보다	2	0.14%
-로서	#보다	2	0.14%

위 (1)에서 상대빈도란 전체 '격 조사+보다'의 결합 유형 중에서 해당 '격 조사(또는 격 조사 포함 군)+보다'가 차지하는 비율을 이르는데, 대체적으로 '-을/를 보다' 유형의 빈도가 54.05%로 가장 높게 나타나고 있다.

---

[1] 이 표는 세종 말뭉치에서 프로그램을 통해서 '격 조사+동사'의 결합 유형을 추출한 결과로서, 원래는 4.3.2의 (33)에서 본 것과 같이 형태 태그가 부착된 '을/JKO#보/VV' 꼴로 돼 있다. 그러나 가독성이 좋지 않으므로 편의상 태그를 삭제하고 동사도 기본형으로 옮겨 정리하였다. 이후의 동일 유형의 표에서도 이와 같이 표시하도록 한다. 한편, 표에서 동사 항목에 있는 '#'는 띄어쓰기를 뜻하는 것으로 한다.

그리고 '-로 보다'가 14.22%로 그 뒤를 잇고 있다.

상대빈도가 현저하게 낮은 것들을 살펴보면, '-로서 보다'(0.14%), '-처럼 보다'(0.14%) 등도 있지만, '-았/었던 것으로 보다'(0.14%)나 '명사-인 것으로 보다'(0.14%) 등도 있다. 후자의 것들은 모두 '-로 보다'(14.22%)의 하위 패턴으로 봄직한 것들이다. 따라서 저빈도라고 하더라도 이들은 '-로 보다'와 관련성 속에서 빈도를 파악하는 것이 바람직하다.

이를 위해서는 '보다'에 인접 선행하는 격 조사의 형태에 따라 재정렬을 해 주는 게 좋다. 앞 장에서 논했듯이, 한국어의 문법 형태는 주로 어절 끝에 위치하므로 용언의 격틀이나 문법적 환경을 살피기 위해서는 동사에 선행하는 어절의 후행 형태를 위주로 역순정렬하는 것이 효과적이다. 이에 따라 '보다'의 선행 어절 부분을 끝 음절로부터 역순정렬한 뒤에 상대 빈도를 다시 구하여 보면 아래 (2)와 같이 보일 수 있다.

(2) '격 조사+보다'의 결합 용례
   - 선행 격 조사(군) 끝음절로 정렬한 결과

격 조사(포함 군)	동사	빈도	개별 상대 빈도	유형별 상대 빈도
-을	#보다	760	54.05%	64.37%
-는 것을	#보다	95	6.76%	
-은 것을	#보다	27	1.92%	
-음을	#보다	8	0.57%	
-만을	#보다	4	0.28%	
-을 것을	#보다	3	0.21%	
-았/었음을	#보다	2	0.14%	
-았/었다는 것을	#보다	2	0.14%	
-시는 것을	#보다	2	0.14%	
-는가를	#보다	2	0.14%	
-로	#보다	200	14.22%	19.13%
-은 것으로	#보다	24	1.71%	
-는 것으로	#보다	21	1.49%	
-을 것으로	#보다	18	1.28%	

-인 것으로	#보다	2	0.14%	
-았/었을 것으로	#보다	2	0.14%	
-았/었던 것으로	#보다	2	0.14%	
-에서	#보다	140	9.96%	9.96%
-이/가	#보다	69	4.91%	4.91%
-에	#보다	17	1.21%	1.21%
-처럼	#보다	2	0.14%	0.14%
-로써	#보다	2	0.14%	0.14%
-로서	#보다	2	0.14%	0.14%

'-을/를'이 '보다'와 결합하는 비율이 다른 격 조사와 결합되는 비율에 비해 54.05%로 높은 편이었지만, '-을/를'로 끝나는 격조사군까지 포함하면 그 비율은 64.37%로 증가한다. '보다'의 패턴 중에서 가장 괄목한 것은 목적격 조사와 결합된 유형이며, 그 중에서도 제일 많은 유형은 '명사-을/를 보다'이고, 그 다음으로는 절이 선행할 때인 '어간-는 것을 보다', '어간-은 것을 보다'와 같은 유형이라 할 수 있다.

한편, '-로 보다'는 그 자체의 패턴의 빈도는 14.22%였지만, 이와 관련되는 하위 패턴을 모두 합하면, 19.13%로 좀 더 높아진다. 그리고 대체로는 '명사-로 보다'가 많이 쓰이지만, 절이 선행할 때에는 '용언-은 것으로 보다', '용언-는 것으로 보다' 유형으로 쓰인다는 정보도 얻을 수 있다. 이 두 패턴의 상대 빈도 합만 구해도 83.5%로 나타나는 것을 보면, 대체로 '보다'가 격 조사를 선행하는 경우에는 '-을/를'과 '-로'라고 할 수 있다.

(2)와 같이 격 조사를 위주로 정렬하면 주요 패턴과 그 하위 패턴을 살필 수 있는 장점이 있다. '보다'에 있어서 '-을/를 보다'와 '-로 보다'가 하나의 패턴이라고 할 수 있는 이유는, 그 자체의 빈도도 다른 유형에 비해 높으면서도 그 하위의 여러 패턴들을 거느리고 있다는 데에서도 찾을 수 있다. 이러한 특성은 다른 동사에 대한 본서의 조사 결과에서도 마찬가지이다. '-을/를 보다'와 '-로 보다'의 하위 패턴들만 열거하면 아래와 같다.

(3)

a. -을/를 보다

N-을/를 보다
V-는 것을 보다
V-은 것을 보다
V-음을 보다
N-만을 보다
V-을 것을 보다
V-았/었음을 보다
V-았/었다는 것을 보다
V-시는 것을 보다
V-는가를 보다

b. -로 보다

N-로 보다
V-은 것으로 보다
V-는 것으로 보다
V-을 것으로 보다
N-인 것으로 보다
V-았/었을 것으로 보다
V-았/었던 것으로 보다

(3a)에서 볼 수 있듯이, '-을/를 보다'는 그 자신의 형태를 비롯하여 총 10개의 하위 패턴을 갖고 있고, '-로 보다'는 (3b)와 같이 7개의 하위 패턴을 갖고 있다. 이들이 하위 유형을 거느리고 있다는 것은, 다른 한편으로 볼 때 그만큼 활용 예가 다양하다는 것을 의미한다. 따라서 어떤 '격 조사+동사'의 유형이 이렇듯 몇 개의 세분화된 하위 유형을 가지고 있을 경우, 해당 패턴이 차지하는 상대 빈도도 높은 편이지만, 그것이 거느리고 있는 세부 유형의 다양함으로 인해서 패턴으로 볼 가능성이 높아진다고 말할 수 있다.

이것은 교육적 응용의 관점에서 시사하는 바가 있다. 이를테면 '-을/를 보다'는 가장 빈도가 높고 기본적인 패턴이라고 할 때에 한국어 학습자에게도 '-을/를 보다'를 먼저 제시한다면, '-는가를 보다'는 '-을/를 보다'를 습득한 이후에 제시할 수 있을 것이다. '-을/를 보다'는 단순히 명사가 선행하지만, 절이 선행할 경우 '-는가를 보다'가 올 수 있으므로, 상대적으로 전자는 단순하지만 후자는 좀 더 복잡하기 때문이다.

이러한 말뭉치 조사 연구를 통해서 얻을 수 있는 중요한 사실의 하나는, 대체적으로 빈도가 높은 '격 조사+동사'의 패턴에서 보이는 격 조사는 통사적으로도 해당 동사와 가장 가까운 문장 성분을 표시한다는 것이다. '보다'는 전형적인 타동사이므로, '-을/를' 조사와 어울린 '-을/를 보다'의 패턴이 제일 높은 빈도로 기록되고 있는 것이다. 반면, 주어는 모든 용언에 기본적이지만, 통사적으로 타동사의 목적어보다는 거리가 멀기 때문에 그만큼 낮은 빈도로 나타나게 되는 것이다.

그렇다면 자동사의 경우에는 주어가 통사적으로 더 가깝게 위치할 가능성이 있으므로, 말뭉치 조사 결과 역시 그러한 결과를 보여주리라 예상된다. 여기서 자동사 '나타나다'가 격 조사와 맺을 수 있는 패턴의 유형들을 살펴보자.

(4) 자동사 '나타나다'의 결합 용례

격 조사(군)	동사	빈도	개별 상대 빈도	유형별 상대 빈도
-로	#나타나다	53	17.21%	
-는 것으로	#나타나다	31	10.06%	
-은 것으로	#나타나다	23	7.47%	37.01%
-인 것으로	#나타나다	5	1.62%	
-을 것으로	#나타나다	2	0.65%	
-이/가	#나타나다	102	33.12%	33.12%
-에	#나타나다	74	24.03%	24.03%
-에서	#나타나다	14	4.55%	4.55%
-음으로써	#나타나다	2	0.65%	0.65%
-로서	#나타나다	2	0.65%	0.65%

비록 5만 개 문장으로 이뤄진 표본 말뭉치에서 추출되어 '나타나다'의 모든 용례가 충분히 반영되지 못한 문제는 있지만, 위 (4)는 꽤 흥미로운 결과를 보여준다. 개별 패턴의 빈도로 보자면 예상대로 '-이/가 나타나다'가 33.12%로 높고, 그 뒤를 '-에 나타나다'(24.03%), '-로 나타나다'(17.21%) 순으로 뒤를 잇고 있지만, 하위 패턴까지 모두 아우른 결과는 '-로 나타나다' 유형이 전체 37.01%를 차지하여 최고 순위를 기록하고 있다.

전통적인 기본 문형의 교육적 관점에서 보면, '나타나다'는 '-이/가 나타나다'의 패턴이 제일 많을 것으로 생각되지만, 실제 결과는 그렇지 않다는 점은 눈여겨보아야 할 대목이다. 앞서 1.3에서 전통적인 문형 교육이 갖는 한계를 짚어 보면서 필수 논항과 수의 논항의 구분이 한국어 교육에서도 과연 의미 있는 일인가를 고찰한 바 있다. 자동사 '나타나다'를 '자동사'라는 측면에서 접근한다면, '나타나다'의 필수 논항으로 우선적으로 떠오르는 것은 주어이다. 그리고 그때의 '나타나다'는 기본의미로서의 '나타나다' 즉, '목격자가 나타났다'와 같은 용례에서 알 수 있는 '보이지 않던 것이 드러나다'의 뜻이겠지만, 실제로 우리가 가장 많이 접하는 '나타나다'는 '총 응답자가 38%로 나타났다'와 같은 용례에서 보이는 '-로 나타나다'이다. 따라서 '-로'가 쓰이면서 '어떤 일의 결과가 드러나다'는 의미를 갖는 '나타나다'가 한국어 학습자들도 실제로 접할 가능성이 높은 용례이다. 이 경우 '-로'에 이끌린 문장 성분이 필수 논항이냐 수의 논항이냐 하는 구분보다도 이것이 교육적으로 매우 가치 있는 패턴이라는 것을 인정하는 것이 더 중요하다고 할 것이다.2

---

2 '-로 나타나다'가 '-은/는 것으로 나타나다' 등의 하위 패턴을 포함하였을 때의 빈도가 '-이/가 나타나다'보다 높게 나타났다는 것이 곧 교육적으로도 '-로 나타나다'가 '-이/가 나타나다'보다 선행되어 가르쳐야 한다는 것을 의미하지는 않는다. 교육적인 면에서는 하위 패턴을 고려하지 않은 상태에서 단순한 '격 조사+동사'의 빈도를 고려하는 것이 더 합리적이다. 따라서 하위 패턴을 고려하지 않은 '-로 나타나다'보다 빈도가 높은 '-이/가 나타나다'가 학습상 우선적으로 제시되는 것이 나을 수 있다. 이에 대한 논의는 4.2에서도 보이도록 한다.

한편, '명사+격 조사'뿐만 아니라 때로는 어미와 결합된 '보다'의 결합 유형도 유의미한 패턴으로 삼을만하다. 이것은 '보다'의 패턴에서 암시한 것이기도 하다. (3)에서 본 '-을/를 보다'의 하위 패턴 중에 '-는가를 보다'는 다른 하위 패턴과는 다른 의미를 갖는 것으로 해석된다. 즉, '그것이 어떤 사상에 인접해 있는가를 보려는 것이다'에서처럼 '확인하다'라는 의미를 갖는다. 이것은 격 조사뿐만 아니라, 동사에 인접한 어미도 동사의 의미 해석에 매우 중요한 단서를 제공할 수도 있음을 앞서 3장에서 본 바 있다. 만일 특정 어미가 동사 앞에 높은 빈도로 나타난다면 그 역시 패턴으로서의 자격을 가질 수 있다. 다음에서 '어미+보다'의 패턴을 보이도록 한다.

(5) '어미+보다'의 결합 용례

어미(군)	동사	빈도	개별 상대 빈도	유형별 상대 빈도
-게	#보다	59	62.11%	62.11%
-이라	#보다	4	4.21%	7.37%
-는 것이라	#보다	3	3.16%	
-면서	#보다	5	5.26%	5.26%
-나	#보다	3	3.16%	5.26%
-았/었나	#보다	2	2.11%	
-이라도	#보다	4	4.21%	4.21%
-구	#보다	3	3.16%	3.16%
-았/었지만	#보다	2	2.11%	2.11%
-면	#보다	2	2.11%	2.11%
-리라	#보다	2	2.11%	2.11%
-랴	#보다	2	2.11%	2.11%
-도	#보다	2	2.11%	2.11%
-니	#보다	2	2.11%	2.11%

표본 말뭉치상에서 가장 많은 결합을 보이는 어미는 '-게'(62.11%)이다. 그 나머지의 결합 유형과 비교해 봐도 그 차이는 매우 현저하다. 조사된 표본 말뭉치를 문맥 색인 작업을 하여 '-게 보다'의 유형을 찾으면 대체로

다음과 같은 것들이 나타난다.

(6) '-게 보다'의 몇 가지 용례
어떻게 보면	이렇게 보면	그렇게 보니	높게 보다
작게 보다	아름답게 보다	곱게 보다	숱하게 보다
순수하게 보다	가볍게 보다	우습게 보다	쉽게 보다

　무작위로 추출된 '-게 보다'의 용례를 보면 충분히 교육적인 적용을 고려할 만한 것들이 다수 눈에 띄는 것을 볼 수 있다. '어떻게 보면', '이렇게 보면', '그렇게 보니' 등은 주로 설명문 텍스트에서 흔한 것이고, '높게 보다', '가볍게 보다', '우습게 보다', '쉽게 보다' 등은 각각 '보다'가 비유적으로 사용되어 '여기다'의 의미로 해석되므로, '-게 보다' 전체가 갖게 되는 의미적 특징을 고려하여 하나의 패턴으로 볼 수 있다.

　연결 어미 '-게'와 결합된 문장 성분이 '보다'의 부사어가 될 수 있다고 생각해 볼 때, 대체로 모든 동사들도 '-게'를 동반할 가능성이 높다고 생각될지 모르지만 실제 말뭉치 조사에서 보면, 동사에 따라 그 앞에 자주 선행하는 어미들은 큰 차이를 보인다. 가령, '가다'나 '오다' 등은 어미 '-러'가 가장 많이 오는 축에 속하는 어미이며, 타동사 '올리다'는 '쌓아 올리다', '들어 올리다', '세워 올리다' 등과 같이 '-아/어 올리다'가 가장 많고 '-게 올리다'는 상대적으로 낮은 빈도로 쓰인다.

　이상의 논의에서처럼 빈도는 어떤 동사 결합 유형의 패턴을 판단하는 데 있어 중요한 기준을 제공해 줄 수 있다. 어떤 '격 조사+동사' 혹은 '어미+동사'의 결합 유형의 빈도가 상대적으로 높다는 것은, 달리 말하면, 문맥 색인에서도 그만큼 높은 빈도로 해당 결합 유형이 나타난다는 것을 의미하므로, 그만큼 패턴이 될 가능성이 높아진다. 또한, '격 조사+동사' 유형의 경우, 그와 통사적으로 관련된 하위 패턴을 가지고 있는 경우, 해당 '격 조사+동사'는 하나의 패턴으로 삼을 수 있을 것이다.

4.1.2. 직관과 교육적 필요성

빈도는 패턴의 판단에서 중요한 기준이 될 수 있지만, 빈도가 절대적인 판단 기준이 될 수는 없는 경우도 있다. 실제로 한국어 화자의 직관이 적용되어야만 판별할 수 있는 경우도 적지 않다. 실제 말뭉치 조사 결과를 놓고 볼 때에 빈도가 상대적으로 더 높은 것이라고 해도 직관에 의해 패턴으로 보기 어려운 예들도 존재한다. 다음에서 '가다'의 결합 예를 살펴보도록 하자.

(7) '격 조사+가다'의 결합 용례

격조사(군)	동사	빈도	개별 상대 빈도	유형별 상대 빈도
-에	#가다	284	35.11%	35.11%
-로	#가다	270	33.37%	33.62%
-에게로	#가다	2	0.25%	
-을/를	#가다	120	14.83%	16.81%
-에를	#가다	16	1.98%	
-이/가	#가다	95	11.74%	11.74%
-에게	#가다	9	1.11%	1.11%
-루	#가다	7	0.87%	0.87%
-의	#가다	4	0.49%	0.49%
-께	#가다	2	0.25%	0.25%

'-에게로 가다'는 빈도가 2밖에 기록되지 않지만, 이것은 '-로 가다'의 하위 패턴으로 볼 수 있는 것이다. 그런데 이보다 빈도가 약간 더 높은 '명사-의 가다'는 4번의 빈도를 갖고 있지만 직관적으로는 패턴으로 인정하기 어렵다. 왜냐하면 직관적으로 봐도 관형격 조사(JKG)와 동사 간에 특별한 의존 관계가 예상되지 않기 때문이다. 관형격 조사는 후행하는 명사와 의존 관계가 있는 것이므로, 만일 어떤 관형격 조사와 동사의 인접 결합 유형이 발견됐다면, 이때의 동사는 예외 없이 관형형으로 쓰여 후행

하는 명사를 수식할 것으로 예상할 수 있다. 가령, '당신의 갈 길을 가라'와 같이 관형격 조사 '-의'가 포함된 문장 성분은 인접한 동사보다 후행하는 명사에 의존할 것이고, 동사 역시 관형형으로 쓰여 후행하는 명사를 수식하는 구조를 예상할 수 있는 것이다. 이것은 앞서 패턴을 '어휘 간의 긴밀한 결합이 보이고, 그 결합이 분명한 의미를 가질 때'라고 정의했던 것에 비춰 볼 때, '관형격 조사+동사'는 그 둘의 긴밀한 결합도 예상되지 않을뿐더러, 그 결합이 분명한 의미를 갖는다고 보기 어려우므로 패턴이 될 수 없다고 하겠다. 반면, '-께 가다'는 빈도가 2회에 불과하더라도 무시하기 어려워 보인다. 이때의 '-께'는 '-에' 또는 '-에게'와 동일한 가치를 갖는 조사이기 때문이다. 다만, '-께'는 '-에게'의 높임말이라는 사실을 알고 있는 경우라면 교육적으로는 제외해 볼 수 있을 것이다.

이렇게 볼 때, 빈도를 우선 참고하되 모국어 화자의 직관을 통해 패턴의 판별이 이뤄질 수 있어야 할 것이다. 그 이유는 두 가지를 들 수 있다. 그 첫째는 말뭉치 연구 방법에 의한 문제이고, 다른 하나는 빈도에만 의지하였을 때의 한계와 관련된다.

우선 이 책에서 취한 말뭉치 연구는 동사를 기준으로 그에 인접 선행하는 격 조사나 명사들을 검색하는 방식을 취하였다. 이것은 기본적으로 동사의 의미나 통사적 특징에 가장 영향을 미치는 요소는 동사와의 거리도 가깝다는 가정에 근거한 것이었다. 따라서 (7)과 같은 분석에서의 상대 빈도가 의미하는 것은, 동사에 인접 선행하는 격 조사로서 어떤 것이 많은가 하는 정보이지, 인접하지 않은 경우에 대한 것까지 포함되지 않는다. 이로 인해 실제의 말뭉치 자료에 대한 통사적 분석을 병행할 수 있다면, 실제로 저빈도로 기록된 것들은 그보다는 좀 더 상향될 가능성이 높다. '보다'의 경우, '-에서 보다'나 '-이/가 보다'가 그러하다.[3]

---

3 인접하지 않은 경우에까지 범위를 넓히려면 구문 분석이 이뤄진 말뭉치가 필요하다. 이 책이 이용한 세종 말뭉치는 형태 분석 단계까지 이뤄진 것으로서, 구문에

다른 한 가지 이유는 빈도에만 의지했을 경우에 갖게 되는 문제점과 관련된다. 엄밀하게 말하면 빈도는 '패턴 판별의 절대적 기준'이라기보다는 어디까지나 '참고할 만한 기준' 이상의 의미는 갖고 있지 않다. 먼저, 빈도는 대규모 말뭉치에서 보이는 어떤 언어 현상이나 특징을 컴퓨터를 이용하여 검색하고 이를 계량화한 것으로서, +/-의 이가적 특성을 가진 것이 아니라, 기본적으로 정도성의 특징을 띠고 있다는 점을 유념할 필요가 있다(남윤진 2002:362). 빈도는 그 자체로서 무엇을 판단하는 데 필요한 근거를 제공할 뿐, 그 자체가 결정의 척도로 사용되기는 어렵다. 이를 참고로 하여 어떤 통계적 적용을 해 볼 수는 있지만, 빈도 그 자체가 통계상 유의미함을 의미하는 것은 아니다.

일반적으로 빈도에 관한 지나친 기대감을 경계하자는 취지의 논의는 어렵지 않게 찾을 수 있다. 성광수(1999)에서는 어휘 선정의 방법이 주관적 방법과 객관적 방법이 가정될 수 있지만, 엄밀한 주관·객관의 구분은 어려우며, 주관성과 객관성의 적절한 조화가 가장 합당하리라고 지적하였고, 백봉자(2000)에서도 활용 가치가 있는 어휘의 선정에서는 빈도수나 교사의 직관이 작용해야 한다고 언급된 바 있다. 이 두 논의가 비록 교육용 어휘 선정을 논하면서 나온 것이기는 하지만, 교육용 문법 항목을 구상하려는 이 책의 취지에서 볼 때에도 그 대의를 간과할 수 없다.

또 한 가지로 '패턴'이 갖는 개념적 모호성도 있다. 앞서 패턴에 대해서 첫째 어떤 어휘의 결합이 상대적으로 자주 나타나고, 둘째는 이 경우 어떤 어휘가 다른 단어를 선택하는 관계로 볼 수 있으며, 셋째는 그러한 결합이 분명한 의미를 가질 때를 가리키는 것으로 정의한 바 있다. 이는 다시 말하자면, '상대적으로 자주 나타나며, 어휘 간의 긴밀성이 높고 그 의미가 분명할 때'라고 할 수 있다. 그런데 여기서 패턴의 요건이 되기 위한 첫 번째

대한 정보가 없기 때문에 인접하지 않은 격 조사에 대한 동사의 격틀 관계까지는 다룰 수 없음을 밝혀둔다.

요건 즉, '상대적으로 자주 나타난다'는 것은 상대적으로 빈도가 높다는 것일 뿐, 그 자체로 패턴 판별의 절대적인 기준이라고 하기에는 무리가 있다. 더욱이, '하나의 어휘가 다른 어휘를 선택하는 관계'라고 하는 것도 다분히 주관적인 판단이 개입될 수 있는 것이어서, 어떤 패턴을 이룬다고 의심되는 결합 유형에 대해서 이를 패턴이라고 단정할 수 있는 명확한 기준이라고 보기 어렵다.

패턴과 종종 유개념으로 거론되는 연어에 대해서 '의미적인 긴밀성', '긴밀하고 제한적인 의미 관계' 등의 말들은 대부분 주관적인 것으로서 실제로 이를 객관적으로 포착해 줄 만한 기준도 그다지 명확해 보이지 않고, 실제로 구체적인 사례를 놓고도 어디까지 의미적으로 긴밀한 관계에 있는 연어인지 판단하는 일은 쉽지 않다고 한 서상규(2002a:324)에서의 지적은 패턴의 문제에서도 동일하게 적용될 수 있다.

이런 점에서 빈도 외에도 모국어 화자의 직관이 적용되어야 한다고 본다. 말뭉치 언어학에 있어서 '데이터의 적용'과 '통찰'의 상호 작용이 필요하다고 언급한 Leech(1991:14)는 이런 점을 중시한 언급으로 주목된다.[4] 따라서 고빈도라 하여 이를 무턱대고 중요시한다든지 저빈도라 하여 무의미하게 여기거나 대수롭지 않게 여기는 것 모두 좋지는 않다고 하겠다. 이 책에서의 '격 조사+동사'의 패턴, 혹은 '명사(+격 조사)+동사'의 패턴의 선정도 이러한 관점에서 보아야 할 것이다. 요컨대 빈도의 기준은 동사의 패턴을 선정하고 배열하며 이를 가르치는 데 있어서 정도성을 참고하기 위한 것으로 보는 것이 합당하다.

패턴의 선정에서 직관도 아울러 적용되어야 한다면, 이는 곧 빈도에 연연하지 않고 '의미적으로 긴밀하리라 여겨지는 결합'은 모두 패턴으로 바

---

[4] "Neither the corpus linguist of the 1950's, who rejected intuition, nor the general linguist of the 1960's, who rejected corpus data, was able to achieve the interaction of data coverage and the insight that characterise the many successful corpus analyses of recent years."(McEnery, T., Xiao, R., Tono, Y. 2006:7 재인용).

라 볼 수 있다는 다소 개방적인 관점을 취하는 것을 의미한다. 이를 바꿔 말하면, 패턴의 정의에서 '상대적으로 자주 어울려 쓰인다'는 조건도 중요하지만, '결합 요소 간의 의미적인 긴밀성'을 중시하는 것을 더욱 중시함을 뜻한다. 이것은 단순히 '한국어의 패턴'을 살피려는 것이 아니라, '한국어 교육을 위한 패턴'을 찾는다는 목적에 부합하는 관점이다. 다시 말해, 빈도가 '패턴의 판정'에 중요한 기준이기는 하지만, '교육용 패턴'은 '교육적 목적이 우선적으로 고려되는 패턴의 한 종류'라고 보는 것이다. 이에 따르면 가령, (7)에서 보인 저빈도의 '-께 가다'(0.25%)는 매우 낮은 빈도를 기록하고 있기는 하지만, 이것이 존칭의 '-에게 가다'라는 것을 교수하기 위해 필요하다면 교육적으로도 패턴으로 고려될 수 있다. 그러나 이미 '-께'에 관한 지식을 갖고 있는 외국인 학습자들에게는 이것을 굳이 패턴으로 가르칠 필요가 없을 것이다.[5]

그런데 직관으로도 패턴의 판단이 용이하지 않은 경우가 있다. 앞서 들었던 '관형격 조사+동사'의 결합이 일반적인 패턴의 범주에 속하지 않을 것이라는 점은 우리가 알고 있는 문법적 직관으로 쉽게 판단이 되지만, 직관적으로 쉽게 와 닿지 않는 용례에 대해서는 때로 말뭉치에서 실제 자료를 검색해 볼 필요가 있다. 다음에서 '알다'의 '격 조사+동사'의 결합 유형을 예로 들어 살피기로 한다.

(8) '격 조사+알다'의 결합 용례

격 조사(군)	동사	빈도	개별 상대 빈도	유형별 상대 빈도
-을/를	#알다	186	40.88%	
-음을	#알다	21	4.62%	
-다는 것을	#알다	18	3.96%	69.01%
-임을	#알다	15	3.30%	
-은 것을	#알다	13	2.86%	

---

[5] 4.2에서 후술하겠지만, 직관과 교육적 필요성에 의한 패턴 선정 기준은 '명사(+격 조사)+동사' 결합 유형에서 의미 교육을 위한 동사 패턴을 찾는 데에도 필요하다.

-았/었음을	#알다	13	2.86%	
-은다는 것을	#알다	9	1.98%	
-인가를	#알다	5	1.10%	
-이라는 것을	#알다	5	1.10%	
-을 것을	#알다	4	0.88%	
-은 것임을	#알다	4	0.88%	
-는 것을	#알다	4	0.88%	
-는 것임을	#알다	3	0.66%	
-인지를	#알다	2	0.44%	
-았/었는가를	#알다	2	0.44%	
-았/었나를	#알다	2	0.44%	
-리라는 것을	#알다	2	0.44%	
-는지를	#알다	2	0.44%	
-는다는 것을	#알다	2	0.44%	
-는가를	#알다	2	0.44%	
-이/가	#알다	53	11.65%	12.09%
-만이	#알다	2	0.44%	
-로	#알다	24	5.27%	
-은 것으로	#알다	8	1.76%	
-는 것으로	#알다	8	1.76%	10.55%
-을 것으로	#알다	6	1.32%	
-았/었던 것으로	#알다	2	0.44%	
-에	#알다	16	3.52%	3.52%
-에서	#알다	11	2.42%	2.42%
-의	#알다	9	1.98%	1.98%
-으루	#알다	2	0.44%	0.44%

동사 '알다'는 전형적인 타동사로서 '-을/를 알다'와 그 하위 패턴이 매우 다양하며, 그 전체 빈도는 69.01%나 된다. 그 뒤를 이어 '-이/가 알다'(12.09%), '-로 알다'(10.55%)로 나타나는데, '-에서 알다'는 2.42%라는 매우 낮은 빈도로 쓰이고 있음을 볼 수 있다.

직관이라는 기준에서 볼 때, '-에서'와 '알다' 간의 의미적인 긴밀성은 그렇게 높다고 생각되지 않으므로 이를 단순히 패턴에서 제외해 보는 것을 고려할 수 있지만, 실제 용례에 대한 검토를 통해 한 번 더 확인하는 것이 좋다. '알다'의 문맥 색인을 통해 '-에서 알다'와 같은 결합 유형을 확인해 보면 다음과 같다.

(9) '알다'의 문맥 색인의 일부
   - 검색어 '알', 검색 범위 ±3어절

194	지금까지의 사례만 봐서도 금방 알 수 있다고 흥분했다.
195	나가는 책만 보아도 금방 알 수 있다.
196	호칭이 변화하는 데서 알 수 있듯이 사회적 지도자인
197	낮에 보아서 알 테지만 개간할 만한 땅이
198	뒈야지 말로 들어서 알 수 있는 건 아니지
199	이 속가(俗歌)에서 알 수 있듯이 뽐 하면
200	또한 <표 5>에서 알 수 있듯이, 전체 인스턴트
201	지저귀며 따라왔다는 것에서 알 수 있다.
202	교육공무원법 개정경과에서 알 수 있듯이 교장임기제는 당시
203	지도에서 알 수 있듯이 기하학적 대칭성을
204	이상의 설명에서 알 수 있는 바와 같이,
205	14일 기자에게 상식선에서 알 수 있는 일은 더
206	이 책의 구성에서 알 수 있는 것은 <철학에의
207	묘실 어둠 속에서 알 수 없는 시간을 보낼
208	신라 촌락문서의 기재양식에서 알 수 있듯이 경(京)-현(縣)-촌(村)과 같이
209	투쟁 구호의 내용에서 알 수 있듯이 이곳 주민들의
210	당시의 상황과 경위에서 알 수 있는 것은 이
211	위의 두 문장에서 알 수 있듯이 김교수는 민족주의야말로
212	알런은 말 사진에서 알 수 없는 신비로움을 느끼기
213	지금까지의 많은 경험에서 알 수 있다.
214	날아온 화보를 통해서 알 수 있었다.
215	있는지, 지금까지도 역시 알 수가 없다.
216	때 만져 보면 즉시 알 수 있다.
217	있는 부분의 연장으로써 알 수 있다고 생각한다.
218	본격화되는 5월쯤 되어야 알 수 있을 것이라고 진단했다.
219	발표될 올 12월경에야 알 수 있다.

(9)는 표본 말뭉치가 아닌 전체 말뭉치에서 '-에서'가 검색어인 '알-' 앞에 쓰인 경우를 찾아, 그 선후 용례의 일부까지 포함하여 보인 문맥 색인이다. 따라서 '-에서'와 '알-'이 결합되는 용례는 위에 보인 것이 전부라고 할 수 있다. 여기서 굵은 글씨로 처리된 부분에서 볼 수 있듯이, '-에서 알다'는 사실 '-에서 알 수 있다'와 같은 패턴으로 쓰이는 것이 일반적이다. 직관적으로도 '-에서 알다'보다는 '-에서 알 수 있다'가 더 의미적인 긴밀성이 느껴지는 패턴이다. '-에서 알다'는 다른 '알다'의 활용형에서는 눈에 띄지 않고 오직 관형형으로 활용할 때에만 나타나는데, 그 경우 예외 없이 '-에서 알 수 있다'의 꼴로만 나타나는 것이다. 흥미로운 것은, 위 굵은 글씨 사이사이에 보이는 '-에서 알 수 없다'이다. 언뜻 이는 '-에서 알 수 있다'의 반대말 같아 보이지만, 실상은 '그렇게 묘실 속에서 <u>알 수 없는</u> 시간을 보낼'(207행), '알런은 말 사진에서 <u>알 수 없는</u> 신비로움을 느끼기'(212행)에서 보면, '-에서'와 '알 수 없다' 사이에는 의미적인 긴밀성이 느껴지지 않으며, '알 수 없는'에 대해서만 의미적 긴밀성이 통함을 볼 수 있다. 이렇게 저빈도를 보이고 직관적으로 쉽게 와 닿지 않는 경우에는 이렇게 문맥 색인을 통해 실제 문맥에서 사용된 용례를 확인하는 절차가 필요하다.

4.2. 통사 교육을 위한 패턴의 선정 원리

동사의 교육을 위한 패턴을 선정하는 기준이 마련되었다고 해도 이들을 절차적인 지식(procedural knowledge)으로 한국어 학습자가 받아들이게 하기 위해서는 패턴의 선정은 물론 그 교육적 배열의 문제를 좀 더 깊이 다룰 필요가 있다. 한국어 학습자의 수준에 따라서 어떤 패턴은 잘 알고 있을 수도 있고, 또 어떤 패턴은 잘 모를 수도 있다. 그렇기 때문에 교육용 패턴은 학습자 수준에 대한 고려가 절대적일 것이다. 바로 앞 절에서 잠깐 '-께 가다'를 살피면서 이 패턴은 저빈도이지만 '-에게'와 '-께'의 관련을 알지 못하는 학습자들에게는 이를 패턴으로 가르칠 필요가 있다고 언급한 것도 이러한 맥락에서 비롯된다. 앞서 2.3에서도 언급한 바 있듯이, 새로운 형태의 습득을 위해서는 학습자들이 기존에 알고 있는 형태는 물론, 의미 소통에 지장을 줄 수 있는 형태를 포함한 것들을 과제로 제시해야 하는데, 이러한 교육 원리를 동사 교육 패턴에 적용하는 방법론을 궁구할 필요가 있는 것이다. 이에 따라 이 책에서 제안하는 동사 교육 패턴이 고려해야 할 것은 두 가지이다. 그 하나는 '대규칙'과 '소규칙'이며, 다른 하나는 '유표성'이다.

4.2.1. 대규칙(major rule)을 고려한 선정

전통적으로 동사의 통사 교육에서 중요하게 언급된 것은 기본 문형의 학습이었다. 그렇지만 문형 교육은 그것이 기반하고 있는 것이 명제라는 점에서 한국어 학습 현장에서 실효를 거두기 어려움을 1.3에서 논한 바 있다. 기본 문형이 담화나 맥락에 배제된 명제적인 측면에서 논의되는 개념이기 때문이다. 그럼에도 불구하고 한국어 교육을 할 때에는 한국어의 적법한 문형을 교수하는 것이 중요하다. 그것은 실제적으로 학습자들에게 꼭 필요한 지식이면서, 한국어를 배우고 사용하는 한 늘 기본적인 지식이 되기 때문이다.

통사와 관련된 문제에서 외국인 학습자들이 가장 많이 보이는 오류는 역시 격 조사와 관련된다. 격 조사를 아예 생략하거나 적절하지 않은 조사를 사용하는 오류가 가장 빈번하다. 학습자의 격 조사 오류와 관련하여 유념해야 할 점은, 외국인 학습자들이 올바른 격 조사의 사용이 서투르다는 것 자체가 곧 역설적으로는 동사가 필요로 하는 문장 성분 혹은 논항들은 잘 쓰고 있다는 것을 의미한다는 사실이다. 그 대표적인 예라 할 수 있는 것이 한국어 학습자들에게 흔한 주격 조사 '-이/가'와 '-은/는'의 대치 오류이다. 이는 곧 학습자들이 주어 논항을 사용하였지만, 그것이 적절한 조사를 통해 실현되지 않았기 때문에 오류가 된 것이다. 극단적으로 생각해 보면, 학습자들이 동사가 필요로 하는 논항이나 문장 성분을 아예 쓰지 않고 생략하는 일이 잦을 경우, 그만큼 격 조사의 오용이나 생략 등 오류도 적어질지도 모른다. 주어나 목적어 등에 대한 문법 개념이 명시적으로 학습되지 않더라도, 대개의 한국어 학습자는 이를 발화에서 잘 사용하고 있다. 문제가 되는 것은 각 논항이나 부가어에 어울리는 적절한 조사의 선택이다.

이것은 박영순(2004:146~7)에서 언급한 '대규칙'과 '소규칙'의 관점에서 볼 수 있다. 여기서는 문법 교육에서 강조해야 할 것으로 첫째, 교사가 가르쳐야 할 것과 학습자 스스로 깨달아야 할 것을 구별할 것, 둘째 '대규칙'과 '소규칙'을 구별하여 가르칠 것, 마지막으로 '언어 능력'(competence)과 '언어 수행'(performance)을 구별하여 학습자들을 지도할 것 등을 들고 있다. 이 중에서 특히 동사의 패턴 교육에서 중요하게 다뤄져야 할 것은 대규칙과 소규칙의 구별이라 할 수 있다.

이를 염두에 두고 통사 교육을 바라볼 때 가장 대표적인 대규칙이라 할 수 있는 것은 '주어'이다. 왜냐하면 보편적으로 어떤 언어에서나 주어는 반드시 갖고 있으며, 주어가 명시적으로 문장 표면에 나타나지 않더라도 격 관계 등을 통하여 주어가 무엇인지 유추할 수 있게 돼 있는 것이 범언어적인 특징이기 때문이다. 따라서 한국어 학습자에 따라서는 명시적으로 드러난 주어를 가르쳐 주어야 할 필요가 있을지 몰라도, 주어의 필요성이나 그 개념을 알고 있는 학습자들에게는 주어를 포함한 문형을 가르칠 필요가 없다. 이를 '보다'의 경우를 예로 들어 논의해 보도록 하자.

(10) '보다'의 통사 교육적 접근
　　a. 기본 문형 : -이/가 -을/를 보다　　　-이/가 -을/를 -로 보다
　　b. 패턴 :　　　　-을/를 보다　　　　-을/를 -로 보다
　　c. 패턴 :　　　　　　　　　　　　　　-로 보다

(10a)는 '보다'가 가질 수 있는 격틀을 전통적인 기본 문형의 방식으로 제시해 본 것이다. (10a)에서 예외 없이 '-이/가'라는 주격 조사의 쓰임을 볼 수 있다. 그런데, 이들은 대규칙적인 요소이므로, 모든 한국어 학습자에게 주격 조사를 포함하는 문형을 가르치는 것은 불필요한 일이다. 한국어 학습자들은 주격 조사 '-이/가'나 '-은/는'의 사용에서 보이는 오류가 있다는 사실은, 주어를 어떻게든 잘 표현하고 있다는 뜻으로 해석될 수 있다. 그렇다면 '보다'의 통사적 교육에서 중요한 것은 주격 조사 '-이/가'를 제외한 나머지인 (10b)이다. 주어는 통사적인 대규칙의 측면에서 볼 수 있으므로, 구태여 이를 포함하는 문형에 주의를 집중할 필요가 없다는 것이다.

그런데 (10b)의 '-을/를 보다'나 '-을/를 -로 보다'에서 '보다'의 의미는 동일하지 않다. '-을/를 보다'가 대체로 기본 의미로서 해석되는 패턴이라면, '-을/를 -로 보다'는 '간주하다', '생각하다' 등의 의미를 갖는다. 동사의 의미 교육적 측면에서 기본 의미에 대한 습득이 먼저 이뤄져야 한다고 볼 때,[6] '-을/를 보다'이 먼저 학습된 뒤에 '-을/를 -로 보다'가 교수되는 것이 바람직할 것이다. 그렇다면, 이미 '-을/를 보다'라는 패턴에 익숙한 학습자나 혹은 여타의 타동사가 갖는 '-을/를+동사'의 패턴에 익숙한 학습자들에게 목적격 조사를 포함하는 형태를 포함하는 문형을 제시할 필요가 없다는 생각이 가능하다. 목적격 조사 '-을/를'은 '보다'가 어떤 의미로 해석되든지 반드시 쓰이는 대규칙적 요소라 볼 수 있다. 이때에는 (10c)의 '-로 보다'와 같은 패턴의 제시가 필요하다. 요컨대 주어는 한국어의 일반적 대규칙과 관련된다면, 목적어는 '보다'라는 동사에 한정된 대규칙이다.

앞서 2.3에서 Larsen-Freeman(2001)을 인용하면서, 학습자의 학습 과정

---

6 의미의 파생 단계에 따라 다의어 교육 순서를 논하는 것의 문제는 2.4에서 지적한 바 있다. 그러나 기본 의미와 파생 의미 간의 구분은 중요하다. 이에 대한 논의는 다음 절에서 보이도록 한다.

(learning process)에서 학습자들은 자신이 갖고 있는 지식에 의지하여 새로운 형태를 습득한다는 일반적 원리를 소개한 바 있다. 이를 박영순(2004)의 논의를 빌려 말한다면, 학습자들이 이미 알고 있는 지식은 '대규칙'이고, 새롭게 배워야 할 지식은 '소규칙'으로 볼 수 있다.

이렇게 볼 때, 주어라는 통사적 범주에 대한 습득이 비교적 이른 시기에 이뤄지고, 전형적인 문장을 구성함에 있어 주어가 필요하다는 대규칙은 한국어를 학습하기 이전 혹은 한국어 학습 초기에 형성되는 반면, '보다'가 목적어로서 '-을/를'에 이끌린 문장 성분을 요구한다는 통사 지식이 대규칙으로 인지되는 것은 그 뒤의 일이라 예상할 수 있다. 다시 말해, 처음에 '-을/를 보다'와 같은 패턴으로 학습한 학습자들은 다른 타동사의 학습을 통해 '보다'가 타동사라는 것을 자연스럽게 인식하게 되고, 어느 단계에 이르면 '-을/를'이 '보다' 등의 타동사에 필수적인 대규칙으로 인지될 수 있을 것이다. 이를 도식화하여 보이면 아래 (11)과 같다.

(11) '격 조사+보다' 패턴의 통사적 대규칙과 소규칙

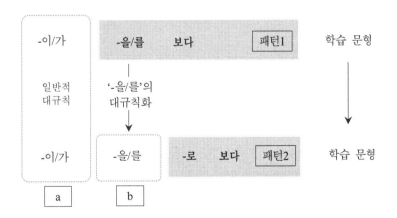

(11)은 동사의 통사 패턴 교육과 그 배열을 보인 것이다. 먼저 한국어 학습자가 '보다'의 기본 의미로 쓰일 때의 문형인 '-이/가 -을/를 보다'를 학습할 때에, (11a)의 부분, 즉 일반적 대규칙으로서 주어 요소가 배제된 패턴에 주목하게 한다. 이때 '보다'를 배우는 학습자들은 (11)의 '-을/를 보다'라는 '패턴1'을 다양한 명사들과 결합된 '보다'의 용례를 통해 학습함으로써, '보다'의 문법을 익히는 데 주력한다. 학습이 어느 정도 진행되어 (11b)에서 보이는 것처럼 '-을/를'이 '보다' 외에 여러 타동사에 기초적이고 기본적인 대규칙적 요소임을 자연스럽게 인지하는 단계에 이르렀을 때, '-이/가 -을/를 -로 보다'의 문형을 제시하되, 주격 조사도 목적격 조사도 생략된 (11)의 '-로 보다'라는 '패턴2'를 학습자들에게 제시하고 이를 익히게 하는 것이 바람직하다는 것이다. 이렇듯 처음부터 타동사와 목적어, 목적격 조사의 관계를 가르치기보다, 개별 동사의 격틀과 문형 지식을 가르침으로써 차차 대규칙을 익히게 하고, 그 다음으로 소규칙을 익히게 한다는 것은 곧 석주연(2005:179)에서 문형을 교육할 때에 있어서 '기본 문형이 함축하는 성분 관계를 중심으로 국어 문장의 구조적 특징을 강조하는 교육을 해야 한다'는 원칙론에도 부합한다.

동사의 통사 패턴 학습을 주요 목표로 할 경우 유의하여야 할 점은 두 가지를 들 수 있다. 그 하나는, 한국어 학습자들이 '-을/를 보다'나 '-로 보다'와 같은 패턴으로 '보다'의 격틀 또는 문형을 학습한다고 해도, 학습자들에게 주어지는 '보다' 관련 용례에서 주어나 목적어를 생략해서는 안 된다는 점이다. '보다'가 '간주하다'나 '생각하다'의 의미로 쓰일 때의 문형은 '-이/가 -을/를 -로 보다'인데, 이때 주어와 목적어를 생략한 형태로 '의사로 보다', '선생으로 보다'와 같은 문장만을 제시해서는 안 된다는 것이다. 이것은 설령 '의사로 보다' 등과 같은 예가 구어에는 충분히 하나의 문장 단위로 실현되는 경우가 있다고 하더라도, 학습자들은 '철수가 그 사람을 의사로 봤다'와 같은 전체적인 문장 속에서 '-로'라는 조사와 '보다'

의 긴밀한 결합 관계를 익힐 수 있게 하는 것이 바람직할 것이다. 자신이 이미 알고 있는 대규칙으로서 주어 '철수가'와 목적어 '그 사람을'이 실현된 것을 토대로 하여, '-로 보다'의 의미와 형태의 동시 학습을 기대하기 위함이다.

통사 패턴 학습에서 유의해야 할 두 번째는, 가능하면 '보다'가 기본 의미로 사용될 때를 기준으로 하여 연습하는 것이 좋다는 것이다. '-을/를 보다'의 패턴을 학습할 때 '철수가 영화를 봤다', '영희가 시계를 보았다' 등이 예문으로 쓰일 수 있지만, '영희가 손해를 봤다'와 같은 명백히 다의적인 '보다'의 활용례를 보여주면 '-을/를 보다'와 같은 형태와 그것이 갖는 기본 의미의 파악에서 어려움을 느낄 것이 분명하다. 이는 형태와 의미 간의 대응 관계를 자연스럽게 깨닫게 하는 관점에서 볼 때에도 바람직하지 않다. 이런 면에서 통사 교육과 의미 교육은 분리할 수 없는 관계에 있다고 할 수 있다.

통사 교육과 의미 교육은 원칙론적으로나 개념적으로 분리될 수 있다고 하더라도, 의미를 배제한 문법이 없고 문법을 배제한 의미가 없으므로 이 둘은 항상 적절히 통합되어야 한다. 그러나 통사 교육이 위주가 되어 있을 때에는 어떤 특정한 명사나 어휘와 더불어 다의적인 용법을 보이는 '보다'를 교육하는 것이 어려운 일이 될 수 있다. 이에 대한 논의는 4.3.2에서 다시 언급하도록 한다.

한편, 대규칙의 적용은 이밖에도 어떤 패턴이 하위 패턴을 갖고 있는 경우에도 적용될 수 있다. 앞서 '보다'는 '-을/를 보다'의 패턴이 가장 높은 빈도를 보이고, 다양한 하위 패턴을 갖고 있음을 보인 바 있다. 이를 아래에 다시 인용해 보도록 한다.

(12) '-을/를 보다'의 패턴과 하위 패턴

N-을/를 보다

V-는 것을 보다

V-은 것을 보다

V-음을 보다

-을/를 보다　　N-만을 보다

V-을 것을 보다

V-았/었음을 보다

V-았/었다는 것을 보다

V-시는 것을 보다

V-는가를 보다

가장 높은 빈도를 보이는 '명사-을/를 보다'를 기본적인 패턴으로서 먼저 가르치고, '-을/를'이 목적어로서 '보다'와 자주 어울려 쓰인다는 사실을 알게 된 한국어 학습자들에게는 이것이 절을 목적어로 취할 때에 '동사-는/은/을 것을 보다' 등과 같은 하위 패턴을 통해 실현된다는 것을 교수할 수 있다. 이것은 다음과 같이 도시하여 볼 수 있다.

(13) '보다'의 패턴과 그 하위 패턴의 학습 순서

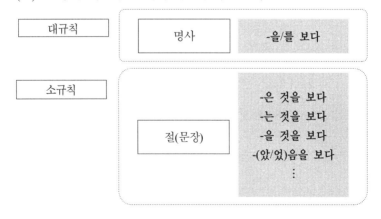

모국어 화자의 모어 학습 순서와 외국인 화자의 외국어 학습 순서가 동일한지의 여부는 명백하게 확인된 바는 없지만, 문법적 분석 능력이 있는 학습자들은 이러한 방식을 통해 '-은/는/을 것'이나 '-음' 등이 절을 명사로 만들어 준다는 것을 자연스럽게 학습할 수 있을 것이다.

한국어 학습자 중에는 명사화소 '-음', '-기', '-은/는/을 것' 등을 서로 혼용하여 오류를 보이는 경우가 있음을 앞서 1.2에서 소개하였고, 2.3에서는 명사화소의 교육에서 패턴의 제시가 좋을 수 있음을 이야기한 바 있다. 이들 명사화소는 통사적인 기능은 동일하되, 그 개별적인 의미를 말하기도 쉽지 않고 외국인 학습자들에게 세부적 특성과 차이를 이해시키기도 어려운 것 중의 하나이므로, 각 명사화소들은 개별적인 기능을 위주로 교육되어야 할 것이 아니라, 적절한 패턴으로 교육되는 것이 바람직하다는 것이 주요 논지였다.

따라서 '보다'의 경우에 절을 목적어로 취할 때에 명사화소 '-기'는 사용될 수 없다고 가르치기보다는, '-은/는/을 것을 보다' 혹은 '-(았/었)음을 보다'라는 패턴에 집중할 수 있도록 하고, 그 뒤 학습자들이 다른 명사화소가 포함된 패턴들을 익히면서 명사화소가 갖는 의미 기능을 자연스럽게 인지하게 하는 것이 현실적이고도 합리적인 교육 방법이라 생각된다. 이런 것은 박영순(2004:146)에서 말한 '학습자들이 스스로 깨달아야 할 규칙'이고, Hayes and Broadbent(1988:251)에서 언급한 '암묵적 학습'(implicit learning)이다. 암묵적 학습이란 '주위 환경의 사태와 특징들의 공기 관계에 관련된 수동적인 정보의 집합'이라고 정의되는데, 이 책의 논의에서 본다면 패턴의 반복에서 얻을 수 있는 수동적인 지식이라 할 수 있다. 따라서 (13)을 패턴으로 인식한 학습자들은 장차 한국어에 관한 새로운 규칙으로서 다음과 같이 '-은/는/을 것' 혹은 '-음'이 갖는 규칙적 성격을 자연스럽게 습득하는 과정을 기대할 수 있다.

(14) 명사화소의 규칙화

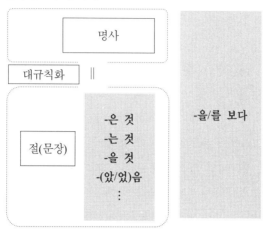

적어도 이러한 방식은 의사소통적으로 유의미한 단위인 패턴을 기본으로 학습함으로써, 한국어 학습자들이 '보다'가 갖는 문법은 물론, 여러 동사들의 통사적인 패턴을 학습함으로써 자연스럽게 격 조사와 동사의 관계를 익히는 데 도움을 줄 수 있다는 데 의의가 있다.

이상의 논의가 통사적 측면에서의 대규칙과 소규칙 문제라면, 빈도에 따른 대규칙과 소규칙의 문제도 생각해 볼 수 있다. 박영순(2004:147)에서는 가장 먼저 확실하게 대규칙을 가르친 뒤, 일정 시간이 지나 소규칙을 가르쳐야 함을 언급한 바 있다. 앞서 4.1.1에서 대체적으로 빈도가 높은 '격 조사+동사'의 패턴에서 보이는 격 조사는 통사적으로도 해당 동사와 가장 가까운 문장 성분과 관계됨을 언급한 바 있다. 따라서 빈도상 우선하는 결합 유형들은 해당 동사의 통사에서 가장 중요하고 우선적이라고 할 수 있으므로 대규칙이라 할 수 있고, 그 외 하위 빈도를 기록하고 있는 것들은 빈도 순위가 내려갈수록 통사적으로도 점차 긴밀성이 떨어지므로 소규칙이라고 일컬을 수 있다. 이런 그런 면에서 빈도가 높은 것들을 우선적인 교육 대상으로 삼고, 빈도가 낮은 것들은 그 후에 교수되어야 할 대상이라고 말할 수도 있다.

앞서 들었던 (2)의 '보다'의 경우, '-을/를 보다'는 절이 선행할 때의 '-는 것을 보다' 등을 비롯하여 총 64.37%를, 그 뒤는 '-로 보다'로서 19.13%, '-에서 보다'는 9.96%, '-이/가 보다'는 4.91%, '-에 보다'는 1.21% 순으로 나타남을 볼 수 있었다. 따라서 빈도가 가장 높은 '-을/를 보다'는 '보다'에 있어 가장 기본적인 통사적 패턴으로서 우선적으로 가르쳐야 할 대규칙이라 할 수 있으며, 그 나머지 것들은 정도성에 따라 추후 학습하여야 할 소규칙이라 할 수 있다.

또한 앞서 논하였던 통사적 대규칙과 소규칙과 더불어, 교육에 있어 대규칙과 소규칙을 구분한다면, '-을/를 보다'와 '-는 것을 보다'의 관계는 통사적인 대규칙과 소규칙의 관계로, '-을/를 보다'와 '-로 보다'는 교육 순서상의 대규칙과 소규칙의 관계로 볼 수 있다. 예를 들어서, '보다'의 통사 패턴에서 대규칙을 최고 빈도의 '-을/를 보다'로 삼는다면, 그 나머지 빈도가 낮은 것들은 소규칙으로 볼 수 있다. 다음을 보도록 하자.

(15) '격 조사+보다'의 빈도상 대규칙과 소규칙의 관계

대규칙	-을/를 보다	: 철수는 바다를 본다.
소규칙	a. -로 보다1 [7]	: 철수는 바다를 망원경으로 본다.
	b. -로 보다2	: 철수는 영철을 바보로 본다.
	c. -에서 보다	: 철수는 책을 도서관에서 본다.
	d. -에 보다	: 성경에 보면 ~
	⋮	⋮

(15)에서 빈도가 가장 높은 '-을/를 보다'를 대규칙으로 삼는다고 할 때, (15a)의 '바다를 망원경으로 보다'에서의 '(수단)-로 보다'나 (15b)의 '영철을 바보로 보다'에서의 '-로 보다', (15c)의 '책을 도서관에서 보다'는 모두

---

7 '-로 보다'를 '-로 보다1'과 '-로 보다2'로 나누는 문제에 대한 논의는 아래 4.2.2에서 논한다.

'-을/를 보다'라는 대규칙의 '-을/를' 요소를 포함하고 있다. 맥락이나 상황에 따라서 '-을/를 보다'는 물론, '-로 보다'나 '-에서 보다' 등의 패턴이 실현될 수도 있고 그렇지 않을 수도 있다. 중요한 것은 '보다'가 가질 수 있는 모든 문장 성분이 실현된다고 할 때 '-에서 보다'가 쓰이든 '-로 보다'가 쓰이든 반드시 '-을/를 보다'는 나타날 수 있다는 점이 중요하다. 이는 앞서 '-을/를'이 '보다'에 있어서 대규칙화된다는 논의와 상통한다.

따라서 (11)에서 보였던 것과 같이 '-을/를 보다'의 학습은 '보다'의 통사 교육에서 반드시 선행되어야 한다는 특징을 가진다. 빈도의 높고 낮음에 따라서 그 통사적인 긴밀성이 드러나는 만큼, 통사적인 대규칙과 소규칙에 앞서서 먼저 빈도에 의한 대규칙과 소규칙이 고려될 필요가 있다고 하겠다. 이러한 논리는 '어미+동사'의 경우에도 동일하게 적용될 수 있다. 이상의 논의를 따라, 앞서 4.1.1의 (5)에서 보았던 '어미+보다'의 결합 용례 빈도까지 참고하여, '보다'가 갖는 대규칙과 소규칙의 모습을 통사적인 면과 교육적인 면에서 구분하여 보이면 아래와 같을 것이다.

(16) '격 조사+보다'의 대규칙과 소규칙의 두 가지 차원(표본 말뭉치의 조사 결과)

   a. '격 조사+보다'의 대규칙과 소규칙

	통사적 대규칙	통사적 소규칙
빈도상 대규칙	-을/를 보다	-은/는 것을 보다, -음을 보다
빈도상 소규칙	(수단)-로 보다1 (자격)-로 보다2 -에서 보다 -에 보다 ⋮	· -은/는을 것으로 보다 · · ⋮

b. '어미+보다'의 대규칙과 소규칙

	통사적 대규칙	통사적 소규칙
빈도상 대규칙	-게 보다	
빈도상 소규칙	-이라 보다 -리라 보다 ⋮	-은/는/을 것이라 보다 · ⋮

(16a)는 '격 조사+보다' 패턴, (16b)는 '어미+보다' 패턴이 갖는 통사적 차원에서의 대규칙과 소규칙, 그리고 빈도 차원에서의 대규칙과 소규칙의 예를 보인 것이다. 빈도가 가장 높고 그만큼 '보다'와 가까운 문장 성분인 목적어와 관련이 깊은 '-을/를 보다'는 통사적으로나 빈도상 대규칙인데, 이에 대한 통사적 소규칙은 '-은/는 것으로 보다'나 '-음을 보다' 등의 하위 패턴이며, 그 다음 빈도상 소규칙으로 볼 수 있는 것으로는 '(수단)-로 보다1' 와 '(자격)-로 보다2', '-에서 보다' 등이다.

'(수단)-로 보다1'의 경우는 특별한 하위 패턴을 가지지 않는 것으로 여겨지지만, '(자격)-로 보다2' 등은 '내일 비가 올 것으로 보았다'에서처럼 절을 취하기도 하며, 이때는 하위 패턴으로 '-은/는/을 것' 명사화소를 취하므로, 이에 대한 통사적 소규칙을 설정해 볼 수 있다. 마찬가지로, '어미+보다' 패턴에서도 역시 '-게 보다'를 대규칙으로 삼고, 그 나머지 빈도가 낮은 패턴들을 순위대로 하는 소규칙을 생각해 볼 수 있을 것이다.[8]

---

8 이러한 대규칙과 소규칙의 구분은 평가에 있어서 하나의 척도로 활용될 만하다. 대규칙은 반드시 익혀야 할 것이고, 소규칙은 그에 비해 어렵거나 복잡하고 덜 중요한 것이므로, 우선적으로 평가되어야 할 것은 대규칙이라 할 수 있다. 이는 박영순(2004:296)에서도 언급된 바와 같이, 평가가 학습자의 성취도와 숙달도를 점검하는 도구이므로, 학습자의 성취도를 파악하기 위한 하나의 기준으로서 대규칙과 소규칙은 하나의 대안이 될 수도 있을 것이다. 다만 이 책은 통사 교육을 위한 패턴을 마련하는 데 목적이 있으므로 이와 관련된 문제는 깊이 논하지는 않도록 한다.

4.2.2. 유표성(markedness)을 고려한 선정

여러 언어학적 현상들은 [단수]:[복수], 혹은 [무성음]:[유성음] 등과 같은 ±의 이가적 성격을 가진 것으로 볼 수 있는데, 이들이 단순히 정반대의 가치를 갖는 것만은 아니다. 영어에서 단수는 복수보다 더 기본적이며 단순하고, 한국어에서는 어두의 자음이 무성음인 경우가 더 자연스럽다. 이처럼 어떤 것이 더 기본적인 가치를 갖는다는 것을 표시하여 주는 것이 유표 규약(marked convention)이다(Waugh & Lafford 2004:2378~83). 이에 따라 자연스럽고 규칙적이며 단순한 것은 무표적이라 하고, 특이하고 예외적이며 복잡한 것은 유표적이라고 할 수 있다.

유표성 이론은 Jakobson에 의해서 구조주의 언어학의 테두리 안에서 주로 변별 자질(distinctive features)의 유무를 통해 음소를 정의하기 위한 도구로 제기되었고, 그 이후 다른 분야의 해석에도 확대 적용되어, 형태론, 문장론, 의미론, 역사 언어학, 외국어 습득 및 문체론, 시학 등에서 폭넓게 활용되고 있다. 그러나 '유표성'이라는 의미는 논의에 따라서 조금씩 다르게 규정되고 해석되기도 한다.9

외국어 습득 이론에서 잘 알려진 유표성 이론은 Eckman(1977)의 유표성 가설(Markedness Difference Hypothesis ; MDH)이다. 여기서 말하는 유표성이란 보통 모국어와 외국어 사이의 유형론적 유표성에 있어서의 유사성과 상이성이 외국어 습득의 난이도와 관계가 있다는 가정과 관련이 깊다. 이에 따르면 외국인 학습자의 모어와 한국어가 상이한 경우에는 유표적이며 그만큼 학습이 어렵다고 볼 수 있다. 그런데 이것은 실제로 외국인 학습자의 모국어와 학습 목표가 되는 언어 사이의 대조 분석적 관점이 전제된 것으로서, 실제로 목표 언어가 갖는 유표성에 의해서도 학습의 난이도가 결정될 수 있다. 이러한 입장은 Carlisle(1988)의 언어 내적 유표성

---

9 이에 대한 자세한 설명은 유승만(2006), 김인석(1999)이 좋은 참고가 된다.

가설(Intralingual Markedness Hypothesis ; IMH)에서 볼 수 있는데, 여기서는 Eckman(1977)의 유표성 가설은 물론, 목표 언어 자체의 구조적인 유표성에 의한 것도 고려 대상이 되어야 한다고 논하고 있다.

이 책에서의 유표성이란 후자의 언어 내적 유표성에 가깝다. 이는 한국어 학습자들이 한국어를 배우면서 자기 나름대로 한국어의 체계화, 일반화, 규칙화 과정을 함에 있어서 유표적으로 작용될 수 있는 여러 한국어의 속성에 중점을 둔다는 것을 뜻한다. 물론, 한국어 학습자들은 자신의 모국어와 한국어를 대조하면서 그 차이에 의해 한국어의 유표적인 특성을 감지할 수도 있고, 혹은 어느 정도 한국어를 학습한 이후에도 한국어 내부의 유표적 특성들을 알지 못해 학습의 어려움을 겪을 수 있다. 이런 면에서 유표성 역시 이 둘의 관점을 조화롭게 바라보는 것이 필요하지만, 한국어를 배우는 학습자들은 다양한 언어권에 걸쳐 있으므로, 여기서는 언어의 습득의 관점에서가 아니라 한국어 자체가 갖는 유표적 특성에 주목하여 논의를 진행하고자 한다. 일례로 한국어의 명사화소를 대상으로 하여, 빈도상 유표적인 것과 무표적인 것을 구분해 보도록 하자.

(17) 세종 말뭉치 내 명사화소의 빈도

구분	-음	-기	-은/는/을 것
빈도 (상대 빈도)	28,893 (10.29%)	85,817 (30.58%)	165,842 (59.11%)

(18) a. -는 것을 보다

    b. -기를 바라다

    c. -음을 알다

세종 말뭉치에서 명사 화소들을 검색하여 그 빈도를 내 보면, (17)처럼 '-은/는/을 것' 명사화소의 사용례는 전체 빈도에서 59.11%를 차지할 정도로 매우 비중이 높다. 그 뒤는 '-기'(30.58%), '-음'(10.29%)가 잇고 있다. 이렇게 볼 때, 가령 타동사가 절을 목적어로 취할 때 '-은/는/을 것' 명사화 소가 사용된 (18a)는 절을 목적어로 취할 때 가장 무표적인 명사화소라 할 수 있고, '-음'이나 '-기'를 통해 절을 목적어로 취하는 (18b)~(18c)는 그에 비해 유표적이라 할 수 있다. 이때의 유표성이란 빈도에 의거한 것이다.

이밖에도 통사적인 유표성으로는 앞서 들었던 동사 '날다'나 '실패하다'를 들 수 있다. 논의를 위해 아래에 2장에서 들었던 '날다'와 '실패하다'에 대한 한국어 학습자의 오용례를 들어보도록 한다.

(19) a. 봄은 꽃이 피고 새가 하늘^{?*}에서(√을) 난다.

    b. 만약 내년에 마음에 드는 회사에 취직하는 것^{*/?}을(√에) 실패하면 일본에 돌아갈 거예요.

(19a)의 '날다'는 동작의 장소로서 '-에서'가 아닌 '-을/를'을 취하는 격 조사를 요구한다. 또한, (19b)의 '실패하다'는 '실패한 대상'으로 '-을/를' 대신 '-에'를 사용한다. 전자는 한국어 모어 화자들에게도 유표적인 것일지는 모르지만, (19b)의 경우는 조금 다르다. 외국인의 입장에서는 '실패하다'를 전형적인 타동사로 인식할 수도 있기 때문이다. '실패하다'가 '-을/를'과 함께 쓰이지 않는다는 사실을 한국어 모어 화자들은 문제 삼지 않겠지만, 외국인 학습자들에게는 충분히 유표적일 수 있는 특징이다.

한국어는 격 관계를 나타내 주기 위하여 격 조사를 사용하며, 전통적으로 구조격이라 알려진 주격, 목적격, 보격 등이 있는데, 학교 문법에서는 주격으로 '-이/가', 목적격으로 '-을/를', 보격으로는 '되다'와 '아니다'와 어울린 '-이/가'만을 인정하고 있다. 이에 따르면 (19b)의 '-에 실패하다'와 같은 패턴에서 '-에'는 필수적 부사어를 이끄는 격 조사의 하나 정도로만 취급될 것이다. 이러한 처리는 학교 문법이 격 조사의 형태와 격 사이의 대응 관계를 염두에 두었기 때문이다. 하지만 외국인 학습자에게도 필수적 부사어를 인식시키고 학습시키는 것은 올바른 통사 교육을 위한 방법을 마련하는 데 도움이 되지 않을 것이다.

본디 보어라고 불려야 할 필수적 부사어들은 다양한 부사격 조사와 연관을 맺으므로, 이는 외국인 학습자들에게는 충분히 유표적으로 받아들여질 수 있다. 이에 따라, 이 책은 기존의 '필수적 부사어'와 관련된 패턴들도 유표적인 측면에서 보아야 한다고 생각한다. '부사격 조사'가 쓰여 일정 빈도 이상, 그리고 교육적 의의를 가질 수 있는 동사 패턴이 있다면 이를 유표적인 것으로 보고 적극적으로 통사 교육에 반영할 필요가 있다는 것이다.

이 책의 관찰 결과, 이러한 통사적 유표성은 굳이 직관으로 파악하지 않아도 될 만큼, 결합 빈도에 관한 정보만으로도 쉽게 가려졌다. 위에서 들은 '날다'와 '실패하다'의 '격 조사+동사'의 결합 빈도의 예를 들면 아래와 같다.

(20) '격 조사+날다'의 상대 빈도 (1천만 어절 용례 검색)

격 조사(군)	동사	빈도	상대 빈도
-을/를	#날다	109	45.80%
-이/가	#날다	65	27.31%
-로	#날다	29	12.18%
-에	#날다	12	5.04%
-처럼	#날다	9	3.78%
-에서	#날다	6	2.52%
-의	#날다	4	1.68%
-에게	#날다	2	0.84%
-로부터	#날다	2	0.84%

(21) '격 조사+실패하다'의 상대 빈도(1천만 어절 용례 검색)

격 조사(군)	동사	빈도	상대 빈도
-에	#실패하다	135	58.95%
-이/가	#실패하다	55	24.02%
-로	#실패하다	15	6.55%
-에서	#실패하다	13	5.68%
-을	#실패하다	5	2.18%
-의	#실패하다	4	1.75%
-처럼	#실패하다	2	0.87%

말뭉치의 용례를 검색했을 때에는 '-을/를 날다'와 '-에 실패하다'가 가장 많은 빈도를 차지하고 있다. 이것은 따라서 4.1에서 논의했던 빈도의 기준만으로도 충분히 가려낼 수 있다. 동사의 패턴을 통한 교육은 이러한 유표적 특질들을 포착하는 데에도 도움이 된다고 할 수 있다. 그런데 (20)~(21)은 '-에서 날다'(2.52%)나 '-을/를 실패하다'(2.18%)와 같이 어떤 면에서 무표적인 격 조사와 함께 쓰인 용례가 있음을 보여준다. 이들이 실제 어떻게 사용되고 있는지를 문맥 색인에서 확인해 보도록 하자.

(22) '날다'의 문맥 색인

41	듣는 동안 찌꾸는 곁에서	날고	있는 도미를 한 차례
42	깜깜한 바다에서	날고	있는 갈매기를 보여 주겠다구
43	지금도 저 깜깜한 바다에서	날고	있는 갈매기들을
44	그것은 오늘 종로 거리에서	날고	있던 나비가 며칠 후
45	여름새들이 나의 머리 위에서	날며	소리치고 있었습니다.
46	확인 지금까지 중국이나 일본에서	날아	오는 것으로 추정되던 일본 뇌염

(23) '실패하다'의 문맥 색인

418	그러나 좌우 합작을	실패하게	한 힘은 좌우 양측으로부터
419	2루에서 보내기 번트를	실패하고	삼진 당한 것은 반성해야 할
420	공을 따라가기 때문에 퍼팅을	실패하는	골퍼들은 어드레스 때 공보다는
422	이것을	실패하면	황무지에는 잡곡이나 뿌릴 수밖에

(22)는 '날다', (23)은 '실패하다'의 문맥 색인 중에서 각각 격 조사 '-에서'와 '-을/를'이 함께 쓰인 모든 용례를 모은 것이다. 대체로 굵은 글씨로 표시된 부분들은, 각각 '-을/를 날다'와 '-에 실패하다'로 바꿔 써도 무방해 보인다. (22)의 46행에서 '-에서 날아오다'에서 '-에서'는 '출발점'의 의미를 갖고 있는 것으로서, '-에서 날다'가 아닌 '-에서 날아 오다'일 때에 '출발점'으로서의 의미를 가지며, (23)의 418행은 '-을/를 실패하다'가 아니라 '-을/를 실패하게 하다'의 패턴이다.

앞서 언급하였던, 문법 교육에 있어서 대규칙과 소규칙을 구분하여 가르쳐야 한다는 원칙론을 제시한 박영순(2004:147)에서는 '예외적인 현상에 대해서는 다루지 않아도 좋을 것'이라고 한 바 있다. 예외적인 경우라 함은 바로 (22)~(23)에 보인 예를 이른다고 하겠다. '-에서 날다'나 '-을/를 실패하다'는 모두 완벽하게 '-을/를 날다'와 '-에 실패하다'로 대치될 수 있기 때문에 구태여 낮은 빈도를 차지하고 있는 '-에서 날다'나 '-을/를 실패하다'를 가르칠 필요가 없다고 할 수 있다. 요컨대, 통사적으로 유표적인 면을 보이는 동사의 패턴은 빈도의 기준으로 가려질 수 있으며, 유표적인 격 조사가 쓰였을 때와 비슷한 의미를 갖지만, 빈도가 낮은 무표적인 격 조사가 동사와 어울려 쓰인 경우는 교육용 패턴에서 제외하는 것이 좋겠다는 것이다.

이상의 앞 절에서 논의한 통사 교육용 패턴의 선정 시 고려 사항인 대규칙과 소규칙, 그리고 방금 논의한 유표성의 고려라는 두 가지 기준은 다음과 같이 동사의 통사 교육을 위한 패턴을 선정하는 과정에 참고할 수 있다고 생각된다.

(24) 동사의 문법 교육 패턴 선정 시 고려 사항

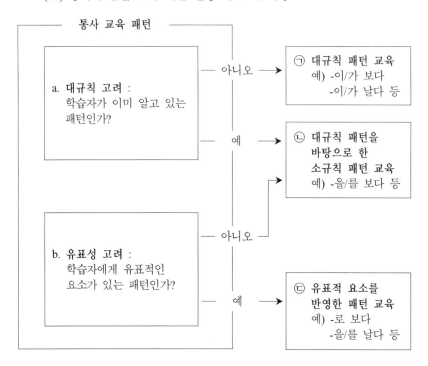

위 (24)는 동사의 통사 교육 패턴의 선정에 있어서 대규칙과 유표성 검토의 두 기준에 따른 패턴 선정 시의 고려 사항을 보인 것이다. 먼저, (24a)의 '대규칙의 고려'란 주로 초급의 한국어 학습자들을 유념한 통사 교육 패턴의 선정 기준이다. 만일 한국어 학습자가 이미 알고 있거나 대개가 주지하고 있는 대규칙적 문법 지식이 없는 경우에는 (24㉠)에서처럼 대규칙적 요소를 중심으로 하는 패턴을 가르치고, 이미 잘 알고 있는 대규칙적 요소를 알고 있는 학습자에게는 (24㉡)과 같이 대규칙을 바탕으로 하여 소규칙 패턴을 교육하는 것을 의미한다. 또한, (24b)의 '유표성의 고려'를 통해서, 학습자들이 알고 있는 대규칙적 문법 지식과 관련이 없거나 또는 대개의 학습자들에게 유표적이라 여겨질 수 있는 부사격 조사가 사용된 패턴이 있는지를 살펴서, 만일 유표적인 요소가 없다면 (24ⓒ)처럼 대규칙을 기초로 하는 소규칙적인 패턴을 가르치고, 그렇지 않은 경우에는 (24ⓒ)과 같이 유표적 요소를 반영하는 패턴을 가르쳐야 한다는 뜻이다. 이를 좀 더 자세하게 살피기 위해 '보다'의 예를 들어 설명하고자 한다. 다음의 (25)를 보도록 한다.

(25) a. 영수가 텔레비전을 보았다.
b. 영수가 날아가는 새들을 망원경으로 보았다.
c. 영수가 명철을 고등학생으로 보았다.

먼저 (25a)의 '-이/가 -을/를 보다'는 초급 단계에서 배우는 것으로, 이때에 학습자들은 이미 주격 조사 '-이/가'와 목적격 조사 '-을/를' 및 동사 '보다'에 대한 학습을 하리라는 예상을 할 수 있다. 그러나 이들 조사들은 '보다'뿐만 아니라, 다른 타동사의 학습을 통해서 그 독자적인 의미 기능, 곧 주어와 목적어를 형성하는 데 필요한 문법 형태라는 지식을 파악할 가능성이 높다. 그리하여, 학습자들은 다양한 문장을 통해서 주격 조사 '-이/가'의 쓰임을 배우고, 다른 타동사에 대한 학습의 양이 늘면서 목적격 조사 '-을/를'의 용법을 알게 될 것이다. 적어도 이때에는 특별히 '보다'뿐만 아니라, 여타 타동사에 대해서도 이러한 문형을 반복 연습함으로써 한국어 학습자들이 주격 조사와 목적격 조사의 전형적인 용법을 알게 되는 과정 중에 있다고 볼 수 있다.

그러나 대체로 주어는 모든 문장에서 나타날 수 있는 반면, 목적어는 타동사에 국한되므로, 한국어에 대해 전혀 무지하지 않은 초급 수준의 학습자에게는 굳이 '-이/가 -을/를 보다'와 같은 문형보다는, 주격 조사를 생략한 '-을/를 보다'라는 패턴에 형태 집중으로 하게 하는 것이 좋다. 대규칙적 요소를 고려해 보면, 학습자들이 이미 주격 조사 '-이/가'는 모든 문장의 주어를 표시할 수 있다는 정도의 대규칙은 알고 있다고 볼 수 있기 때문이다.

일반적인 회화에서는 목적어의 생략이 빈번하기 때문에, 단순히 '보다'는 타동사라는 정보만을 학습자에게 가르칠 수도 있다. 그러나 '보다'를 학습하기 이전에 '먹다', '마시다', '사다' 등의 타동사의 기본적인 의미와 그 기본적인 문형에 대해 학습한 경우라고 해도, 모든 타동사에 '-을/를 보다'와 같이 패턴으로 제시하는 것이 한국어 학습자에게는 더 도움이 될 수 있다. 왜냐하면, '-을/를'과 함께 쓰인다는 정보를 아는 것이 '보다'가 타동사라는 사실을 아는 것보다 더 형태에 집중할 수 있는 기회를 줄 수 있기 때문이다. '보다'가 타동사이기 때문에 '-을/를'이 올 수 있다고 하는 것보다는 '-을/를 보다' 등과 같은 전형적인 타동사의 용례를 접하면서 자연스럽게 타동사는 목적격 조사와 함께 올 수 있다는 대규칙을 알게 하는 것이 더 바람직한 방법일 것이다.10

한편, (25b)에서 '망원경으로'의 '-로'는 흔히 '도구'나 '수단'을 뜻하는 것으로, 이러한 용법의 '-로'는 초급이나 중급 단계에서 문법 형태로 제시되어 학습자들에게 교수되고 있다. 앞서 1.2에서 '-로'를 개별적인 의미 기능에 초점을 맞추어 가르치는 것의 한계와, 수의 논항과 필수 논항의 구분에 대한 어려움을 논했거니와, 이때의 '-로' 역시 '보다'와 연관을 지어 가르치는 것이 좋다고 할 수 있다. 또한 '-로'가 다양한 의미 기능을 갖는 조사이니만큼 학습자들에게는 유표적인 한국어의 문법적 특징으로 인식

---

10 이러한 방법은 동사에 대해 단순히 자동사 혹은 타동사로 명명할 때 갖는 교육상의 한계를 극복하는 데에도 도움이 된다. 이를 테면, 강현화(2000c:13)에서는 '가다'의 경우 그 의미에 따라 '-이/가 -에/로 가다', '-이/가 -을/를 가다' 등의 다양한 격틀이 있는데, 이를 자동사라고만 기술하는 것은 문제가 있음을 지적하고 있다. 이는 단순히 자동사 혹은 타동사라는 정보만으로는 동사의 통사적 특성을 보이는 데 한계가 있음을 의미한다고 하겠다. 이 책에서도 역시 이러한 관점을 취한다. 타동사라고 할 때에는 오직 목적격 조사만이 관계될 것으로만 이해되기 쉬우므로, '-을/를 보다' 외에도 '-로 보다'와 같은 예들까지 포함시키는 데에는 한계가 있는 까닭이다.

될 수 있으므로, '-로 보다'를 유표적 패턴으로 여겨 이를 가르치는 것이 좋을 것이다. '-로'가 '도구'의 의미로 쓰이는 경우는 다른 타동사와 어울려 쓰일 때에도 많지만, 이러한 지식은 학습자가 스스로 은연중에 학습할 일이지, 처음부터 '-로'의 의미 기능으로 명시하여 가르칠 필요는 없다.

그런데 이럴 경우 (25c)의 '-로'와 형태적으로 중복되는 일이 발생한다. (25c)에서 '고등학생으로'의 '-로'는 '보다'가 '간주하다, 여기다, 오해하다' 등의 의미를 가지는 경우로서, 이때 '고등학생'은 '자격'으로 볼 수 있다. 그런데 이 경우 (25b)의 '-로'와 외견상으로는 구별하기 어려워진다는 문제가 있다. Larsen-Freeman(2001:258)에서는 학생들이 비록 잘 알고 있고 잘 사용할 수 있는 형태와 대조되는 것일지라도 한 번에 집중해야 할 형태는 한두 개에 국한되어야 한다고 말한 바 있다. 이러한 언급이 갖는 취지를 따른다면 '-로 보다'가 중의적 해석을 갖는다고 하더라도 처음부터 중의적으로 해석되는 것을 가르치기보다는 하나의 형태가 갖는 의미에 집중하여 연습할 수 있도록 (25b)의 '-로 보다'와 (25c)의 '-로 보다'를 각각 분리해 보는 것이 좋으리라 생각된다.

그런데 이 중에서 어떤 '-로 보다'를 먼저 가르칠 것인가 하는 문제가 발생할 수 있다. 이 책의 분석 대상이 되는 세종 말뭉치는 형태의 의미 정보가 고려돼 있지 않기 때문에, (25b)의 '(수단)-로 보다'와 (25c)의 '(자격)-로 보다' 중 어느 것이 더 빈도가 높은지를 확인하기 위해서는 수많은 용례들을 분석해야 하는 난점이 있다. 그러나 박영순(2004)에 따라 단순한 것을 먼저 제시하고, 복잡한 것은 나중에 제시한다는 대규칙과 소규칙의 원리에 의거하여 본다면, 구태여 빈도를 고려하지 않아도 이를 구분해 볼 수 있다. 직관적으로도 알 수 있듯이, (25b)의 '(수단)-로 보다' 패턴은 선행하는 체언이 단순한 명사 또는 명사형이지만, (25c)의 '(자격)-로 보다'는 '-은/는 것으로 보다'와 같이 절을 취할 수 있다. 다시 말해, (16)에서 봤던 것처럼 '(자격)-로 보다'는 관련 하위 패턴 즉 통사적 소규칙을 가지고 있기 때문에 좀 더 복잡하고, 외국인 학습자들이 이해하는 데 좀 더 노력이 필요한 항목이다. 따라서 (25b)의 '(수단)-로 보다'는 (25c)의 '(자격)-로 보다'에 비해 좀 더 앞서 교수될 필요가 있다. 이에 따라, 마치 단어의 동음어 처리하는 방식과 마찬가지로 (25b), (25c)를 각각 '-로 보다¹'와, '-로 보다²'와 같이 표시해 볼 수 있다.[11]

이렇게 볼 때, 빈도의 기준에 따라 '격 조사+보다'의 패턴 교육은 다음의 도식에서 볼 수 있듯이 단계적으로 구성될 수 있다고 하겠다.

(26) 빈도 기준에 의한 '격 조사+보다' 패턴의 배열

빈도 기준	패턴	용례
대규칙 ↓ 소규칙	(-이/가 보다) -을/를 보다 -로 보다¹ ⋮ -로 보다² ⋮	(영수가 텔레비전을 봤다.) 영수가 텔레비전을 봤다. 영수가 새를 망원경으로 봤다. ⋮ 영수가 명절을 고등학생으로 봤다. ⋮

(26)에서 '-이/가 보다'는 괄호 안에 표시하였다. 이것은 주격 조사 '-이/가+동사'가 모든 동사에 보편적인 대규칙이므로 이를 패턴에 반영하지 않을 수 있다는 의미이며, 한국어 학습자들이 이러한 지식을 모르는 상태라면 가르쳐야 함을 뜻한다. 이러한 논리는 자동사에서도 동일하게 적용될 수 있다. 앞서 4.1.1의 (4)에서 보았던 '나타나다'와 같은 자동사는 '-이/가 나타나다'를 명시적으로 제시할 수도 있고, 그렇게 하지 않을 수도 있다. '나타나다'가 자동사로서 갖는 특성을 한국어 학습자들이 잘 알게 하기

---

11 이때 (25b)와 (25c)의 '-로'를 각각 수의 논항과 필수 논항으로 처리하여, (25b)의 문형은 '-이/가 -을/를 (-로) 보다'로, (25c)는 '-이/가 -을/를 -로 보다'와 같이 괄호의 유무에 따른 표기 방식을 생각해 볼 수 있으나, 실제 용례를 검토해 보면 전자의 '-로'가 생략되기 힘든 경우도 있을뿐더러, 앞서 2장에서 명제를 중심으로 하는 필수·수의 논항이라는 구분이 교육적으로 유용하지 않음을 논한 바 있으므로, '-로 보다1', '-로 보다2'와 같이 구분하는 것이 더 합당하다고 할 수 있다.

위해서 '-이/가 나타나다'라는 유의미한 형태를 제시하는 것이 도움이 된다고 판단될 때에는 얼마든지 '-이/가 나타나다'를 패턴으로 제시할 수 있다는 것이다. 이는 다음과 같은 도식으로 나타낼 수 있을 것이다.

(27) 빈도 기준에 의한 '격 조사+나타나다' 패턴의 배열

빈도 기준	패턴	용례
대규칙 ↓ 소규칙	(-이/가 나타나다) -로 나타나다 -에 나타나다 ⋮	멧돼지가 나타나다. 응답자가 38%로 나타나다. 멧돼지가 도심지에 나타나다. ⋮

앞서 4.1.1에서 보았듯이, '격 조사+나타나다'에 있어서 가장 빈도가 높은 것은 '-로 나타나다'(37.01%)이다. 이는 '-은/는 것으로 나타나다'와 같은 하위 패턴을 가질 때까지를 고려한 빈도로서, 단순한 개별 유형의 빈도만을 따진다면 '-이/가 나타나다'가 33.12%, '-로 나타나다'는 17.21%로 '-이/가 나타나다'의 빈도가 더 높다. 모든 동사가 '-이/가' 주격 조사를 취할 수 있다는 것을 안다면 이를 교육에 반영하지 않을 수 있으며, 학습에 있어 꼭 필요하다면 '-이/가 나타나다'를 '-로 나타나다'보다 먼저 제시할 수 있다. 따라서 전형적인 자동사에서는 '-이/가 나타나다'를 교육적으로 다룰 것인가 하는 문제는 학습의 필요성에 따라서 얼마든지 조정될 수 있다고 할 수 있으므로 (27)에서처럼 '-이/가 나타나다'는 괄호로 묶어서 표시할 수 있을 것이다.

여기서 중요한 것은 대규칙과 소규칙이라는 구분이 반드시 자질론적인 측면에서 '+/-'의 이가적 구분을 전제하지는 않는다는 사실이다. 전술한 바 있듯이 빈도란 어디까지나 정도적인 차원의 문제이기 때문에, 빈도에 있어서 대규칙과 소규칙의 구분 역시 정도성의 차원으로 봐야 옳다. 그러나 교육적으로는 대규칙과 소규칙에 대한 명확한 구분이 필요할 수도 있다. 그런 점에서 '-이/가 나타나다'를 명시적으로 학습할 필요가 있을 때에

는 이를 대규칙으로 삼고 '-로 나타나다'를 포함한 나머지는 소규칙으로 볼 수 있으며, 군이 '-이/가 나타나다'의 패턴을 교육할 필요가 없는 수준의 한국어 학습자들에게는 '-로 나타나다'를 대규칙으로 삼고 '-이/가 나타나다'를 비롯한 나머지 저빈도의 패턴들은 소규칙으로도 삼을 수 있다. 더 나아가, '-이/가 나타나다'나 '-로 나타나다'를 모두 대규칙으로 삼고 그 나머지들은 소규칙으로 삼을 수도 있는 것이다. 이러한 논리는 곧, 대규칙과 소규칙을 가르는 일반적인 기준을 세우는 것이 중요하다기보다는, 한국어 학습자들의 수준에 따른 대규칙과 소규칙의 구분이 더 의미있다는 것을 의미한다.12

4.3. 의미 교육을 위한 패턴의 선정 원리

한국어 동사의 의미 교육은 동사의 기본 의미로서의 용법뿐만이 아니라, 다의적인 측면들을 다뤄주는 데 의의가 있다. 동사의 다의성은 전술한 '-로 보다'가 '-로 간주하다, 인식하다, 오해하다'의 의미로 쓰이는 경우와 같이 격 조사, 또는 '예쁘게 보다', '귀엽게 보다'가 '예쁘다고 생각하다', '귀엽게 여기다'로 해석되는 것처럼 일부 어미와도 관련이 있지만, 명사와의 관계 속에서 생기는 다의성이 훨씬 다양하다. 따라서 동사의 다의성에 대한 교육을 위해서는 반드시 명사와의 결합 관계 속에서 살필 필요가 있다.

여기서는 동사의 다의적 용법을 보여주기 위한 패턴 선정에서 특별히 고려해야 할 것들을 집중적으로 살펴보고자 한다. 이에 따라, 4.1에서 다뤘던 직관과 교육적 필요성이라는 일반적인 패턴 선정 기준과 더불어서 의미 교육을 위해 특별히 더 생각해 보아야 할 것들을 논하고자 한다.

---

12 이러한 관점은 2부에서 각 동사의 대규칙과 소규칙의 목록을 보일 때에도 마찬가지로 적용된다.

4.3.1. 기본 의미와 파생 의미의 고려

동사의 다의성을 제시하는 것도 단순히 사전적으로 다의성을 풀이하는 것은 최근의 교육 방법에 비춰볼 때 바람직하지 않다. 패턴으로서 '명사(+격 조사)+동사'를 제시하고 이것이 갖는 의미를 파악하게 하는 연습을 통해 다의어를 학습할 수 있게 하는 것이 좋다는 것이다. 그런데 이런 패턴에서도 '손해를 보다'와 같이 두 형태 '손해를'과 '보다'가 서로 인접해 있는 꼴, 즉 연속적인 형태로 돼 있는 것을 기본 패턴으로 삼는 것이 좋으리라 생각된다. '손해를 자주 보다'와 같이 두 어휘 사이에 부사어가 개입된 형태보다는, 두 단어가 연속적으로 나란히 쓰인 '손해를 보다'가 학습자들이 형태나 의미에 집중하는 데 더 도움이 되기 때문이다. 학습자들은 이러한 연속적 형태로 먼저 배운 뒤, 그 뒤 '손해를 자주 보다', '손해를 안 보다'와 같은 다양한 용례를 익혀 가게끔 하는 것이 좋을 것이다.

그런데 동사의 의미 교육에서 중요하게 검토해야 할 것은 '기본 의미'와 '파생 의미'를 구분하는 일이다. 동사의 의미 교육은 우선적으로 기본 의미에 대한 교수가 선행되고, 그 뒤에 파생 의미에 대한 학습이 이뤄져야 한다는 것이 대체적인 견해이다. 이는 앞서 1.4에서 들었던 하화정(2001)이나 문금현(2006)에서도 확인할 수 있는 사실이다.

그러나 이러한 주장이 실제적인 한국어 교육에 반영되려면 구체적으로 두 가지 문제가 해결되어야 한다. 그 하나는 '어떤 동사의 기본 의미는 무엇인가' 하는 문제이고, '그 파생 의미의 숫자는 어느 정도로 보는가' 하는 문제이다. 대체로 기본 의미에 대해서는 대개의 사전들의 주석이 대동소이하지만, 파생 의미에 대해서는 그 수효가 일정치 않다. 기본 의미로 쓰일 때의 빈도가 가장 높으므로 이를 먼저 가르치는 것은 마땅하다고 볼 수 있지만, 파생 의미의 수효에 따라서 어떤 파생 의미를 먼저 가르쳐야 할 것인지의 문제가 대두될 수 있다. 더욱이 기본 의미가 가장 빈도가 높다고 하여도, 동사의 기본 의미를 매우 구체적이고 세밀하게 보느냐 혹은 다소간 포괄적인 범위로 보느냐에 따라서도 적용상의 문제가 발생할 수 있다.

이 문제를 '보다'에 관한 예에서 살펴보도록 한다. '보다'에 대한 「표준국어대사전」에서의 뜻풀이는 다음과 같이 보일 수 있다.

(28) 「표준국어대사전」에서의 '보다'

1. 눈으로 대상의 존재나 형태적 특징을 알다. ¶난생 처음 보는 단어를 발견하였다.

2. 눈으로 대상을 즐기거나 감상하다. ¶영화를 보다

3. 책이나 신문 따위를 읽다. ¶신문을 보다

4. 대상의 내용이나 상태를 알기 위하여 살피다. ¶시계를 보다

5. 일정한 목적 아래 만나다. ¶맞선을 보다

6. 맡아서 보살피거나 지키다. ¶소년은 집을 보다가 잠이 들었다.

7. 상대편의 형편 따위를 헤아리다. ¶그의 사정을 보니 딱하게 되었다.

8. 점 따위로 운수를 알아보다. ¶사주를 보다

9. ('시험'을 뜻하는 목적어와 함께 쓰여) 자신의 실력이 나타나도록 치르다.

10. 어떤 일을 맡아 하다. ¶사무를 보다

11. 어떤 결과나 관계를 맺기에 이르다. ¶끝장을 보다/결말을 보다

12. 음식상이나 잠자리 따위를 채비하다. ¶어머니는 술상을 보느라 바쁘시다.

13. (완곡한 표현으로) 대소변을 누다. ¶대변을 보다.

14. 어떤 관계의 사람을 얻거나 맞다. ¶며느리를 보다

15. 부도덕한 이성 관계를 갖다. ¶시앗을 보다

16. 어떤 일을 당하거나 겪거나 얻어 가지다. ¶덕을 보다/이익을 보다

17. 의사가 환자를 진찰하다. ¶원장님은 오전에만 환자를 보십니다.

18. 신문, 잡지 따위를 구독하다. ¶잡지 보는 거 있어요?

19. 음식 맛이나 간을 알기 위하여 시험 삼아 조금 먹다. ¶찌개 맛 좀 봐 주세요.

20. 남의 결점 따위를 들추어 말하다. ¶다른 사람의 흉을 보다.

21. 남의 결점이나 약점 따위를 발견하다. ¶남의 단점을 보기는 쉽다.

22. 기회, 때, 시기 따위를 살피다. ¶봐서 한번 찾아뵙겠습니다.

23. 땅, 집, 물건 따위를 사기 위하여 살피다. ¶집을 보러 다니다.

24. ('장' 또는 '시장'과 같은 목적어와 함께 쓰여) 물건을 팔거나 사다. ¶시장을 보다.

25. (주로 '보고' 꼴로 쓰여)고려의 대상이나 판단의 기초로 삼다. ¶너를 보고 하는 말

26. (주로 '보고' 꼴로 쓰여)무엇을 바라거나 의지하다. ¶사람을 보고 결혼해야지

예를 들어, '보다'에 대해「표준국어대사전」은 '-을/를 보다'와 같은 문형을 가질 때에만도 26개의 다의 항목을 제시하고 있을 정도로 매우 세분화된 풀이를 지향하고 있는데, 여기서 기본 의미는 '눈으로 대상의 존재나 형태적 특징을 알다'라고 명시되어 있다. 또한, 밑줄을 그은 부분에서 볼 수 있듯이, '영화를 보다', '신문을 보다', '시계를 보다' 등이 모두 기본 의미에서 파생된 다의 의미로 보고 있다는 특징이 있다.

여기서「외국인을 위한 한국어 학습 사전」의 경우를 살펴보자. 여기에서도 15개라는 적지 않은 다의 항목이 마련돼 있는데, 여기서 '보다'의 의미는 '눈으로 물체를 알아차리거나 느끼다'로서「표준국어대사전」의 풀이와 비슷하다. 이 사전에 제시돼 있는 '보다'의 뜻풀이와 용례를 간단히 제시해 보도록 한다.[13]

---

13 「외국인을 위한 한국어 학습 사전」에서는 '보다'가 갖는 문형에 따른 다양한 뜻풀이가 마련돼 있지 않다. 오직 '-을/를 보다'에 대해서만 15개의 다의항을 풀이하고 있고, 앞서 논했던 '-로 보다'의 용례는 찾을 수 없는 것이다. 이런 현상은 다른 동사에서도 마찬가지이다.

현실적으로 동사의 통사적 정보를 제공해 줄 수 있는 것은 사전뿐인데, 그나마도「외국인을 위한 한국어 학습 사전」에는 이것이 반영돼 있지 않다는 점은 문제라 하겠다. 적어도「표준국어대사전」의 집필 양식을 깊이 고려하였다면 좋았을 것이라는 아쉬움이 남는 것은 필자만의 생각은 아닐 것이다.

(29) 「외국인을 위한 한국어 학습 사전」에서의 '보다'

1. (눈으로) 물체를 알아차리거나 느끼다 ¶ 신호등을 보면서 길을 건너다.

2. (눈으로) 즐기거나 감상하다 ¶ 텔레비전을 보고 있었어요.

3. (어떤 일이나 무엇을) 맡아서 관리하거나 지키다 ¶ 집안 일을 봐 줄 사람이 필요했다. 4. 지키거나 돌보다 ¶할머니가 손자를 봐 주신다.

5. (시장 등에) 가서 물건을 사다 ¶우리가 장을 볼게요.

6. (사람을) 만나다. ¶요시다 씨를 보고 싶어요.

7. (의사가 환자를) 진찰하다 ¶의사가 환자를 보는 시간은 보통 3분 정도이다.

8. (새 가족을) 얻거나 맞아들이다 ¶며느리를 보게 됐다.

9. (어떤 일을) 치르거나 겪다 ¶시험을 잘 봤습니다.

10. (어떤 결과를) 이루다, 마무리짓다 ¶합의를 봤어요. 타협을 봤다.

11. (어떤 이익이나 손해가) 생기다, 발생하다 ¶ 남수가 이득을 많이 봤어요.

12. (음식상이나 이부자리를) 차리거나 갖추다 ¶ 술상을 봐 오겠습니다.

13. (점을) 쳐서 운수를 알아보다. ¶새해가 되면 점을 본다.

14. (예배를) 드리다. ¶예배를 본 뒤 먼저 나갔다.

15. 배설하다, 싸다 ¶ 소변을 보러 화장실에 가다.

여기서 '시계를 보다'와 '영화를 보다'가 두 사전에서 어떻게 처리되고 있는지 확인해 보자. 전자의 '시계를 보다'는 「표준국어대사전」은 (28)의 4항에서처럼 '대상의 내용이나 상태를 알기 위해 살피다'로서 기본 의미에서 파생된 의미로 보고 있으나, 「외국인을 위한 한국어 학습 사전」에는 별도의 뜻풀이 항이 없으므로 기본 의미로 간주된다. 그리고 후자의 예는 두 사전 모두 '눈으로 즐기거나 감상하다'로 역시 기본 의미에서 파생된 의미로 간주하고 있다. '시계를 보다'나 '영화를 보다'가 '보다'의 기본 의미가 아니라는 사실은 한국어 모어 화자들에게도 다소 의아하게 여겨질 수 있다. 이들은 기본적으로 신체 기관인 '눈을 통해 본다'는 의미를 갖고 있기 때문이다. 파생 의미의 가짓수도 그렇지만, 이 두 사전이 기본 의미의 뜻풀이는 비슷함에도 그것의 외연이 다르다는 것은 지적할 만한 문제이다. '시계를 보다'가 「표준국어대사전」에서의 기본 의미에 포함되지 못하는 반면, 「외국인을 위한 한국어 학습 사전」에서는 기본 의미에 포함된다는 면에서 그렇다.

이에 대해서는 동사의 사전 주석에 관하여 '최소한의 다의어와 동음어의 원칙'을 제시한 박영순(1994a)의 견해를 참고할 수 있다. 무리하게 기본 의미의 파생 관계를 생각하기보다는 의미적 유연성이 있는 경우는 묶어서 다의어로 보고, 유연성이 없는 것은 동음어처럼 취급한다는 것이다. 이 주장은 다음의 두 가지 문제 제기에 기초하고 있다. 첫째, 만일 다의항이 지나치게 세분화되면 실용성을 잃게 될 수 있다는 문제이다. 둘째, 동사의 다의 항목을 논할 때에 단순히 '의미적 유연성'만을 생각하면 안 된다는 문제이다. 동사의 다의성을 살펴보면 다의성의 위계와 차원이 있는데, 이 것이 고려되지 않고 단순하게 의미적 유연성만을 잣대로 삼아서는 안 된다는 것이다. 다음의 예를 통해 이를 좀 더 자세히 보도록 한다.

(30) 박영순(1994a)의 기준에 따른 '보다'의 의미 분류
    a. 시계를 보다, 책을 보다, 영화를 보다
    b. 가게를 보다, 집을 보다, 시험을 보다
    c. 사위를 보다, 결말을 보다
    d. 손해를 보다, 재미를 보다, 이익을 보다

(30)은 「표준국어대사전」에 있는 '보다'의 다의 항목들을 박영순(1994a) 에서의 방법론에 따라 재구성해 본 것이다. 「표준국어대사전」의 방식으로

는 (30a)~(30d)에 걸쳐 총 11개의 항목이 모두 다의 항목이지만, 박영순 (1994a)를 따르면 위와 같이 네 개 정도로 압축될 수 있다. (30a)의 용례 각각을 다의항으로 구분하지 말고, 이 사이의 유연성을 적극 인정하여 '눈으로 사물을 알게 되거나 느끼게 되다' 정도로 간단하게 통일하면 한국어 화자의 직관에도 부합하는 기본 의미를 선정할 수 있다. 그런데, (30b)의 '가게를 보다', '집을 보다'는 눈을 통해 하게 되는 어떤 행동에 의미적인 중심이 있으므로, '눈(目)'에 의미 초점이 있는 (30a)와는 서로 다른 차원의 것이다. 따라서 (30b)는 별도의 항목으로 취급할 수 있다. 이와 마찬가지로 (30c)는 '어떤 결과를 얻는다'의 의미로서, 그리고 (30d)는 '어떤 일을 당하거나 겪다'라는 의미로서 (30a)나 (30b)와도 구별되므로 위 네 가지 항들을 구별할 수 있다.[14]

이 책에서도 기본 의미에 관하여서는 동사의 다의성에 대한 지나친 세분화는 피하고, 다른 다의 항목과 더불어 비교해 볼 때 차원이나 위계에 있어서 기본적인 것들로 볼 수 있는 것들은 모두 기본 의미로 뭉뚱그려 보는 것이 좋다고 본다. 즉, 의미의 위계나 차원에서 볼 때, '영화를 보다', '시계를 보다', '신문을 보다' 등은 모두 기본 의미로서의 '보다'의 외연이라 볼 수 있는 것이다.

그러나 교육적 입장에서 볼 때에는, 의미의 위계나 차원의 정도에 따라 파생 의미를 구분하는 데에는 고려돼야 할 점이 있다고 본다. 한국어 교육

---

14 박영순(1994a)에서는 (30a)~(30d)의 각 항에 대하여 '보다'를 억지로 다의어로 여길 것이 아니라, 이 각각을 실용적 목적에 의해 동음어로 볼 수 있다는 관점을 취하고 있다. 굳이 이들 각 항들을 동음어로 보아야 하는가의 문제는, 다의성설이나 동음어설 혹은 기본 의미설과 용법설 등 의미 이론의 제 입장에 따라 상이한 견해가 제기될 수 있기 때문에 여기서는 상론하지 않는다. 한국어 교육의 관점에서 중요한 것은 위 (30a)~(30d)가 각각 의미상 구분될 수 있으며, 궁극적으로는 한국어 학습자들이 모두 알아야 할 내용이라는 것이지, 이 네 가지 항목들이 다의 관계에 있는지 동음 관계에 있는지를 판단하는 것은 어디까지나 부차적인 문제라는 것이다.

이라는 거시적인 측면에서 다의 간의 파생 정도를 구별해야 한다면, 그러한 구분이 교육적인 의의를 가져야 할 것이다. 다시 말해서, 언어학적 측면에서 의미의 파생 정도를 구분한다는 것과 달리, 실용적 측면에서 한국어교육을 할 때에 의미의 파생 정도를 고려한다는 것은 근본적으로 다른 시각, 즉 실제 교육에서의 필요성과 맞닿아 있어야 한다는 것이다. 그런데이는 앞서 1.4에서 논했듯이, 어떤 동사의 의미 파생의 정도에 따라 가르치는 것, 즉 단순하고 비교적 의미 유추가 쉬운 것부터 학습하여 점점 관용어처럼 어휘 낱낱의 의미로 파악할 수 없는 것을 가르치는 것은 교육적인목표를 우선시한 것이라기보다는 의미 이론의 측면을 강조한 것이다.

한국어 학습자들은 대개 성인들이므로 실제 대부분의 한국어 모어 화자가 사용하는 어휘나 표현을 배워야 할 필요가 있다. 따라서 파생의 정도성에 따른 학습 순서를 기대하기보다는 학습자들의 수준이나 표현 욕구에부응할 수 있는 것을 가르칠 필요가 있다. 때로 학습자 수준에서는 다소어려운 동사를 써야 할 필요가 있을 때, 그 단어보다 쉬운 동사를 활용할수 있게 하는 것이 더 바람직할 것이다. 어려운 단어는 단어대로 가르치고, 다른 한편으로 쉬운 동사의 파생 의미나 다의어를 다른 수업을 통해 가르친다는 것은 효율적인 교육이라 보기 어렵다.

의미 파생의 정도와 학습 순서가 나란할 필요가 없다는 논리는, 흡사한국어 교육용 기본 어휘와 일반 모어 화자용 기본 어휘가 동일할 필요는없다는 논리와 같다. 일반적으로는 일상생활 중에 잘 쓰이지 않는 기본어휘가 아니지만, '복습하다, 예습하다, 과제' 등과 같은 단어를 여타의 기본 단어보다도 우선적으로 배우는 것처럼, 한국어 학습자들이 전달하고자하는 의미가 있을 때 이를 쉬운 단어의 파생 의미로 가르치는 것이 중요하지, 그 의미 파생의 정도에 따라 굳이 위계를 정할 필요는 없다.

따라서 교육적 관점에서 중요한 것은 '기본 의미로 쓰인 것'과 '기본 의미로 쓰이지 않은 것'에 대한 구분이다. 동사가 기본 의미로 쓰일 때에는 그렇지 않은 경우보다 다양한 명사와 결합될 수 있고, 따라서 그만큼 빈도가 높으리라 예상할 수 있다. 이를 유표성의 측면에서 보면, 기본 의미로 쓰일 경우는 무표적이고, 파생 의미로 쓰일 경우는 유표적이라 볼 수 있을 것이다.

다음에서 '보다'의 예를 통해, 기본 의미와 파생 의미로 쓰인 패턴을 구별해 보도록 한다. 여기서 5만개의 문장을 대상으로 하여 추출한 '명사(+격 조사)+동사'의 결합 유형을 보이고자 한다. 앞서 보였던 '격 조사+동사'나 '어미+동사'의 패턴과 달리, '명사+동사'의 결합 유형은 명사를 위주로 정렬하는 것이 빈도를 살피는 데 좀 더 도움이 된다.

(31) '명사(+격 조사)+동사'의 결합 유형

명사(+격 조사)군	동사	빈도	개별 상대 빈도	유형별 상대 빈도
모습을	#보다	22	6.41%	6.41%
눈을	#보다	5	1.46%	5.54%
눈으로	#보다	14	4.08%	
처음으로	#보다	5	1.46%	5.25%
처음	#보다	13	3.79%	
눈치를	#보다	13	3.79%	5.25%
눈치	#보다	5	1.46%	
손해를	#보다	8	2.33%	4.66%
손해	#보다	8	2.33%	
영화를	#보다	15	4.37%	4.37%
일을	#보다	14	4.08%	4.08%
얼굴을	#보다	14	4.08%	4.08%
내가	#보다	13	3.79%	3.79%
측면에서	#보다	12	3.50%	3.50%
누가	#보다	12	3.50%	3.50%
나를	#보다	10	2.92%	2.92%
그것을	#보다	10	2.92%	2.92%
결과를	#보다	10	2.92%	2.92%
이를	#보다	8	2.33%	2.33%
면에서	#보다	8	2.33%	2.33%

내용을	#보다	8	2.33%	2.33%
입장에서	#보다	7	2.04%	2.04%
앞에서	#보다	7	2.04%	2.04%
시계를	#보다	7	2.04%	2.04%
사람을	#보다	7	2.04%	2.04%
번(番)	#보다	7	2.04%	2.04%
과정으로	#보다	7	2.04%	2.04%
위에서	#보다	6	1.75%	1.75%
우리가	#보다	6	1.75%	1.75%
시험을	#보다	6	1.75%	1.75%
문제를	#보다	6	1.75%	1.75%
하늘을	#보다	5	1.46%	1.46%
피해를	#보다	5	1.46%	1.46%
텔레비전을	#보다	5	1.46%	1.46%
진전을	#보다	5	1.46%	1.46%
장면을	#보다	5	1.46%	1.46%
일치를	#보다	5	1.46%	1.46%
이것을	#보다	5	1.46%	1.46%
신문을	#보다	5	1.46%	1.46%
맛을	#보다	5	1.46%	1.46%
그를	#보다	5	1.46%	1.46%

5만 개의 문장에서 '보다'가 '명사(+격 조사)+동사'와 같은 결합 유형을 가질 때 5회 이상 등장한 '보다'는 총 343개이다. 그러나 앞 절에서 보았던 '격 조사+동사'의 결합 유형과는 달리, '명사(+격 조사)+동사'의 결합 유형은 빈도가 제일 높은 것이라고 해도 6.41%에 지나지 않음이 눈에 띈다. 고빈도 순으로 정렬을 해도 각 결합 유형별 사이의 구간 편차 역시 크지 않다. 이는 근본적으로 모든 말뭉치의 문장에 대한 통사적 분석이 이뤄지지 않은 상태에서 단순히 명사가 포함된 어절이 동사에 인접 선행할 때의 결합 관계만을 주목했기 때문에 나타난 결과이다.[15]

---

15 이에 대해서는 Sinclair(1991)이나 홍종선·강범모·최호철(2000)에서 시도하였던 검색범위 ±4어절의 일반적인 연어 추출 방법을 고려해 볼 수 있지만, 이 책에서는 이러한 방법론을 취하지 않는다는 것을 앞서 4.2에서 논한 바 있다.

하지만 빈도 정보가 전혀 무의미하다고 볼 수는 없다. 한국어의 문장이 갖는 특성상 어떤 동사와 명사가 의미적으로 관계가 있다면, 충분히 큰 말뭉치에서는 최소한 몇 번 이상은 서로 인접하여 쓰일 가능성이 있다. 그런 면에서 (31)은 적어도 실제 자료(authentic data)에 나타난 명사와 '보다' 의 결합 관계 중에서 의미적으로 더 긴밀한 것이 무엇인지를 엿볼 수 있다는 점에서 의미가 있다. 그래서 '명사(+격 조사)+동사'의 결합 유형 중에서 패턴을 선정하는 데에는 4.1에서 논한 '빈도나 하위 패턴의 유무'라는 판단 기준보다도 '직관과 교육적 필요성'이라는 기준을 적용할 필요가 있다.

(31)을 면밀히 관찰해 보면 비록 저빈도로 나타났다 할지라도 직관적으로나 교육적으로 충분히 유의미한 패턴을 발견할 수 있다. 위 표에서 '보다'가 기본 의미로 사용된 것과, 다의적으로 쓰인 것들을 구분해 보면 다음과 같다.

(32) '명사+(격 조사)+보다'의 결합 유형들
    a. 기본 의미로 해석되는 것

모습을 보다	눈을 보다	눈으로 보다
처음(으로) 보다	영화를 보다	얼굴을 보다
내가(나를) 보다	누가 보다	그것을 보다
이를 보다	내용을 보다	앞에서 보다
시계를 보다	사람을 보다	번 보다
과정으로 보다	우리가 보다	문제를 보다
하늘을 보다	텔레비전을 보다	장면을 보다
이것을 보다	신문을 보다	그를 보다

    b. 다의적으로 해석되는 것

눈치(를) 보다	손해(를) 보다	일을 보다
결과를 보다	시험을 보다	피해를 보다
진전을 보다	일치를 보다	맛을 보다

이 중에서 주목해서 볼 부분은 (32b)의 파생 의미로 사용된 패턴들이다. 이들은 상대 빈도가 낮은 편이지만, 직관적으로 봐도 기본 의미에서 제법 거리가 멀어진 파생 의미로 쓰인 예들이라 할 수 있다. 파생 의미를 알고 그것을 패턴으로 익히게 되면, 학습자들은 구태여 다른 동사를 찾아서 사용하지 않고도 이미 알고 있는 동사를 사용하여 다양한 의미의 표현들을 사용할 수 있으므로 교육적으로 의의가 있다고 하겠다. 이밖에도 (32a)에서 주로 설명문이나 논설문 등 실용문에서 많이 쓰일 것으로 보이는 것들도 다수 있다. 이를 아래 (33)에서 다시 정리하여 보이도록 한다.

(33) 실용문에서 활용될 수 있는 '보다'의 예
    -은/는 측면에서 보다   -은/는 면에서 보다
    -은/는 입장에서 보다   앞에서 보다
    위에서 보다

이들 예는 '관찰하다', '살피다'의 의미를 갖는 것으로 파악되는데, 기본 의미로서의 '보다'가 비유적으로 의미 확장을 한 것으로 여겨진다. 따라서 이들은 파생의 정도가 단순한 편에 속하여 기본 의미를 알고 있는 외국인 학습자들에게는 충분히 인지될 수 있을 만한 수준이다. 그렇지만 이들이 주로 사용되는 맥락은 설명문이나 논설문 등의 실용문에서나 가능하므로, 초급 수준의 학습자들에게는 제시될 필요가 없으며, 중고급 수준에서나 다뤄볼 수 있는 항목들이다. 여기서 파생의 정도에 따른 다의 교육이 아닌, 교육적 목적에 맞춘 다의 교육이 필요함을 다시 한 번 확인할 수 있다.[16]

---

16 여기서 (33)에 제시한 '-은/는 측면에서 보다'는 앞서 4.2에서도 들었던 예이다. 그곳에서 3장에서 제시한 패턴의 일반적 정의에 따른다면, '측면에서 보다'가 아니라, '-은/는 측면에서 보다' 전체를 패턴으로 보는 것이 바람직하다고 논한 바 있다. 패턴의 선정에서는 그것을 구성하는 어휘들의 어휘적 긴밀성이 중요한 기준이지, '명사(+격 조사)+동사'와 같은 구조적 형태에 고착될 필요는 없다. 요컨대 '명사(+격 조사)+동사'는 동사의 패턴이 가질 수 있는 기본 형틀이지 패턴이

(32)~(33)에 제시한 목록은 비록 5만 문장이라는 제한을 가진 표본 말뭉치를 대상으로 한 것이지만, 충분히 '보다'의 의미 교육에 필요한 패턴들을 가려낼 수 있다. 빈도에 연연하지 않고 '교육적 목적'을 더 중심적인 가치로 둔다면, 이렇듯 충분히 의미 교육에 활용할 수 있는 패턴도 가려낼 수 있다.

4.3.2. 통사 교육과의 연계성

모든 문장이나 담화는 문법과 의미가 결합돼 있는 형태이므로, 한국어 학습자가 접하는 문장에서 문법과 의미를 억지로 분리해 내는 것은 바람직하지 않다. 언어 활동은 형태와 의미가 결합된 것이므로, 의사소통을 중시하는 모든 외국어 교육의 일반적인 흐름에도 맞지 않다. 만일, 외국인 학습자들에게 문법적 분석을 위주로 하는 교육을 강조한다면, 비록 통사적으로 적법한 문장의 생성에는 도움이 될지 모르지만, 모국어 화자는 사용하지 않는 이상한 표현들을 쓸 수 있으며, 의미 교육만 강조하면 한국어의 복잡한 격 조사나 어미 등의 사용에 대한 원칙을 쉽게 익히는 데 어려움이 있다. 이런 면에서 문법 교육과 의미 교육은 균형적으로 병행되는 것이 바람직하다.

다만, 한국어 교육적 측면에서는 조심스럽게 문법 교육과 의미 교육을 나눠 살피는 것이 더욱 좋다고 본다. 외국어 교수법들이 문법 번역식 교수법과 같은 문법의 직접적인 교수에 대해 경계하고 있음에도 불구하고, 그간 한국어 교육계에서 꾸준히 문법 교육의 당위성이나 필요성을 주장하고 있는 것은 한국어에 발달한 각종 문법 형태들에 대한 명시적인 학습의 필요성 때문이라 생각된다. Granger(1998)에서도 '규칙으로서의 문법'과 '연어 혹은 패턴과 같은 고정적인 어휘들'의 교육을 조화롭게 하는 것이 제2

따라야 하는 엄밀한 형틀은 아닌 것이다.

언어 교육에서 바람직한 관점이라고 언급한 바 있다.

패턴이나 연어를 중시하는 언어 교수법에서도 문법 교육과 어휘 교육을 분리할 수 없다는 것이 주된 논리이지만, 한국어에서는 문법 형태에 대해 외국인 학습자들이 주의 깊게 학습해야 한다는 점에서 통사 교육 패턴에 대한 학습이 필요하다. 여기서 대두되는 문제는 통사 교육 패턴의 학습이 담화상으로나 의미소통 상황에서 이뤄질 수 있도록 제시되어야 한다는 점에 있다.

앞서 4.2.1에서 간단히 언급하기는 하였지만, 통사 교육 패턴은 의사소통적으로 유의미한 형태로 제공되어야 하며, 그 가운데에서 한국어 학습자들은 동사가 갖는 격형에 유의해야 할 것이다. 단지 '-을/를 보다'나 '-로 보다'와 같은 패턴을 제시할 것이 아니라, 의사소통적으로 유의미한 문장이나 담화가 되어야 한다. 이를 위해서는 통사 교육을 중점적으로 할 때에 동사가 기본 의미로 사용될 경우를 중심으로 한국어 학습자들이 통사 교육 패턴에 주의를 기울이도록 하는 것이 바람직하다. 이를 '-을/를 보다' 패턴을 예로 들어 생각해 보자.

(34 = 30) a. 시계를 보다, 책을 보다, 영화를 보다
b. 가게를 보다, 집을 보다, 시험을 보다
c. 사위를 보다, 결말을 보다
d. 손해를 보다, 재미를 보다, 이익을 보다

가령, '-을/를 보다'라는 '보다'의 통사 교육 패턴에 중점이 있을 때에는 (34a)와 같이 기본 의미로 쓰인 용례를 먼저 제시하는 것이 바람직할 것이다. 만일 (34b)~(34d)와 같은 예문을 통해 '-을/를 보다'의 통사 패턴을 교수하려 한다면, '-을/를 보다'라는 통사 교육 패턴보다는 '손해를 보다', '재미를 보다'와 같은 구성의 의미 해석에 치중하게 될 염려가 있다. 그런 면

에서 기본 의미로 쓰인 경우는 통사 교육 패턴을 학습할 때의 용례로 제시하는 것이 좋다고 본다.

'보다'가 기본 의미로 쓰일 때의 용례를 중심으로 '-을/를 보다'의 통사 패턴에 대한 학습이 충분히 이뤄진 경우, 그 다음에는 (34b)~(34d)의 의미 교육의 측면에서 교수해 볼 수 있다. 이때 필요한 패턴의 선정은 의미의 파생 정도가 아니라, 일차적으로 한국어 학습자에게 필요하거나, 혹은 교수요목 작성 시 고려 사항 등에 따라서 적절히 배열할 수 있다고 생각된다. 이럴 때에 '시험을 보다'나 '손해를 보다', '이익을 보다' 등이 먼저 제시될 수 있으며, '사위를 보다'와 같은 경우는 특별한 텍스트가 제시되지 않는 한 한국어 학습자들에게 우선적으로 제시되어야 하는 의미 패턴은 아니라고 할 수 있다.

'명사(+격 조사)+동사'의 의미 패턴에서 명사가 갖는 파생 의미에 따라서도 교육이 이뤄질 수 있다. 가령, 4.2.2에서 보았던 '(도구)-로 보다[1]'의 경우를 예로 들어 보자.

> (35) a. 북한 땅을 <u>눈으로 볼</u> 수 있는 시절이 왔다.
>   b. <u>눈으로 보는</u> 것보다 마음으로 보는 것이 중요하다.
>   c. 프로 스포츠를 <u>고운 눈으로 보는</u> 사람이 없다.
>   d. 사람들이 나를 <u>어떤 눈으로 보는지는</u> 중요하지 않다.

'눈으로 보다'는 5만 문장을 대상으로 검색한 '명사(+격 조사)+동사'의 의미 패턴에서 4.08%를 차지하는 의미 패턴으로, '모습을 보다', '영화를 보다'에 이어 '보다'와 인접하여 나타나는 명사로는 3위를 기록하고 있는 패턴이다. 이는 통사 교육 패턴 '-로 보다[1]'를 교수할 때에 (35a)와 같이 '보다'가 기본 의미로 쓰인 용례를 통해 제시할 수 있을 것이다. 여기서 좀 더 응용적인 측면에 초점을 기울인다면 (35b)의 '눈으로 보다'가 비유적으로 쓰여서 '외현적인', '가시적인'의 의미를 가질 수 있는 용례를 제시해 봄직도 하다. 더 나아가 '-로 보다¹'의 통사 패턴에 익숙해진 학습자들에게는 '눈'이 파생 의미로 쓰일 때도 고려해 볼 수 있다. 가령, (35c)의 '고운 눈으로 보다'에서 '고운 눈으로'와 같이 눈을 통해 나타나는 화자의 태도를 가리키는 표현으로 쓰일 때, 그리고 좀 더 나아가 (35d)에서처럼 의문의 관형사 '어떤'이 쓰였을 때의 용례도 교수해 볼 수 있을 것이다.

이상에서 논한 것을 토대로 동사의 통사 교육과 의미 교육의 관계를 도시하여 보이면 아래와 같이 나타낼 수 있으리라 보인다.

(36) 동사의 의미 교육과 통사 교육의 상관성

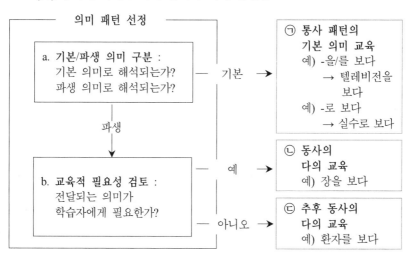

(36a)의 '기본/파생 의미 검토'에서는 주어진 동사 의미 패턴이 기본 의미로 쓰이는 것인지 또는 파생 의미로 쓰이는 것인지를 구별하는 단계를 뜻한다. 만일 기본 의미로 사용되는 경우라면 (36㉠)에서처럼 통사 교육 패턴 학습의 용례로 사용하여, 동사의 기본 의미는 물론 동사의 통사적 특성을 함께 습득할 수 있도록 하는 데 주안을 둔다. 동사의 의미가 파생

의미로 사용되는 패턴은 다시 (36b)의 '교육적 필요성'을 검토하여, 현 단계의 학습자들에게 꼭 필요하고 유용한 것은 (36ⓛ)에서 보이는 것과 같이 동사의 다의 교육 패턴으로 활용하고, 그렇지 않다면 (36ⓒ)처럼 추후 교육의 필요성이 대두되거나 학습자의 요구가 있을 때 다의 교육 패턴으로 활용할 수 있을 것이다. 이러한 의미 교육과 통사 교육의 상관관계를 예를 들어 설명하면 다음과 같다.

(37) a. 영수가 <u>텔레비전을 보았다.</u>
　　 b. 이건 <u>실수로 볼 수 없다.</u>
　　 c. 음식이 떨어져서 <u>장을 봐야겠어요.</u>
　　 d. 토요일에 병원은 오전까지만 <u>환자를 본다.</u>

(37a)의 밑줄 친 '텔레비전을 보다'는 '보다'가 기본 의미로 쓰인 경우이므로, 밑줄 그은 전체를 통사 교육의 측면에서 '-을/를 보다'라는 패턴에 유의할 수 있도록 하는 것이 바람직하다. 이는 (37a)에서의 '기본/파생 의미의 구분'에 해당된다. 이때에는 '나를 보다', '모습을 보다' 등과 같이 기본 의미로 사용된 '보다'의 각종 용례를 통해 '-을/를 보다'의 통사 교육 패턴을 확실히 익힐 수 있게 하는 데 주안을 두는 것이 좋을 것이다. (37b)의 경우 '보다'는 '간주하다, 여기다'의 의미가 있는데, 이것은 '보다' 동사를 기준으로 볼 때에는 파생 의미이지만, 패턴의 관점에서 보면 '-로 보다'라는 패턴이 갖는 고유의 기본 의미이다. 따라서 이 경우에도 통사 교육의 측면에서 '-로 보다'의 통사 교육 패턴을 익히는 데 사용될 수 있는 용례로 활용하는 것이 바람직할 것이다.

한편, (37c)의 '장을 보다'나 (37d)의 '환자를 보다'에서 '보다'는 '눈으로 감지하다'라는 기본 의미와는 관계가 있지만, '보다' 그 자체의 의미에 초점이 있지 않으므로 이들 각각은 하나의 다의 교육 패턴으로 설정해 볼 수 있다. 그러나 이 두 용례 중에서 한국어 학습자들이 우선적으로 필요한 것은 (37c)의 '장을 보다'가 될 가능성이 높다. 실제로 식료품을 사는 일을 말하거나 쓸 때가 (37d)의 '환자를 보다'를 쓸 일보다 더 많을 것이기 때문이다. 그렇다면 적어도 (37c)는 조금 더 낮은 수준의 단계에서, (37d)는 좀 더 높은 수준에서 교수할 수 있는 패턴이라 할 수 있다. 이는 곧 앞에서 본 (37b)의 '교육적 필요성 검토'를 의미한다. 이를 종합하여 볼 때, '보다'에 대한 문법 교육과 의미 교육은 대략 다음과 같이 도표화하여 보일 수 있을 것이다.

(38) '보다'의 문법 교육과 의미 교육의 관계

단계	패턴	용례	비고
학습 초기	a. -을/를 보다 b. 장을 보다 ⋮	텔레비전을 보다, 영화를 보다 오후에 장을 보다. ⋮	통사 교육 의미 교육
↓ 학습 후기	c. -로 보다 d. 환자를 보다 ⋮	실수로 보다, 귀신으로 보다 김 선생님이 환자를 보다 ⋮	통사 교육 의미 교육

(38)은 기본 의미와 파생 의미의 교육 및 통사 교육의 관계를 예로 들어 본 것으로서, 반드시 (38a)~(38d)의 단계를 밟아야 하는 것을 의미하지는 않는다. 교육 내용이나 교수요목 등에 따라서 (38d)의 '환자를 보다'가 (38b)의 '장을 보다'에 앞서 제시될 수도 있으며, (38c)의 '실수로 보다'에 대한 교육을 (38b)의 '장을 보다' 교육에 선행할 수도 있다. 중요한 것은 동사의 다의 교육이 이뤄지기 전에는 그 다의 교육 패턴이 갖고 있는 기본적인 통사 골격, 즉 통사 패턴이 먼저 학습되는 것이 바람직하다는 것이다. 당연한 말이겠지만, '-을/를 보다'의 통사 패턴에 익숙해지기도 전에 (38b)의 '장을 보다'나 (38d)의 '환자를 보다'의 교육이 이뤄지는 것은 자연스러운 교육 순서와는 맞지 않기 때문이다.

이러한 논의를 통해서 강조하고 싶은 것은 이것이다. 즉, 실제 의사소통 상황에서 동사의 통사와 의미를 구별한다는 것은 무의미하지만, 교육에 있어서는 동사의 의미 패턴이 기본 의미로서 쓰인 것인지 혹은 그렇지 않은지의 구분에 따라서, 통사 교육을 위주로 하는 수업이 될 수도 있고 반면 다의 교육을 위주로 하는 학습이 될 수도 있다는 것이다. 이것은 곧 이 책에서 설정하는 동사의 통사 및 의미 패턴이 문법과 의미의 조화라는 원칙론에 따라 적절히 응용될 수 있음을 의미한다.

5. 결론

5.1. 요약과 정리

　지금까지 이 책은 패턴을 중심으로 하는 한국어 동사 교육의 필요성을 논하고, 한국어 동사 교육을 위한 패턴을 선정하는 방법론을 마련함과 아울러, 102개의 한국어 주요 동사들에 대한 통사 교육 및 의미 교육 패턴을 선정하여 목록으로 제시하였다. 이러한 논의는 기본적으로 한국어 동사를 어떤 식으로 교육 현장에서 제시해야 하는가 하는 문제에서 출발한다. 아무리 교수법을 발전시키고 개발한다고 하더라도, 한국어 학습자에게 제시되는 동사의 교육 항목이 마련되지 않는다면, 온전한 동사 교육을 도모할 수 없기 때문이라는 판단 때문이다. 이상의 논의들을 간략히 요약하면 다음과 같다.

　① 한국어 교육에서 동사는 그 통사적·의미적 중요성에도 불구하고 단순히 어휘 교육의 측면에서 다뤄져 온 감이 없지 않다. 동사가 문장의 중심적인 요소인 만큼, 개별 동사의 통사와 의미에 대한 온전한 지식의 습득은 한국어 학습자들로 하여금 의사소통을 위한 발화의 생성과 이해에 큰 도움

을 줄 수 있다는 것은 당연하다. 이를 위해서는 동사가 문맥에서 보여주는 덩어리(chunk)로서의 특성, 즉 다른 문장 성분과 공기하는 관계에 주목하여 의사소통적으로 유의미한 단위로 제시하는 것이 필요하다. 이를 위해서 이 책은 패턴(pattern)의 관점에서 동사 교육 방안을 구상하는 데 중점을 두었다.

② 이 책은 우선 한국어 동사와 관련하여 각종 선행 연구 속에서 동사의 통사와 의미 교육에 대한 문제가 어떻게 다루어져 왔는지를 면밀히 검토하였다. 이는 크게 네 가지 측면으로 나누어 고찰할 수 있었는데, 그 첫째는 문법 항목(grammar item, grammatical entries)을 중심으로 하는 교육, 둘째는 격조사 중심 교육, 셋째는 문형 교육, 넷째는 다의어 교육 등이다.

먼저, 문법 항목 교육 논의에서는 문장이나 발화에서 중요한 위치를 차지하는 각종 어미나 조사에 대한 교육이 중심을 이루고 있음을 확인할 수 있었다. 문법 항목은 시제나 상을 담당하는 어미들과, 문말 서법을 담당하는 어미들, 그리고 둘 이상의 형태가 하나의 기능 단위처럼 쓰이는 '-에 대하여', '-를 비롯하여' 등을 포함하는 교육을 의미하는데, 이러한 관점에서 동사는 주요한 위치를 차지하지 못하고, 주어진 문법 항목인 어미에 부속되는 성분 정도로 간주된다는 문제점을 지적할 수 있었다.

두 번째로 격조사 중심의 교육 논의에서는 특히 한국어 학습자들이 자주 혼동하는 여러 격 조사 및 보조사에 대한 지도 방안과 관련된 논의들을 검토해 보았다. 이들 논의에서 공통점들은 각종 조사가 그 단독의 의미나 기능의 문제로 다뤄지고 있다는 점이었다. 이에 따라 격 조사는 그것이 갖는 의미나 기능에 대한 교수 방안이 논의될 뿐, 동사의 격틀로서 존재하는 격 조사의 특성을 올바로 관찰해 내지 못했다는 문제를 지적할 수 있었다.

세 번째로 다룬 문제는 동사의 통사적 교육과 관련하여 비교적 오랫동안 논의되어 온 문형 교육관련 논의였다. 여기서 전통적인 문형은 '명제'를 중심으로 하여, 동사와 논항의 문제가 주로 다뤄진 만큼, 실제 의사소통의 향상을 도모하는 한국어 교육의 논의에 곧바로 적용하기가 어렵다는 문제를 들 수 있었다. 이에 대한 근거로, 필수 논항과 수의 논항 또는 논항과 부가어의 문제가 실제 의사소통을 전제로 하는 경우에는 구별하기 모호하며, 이를 구분하는 것이 의사소통을 중시하는 한국어 학습자에게 필요한 절차적 지식이 될 수 없기 때문임을 논하였다. 이와 더불어, 최근 한국어 교육에서 각광을 받고 있는 '-는 바람에'와 같은 표현 항목 또는 구문 표현을 중심으로 하는 표현 문형 설정론에 대해서도 검토해 보았다. 가령, 'V-는 바람에 V'와 같은 표현 문형은, 그 자체가 중의적으로 해석되는 경우가 있으며, 한국어의 모든 문장을 생성하기 위해서는 수많은 표현 문형을 설정해야 한다는 문제를 지적할 수 있었다.

네 번째로는 동사의 의미 교육과 관련하여 다의어 교육 논의들을 검토해 보았다. 대체로 동사의 기본 의미를 파생 의미보다 우선적으로 가르쳐야 한다는 대명제에 있어서는 동의할 수 있지만, 의미의 파생 정도에 따른 학습 순서를 설정하는 것은 언어학적 측면이 강조된 바 없지 않고, 진정한 의미 교육은 기본 의미와 기본 의미로 사용되지 않은 것을 구별하는 것에서 시작되는 것이 바람직함을 논하였다. 한국어 교육에서 다의 교육론은 학습의 필요성이라는 기준이 더 중요하지, 동사의 의미 파생 정도를 우선적으로 고려할 수는 없기 때문이다.

이러한 네 종류의 동사 관련 교육 논의들을 검토하면서, 문장의 중심적 요소로 인정하면서도 동사 자체의 통사나 의미적 특성에 주목한 연구가 미진함을 확인할 수 있었다. 이러한 이유로 하여 동사 자체에 집중할 수 있는 교육론의 마련이 시급함을 알 수 있었다.

③ 동사 교육을 위해서는 동사 자체에 대한 개별적인 형태의 학습이 아니라, 의사소통적으로 유의미한 단위가 되는 것이 바람직하다. 이러한

취지를 잘 반영하고 있는 것으로서 이 책은 오래 전부터 외국어 교육의 관점에서 태동되었던 패턴(pattern)의 개념을 소개하였다. 패턴은 문장을 구조(structure)로 보는 것이 아니라, 문장 성분이 갖는 일련의 연속체(sequence)로 보는 관점이며, 특정 단어가 다른 단어나 형태와 빈번하게 공기하는 양상을 포착하기 위한 개념이다. 이는 전통적으로 연어(collocation)라 일컬어진 언어 현상과도 관련되고, 현재 한국어 교육 현장에서 사용되고 있는 표현 항목이나 구문 표현 등과도 관계 깊지만, 이들과는 달리 패턴은 매우 포괄적이며 '일련의 연속체로서의 어휘 구성'이라는 의미를 잘 표현하는 용어라는 것을, '연어', '표현 항목', '구문 표현' 등의 메타언어의 문제와 관련하여 논하였다.

④ 한국어 동사 교육을 위한 패턴을 살피기 위해 이 책은 우선 기존의 한국어 교육용 기본 동사로 알려진 목록들을 마련하고, 세종계획 기초말뭉치에 나타난 동사의 빈도 목록과 대조함으로써, 그 중에서도 99개의 동사(동음어 포함 102개)를 마련하였다. 이는 확률적인 면에서 전체 텍스트의 약 50%를 차지하는 분량이다.

이어서 검색어를 중심으로 좌우의 문맥을 살피는 데 용이한 방법론인 문맥 색인(concordance)을 통해서 한국어 동사를 중심으로 문맥 색인을 하는 경우 '-을/를 보다', '-로 보다'와 같이 특정 격조사와 동사 간의 인접 공기 관계를 관찰할 수 있었다. 이때 '-을/를 보다'에서 '보다' 동사는 대체로 기본 의미로 해석되는 데 반해, '-로 보다'에서는 '보다'가 '생각하다, 간주하다'의 의미를 갖는다는 특성에 주목하여, 동사의 구체적인 의미 - 이를 본문에서는 의의(sense)라고 하였다 - 는 인접하는 격조사와 관련이 깊음을 발견할 수 있었다. 이러한 사실은 곧 동사가 의사소통에서 유의미한 단위가 되기 위해서 최소한 인접한 격조사와의 패턴이 되어야 한다는 점을 시사한다.

이에 따라, 이 책은 '격조사+동사', '어미+동사'를 동사의 통사 교육을 위한 중요한 패턴이 될 수 있음을 보이고, 아울러 '서로 인접한 요소끼리 의존성이 더 깊다'는 일반론에 의거하여 '명사(+격조사)+동사'의 패턴을 의미 교육 패턴으로 삼을 수 있음을 보였다.

⑤ 말뭉치 연구에 있어서 중요하게 거론되어야 하는 문제 중 하나는, 말뭉치를 어떤 식으로 이용했는지에 대한 구체적 방법론이다. 특히 세종계획 기초말뭉치는 범용성을 띠고 있기 때문에 동사 교육을 위한 패턴을 추출하기 위해 어떤 수정과 변환을 거쳤는지 부분적으로나마 밝힐 필요가 있다. 이에 따라 이 책은 동사와 인접 선행하는 요소들의 패턴 추출에 관한 전산적인 처리 방법을 논하고, 이에 따라 말뭉치를 수정하고 변환하는 방법론을 논하였다.

⑥ 동사의 통사 교육 패턴인 '격조사+동사' 및 '어미+동사' 그리고 의미 교육 패턴인 '명사(+격조사)+동사'의 유형 중에서도 교육적으로 필요한 패턴을 선정하는 데 필요한 일반적 기준으로서, 이 책은 빈도와 하위 패턴의 유무, 그리고 직관과 교육적 필요성을 제시하였다. 가령, '-을/를 보다'는 '보다'에 인접 선행하는 격조사 중에서도 목적격 조사를 선행하는 경우로서, 다른 격 조사에 비해 높은 빈도로 나타나며, 이는 '-은/는/을 것을 보다'와 같은 하위 패턴을 갖고 있는데, 이런 특징은 '-을/를 보다'를 교육용 패턴으로 선정할 수 있는 근거가 됨을 뜻한다. 그렇지만, 상대적으로 낮은 빈도를 보인다고 하더라도, 교육의 필요성에 따라서는 교육용 패턴으로 삼을 수 있는 것들이 있는데, 가령 '가다'의 경우에 있어서 '-러 가다'와 같은 경우이다. 상대적으로 다른 어미에 비해 낮은 빈도로 사용되지만, '가는 목적'을 나타내는 데 유용하고, 한국어 학습자들에게도 필요하므로 이를 패턴으로 선정할 수 있다는 것이다.

⑦ 이러한 일반론적 패턴 선정의 방법론에 덧붙여, 동사의 통사 교육을 위한 '격조사+동사' 및 '어미+동사' 유형의 패턴을 선정할 때 고려해야 할 원칙으로 대규칙(major rule)의 고려 및 유표성(markedness)의 고려를 추가적으로 제시하였다. 대규칙이란 '모든 문장은 주어를 갖는다'와 같은 일반적 대규칙은 물론, '보다'와 같은 타동사들은 목적격 조사 '-을/를'을 취한다는 동사 개별 동사의 대규칙을 포함한다. 이는 '보다'의 경우에 있어 다음과 같이 적용된다. 먼저, '보다'의 기본 문형은 '-이/가 -을/를 보다'이지만, 학습자들은 우선적으로 '영희가 본다', '영숙이 본다'와 같은 용례를 통해 '-이/가 보다'와 같은 패턴에 주의하게 한다. 그 뒤 '영화를 본다', '산을 본다' 등의 용례에서 '-을/를 보다'의 형태에 주의하게 한다. 주어를 취하는 것은 모든 동사에서 기본적인 대규칙이므로, '영희가 영화를 본다'에서 구태여 주격 조사와 목적격 조사를 포함하는 패턴에 주목하게 하는 것이 아니라, '-을/를 보다', '-이/가 보다' 등 낱낱의 특징에 주목하게 하는 것이다. 학습자들이 '보다'가 갖는 통사 패턴에 익숙해질 무렵에는 '영희가 영수를 사장으로 보았다'와 같은 용례를 제시하면서 '-로 보다'라는 형태에 집중하게 한다. 이들 학습자들에게는 '-을/를 보다'가 이미 대규칙적 요소로 반영되어 있으므로, 이때에는 '-로 보다'라는 형태에 초점을 맞춰 학습을 진행한다는 것이 대규칙 적용의 요지이다.

한편, 한국어 학습자에게는 '하늘을 날다'와 같이 써야 할 문장들을 자기 나름의 문법 지식에 의존하여 '*'하늘에서 날다'처럼 쓰는 일이 있다. 동사가 뜻하는 동작이 이뤄지는 장소로서 '-에서'를 쓰지 않고 목적격 조사 '-을/를'을 사용하는 것은 유표적인 특성이므로 이를 패턴에 반영해야 한다는 것이 유표성을 고려한 통사 교육 패턴의 선정 기준이다.

⑧ 다음으로 동사의 의미 교육 패턴을 선정하는 데 있어 고려할 부가적인 기준으로서 이 책은 기본 의미와 파생 의미의 구별 및 통사 교육과의

연계라는 두 가지를 제시하였다. 먼저, 기본 의미와 파생 의미의 구별과 관련하여 거론할 수 있는 첫 번째 문제는 한국어 학습자들에게 동사의 다의적 쓰임이 유표적이라는 사실과 관련된다. 동사의 기본 의미만을 익히는 것은, 학습자들이 어떤 표현을 만들어 내는 데 있어 동사의 다의를 활용하지 않고 어려운 동사를 사용하여 어색한 문장을 만드는 오류와 관련이 깊다. 따라서 한국어 학습자들은 동사의 기본 의미뿐만 아니라 파생 의미를 익힐 필요가 있고, 파생 의미로 쓰일 때 어떤 명사와 자주 결합되는지를 알 필요가 있다. 그런데 여기서 중요한 것은 어떤 의미가 동사의 기본 의미이며 파생 의미는 어느 정도까지인가 하는 동사 기본 의미의 외연에 관한 문제이다. 이에 대해서 이 책은 동사의 기본 의미의 위계와 차원에 따른 의미 구별론을 제안하였다.

이렇게 하여 구분된 기본 의미는 동사의 통사 교육 패턴을 학습하는 데 필요한 용례로 삼고, 파생 의미는 동사의 통사 패턴에 익숙해진 학습자들을 대상으로 교육 필요성에 따라 제시해야 한다는 원칙으로 '통사 교육과의 연계'라는 원칙을 제시하였다. 가령, 기본 의미로 사용된 '영화를 보다'라는 패턴은 말뭉치 내에서 비교적 자주 나타나는 패턴인데 이는 '-을/를 보다'라는 통사 교육 패턴을 위한 용례로 활용하고, '-을/를 보다'라는 패턴에 익숙해진 학습자들에게는 교육 필요성에 따라 '손해를 보다', '장을 보다'와 같은 파생 의미로 사용된 '보다'의 의미 교육 패턴을 가르치자는 것이다.

5.2. 남은 문제

이 책에서 분석 대상으로 삼은 주된 한국어 자료는 형태 태깅이 된 세종 말뭉치이기 때문에, 의미적인 면을 고려함에 있어서 여러 가지 난점이 있었다. 가장 큰 문제는 전산적으로 동음어를 구별하지 못하는 문제이다. 이에 대해서 이 책은 각 동사별로 동음어가 갖는 고유의 격틀을 염두에 두고 통사 교육 패턴을 추려내었지만, 이 과정에서 문맥 색인을 통한 다양한 용례들을 검토하여야 하는 번거로움이 뒤따랐다. 이는 이 책에서 다루지 않은 다른 동사에 대해 이 책의 방법론을 적용하는 데 있어 일정한 한계를 가질 수 있음을 의미한다. 차후에 구문 분석과 의미 분석이 완료된 말뭉치를 구할 수 있을 때에 이에 대한 전산적인 추출 방법을 좀 더 궁구하고자 한다.

또한, 이 책은 동사를 중심으로 하여 각종 통사 및 의미 교육 패턴을 추출하는 데 주안을 두었기 때문에, 일부 패턴이 가지는 세부적이고도 미시적인 패턴으로서의 특징을 일일이 규명하지는 못한 문제를 남겼다. 예를 들면, '영향을 주다'와 같은 '명사(+격조사)+동사'는 '-에 영향을 주다'나 '-에게 영향을 주다', '-은/는 영향을 주다' 등으로 보다 구체적인 패턴으로 선정할 수 있는데, 여기서 이런 유형들을 모두 소개하지는 못하였다. 이를 논의하기 위해서는 이 책에서 제안한 패턴 추출의 방법론을 적용함은 물론, 개별 패턴에 대한 문맥 색인을 보다 철저하게 관찰하는 것이 해결책이 될 수 있다. 여기에서 주요 한국어 동사의 패턴의 얼개를 제시하는 데 주력한 나머지, 이들을 구체적으로 심도 있게 다루지 못한 것은 아쉽다.

그러나 이러한 문제와는 별개로 몇 가지 유의미한 현상도 발견할 수 있었다는 점은 연구 초기에 예상하지 못하였던 소득이다. 첫째, '격조사+동사'의 패턴에 있어서 동사와 그에 인접 선행하는 격조사들의 결합 빈도가 높을수록 통사적으로도 더 가까운 문장 성분과 관련이 깊다는 사실이다. 예컨대, '-을/를 보다'나 '-로 보다'는 '-이/가 보다'에 비해서 더 높은 빈도를 갖는데 이는 통사적으로 '-을/를'에 이끌린 목적어와 '-로'에 이끌린 부사어가 '보다'와 의미적으로 더 가까운 성분과 관계됨을 암시한다. 이러한 결과는 다른 방향에서 유용하게 응용될 수 있을 것으로 보인다. 가령, 어떤 동사의 통사적 격틀을 명제가 아닌 실제 문장을 대상으로 목록화하는 데 주요한 참고가 될 수 있을 것이라 생각된다.

둘째로, 특정 격조사와의 결합 빈도가 다른 격조사와의 결합 빈도보다 높게 나타나는 경우에는 대체로 해당 동사가 파생 의미로 사용되는 경우가 매우 많은 현상을 발견할 수 있었다. 이를테면, '치다'와 같은 동사는 '줄행 랑을 치다', '뒷걸음질 치다' 등 매우 다양한 파생 의미로 사용된 의미 교육 패턴을 갖는데 이러한 파생 의미들은 모두 '-을/를 치다'와 같은 패턴을 취하고 있다. 이러한 현상은 '-을/를 치다'가 다른 격조사에 비해 10배 정도 많은 빈도를 보이는 현상과 무관하지 않아 보인다. 이러한 현상을 잘 관찰하면, 동사의 의미 교육 패턴의 선정 기준으로 삼을 수 있으리라 생각되지만, 이에 대해서 정밀하게 다루지 못하였다.

마지막으로, 한국어에서는 아직 잘 논의되지 못한 구 동사(phrasal verb) 적 특성을 발견할 수 있었다. 가령 '쌍벽을 이루다'는 '-와/과 쌍벽을 이루다'와 같은 패턴으로 사용되는 데, 이때 '-와/과'는 '이루다'가 갖는 고유의 격형이 아니라 '쌍벽을 이루다'라는 구성이 취하는 격 조사라 할 수 있다. 이에 대한 문제를 좀 더 다룬다면 더 완성된 패턴의 목록을 완성할 수 있었을 것으로 보이지만, 이에 대해 자세하게 다루지 못한 것은 아쉽다.

동사는 문장의 근간 성분이므로, 동사에 대한 통사와 의미에 대한 온전한 습득이 이뤄진다면 수많은 발화나 문장을 생성하고 이해하는 데 매우 유용할 것이다. 이러한 동사의 중요성에 비해서 지금까지 한국어 교육에서 동사의 문제를 적극적으로 다루지 못했던 것은 동사를 가르치기 위해 교육 항목을 선정하는 문제가 까다롭고 어렵기 때문일 것이다. 이 책은 세종 말뭉치를 기반으로 하는 실험적인 논의를 통해서 '격조사+동사', '어미+동사' 및 '명사(+격조사)+동사'의 패턴을 선정하고 이를 교육적으로 응용하는 방안에 대해서 논하였다.

이 책의 논의에서 다루지 못한 동사의 통사적 의미적 특징이 있기는 하지만, 이러한 논의를 출발점으로 하여 한국어 교육에서 동사 교육에 대한 연구가 활발히 일어나기를 기대하는 마음이 간절하다. 아울러, 말뭉치 조사 연구를 통하여 기존에 모어 화자들조차 잘 인지하지 못하였던 한국어의 중요한 특성들을 발견하고 이를 한국어 교육 문법으로 정립함으로써, 한국어를 배우고자 하는 외국인들에게 한국어가 친숙하게 다가갈 수 있기를 바라면서 논의를 마치고자 한다.

제2부

응용

동사 교육용 패턴의 목록

응용

동사 교육용 패턴의 목록

이 장에서는 앞서 논의한 내용을 바탕으로 하여, 한국어 기본 동사에 대한 통사 및 의미 교육 패턴을 선정한다. 여기서 다루게 될 한국어 동사는 1부에서 선별한 97개의 동사이다. 이들 동사의 목록을 빈도별로 나열하면 아래와 같다.

- 빈도 2만 회 이상

대하다(34,833)	보다(33,232)	위하다(26,988)	말하다(24,774)
가다(23,376)	받다(22,190)	알다(20,050)	

- 빈도 1만 회 ~ 2만 회 이상

보이다(18,536)	들다(17,745)	오다(17,037)	따르다(16,996)
쓰다(15,461)	나오다(14,973)	살다(14,866)	모르다(14,209)
생각하다(13,974)	만들다(12,726)	가지다(11,301)	통하다(11,275)
통하다(11,275)	지나다(11,243)	먹다(10,641)	

- 빈도 5천 회 ~ 1만 회

듣다(9,386)	나다(9,023)	주다(8,971)	시작하다(8,011)
갖다(7,752)	찾다(7,225)	들어가다(7,158)	죽다(7,040)
나타나다(6,889)	만나다(6,758)	잡다(6,680)	묻다(6,516)
서다(6,212)	부르다(6,184)	밝히다(6,142)	나가다(6,000)
앉다(5,913)	느끼다(5,757)	맞다(5,754)	두다(5,701)
일어나다(5,578)	짓다(5,215)	치다(5,167)	이르다(5,167)
내리다(5,054)	타다(5,047)		

● 빈도 5천 회 미만

읽다(4,996)	남다(4,963)	보내다(4,900)	떨어지다(4,653)
얻다(4,640)	생기다(4,634)	사다(4,568)	들어오다(4,458)
열다(4,395)	다니다(4,360)	떠나다(4,120)	넣다(3,963)
빠지다(3,856)	기다리다(3,821)	입다(3,796)	믿다(3,731)
끝나다(3,673)	돌아오다(3,643)	나누다(3,511)	이루다(3,465)
넘다(3,431)	오르다(3,426)	올리다(3,382)	웃다(3,359)
열리다(3,351)	돌아가다(3,337)	바라보다(3,257)	향하다(3,255)
놓다(3,216)	지키다(3,013)	배우다(2,968)	걸리다(2,957)
바꾸다(2,927)	세우다(2,899)	마시다(2,747)	돌리다(2,747)
당하다(2,743)	맡다(2,720)	걷다(2,682)	지내다(2,630)
끌다(2,580)	잇다(2,576)	낳다(2,566)	울다(2,563)
모으다(2,560)	미치다(2,552)	팔다(2,549)	들리다(2,528)
일으키다(2,463)	흐르다(2,442)		

그런데 이는 순전히 형태만을 고려한 것이므로, 동음어까지 고려하면 총 102개의 동사가 해당된다. 이들 동사들은 5개 어휘 빈도 목록과 26종 한국어 교재 및 12종의 기본 어휘 목록과 7종의 사전 중요어 목록에 공통적으로 포함돼 있는 중요 어휘들이다. 이들 동사들은 가나다순으로 정렬하였을 때, '가다'부터 '흐르다'까지인데, 이 중 동음어들을 구분하는 문제는 크게 볼 때에 일정한 원칙을 적용할 수 있는 것도 있지만, 세부적으로 볼 때에는 원칙적으로 논하기 어려운 점이 있으므로, 각 동사에 대한 각론에서 다루도록 한다.

각 절에서 동사의 패턴을 제시함에 있어서, 지면 관계상 '격 조사+동사'나 '어미+동사'는 총 5회 이상의 빈도를 가질 때를, 그리고 '명사(+격 조사)+동사'의 결합 유형은 총 10회 이상의 빈도를 가진 경우에 한정하여 보았다. 또한, 각 동사의 패턴의 목록을 제시할 때에는 일차적으로 빈도에 의거하여 배열을 하되, 목록이 많은 경우에는 별도로 패턴의 특징에 따라 하위 분류를 하였음을 밝혀 둔다. 이에 따라 각 동사의 패턴들은 다음과 같은 꼴로 제시될 것이다.

● 각 동사별 제목 표기

1. '가다'

(23,376회 / 8위 / ⓐ)

| 말뭉치 내 빈도 | 말뭉치 내 순위 | 국립국어원(2003) 선정 기준
ⓐ : 초급용 단어
ⓑ : 중급용 단어
ⓒ : 고급용 단어
N : 선정돼 있지 않은 단어 |

● 본문

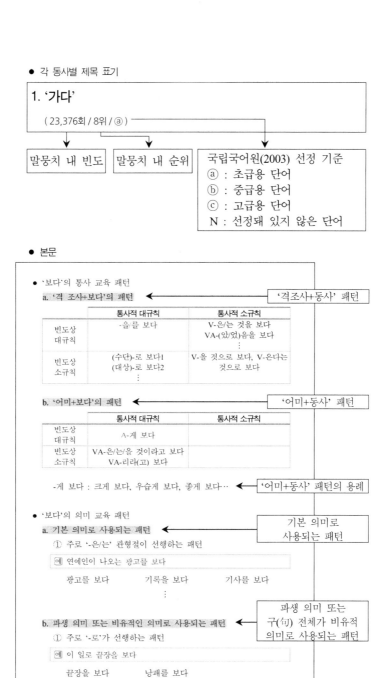

● '보다'의 통사 교육 패턴

a. '격 조사+보다'의 패턴 ← '격조사+동사' 패턴

	통사적 대규칙	통사적 소규칙
빈도상 대규칙	-을/를 보다	V-은/는 것을 보다 VA-(았/었)음을 보다 ⋮
빈도상 소규칙	(수단)-로 보다1 (대상)-로 보다2 ⋮	V-을 것으로 보다, V-은다는 것으로 보다

b. '어미+보다'의 패턴 ← '어미+동사' 패턴

	통사적 대규칙	통사적 소규칙
빈도상 대규칙	A-게 보다	
빈도상 소규칙	VA-은/는/을 것이라고 보다 VA-리라(고) 보다	

-게 보다 : 크게 보다, 우습게 보다, 좋게 보다⋯ ← '어미+동사' 패턴의 용례

● '보다'의 의미 교육 패턴

a. 기본 의미로 사용되는 패턴 ← 기본 의미로 사용되는 패턴

① 주로 '-은/는' 관형절이 선행하는 패턴

예 연예인이 나오는 광고를 보다

광고를 보다   기록을 보다   기사를 보다
⋮

b. 파생 의미 또는 비유적인 의미로 사용되는 패턴 ← 파생 의미 또는 구(句) 전체가 비유적 의미로 사용되는 패턴

① 주로 '-로'가 선행하는 패턴

예 이 일로 끝장을 보다

끝장을 보다   낭패를 보다
⋮

'격조사+동사' 패턴의 용례는 대표적인 것들과 직관적으로도 의미 파악이 쉽게 되지 않는 패턴을 위주로 하여, 본문 및 '기본 의미로 사용되는 패턴'과 '파생 의미 또는 비유적인 의미로 사용되는 패턴'에서 제시하였다. '어미+동사'의 패턴에 대해서만 그 하단에 몇몇 대표적인 용례를 빈도순에 의하여 기술하였다.

각 동사의 패턴 목록은 다음과 같은 활용을 염두에 두고 있다. 앞서 1부의 4.3.2에서 논하였듯이, '기본 의미로 사용되는 패턴'들은 '격조사+동사' 패턴의 용례로 활용할 수 있다. 빈도가 높은 용례들을 우선적으로 제시하였기 때문에, 이들은 대체로 빈도상으로나 통사적으로 대규칙과 관련된 예들이 많다. 한국어 교수 시에 다루게 되는 텍스트의 종류나 기타 교육 목적의 필요에 따라서 '파생 의미 또는 구 전체가 비유적인 의미로 사용되는 패턴'의 교수를 검토해 볼 수 있다. 이들 '파생 의미 또는 구 전체가 비유적인 의미로 사용되는 패턴'은 일차적으로 빈도순으로 제시한 것도 있고, 해당 패턴이 갖는 선행 문법 형태의 특징에 따라 세부 분류를 하기도 하였다. 가령, 일차적으로 '명사(+격조사)+동사' 꼴을 갖는 패턴들 중 특정 문법 형태를 선행하는 경향이 높은 패턴들은 '-로 끝장을 보다'나 '-로 낭패를 보다'와 같이 표기하지 않고, "주로 '-로'가 선행하는 패턴"과 같은 제목을 달아 분류한 것이다.[1]

앞서 논의하였지만, 파생 의미의 사용 빈도가 높다고 하더라도, 교수 시에 다루게 되는 텍스트의 성격에 맞지 않는다면 이들을 활용할 도리가 없게 되는 것은 당연한 이치다. 가령 '보다'가 파생 의미로 사용된 것 중 높은

---

1 이러한 처리로 해서 가령, '끝장을 보다'나 '낭패를 보다'를 "주로 '-로'가 선행하는 패턴"으로 분류했다고 해도, 이것이 반드시 '-로'만이 선행된다는 것을 의미하지는 않는다. 앞서 4.2에서 보인 '측면에서 보다'는 '-의 측면에서 보다', '-은/는 측면에서 보다'와 같이 여러 문법 형태를 선행할 수 있다. 이 책에서도 이러한 다양한 문법 형태들에 따라 철저하게 패턴들의 특징들을 구명해야 하지만, 우선적으로 빈도가 상대적으로 높고 대표적이라 할 수 있는 문법 형태들을 위주로 하여 분류하는 데 주안을 두었다.

빈도를 보이는 '눈치를 보다'는 초급 수준의 학습자들에게 곧바로 제시되기에는 무리가 있어 보인다. 그보다는 낮은 빈도를 기록하는 '시험을 보다'가 먼저 교수될 필요가 있을 것이다. 따라서 '파생 의미로 사용되거나 비유적으로 사용되는 패턴'은 교수 목적과 제반 여건들을 고려하여 취사선택할 수 있는 패턴이라 하겠다. 다만, '파생 의미로 사용되거나 비유적으로 사용되는 패턴'들은 교수하기 전에, 유관한 통사 교육 패턴을 학습한 이후에 적용하는 것이 바람직할 것이다. 예를 들어, '눈치를 보다'나 '시험을 보다' 등은 '-을/를 보다'라는 통사 교육 패턴에 익숙해진 학습자들을 대상으로 교수되어야 하는 한다는 것이다.

동사의 통사 및 의미 교육을 위한 패턴은 한국어 학습자들이 한 번에 여러 개의 형태에 집중하게 하는 것보다 의사소통적으로 유의미한 상황 속에서 '격 조사+동사', '어미+동사' 또는 '명사(+격조사)+동사'와 같이 동사를 포함한 일부의 형태에 주목하게 함으로써, 동사가 갖는 주요 문법적·의미적 특성들을 어휘적 덩어리로 학습할 수 있게 하는 것이 중요하다. 그런 면에서 패턴을 통한 동사의 통사 및 의미 교육은, 한국어 학습자들이 조사나 어미 등의 낱낱의 형태에 대한 개별 학습과 동사의 어휘 의미 학습을 분리하여 배우는 것이 아니라, 패턴 전체를 의사소통적으로 유의미한 단위로 학습한다는 데 의의가 있다고 하겠다.

아래에서 정리된 패턴들은 일차적으로 의미적인 긴밀성을 가져야 한다는 패턴의 기본 요건에 부합되는 것들을 중심으로 선별하고, 이렇게 선별된 패턴들은 이차적으로 빈도에 따라 제시하였다. 여기서 사용된 빈도는 동사와 그에 인접 선행하는 형태(조사, 어미) 또는 명사와의 결합 빈도로서, 빈도가 높을수록 동사와 더 긴밀성이 있는 구성임을 보여준다. 그러나 한국어가 자유로운 어순을 보이는 만큼, 긴밀성이 높다 하더라도 동사와 선행 형태 또는 어휘 사이에 다른 문장 성분이 개입되는 경우도 있으므로, 빈도의 결과를 맹신할 수는 없다.

그럼에도 불구하고, 빈도에 의한 방법은 현재로서 취할 수 있는 유일한 교육적 참고 내용임에는 틀림없다. 이에 따라 통사 교육 패턴은 빈도에 의하여 대규칙과 소규칙으로 나누었는 바, 대규칙은 해당 동사에 필수적인 것이고 기초나 초급 단계에서 제시하여야 할 것이며, 소규칙은 그보다 수준이 더 향상된 학습자를 대상으로 교수해야 할 것이다. 통사 규칙을 다룰 때에는 주로 기본 의미로 사용되는 패턴을 연습 용례로 활용하며, 그밖에 파생 의미로 사용되는 패턴들은 교육적 목적이나 필요에 따라서 선택적으로 적용할 수 있을 것이다.

빈도라는 기준을 참고한다면, 동사의 통사 교육과 의미 교육 패턴들의 학습자 수준별 분류도 고려해 볼 수 있겠지만, 이를 단순히 빈도만의 잣대로 가늠하기에는 여러모로 무리가 따른다. 이에 따라 이 장에서 다룬 패턴들에서 빈도에 대한 정보는 소략하게 다루었고, 통사 교육 패턴은 높은 빈도에서 낮은 빈도순으로, 의미 교육 패턴은 통사 교육 패턴 학습에서 활용될 수 있는 '기본 의미로 사용되는 패턴' 및 그밖에 '파생 의미로 사용되거나 비유적으로 사용되는 패턴'들로 나누어 각각 고빈도~저빈도 순으로 제시하는 것으로 만족하고자 한다. 이들 패턴에 대한 교육적 적용 및 교육 순서는 빈도 외에도 각종 급별 교육 목표와 텍스트의 성격 등을 종합적으로 고찰해야 할 문제이므로, 여기서 한꺼번에 다루기에는 광범위하다. 다만 여기서 선보인 동사 교육 패턴들은 의사소통 능력 신장이라는 목표에 가장 가까운 교육 형태라는 점, 그리고 이를 통한 교육적 활용도 기대할 수 있다는 점에서 충분히 의의를 가질 수 있다고 본다.

색인

1. '가다'

(23,376회 / 8위 / ⓐ)

'가다'는 본동사로 쓰인 경우만 해도 세종 말뭉치에서 23,376회 사용되어 전체 동사 중 8위의 빈도를 갖는 대표적인 이동 동사라 할 수 있다. 먼저, '격 조사+가다'의 패턴을 살펴보면, '어딘가에 가다'와 같이 의문 대명사를 선행하는 경우를 포함하여 총 35.73%로 가장 많이 발견되는 패턴으로 '-에 가다'가 있으며, 그와 비슷한 빈도로 '-로 가다'(33.95%), 그리고 '-을/를 가다'(14.57%)가 그 뒤를 잇고 있다.

여기서 '-로 가다'는 '(방향, 경로)-로 가다'는 물론, '(도구, 수단)-로 가다'가 포함돼 있는데, 이 책의 전산적인 처리 방법으로는 이 둘의 정확한 빈도를 가려낼 방법이 없다. 다만, 이 둘은 모두 교육용 패턴으로 볼 수 있으므로, '-로 가다1', '-로 가다2'로 처리해 볼 수 있다. 이 경우, '가다'가 이동의 자동사임을 고려하여, '(방향, 경로)-로 가다'는 '-로 가다1'로, '(도구, 수단)-로 가다'는 '-로 가다2'처럼 처리하는 것이 좋을 것이다.

한편, '어미+가다'의 결합 유형 중에서 패턴이라 볼 수 있는 것으로는 '밥 먹고 가다', '일하고 가다'에서 보이는 '-고 가다'(44.30%), '공부하러 가다'에서 보이는 '-러 가다'(23.48%), '쉬었다가 가세요'에서 보이는 '-다가 가다'(9.40%) 등이 있는데, 이들도 '가다'의 통사 교육은 물론, 어미의 교육을 위해서 고려해 볼 수 있는 패턴이라 할 수 있다. 예를 들어, '-고 가다'는 '문 닫고 가다'에서 보이는 것처럼 '-고'는 대등의 의미가 아니라 '계기'의 의미를 갖고 있으므로, '-고'의 유표적인 기능으로 봐서 패턴으로 삼을 수 있으며,[1] '-러 가다'에서 '목적'의 '-러'는 일부 이동 동사와 어울리

---

[1] 연결 어미 '-고'의 「표준국어대사전」의 처리는 대등 연결일 때를 기본 의미로 삼고, 계기나 연속 동작과 관련된 용법은 파생 의미처럼 다루고 있다.

는 특성이 있는 만큼, 이 역시 '가다'의 패턴으로 다뤄볼 수 있다.

명사와 결합될 수 있는 '가다'를 살펴보면, '어디'라는 의문 대명사와 어울린 '어디를 가다', '어디에 가다', '어디로 가다'가 전체 12.70%로서 '가다'를 인접 선행하는 명사로서는 가장 많이 나타나는 것으로 조사되었다. 그 뒤를 '집', '학교', '길' 등이 잇고 있다. '집'이나 '학교'가 사용되었을 때와 달리, '길을 가다'에서 '길'은 지향점이나 종착점이 아닌 의미로 사용된다. 이런 면에서 '길을 가다'는 유표적인 동시에 '가다'의 다의적 용법의 하나라고 할 수 있으므로 이는 다의 교육 패턴으로 간주하여 볼 수 있다. 이밖에도 다의 교육 패턴이라 할 수 있는 것으로는 '이사(를) 가다', '이해(가) 가다', '시간(이) 가다', '짐작(이) 가다', '대학(에/을) 가다' 등이 선별될 수 있다.

- '가다'의 통사 교육 패턴
  a. '격 조사+가다'의 패턴

	통사적 대규칙	통사적 소규칙
빈도상 대규칙	-에 가다 (방향)-로 가다1	
빈도상 소규칙	-을/를 가다 (수단)-로 가다2 -에게 가다 -에서 가다 -와/과 가다	

  b. '어미+가다'의 패턴

	통사적 대규칙	통사적 소규칙
빈도상 대규칙	V-고 가다	V-시고 가다
빈도상 소규칙	V-러 가다 V-다가 가다 A-게 가다	V-았/었다가 가다

-(시)고 가다 : 데리고 가다, 끌고 가다 등

-러 가다 : 놀러 가다, 보러 가다, ~ 하러 가다 등

-(았/었)다가 가다 : 쉬다 가다, 왔다가 가다 등

-게 가다 : 느리게 가다, 빠르게 가다 등

-고 가다 : 버리고 가다, 데리고 가다, 주고 가다 등

● '가다'의 의미 교육 패턴

　a. 기본 의미로 사용되는 패턴

어디에(로·를) 가다	집에·을·으로 가다	학교에·을·로 가다
-는 곳으로 가다	~ 앞에·으로 가다	병원에·을·로 가다
-는 데(를·로) 가다	산에·으로 가다	화장실(에) 가다
시장에·로 가다	고향(에·으로) 가다	

　b. 파생 의미 또는 비유적 의미로 사용되는 패턴

　　① 주로 '-이/가'가 선행하는 패턴

> 예 강의가 이해가 가다.

이해(납득)가 가다	시집(장가)을 가다	짐작이 가다
대학을(에) 가다	군대(에) 가다	이민(을) 가다
감옥에(을) 가다	천당(저승)에 가다	

　　② 주로 '-로'가 선행하는 패턴

> 예 다른 나라로 도망을 가다

구경(을) 가다	도망(을) 가다	유학(을) 가다
출장(을) 가다	피난(을) 가다	휴가(를) 가다

　　③ 주로 '-에게'가 선행하는 패턴

> 예 그 사람에게 정이 가다.

정이 가다	호감이 가다

④ 주로 '-에'가 선행하는 패턴

> 예 맛있는 음식에 손이 가다.

손이 가다   공감이 가다

⑤ 기타
날이(시간이·세월이) 가다

여기서 '-게 가다'의 유형 중에서는 '빠르게 가다', '느리게 가다', '느긋하게 가다'처럼 단순히 '가다'의 수식어로서만 쓰이는 것이 아니라, '우리는 매사 어긋나게 가고 있다'처럼 '가다'가 비유적으로 쓰이는 용법도 발견된다. 이런 것은 초급 수준이 아닌 중고급 수준에서 제시해 봄 직하다.

2. '가지다', '갖다'

(가지다 : 11,301회 / 21위 / ⓐ) (갖다 : 7,752회 / 31위 / ⓑ)

말뭉치에서 사용된 '가지다'나 '갖다'가 본용언으로 쓰인 경우는 그 통사적인 행태나 의미 모두 비슷한 특징을 지닌다.[2] 두 동사 모두 주로 기본 의미로 해석되는 경우보다는 비유적으로나 파생 의미로 사용된 경우가 많은 것도 특징이다. 즉, '가지다'나 '갖다'의 기본 의미가 '어떤 (구체적인) 대상을 자신의 소유로 하다'는 의미라고 볼 때, 추상적인 대상을 소유로 한다거나 그 외의 의미로 해석되는 경우가 많은 것이다. 이는 직관적으로도 어느 정도 가늠이 되는데, 실제로 '명사(+격 조사)+동사'의 결합 유형에

---

[2] 대개의 사전에서는 '갖다'가 '가지다'의 준말로서 명시되어 있다. 실제 말뭉치 상에서도 이 둘의 의미상, 용법상의 차이는 발견되기 어려울 정도로 비슷하므로 여기서 함께 묶어 다룬다.

서도 확인이 된다. '가지다'의 경우를 예로 들면, '관심을 가지다', '의미를 가지다', '관계를 가지다', '생각을 가지다' 등과 같이 비유적으로 쓰이거나 파생 의미로 사용된 경우가 가장 많고, '힘을 가지다', '돈을 가지다' 등 기본 의미로 사용된 용례는 그리 많지 않다.

여기서 주목할 수 있는 것은, '가지다'나 '갖다'가 '명사(+격 조사)+가지다'와 같은 패턴을 문맥 색인에서 살펴보면, '-에·-에게 관심을 가지다', '-와/과 접촉을 가지다'처럼, '명사(+격 조사)+가지다' 전체가 하나의 동사와 같이 기능할 때가 많다는 사실이다. 이런 점에 비추어 볼 때, '-에·-에게 관심을 가지다', '-와/과 접촉을 갖다' 전체를 하나의 패턴으로 간주하는 편이 좋다.

한편, 통사적인 측면에서 '가지다'나 '갖다'는 직관적으로도 '격 조사+동사'의 결합 유형 중 '-을/를 가지다', '-을/를 갖다'가 가장 많은 빈도를 차지할 것으로 예상되고, 절이 선행하는 경우는 매우 드물 것으로 여겨진다. 말뭉치 조사에서도 역시 이러한 직관이 틀리지 않음을 확인할 수 있다. 가장 많은 결합 유형은 '-을/를 가지다'(87.93%), '-을/를 갖다'(85.78%)로서, 사실상 이들 동사 앞에 선행하는 격 조사의 대부분이 목적격 조사이다. 그 뒤를 잇는 격 조사는 '-이/가 가지다'(7.93%), '-이/가 갖다'(8.81%)인 점을 미루어 봐도 목적격 조사가 인접 선행하는 경우가 압도적임을 확인할 수 있다.[3] 또한, '-을/를 가지다'나 '-을/를 갖다'가 절을 선행하는 경우는 불과 1.68%, 0.66%에 지나지 않는다. '가지다'나 '갖다'의 통사적 패턴이 비교적 단순한 데 반해, 파생 의미로 사용되는 예가 많다는 사실은, 이 동

---

3 이 책은 인접 선행하는 격조사가 동사와 결합하는 비율이 높을수록 비유적 용법이나 파생 의미로 사용되는 사례가 매우 많다는 사실을 발견할 수 있었다. 이러한 현상은 후술하게 될 여러 동사들에서 확인이 되거니와, 이 책은 이러한 사실을 동사 패턴의 논의 중에 자주 언급하게 될 것이다. 특정 격조사와의 결합 비율이 높은 것이 갖는 통계적 유의성에 대해서도 생각해 볼 수 있지만, 여기서는 이에 대한 논의는 깊이 다루지는 않는다.

사에 대한 교육이 주로 다의적으로 사용될 경우를 위주로 하여 이뤄져야 함을 시사한다. 이상의 논의를 바탕으로 아래에 '가지다'를 중심으로 하는 패턴의 목록을 보이도록 한다. 앞서 말한 것처럼 '갖다'는 '가지다'와 비슷한 행태를 보이므로, '갖다'에 대한 패턴은 생략한다.

- '가지다'의 통사 교육 패턴
  a. '격 조사+가지다'의 패턴

	통사적 대규칙	통사적 소규칙
빈도상 대규칙	-을/를 가지다	
빈도상 소규칙	(-이/가 가지다)	

  b. '어미+가지다'의 패턴
     V-아/어 가지다 : 나누어 가지다, -에 대하여 가지는 ~

- '가지다'의 의미 교육 패턴
  a. 기본 의미로 쓰인 패턴
     힘을 가지다   이름을 가지다   돈을 가지다

  b. 파생 의미 또는 비유적 의미로 사용된 패턴
     ① '-은/는·-의'를 선행하거나 또는 자립적으로 쓰일 수 있는 패턴

     > 예 하늘을 보는 여유를 가지다 / 여유를 가지고 기다리다

     여유를 가지다   희망을 가지다   직업(직장)을 가지다
     시간을 가지다   아기를 가지다   꿈을 가지다
     회의(會議)를 가지다   공연을 가지다   회견을 가지다
     양심을 가지다   신앙을 가지다   취미를 가지다
     집회를 가지다

② '-은/는' 또는 '-의'가 선행하는 패턴

예 이러한 의미를 가지다 · 그 말의 의미를 가지고

의미를 가지다	관계를 가지다	생각을 가지다
성격을 가지다	마음을 가지다	능력을 가지다
뜻을 가지다	기능을 가지다	눈을 가지다
구조를 가지다	역사를 가지다	태도(자세)를 가지다
효과를 가지다	조건을 가지다	견해를 가지다
시각을 가지다	인식을 가지다	의지를 가지다
근거를 가지다	면(面)을 가지다	기반을 가지다
습관을 가지다	철학을 가지다	입장을 가지다
안목을 가지다	성질(특성·성향)을 가지다	

③ '-에' 또는 '-에게'가 선행하는 패턴

예 이런 일에 관심을 가지다 · 그에게 관심을 가지다

관심을 가지다	기대를 가지다	취미를 가지다
의의를 가지다	흥미를 가지다	자신을 가지다
확신을 가지다	의견을 가지다	호감을 가지다
의문을 가지다	애정을 가지다	신념을 가지다
믿음을 가지다	감정을 가지다	호기심을 가지다
한계를 가지다	불만을 가지다	애착을 가지다
회의(懷疑)를 가지다		

④ '-와/과'가 선행하는 패턴

예 그 사람과 관계를 가지다

관계를 가지다	연관을 가지다	접촉을 가지다

⑤ '-려는'이 선행하는 패턴

예 열심히 하려는 의욕을 가지다

의욕을 가지다	의도를 가지다	목적을 가지다

⑥ 기타

-만의 색깔을 가지다

　'명사(+격조사)+가지다·갖다'의 용례는, 그 패턴이 자립하여 쓰일 수 있는 경우와 그렇지 않은 경우를 나누어서 분류해 볼 수 있다. 대개는 '가지다'나 '갖다'에 선행하는 명사의 특성에 따라서 해당 패턴에 선행되는 격조사에 차이를 보이는데, 대체로는 '-은/는' 또는 '-의' 등에 이끌리는 관형절 또는 관형어의 수식을 받는 것들이 많으며, '-에'나 '-에게'를 취하는 패턴도 적지 않다. 이들 중에서는 주로 관형절을 취하는 용례들, 가령 '한계를 가지다'는 '이번 일에 한계를 가지고 있다'와 같이 '-에'를 취하기도 하지만, '이럴 수밖에 없다는 한계를 가지다'와 같이 관형절을 취하기도 하는 용례도 있다. 이에 대해서는 좀 더 정밀한 분류를 요하지만, 여기서는 '명사(+격조사)+동사'의 패턴 수립이 우선이므로, 이처럼 '명사(+격조사)+동사'에 선행되는 격조사나 문법 형태와 관련된 패턴은 대표적인 용례 중심으로 나열하였다.4

3. '걷다' (발을 번갈아 떼어 옮기다)

(2,682회 / 106위 / ⓐ)

　각종 한국어 교재에서나 사전에 주요 공통어로 등재돼 있는 '걷다'는

---

4 '명사(+격조사)+동사' 꼴로 돼 있는 패턴들은 '측면에서 보다'와 같이 의미적으로 불완전하여 '-은/는 측면에서 보다' 또는 '-의 측면에서 보다'처럼 선행하는 요소 '-은/는' 혹은 '-의' 등에 이끌리는 성분을 보충어처럼 요구하는 것들이 있다. 이 책은 우선적으로 '명사(+격조사)+동사'의 패턴 수립과 그 예를 제시하는 데 목적이 있으므로, 일단 '-은/는 측면에서 보다'와 같은 용례들은 대표적이고 우선적인 것들만 제시하고, 그 낱낱의 통사적 행태에 대한 논의들은 이 책에서 다루지 않고 차후 다른 기회를 빌어 논의해 보고자 한다. 이러한 입장에 따라, 앞으로 보게 될 '명사(+격조사)+동사' 패턴 논의에서도 이러한 태도를 유지하기로 한다.

'다리를 움직여 바닥에서 발을 번갈아 떼어 옮기다'는 의미를 갖는다. 「표준국어대사전」에서는 '걷다'에 대해서 4개의 동음어를 인정하고 있다. 그렇기 때문에, 별도의 의미 분석이 이뤄지지 않은 세종 말뭉치의 조사 결과에서 '걷다'는 이들 네 가지의 용례가 모두 포함돼 있다고 할 수 있으므로, 말뭉치 조사에 나타난 '걷다'의 결합 유형들은 문맥 색인에 나타난 용례에 의존하여 좀 더 면밀하게 관찰할 필요가 있다.

먼저, '격 조사+걷다'의 결합 유형으로는 '-을/를 걷다'(69.51%), '-로 걷다'(17.24%), '-이/가 걷다'(7.29%) 등의 순으로 나타난다. 최고 빈도를 기록한 '-을/를 걷다'는 타동사로서 '모기장을 걷다'에서처럼 '늘어진 것을 말아 올리거나 가려진 것을 치우다'의 의미나 '거두다'의 준말로서 '곡식을 걷다'와 같은 용례를 포함하고 있을 것으로 예상되지만, '길을 걷다', '거리를 걷다', '강둑을 걷다'와 같이 '도보로 걷다'는 의미가 있는 용례가 상대적으로 더 많은 수를 차지하는 것으로 관찰되었다. 이런 면에서 '-을/를 걷다'는 주요한 패턴으로 삼을 수 있다. 더욱이, '-을/를 걷다'는 전형적인 타동사가 아님에도 불구하고 목적격 조사 '-을/를'이 사용되었다는 점에서 유표적이므로 패턴으로 선정하는 것이 바람직하다고 하겠다.

그리고 '-로 걷다' 역시 '밖으로 걷다', '동쪽으로 걷다'처럼 '방향'의 '-로 걷다'가 있는 한편, '맨발로 걷다', '종종걸음으로 걷다'와 같이 '도구'로서의 '-로 걷다'가 있는데, '걷다'의 기본 의미를 고려하여, '방향'으로 쓰인 '-로 걷다'를 우선시하여, 각각 '-로 걷다1', '-로 걷다2'처럼 구분해 주는 것이 좋을 것이다.

'어미+걷다'의 결합 유형 중에는 '따라 걷다', '-을/를 향하여 걷다', '앞장 서 걷다' 등으로 자주 쓰이는 '-아/어 걷다'(28.49%)가 있고, '웅크리고 걷다', '땅만 보고 걷다', '가슴을 펴고 걷다'에서와 같은 '-고 걷다'(23.35%)가 가장 많은 편이 속한다. 이밖에 주로 형용사를 선행하여 '흥겹게 걷다', '가볍게 걷다', '급하게 걷다' 등처럼 쓰이는 '-게 걷다'(11.58%)도 하나의 패턴으로 삼을 수 있다.

한편, '걷다'의 '명사(+격 조사)+걷다' 결합 유형을 살펴보면 '길을 걷다', '거리를 걷다' 등 대체로 기본 의미로 쓰이는 경우가 대다수인 것을 확인할 수 있다. 다만, '길을 걷다' 등과 같이 비유적으로 사용될 수 있는 것들은 별도로 의미 교육에서 다뤄봄 직 하다. 전반적으로 볼 때, '걷다'는 앞서 보았던 '가지다'나 '갖다'와 달리 통사적인 특성을 염두에 두고 교수해야 할 패턴이다.

- '걷다'의 통사 교육 패턴
  a. '격 조사+걷다'의 패턴

	통사적 대규칙	통사적 소규칙
빈도상 대규칙	-을/를 걷다	
빈도상 소규칙	(방향)-로 걷다1 (수단)-로 걷다2	

  b. '어미+걷다'의 패턴

	통사적 대규칙	통사적 소규칙
빈도상 대규칙	V-아/어 걷다 V-고 걷다	
빈도상 소규칙	A-게 걷다	

  V-아/어 걷다 : -을/를 따라 걷다, -을/를 향하여 걷다, 서서 걷다
  V-고 걷다 : -을/를 보고 걷다, -을/를 잡고 걷다, -을/를 끼고 걷다
  A-게 걷다 : 흥겹게 걷다, 가볍게 걷다 등

- '걷다'의 의미 교육 패턴
  a. 기본 의미로 쓰인 경우
     길을 걷다   발로 걷다   걸음을 걷다

거리를 걷다	-의 위를 걷다	~ 쪽으로 걷다
~ 속을 걷다	산길을 걷다	앞으로 걷다
~ 쯤 걷다	복도를 걷다	밤길을 걷다

b. 파생 의미로 쓰이거나 명사의 비유적 사용에 의한 의미 패턴
-의·-은/는 길을 걷다   살얼음 (위)를 걷다   칼날 위를 걷다

4. '걸리다' (매달리다)

(2,957회 / 94위 / ⓑ)

한국어 교육용 기본 동사로 선정돼 있는 동사 '걸리다'는 '걸다'의 피동사로서 그 기본 의미는 '매달리다'이다. 「표준국어대사전」에 의하면 '걸리다'는 '윷놀이에서, 말을 걸밭으로 올리다'라는 의미와 '어머니는 동생을 등에 업고 형을 걸리며 피란길을 떠났다'에서처럼 '걷게 하다'의 사동사의 의미가 있는 것으로 풀이하고 있다. 반면, 「외국인을 위한 한국어 학습 사전」에서는 '매달리다'의 의미와 '1시간이 걸린다'에서 보이는 '시간이 소요되다'의 의미를 각각 동음어로 구분하고 있어 「표준국어대사전」과는 다른 태도를 취하고 있음을 확인할 수 있다.

언뜻 보아도 「표준국어대사전」에 제시된 '걸리다'의 동음어는 빈도가 매우 낮을 것이므로, 이들 용례는 실제 말뭉치 상에서도 잘 드러나지 않을 것이라 생각된다. 문제가 되는 것은 '시간이 소요되다'의 뜻을 가질 때의 '걸리다'이다. '걸리다'가 '시간이 들다'의 의미로 쓰일 때는 오직 시간과 관련된 명사가 선행하는 경우에 국한된다는 점이 있기는 하지만, '매달리다'라는 기본 의미에서 파생의 정도가 심하므로 1부의 4.3.1.에서 언급하였던 박영순(1994a)에서의 원칙, 즉 '위계와 차원이 다를 경우 동음어로 구분

한다'는 원칙을 지키는 것이 타당하리라 생각된다. 이에 따라 이 책에서도 '시간이 소요되다'는 의미의 '걸리다'는 동음어로 간주하는 편이 낫다고 본다.

그런데 이러한 논리를 좀 더 확대해 보면, 사실 '시간'뿐만이 아니라, 대체로 '걸리다'에 선행하는 명사들의 특성에 따라서 '걸리다'를 다의어라 기보다는 동음어로 봐야 할 때가 적지 않다. 가령, 「표준국어대사전」이나 「외국인을 위한 한국어 학습 사전」에 다의 항목으로 기술돼 있는 '병에 걸리다', '시동이 걸리다', '경찰에게 걸리다', '상금이 걸리다' 등도 사실상 동음어적인 성격이 짙다. 이들은 '매달리다'라는 기본 의미와의 연관성을 찾기 어려울 만큼 위계와 차원이 완전히 다르기 때문에, 한국어 학습자들은 물론 모어 화자조차도 '걸리다'의 용례에서 의미적 유연성을 찾기가 쉽지 않아 보인다. 아래의 예를 보도록 하자.

  a. 걸리다1 : 시간이 들다. (1시간이 걸렸다.)
  b. 걸리다2 : 병이 들다. (당뇨병에 걸렸다.)
  c. 걸리다3 : 걱정되다. (그 일이 마음에 걸렸다.)
  d. 걸리다4 : 어떤 일의 성패가 달려 있다. (일의 성패는 네게 걸렸다.)
  e. 걸리다5 : 나쁜 일을 하다가 발각되거나 잡히다. (경찰에게 걸렸다.)
  f. 걸리다6 : 기계가 돌기 시작하다.(시동이 걸렸다.)
  g. 걸리다7 : 전화가 오다 (이상한 전화가 걸려 왔다.)

위의 a~g는 「외국인을 위한 한국어 학습 사전」에 제시된 '걸리다'의 뜻 풀이를 정리하여 본 것이다. 이 사전에 다의항으로 풀이하고 있는 - 즉, '걸리다'의 의의(sense)로 기술되어 있는 위 7가지는 의미의 위계와 차원이 다르므로, 각각을 동음어로 보는 것이 낫다고 하겠다. 그런데 여기서 열거한 각 항들의 용례를 보면, 해당 동음어를 결정하는 언어적 환경이 매우 제한적이라는 사실을 알 수 있다. 예컨대, '시간이 들다'의 뜻으로 쓰인

'걸리다'는 오직 시간을 뜻하는 명사가 선행될 때로 국한된다고 하였거니와, '병이 들다'의 의미로 쓰인 '걸리다'도 선행 명사로서 질병 관련 어휘만을 취할 때로 제한된다. 마찬가지로 '걱정되다'는 그나마도 '마음에 걸리다'와 같이 쓰일 때만 가질 수 있는 의미이다. 나머지 역시 이와 같은 논리에서 볼 수 있다.

이런 점을 볼 때, '걸리다'는 통사 교육적인 측면이 아니라, 의미 교육의 측면에서 다뤄져야 할 동사로 생각된다. 다시 말해서, 통사적인 특징보다는 '명사(+격 조사)+걸리다'의 유형 전체를 구 동사(phrasal verb)처럼 보고, 그 전체를 하나의 어휘로 간주하는 편이 낫다는 것이다. '걸리다'가 포함된 용례들을 구 동사처럼 볼 수 있으리라는 생각은 일련의 '명사(+격 조사)+걸리다' 전체가 문장 성분을 요구하는 경우가 많다는 점에서도 찾을 수 있다. 가령, '마음에 걸리다'는 '-이/가 마음에 걸리다'와 같이 '마음에 걸리다' 전체가 주어를 요구하며, '성패가 달려 있다'는 '-에·-에게 성패가 걸렸다'와 같이, '-에'나 '-에게'에 이끌리는 문장 성분을 요구한다. 그런 점에서 '걸리다'에 인접 선행하는 격 조사나 어미에 주목하는 통사 교육보다는 처음부터 의미적 측면에 주안을 두고 '걸리다'를 교수하는 편이 낫다고 생각된다.

이상의 논의를 따르면 '걸리다'는 대략 다음과 같은 의미 패턴 위주의 목록으로 구성돼 있다고 할 수 있다.

- '걸리다'의 통사 교육 패턴
  a. '격 조사+걸리다'의 패턴

	통사적 대규칙	통사적 소규칙
빈도상 대규칙	-에 걸리다	
빈도상 소규칙	(-이/가 걸리다)	

b. '어미+걸리다'의 패턴

  A-게 걸리다 : (시간)~ 넘게 걸리다

● '걸리다'의 의미 교육 패턴

(시간)-이/가 걸리다	(시간) 쯤이 걸리다	(시간) 정도 걸리다
-이/가 마음에 걸리다	(병)-에 걸리다	-의 목에 걸리다
전화가 걸리다	-에 사활이 걸리다	-의 덫(그물)에 걸리다
법(경찰)에 걸리다	-에 제동이 걸리다	-에 이해관계가 걸리다
(-에) 시동이 걸리다	노이로제에 걸리다	

위의 의미 교육 패턴은 빈도 10이상을 기록하고 있는 '명사(+격조사)+ 걸리다'의 용례이다. 「표준국어대사전」이나 「외국인을 위한 한국어 학습 사전」에는 이밖에도 다른 용례들이 있으나, 빈도 10이상을 기록하고 있는 패턴으로는 위에서 제시한 것이 전부이다.

5. '기다리다'

(3,821회 / 70위 / ⓐ)

동사 '기다리다'의 '격 조사+기다리다'의 결합 유형 중에서는 '-을/를 기다리다'(82.21%)가 가장 많고, 그 중에서도 명사화소 '-기'를 사용하여 절을 선행하는 경우도 매우 높은 비중을 차지하고 있다. 그밖에 '-는 것을 기다리다'(0.46%)나 '-을 것을 기다리다'(0.31%), '-음을 기다리다'(0.10%) 등도 있으나 빈도가 낮을뿐더러, 실제 용례에서 모두 '-기'로 대체할 수 있는 것이므로, 이들 '-기'를 제외한 여타의 명사화소와 결부된 '기다리다'의 통사적 패턴은 무시해도 좋다.

'어미+기다리다'의 결합 유형은 '-고 기다리다'(29.65%), '-게 기다리다'(16.83%) 등이 있는데, 전자는 '참고 기다리다', '듣고 기다리다' 등과 같이 다른 동작과 기다리는 동작의 동시성을 나타내거나, 혹은 어떤 동작이 끝난 뒤 기다리는 동작으로 이어진다는 계기성을 갖는다. 동시성의 의미로 해석되는 유형으로는 '-며 기다리다'(4.81%), '-면서 기다리다'(1.92%) 등이 있는데 빈도가 낮은 편이지만 중고급 이상의 수준에서 다뤄 볼 수 있는 패턴이라 할 만하다. '-게 기다리다'는 전형적으로 형용사가 선행하여, '애타게 기다리다', '초조하게 기다리다' 등과 같이 나타나는데 이 역시 패턴으로 간주하여 볼 수 있다.

- '기다리다'의 통사 교육 패턴
  a. '격 조사+기다리다'의 패턴

	통사적 대규칙	통사적 소규칙
빈도상 대규칙	-을/를 기다리다	
빈도상 소규칙	-에서 기다리다	

  b. '어미+기다리다'의 패턴

	통사적 대규칙	통사적 소규칙
빈도상 대규칙	V-고·-며 기다리다	
빈도상 소규칙	V-아/어 기다리다 A-게 기다리다	

-고·-며 기다리다 : 참고 기다리다, ~ 않고 기다리다, ~ 하고 기다리다 등
-아/어 기다리다 : 손꼽아 기다리다, 서서 기다리다, 앉아 기다리다 등
-게 기다리다 : 애타게 기다리다, 눈이 빠지게 기다리다, 느긋하게 기
　　　　　다리다 등

한편, '명사(+격 조사)+기다리다'의 결합 유형을 보면, 대체로 기본 의미인 '때나 사람이 오기를 바라다'는 의미에서 크게 벗어난 것은 없지만, '차

례가 오기를 기다리다', '순서가 되기를 기다리다', '결과가 나오기를 기다리다'와 같은 문장을 압축하여 '차례를 기다리다', '순서를 기다리다', '결과를 기다리다'와 같이 관용적으로 쓰이는 용법들이 다수이다. 이에 따라서 이들을 하나의 의미 교육을 위한 패턴으로 다뤄볼 수 있다.

- '기다리다'의 의미 교육 패턴
  a. 기본 의미로 쓰인 경우
     (사람)을/를 기다리다   (시간)을/를 기다리다

  b. 파생 의미 또는 비유적 의미로 사용되는 패턴
     -의·-는 대답을 기다리다   -의 차례(순서)를 기다리다
     -은/는 말을 기다리다   (교통수단)-을/를 기다리다
     결과를 기다리다   -을 기회를 기다리다

6. '끌다'

(2,580회 / 108위 / ⓑ)

'끌다'의 통사적 특성은 비교적 단순하다. '-을/를 끌다'가 82.64%로 가장 많고, 그 뒤를 '-로 끌다'(13.01%), '-이/가 끌다'(2.35%)가 잇고 있다. 전형적인 타동사로서 '끌다'의 특성을 볼 수 있다. 이 동사 앞에 명사화소가 와서 '-은 것을 끌다'(0.15%)가 있기는 하지만, 절을 선행한다기보다는 '무거운 것을 끌다'처럼 어떤 대상을 나타내는 것이 일반적이다.

'어미+끌다'의 결합 유형을 보면, '-아/어 끌다'가 46.79%로 가장 많은데, 그 중에서도 상당수의 용례를 차지하고 있는 것은 '잡아 끌다'이다. 그런데 이것은 현대 국어에서 합성 동사가 아니라 단어로 기록되고 있으므로, 이 용례는 패턴에서 제외된다.5 이밖에도 '쉽게 끌다', '길게 끌다', '적

절하게 끌다'에서 보이는 것처럼 주로 형용사가 선행하는 '-게 끌다'가 19.23%로서 하나의 패턴으로 간주하여 볼 수 있다.

'끌다'에서 가장 주목을 끄는 것은 '명사(+격 조사)+끌다'의 꼴을 갖춘 패턴들이다. 이 동사의 기본 의미는 '바닥에 댄 채로 당기다'인데, 실제로는 이러한 의미로 쓰이는 것보다는 비유적으로 사용되거나 파생 의미로 쓰이는 경우가 많다. 예를 들어, '관심을 끌다', '시간을 끌다' 등이다.

- '끌다'의 통사 교육 패턴
  a. '격 조사+끌다'의 패턴

	통사적 대규칙	통사적 소규칙
빈도상 대규칙	-을/를 끌다	
빈도상 소규칙	(수단)-로 끌다	

  b. '어미+끌다'의 패턴

  A-게 끌다 : 길게 끌다 등

- '끌다'의 의미 교육 패턴
  a. 기본 의미로 사용되는 패턴

  리어카를 끌다   손을 끌다

  b. 비유적 의미 혹은 파생 의미로 사용되는 패턴
  ① 주로 '-의'가 선행하는 패턴

예 주변 이웃들의 관심을 끌다

  관심(이목)을 끌다   눈길(시선·주목)을 끌다   주의를 끌다
  흥미를 끌다   마음을 끌다

---

5 위에 제시한 '끌다'의 경우 '내끌다', '잡아끌다' 외에 다른 '-아/어 끌다' 유형은 단어가 아니다. 이후 서술에서도 「표준국어대사전」의 원칙을 따르기로 한다.

② 기타

시간을 끌다   -이/가 손님을 끌다   돈을 끌어 모으다

말뭉치 조사 결과, '돈을 끌다'가 꽤 많이 등장하였는데, 이에 대한 문맥 색인 검토 결과는 예외 없이 '모으다'가 후행하여, '돈을 끌어 모으다'와 같이 쓰이는 것으로 나타났다. 이에 따라 '돈을 끌다' 대신 '돈을 끌어 모으다'를 하나의 패턴으로 삼았다.

7. '끝나다'

(3,673회 / 75위 / ⓐ)

'끝나다'에 인접 선행하는 격 조사를 조사하면, '-이/가 끝나다'가 78.40%로 가장 많고, '-로 끝나다'가 15.14%로 나타난다. 그밖에 '여기서 끝나다', '그 정도에서 끝나다'와 같은 '-에서 끝나다'(2.97%), 주로 시간을 뜻하는 명사에 후행하여 '자정에 끝나다', '1시에 끝나다'와 같은 예에서 보이는 '-에 끝나다'(2.55%) 등이 있는데, 비록 빈도는 낮지만 이들도 '끝나다'의 패턴으로 학습될 필요가 있는 것들이다. '-로 끝나다'(15.14%)는 '-이/가 끝나다' 다음으로 많은 빈도를 보이는 결합 유형인데, '승리로 끝나다'와 같은 용례도 있지만, '실험으로 끝나고 말았다', '단순한 희망으로 끝나고 말았다'와 같이 '-고 말다'와 결합되어 '그것 이상은 아니다'라는 의미를 갖는 패턴이 다수 발견된다. 이런 이유로 '-로 끝나다'를 하나의 패턴으로 간주할 수 있다.

'어미+끝나다'의 예를 보면, '-게 끝나다'가 47.79%로 가장 많은데, 이 용례는 주로 형용사가 선행하는 유형으로서 '쉽게 끝나다', '허망하게 끝나

다' 등이 속한다. '-고 끝나다'는 16.81%로서 어미가 선행할 경우로서는 2위를 기록하고 있지만, 이때는 '~ 사람도 있었고 끝날 때에는~'의 용례와 같이 '-고'가 '끝나다'와 의미적인 긴밀성을 갖지 않는 경우가 많으므로, 이는 패턴에서 제외된다. 흥미로운 것으로는 '-면 끝나다'(15.04%)인데, 이는 주로 '내일이면 끝난다', '배터리 8개 정도면 끝난다'처럼 '끝나다'가 '해결되다', '만족되다'의 의미로 쓰일 때가 많다. 따라서 이는 하나의 패턴으로 간주해 볼 수 있다고 하겠다.

- '끝나다'의 통사 교육 패턴
  a. '격 조사+끝나다'의 패턴

	통사적 대규칙	통사적 소규칙
빈도상 대규칙	-로 끝나다 (-이/가 끝나다)	
빈도상 소규칙	-에서 끝나다 (시간)-에 끝나다	

  b. '어미+끝나다'의 패턴

	통사적 대규칙	통사적 소규칙
빈도상 대규칙	A-게 끝나다	
빈도상 소규칙	V-면 끝나다	

-게 끝나다 그렇게 끝나다, 이렇게 끝나다, 쉽게 끝나다 등
-면 끝나다 : ~ 하면 끝나다

한편, '명사(+격 조사)+끝나다'의 결합 유형들을 보면, '길이 끝나다' 외에는 주로 기본 의미에서 볼 수 있는 용례들이 대부분을 차지하고 있음을 볼 수 있었다. 특별한 경우가 아니면, 명사에 의해서 '끝나다'가 파생 의미로 해석되는 경우는 거의 없다. 따라서 '끝나다'는 몇몇 특징적인 경우 외

에는 대체로 통사 교육을 위주로 교수되어야 하는 동사라고 할 수 있다.

- '끝나다'의 의미 교육 패턴 (주로 기본 의미로 쓰임)
  a. 기본 의미로 사용되는 패턴

  전쟁이 끝나다   말[言]이 끝나다 수업이 끝나다

  -이/가 승리(실패)로 끝나다 식사가 끝나다 선거가 끝나다

  일(작업)이 끝나다   임기가 끝나다 영화가 끝나다

  경기가 끝나다   -은/는 시대가 끝나다

  준비가 끝나다   장마가 끝나다 대회가 끝나다

  예배가 끝나다   뉴스가 끝나다

  b. 파생 의미 또는 비유적 의미로 사용되는 패턴

  길이 끝나다

여기서 '말이 끝나다'를 문맥 색인에서 관찰해 보면 '말이 끝나기가 무섭게'와 같은 패턴이 발견된다. 그런데 이는 '무섭다'의 패턴, 즉 '-기가 무섭게'와 같이 볼 수 있으므로 이 목록에서는 제외되었다.

8. '나가다'

(6,000회 / 43위 / ⓐ)

동사 '나가다'의 통사적 패턴으로 가장 눈에 띄는 것은 '-로 나가다'(36.45%), '-에 나가다'(31.43%), '-을/를 나가다'(16.68%) 등이다. 그밖에도 '-이/가 나가다'(12.72%), '-에서 나가다'(1.43%) 등이 '나가다'의 통사적 패턴으로 볼 수 있는 것들로서 앞서 6.1.1에서 보았던 '가다'의 경우와 유사하다.

'명사(+격 조사)+나가다'의 결합 유형을 보면, 대체로 두 가지의 의미로 사용된 경우를 파악할 수 있다. 그 하나는 기본 의미로서 '밖으로 가다'의 의미로 쓰인 경우이며, 그 외에 '어떤 목적을 위해 다니다'의 의미로 쓰인 것이다. 기본 의미로 사용된 '나가다' 앞에 보통 장소를 뜻하는 명사가 오는 반면, 파생 의미로 쓰인 경우에는 '산책', '보도(報道)' 등의 장소가 아닌 명사가 오므로 유표적이라 할 수 있다. 더욱이, '사회에 나가다' 등은 기본 의미적인 면에서도 볼 수 있지만, 전체가 '사회생활을 하다'와 같은 비유적 해석도 가능하므로 이들 역시 유표적인 측면에서 다룰 수 있다. 그러나 '가다'와는 달리 의미 파생의 정도가 심한 경우는 발견되지 않는다.

- '나가다'의 통사 교육 패턴
  a. '격 조사+나가다'의 패턴

	통사적 대규칙	통사적 소규칙
빈도상 대규칙	-로 나가다	
빈도상 소규칙	-에 나가다 (장소)-을/를 나가다 -에서 나가다	

  b. '어미+나가다'의 패턴

	통사적 대규칙	통사적 소규칙
빈도상 대규칙	V-아/어 나가다	
빈도상 소규칙	V-고 나가다 V-러 나가다	

-아/어 나가다 : 걸어 나가다, 달려 나가다, -을/를 따라 나가다 등
-고 나가다 : 데리고 나가다, 밀고 나가다, 들고 나가다, 열고 나가다 등
-러 나가다 : ~ 하러 나가다, 보러 나가다, 놀러 나가다 등

- '나가다'의 의미 교육 패턴
    a. 기본 의미로 사용되는 패턴
       밖(바깥)에·으로 나가다   집(을) 나가다   앞에·으로 나가다
       바다에·를 나가다   방을 나가다   들에·로 나가다
       거리(시내)에·로 나가다

    b. 파생 의미나 비유적 의미로 사용되는 패턴
       넋이 나가다   방이 나가다   외국에 나가다
       정신(이) 나가다   일(을) 나가다   직장에 나가다
       학교에 나가다   마중(을) 나가다   사회에 나가다
       보도(報道)가 나가다   산책(을) 나가다

9. '나누다'

(3,511회 / 77위 / ⓑ)

'나누다'에 인접 선행하는 격 조사로서 가장 많은 것은 목적격 조사 '-을/를'이다. '-을/를 나누다'가 57.06%로 가장 많고, '-로 나누다'(29.19%)로 뒤를 잇는다. '-로 나누다'는 다시 '대상을 분류하다'라는 의미에서 '-로 나누다1'과, '도구나 수단으로 분리하다'의 뜻을 갖는 '-로 나누다2'로 분류할 수 있다. 이 중 전자는 '대상을 무엇 무엇 등으로 나누다'에서 보이는 것과 같이, 여러 체언들이 열거되거나 혹은 집합적으로 해석될 수 있는 체언이 선행된다는 특징이 있으므로, 이를 교수 시에도 반영할 필요가 있다.

한편, '어미+나누다'의 결합 유형을 보면, '공평하게 나누다', '크게 나누다', '먹음직스럽게 나누다'와 같이 형용사를 선행하여 쓰이는 '-게 나누

다'(37.55%)가 가장 많은 빈도를 차지하는 결합 유형으로 나타나고, '-아/어서 나누다'(8.98%), '-고 나누다'(8.98%), '-며 나누다'(3.67%), '-면서 나누다'(2.04%) 등이 있는데, 이 중 앞의 두 유형은 문맥 색인 관찰 결과 '물건을 사서 나누어 주었다', '함께 기뻐하고 나누는 생활' 등 인접 선행하는 '-아/어서'나 '-고'가 '나누다'와 의미적인 긴밀성을 갖지 못하는 경우가 많아서 이는 패턴에서 제외된다.

'명사(+격 조사)+나누다'의 결합 유형은 다채롭게 나타난다. '나누다'의 기본 의미가 '하나를 둘 이상으로 가르다'라는 의미라고 볼 때에 파생 의미로 사용된 경우가 더 많다고 볼 수 있다. '이야기를 나누다', '대화를 나누다'와 같은 패턴이 많은데, 이들은 모두 앞에 공동격 조사 '-와/과'를 대동할 수 있다는 특징이 있다. 기본 의미로 사용된 것은 '~가지로 나누다', '~씩 나누다', '~종류로 나누다' 등으로 한정되고 있다.

- '나누다'의 통사 교육 패턴
  a. '격 조사+나누다'의 패턴

	통사적 대규칙	통사적 소규칙
빈도상 대규칙	-을/를 나누다	
빈도상 소규칙	(결과)-로 나누다 -와/과-랑 나누다	

  b. '어미+나누다'의 패턴

	통사적 대규칙	통사적 소규칙
빈도상 대규칙	A-게 나누다	
빈도상 소규칙	V-아/어 나누다	

-게 나누다 : 크게 나누다, 공평하게 나누다,

-아/어 나누다 : -에 따라 나누다, 복사해 나누다

- '나누다'의 의미 교육 패턴

  a. 기본 의미로 사용되는 패턴

    ~ 가지로 나누다   ~ 등으로 나누다   ~ 부분으로 나누다

    ~ 씩 나누다   ~ 종류로 나누다

  b. 파생 의미로 사용되는 패턴

    - 주로 '-와/과'를 선행

예 친구와 이야기를 나누다

    이야기(대화·담소)를 나누다   인사(악수)를 나누다

    의견을 나누다   정(우정)을 나누다

    담소를 나누다

10. '나다' (바닥에서 솟아나다)

(9,023회 / 28위 / ⓐ)

　'나다'가 다른 격 조사와 결합되는 유형들을 살펴보면 다른 동사에 비해서 매우 단순함을 알 수 있다. '나다'와 인접 선행하는 격 조사로서 가장 많은 것은 주격 조사 '-이/가'인데, '-이/가 나다'가 전체 결합 유형 중의 88.44%를 차지할 만큼 매우 높다. 그 다음은 '-에서 나다'로서 4.60%, 그리고 '-에 나다'가 3.27%, '-로 나다'가 2.29% 등이다.

　동사 '나다'는 매우 많은 다의를 갖고 있는 동사로 잘 알려져 있는데, 그 다의성은 다양한 명사와 어울려서 실현되기 때문에 그 기본 의미는 매우 추상적으로 읽혀질 때가 많다. 일례로 '소리가 나다', '들통이 나다', '큰일이 나다' 등이 그러하다. 이들 용례에서 주격 조사를 생략하여 '소리 나다', '들통 나다', '큰일 나다'와 같이 쓰는 경우도 빈번한데, 대체로 '-이/

가 나다'에서 주격 조사 '-이/가'는 생략이 가능하다.6

한편, '-로 나다'에 선행되는 명사들은 항상 방향과 관련돼 있다. '숲 속으로 난 길', '동쪽으로 난 도로' 등과 같은 예문에서 확인이 된다. 다만 한국어 학습자에게 '-에서 나다'와 '-에 나다'는 다소 어렵게 느껴지는 통사 교육 패턴이라 할 수 있다. '-에서 나다'는 '-에서 태어나다', '-에서 생산되다', '-에서 일어나다, 발생하다' 등의 의미를 가지고 있고, '-에 나다'는 '-에 무엇이 솟아나다', '-에 무엇인가가 생기다' 등의 의미를 갖는다. '장흥에서 나고 자란 사람'과 같이 '-에서 나다'가 쓰인 경우에는 '*장흥에 나고 자란 사람'처럼 '-에 나다'로 대치가 불가능하고, 그 반대로 '기사가 신문에 났다'와 같이 '-에 나다'가 쓰인 용례를 '*기사가 신문에서 났다'처럼 '-에서 나다'를 쓸 수 없다. 그런데, '공장에 화재가 났다' 혹은 '공장에서 화재가 났다'와 같이 '-에서 나다'와 '-에 나다'가 대치되어 쓰여도 이상이 없는 문장도 있다는 데 학습의 어려움이 있다.

이런 면에서, '-에 나다'나 '-에서 나다'의 패턴은 통사적인 측면에 유의하여 가르치기보다는 의미 교육의 관점에서 다루는 게 더 나아 보인다. '나다'의 의미가 다른 동사에 비해 추상적인 성격이 있음을 앞서 언급했지만, 말뭉치 조사 결과로 봐도 '나다'는 다양한 명사와 더불어 영어의 구동사(phrasal verb)처럼 기능하는 경우가 많은 것으로 관찰되기 때문이다. 이 경우 주격 조사나 부사격 조사 '-에', '-에서' 등에 이끌리는 문장 성분이

---

6 '나다'가 격조사가 선행하는 패턴에서는 대개의 사전들이 '나다'가 갖는 의미들을 다의로 취급하고 있다. 그런데 선행하는 격조사가 생략되고 '명사+나다'의 결합을 갖는 경우의 '나다'는 두 가지로 분류된다. 그 하나는 '별나다', '엄청나다'와 같이 일부 어근에 결합하여 형용사를 만드는 구실을 하는 접미사로서의 '-나다'이고, 다른 하나는 '화나다', '겁나다', '결딴나다', '겨울나다' 등과 같이 명사 어근과 결합하여 합성 동사를 이루는 어근으로서의 '나다'이다. 후자의 어근으로서 쓰이는 '나다'는 단어의 지위를 갖는다고 여겨지는 것들에 한정되므로, 사실상 사전에 등재되지 않은 '들통 나다', '소리 나다' 등은 개별적인 두 단어의 결합으로 이해될 뿐이다.

선행되는 특징이 있다. '명사(+격 조사)+나다'의 결합 유형들을 살펴보면, '소리가 나다', '불이 나다', '기억이 나다' 등 '명사+-이/가+동사'의 유형이 절대 다수를 차지하며, 이들을 문맥 색인에서 확인해 보면, 각각 '-에서 소리가 나다', '-에 불이 나다', '-이/가 기억이 나다'와 같이 쓰임을 확인할 수 있다. 여기서 '명사+-이/가+동사'의 패턴에서는 거의 대부분이 주격 조사로 나타나거나 생략이 될 수 있다. 바로 이 점은 '격 조사+나다'의 결합 유형에서 유독 '-이/가 나다'가 매우 높은 빈도를 차지하고 있는 이유를 설명해 준다.

이에 따라서 '-이/가 나다'나 '-에서 나다', '-에 나다' 등의 패턴은 의미 교육에서 다뤄주되, 그 쓰임이 비교적 일정한 '-로 나다'는 별도의 통사 교육 패턴으로 다루는 것이 효과적이라 판단된다.

- '나다'의 통사 교육 패턴('격 조사+나다'의 패턴)

	통사적 대규칙	통사적 소규칙
빈도상 대규칙	(-이/가 나다)[7] -에서 나다	
빈도상 소규칙	-에 나다 (방향)-로 나다	

---

[7] '-이/가 나다'에 괄호를 표시한 것은 앞서 5.2.1의 (27)에서 본 것과 같이 주격 조사가 관련된 동사 패턴이 통사적으로 무표적이라는 사실을 보여주기 위함이다. 다른 자동사에서 '-이/가+자동사'의 패턴이 빈도가 낮을 경우, 즉 빈도상 소규칙의 차원에서 볼 수 있을 때에는 이를 목록에 올리지 않았지만, '-이/가 나다'처럼 빈도가 아주 높은 경우에는 별도로 괄호 표기를 하여 넣었다. 이후의 표에서도 이러한 방식을 취함을 밝혀둔다.

● '나다'의 의미 교육 패턴8

① 주로 '(-은/는/을 것)-이/가'가 선행하는 패턴

> 예 그가 늦게 온 것이 화가 나다 · 거짓이 탄로가 나다

화가 나다	생각이 나다	겁이 나다
신이 나다	실감이 나다	기억이 나다
끝이 나다	짜증이 나다	고장이 나다
신명이 나다	신바람이 나다	싫증이 나다
신문에 나다	박살이 나다	신물이 나다
표가 나다	바닥이 나다	구역질이 나다
이골이 나다	흥이 나다	동이 나다
신경질이 나다	힘이 나다	빛이 나다
끝장이 나다	재미가 나다	탈이 나다
윤이 나다	산산조각이 나다	탄로가 나다
현기증이 나다	조바심이 나다	토막이 나다
웃음이 나다	피비린내 나다	기운이 나다
거덜이 나다	샘이 나다	기사가 나다
허가가 나다	티가 나다	말썽이 나다
동강이 나다	진저리가 나다	진땀이 나다
살맛이 나다		

② '-에' 또는 '-에서'가 모두 선행할 수 있는 패턴

> 예 그 집에 큰일이 나다 · 윗마을에서 큰일이 나다

큰일이 나다	불(화재)가 나다	사고가 나다
난리가 나다	열이 나다	땀(피)이 나다
전쟁이 나다	이름이 나다	초상이 나다
홍수가 나다	연기가 나다	싹이 나다

---

8 여기서 주격 조사 '-이/가'가 생략된 형태로서의 '명사+나다'는 대개 단어의 지위를 갖는다. 이런 점은 '나다'의 의미 패턴을 선정하는 데 고민이 된다.

③ 주로 '-에'가 선행하는 패턴

> 예 사람들 사이에 소문이 나다

소문이 나다	고장이 나다	구멍이 나다
말이 나다	이름이 나다	성이 나다
웃음이 나다	안달이 나다	진력이 나다
자국이 나다	일이 나다	탐이 나다
기사가 나다	털이 나다	진땀이 나다
모가 나다		

④ 주로 '-에서'가 선행하는 패턴

> 예 그와 나는 이런 데에서 차이가 나다

차이가 나다	사고가 나다	전쟁이 나다
겨울을 나다	연기가 나다	총소리가 나다
싹이 나다	말썽이 나다	악취가 나다

⑤ 주로 '-에게'가 선행하는 패턴

> 예 그녀에게 큰일이 나다

큰일이 나다	사고가 나다	혼이 나다
들통이 나다	병이 나다	시간이 나다
초상이 나다	일이 나다	허가가 나다
혼쭐이 나다		

⑥ 주로 관형절이 선행하는 패턴

> 예 하늘이 울리는 소리가 나다

소리가 나다	냄새가 나다	맛이 나다
사건이 나다		

⑦ 기타

-기로 정평이 나다	-는 데 이골이 나다
-기로 결론이 나다	-기로·-는 것으로 판가름이 나다
-을 엄두가 나지 않다	-는 것으로 판결이 나다
-지 못해·~ 때문에 안달이 나다	-는 데·-는 것에 진력이 나다
-은/는 것으로·-기로 결론이 나다	-은/는 것으로 결말이 나다
-로 발령이 나다	불티가 나게 ~

위 결과는 문맥 색인을 통해서 이들 패턴에 선행되는 문법 형태 중에 눈에 띄는 것들을 위주로 정리해 본 것이다. 각 개별 패턴들이 보이는 통사적·의미적 양상들은 여기서 모두 다루기에는 다소 벅찬 감이 없지 않다. 따라서 이에 대한 세부적인 논의는 하지 않고 다만 여기서는 '명사(+격조사)+나다'의 꼴을 갖춘 패턴들이 그 전체가 하나의 동사처럼 기능하여 다양한 격조사를 취할 수 있는 모습을 밝힌 데에 중심을 두고자 한다.

11. '나오다'

(14,973회 / 16위 / ⓐ)

동사 '나오다'에 대한 「표준국어대사전」의 풀이를 참고하면, 이 동사는 격틀에 따라 다양한 다의를 갖는 것으로 파악된다. 이는 '격 조사+나오다'의 다양한 결합 유형에서도 확인이 된다. 제일 많은 것은 '-이/가 나오다'(42.26%)이고, 명사화소 '-은/는/을 것' 등에 이끌려 절이 선행하는 것처럼 보이는 예도 있지만, '캄캄한 것', '조그만 것', '먹을 것' 등 단순 명사로 봐도 무방한 것들이 대부분이다. 이 뒤는 '-에서 나오다'(17.79%), '-에 나오다'(15.60%), '-로 나오다'(13.71%) 등으로 앞서 살펴봤던 다른 동사들과 달리, 선행하는 격 조사 별로 결합되는 비율이 큰 폭의 차이를 보이지 않고 비교적 고른 빈도를 보이고 있다는 특징이 있다. 따라서 이들 각각은 통사 교육의 측면에서 다뤄봄 직한 패턴들이라 할 수 있다.

'어미+나오다'의 결합 양상에서는 단연 '-아/어 나오다'(58.41%)가 돋보인다. 이들 용례를 보면, '뻗쳐 나오다', '불거져 나오다'' 등과 같이 '동사+아/어 나오다' 전체가 합성 동사 구성으로 사용되는 경우가 많다. 이어서 '-고 나오다'(24.71%)도 주목할 만한 패턴이다. 이는 '입고 나오다', '지니고 나오다', '들고 나오다'에서 보는 것처럼 '-아/어 나오다'와 함께 합성 동사의 범주로 묶어 볼 만한 것들이라 할 수 있다. 많은 동사들의 '어미+동사' 결합 유형에서 보이는 '-게 나오다'(6.52%)는 '아름답게 나오다', '적게 나오다'에서 보는 것처럼 패턴으로 간주해 볼 수 있다. 그밖에 이동 동사와 어울려 '목적'을 뜻하는 '-러 나오다', '-았/었다가 나오다', '-면서 나오다' 등도 패턴으로 간주해 볼 수 있다.

한편, '명사(+격 조사)+나오다'의 결합 유형을 보면, 대체적으로 기본 의미로 사용된 것들과 파생 의미로 사용되는 것들이 골고루 나타남을 볼 수 있다. '밖에 나오다, 밖으로 나오다', '집을 나오다, 집에서 나오다' 등도 있으며, 비유적인 의미로 사용된 '결과가 나오다', '세상에 나오다'와 같은 용례는 물론, '마중을 나오다', '계산이 나오다'와 같이 '나오다'의 파생 의미로 볼 수 있는 것들도 다수 있다.

- '나오다'의 통사 교육 패턴
  a. '격 조사+나오다'의 패턴

	통사적 대규칙	통사적 소규칙
빈도상 대규칙	-에(게)서 나오다 (-이/가 나오다)	
빈도상 소규칙	-에 나오다 -로 나오다 -을/를 나오다	

b. '어미+나오다'의 패턴

	통사적 대규칙	통사적 소규칙
빈도상 대규칙	V-아/어 나오다	
빈도상 소규칙	V-고 나오다 A-게 나오다 V-러 나오다 V-다가 나오다	V-았/었다가 나오다

-아/어 나오다 : 터져 나오다, 쏟아져 나오다, 빠져 나오다, 배어 나오다, 걸어 나오다, -을/를 따라 나오다, 불거져 나오다, 풍겨 나오다 등9

-고 나오다 : 들고 나오다, ~ 하고 나오다, 열고 나오다, 뚫고 나오다, -을/를 가지고 나오다, 데리고 나오다 등

-게 나오다 : 그렇게 나오다, 높게 나오다, 자연스럽게 나오다, 강하게 나오다 등

-러 나오다 : 놀러 나오다 등

-았/었다가 나오다 : 갔다가 나오다 등

● '나오다'의 의미 교육 패턴
  a. 기본 의미로 사용되는 패턴

  밖(거리)에·으로 나오다   집(방)을·에서 나오다

  앞에 나오다(실용문에서)   앞으로 나오다

  학교에 나오다   여기에서 나오다(실용문에서)

  물(피·눈물)이 나오다   감옥에서 나오다

  돈이 나오다   다음에 나오다(실용문에서)

  음식이 나오다

---

9 '뛰쳐 나오다', '흘러 나오다' 등은 「표준국어대사전」에서 하나의 단어로 간주되고 있으므로 이 목록에서는 생략되었다.

b. 파생 의미로 사용되거나 비유적 의미로 사용되는 패턴
    ① 주로 '-은/는다는, -이라는' 관형절이 선행하는 패턴

예	그가 승진한다는 말이 나오다

말이 나오다   판결이 나오다   결론이 나오다
지적이 나오다   대답이 나오다   주장이 나오다
보도(報道)가 나오다   계산이 나오다   작품이 나오다
분석이 나오다   비판이 나오다   통계가 나오다
기록이 나오다

    ② 주로 '-이/가'가 선행하는 패턴

예	어린 아이가 집을 나오다

집을 나오다   마중을 나오다   세상에 나오다
책에 나오다   영화에 나오다   시중에 나오다
증인으로 나오다

    ③ 주로 '-은/는' 관형절이 선행하는 패턴

예	기대치를 밑도는 결과가 나오다

결과가 나오다   장면(대목)이 나오다   반응이 나오다
태도로 나오다   발상에서 나오다

    ④ 기타
      웃음(한숨)이 나오다   대학을 나오다   아기가 나오다
      배가 나오다   매물이 나오다

　파생 의미로 사용되는 패턴 중에서는 특히 '-은/는다는, -이라는'에 이끌리는 패턴들이 눈에 자주 띈다. 특히 '명사(+격조사)+나오다'의 패턴 앞에는 원래 서술격 조사 '-이다'로 끝나는 문장이 절로 오는 경우가 많은 것도 하나의 특징이라 할 수 있다.

12. '나타나다'

(6,889회 / 36위 / ⓑ)

　격 조사가 인접 선행할 때의 '나타나다'가 갖는 결합 유형을 보면, '-로 나타나다'가 40.06%로 가장 많다. 이 중에서 순수하게 명사를 선행하는 경우는 20.53%이지만, 명사화소 '-은/는 것'을 대동하여 '-은/는 것으로 나타나다'와 같이 절이 선행하는 경우도 전체 20%에 가깝다. 명사만 선행되는 경우만 따진다면 '-이/가 나타나다'가 '-로 나타나다'보다 약 10%가 많은 32.49%로서 가장 많다. '-이/가 나타나다' 역시 절이 선행할 때에 명사화소 '-은 것이 나타나다'로 쓰이는 예가 있지만, 그 빈도는 전체 0.4% 정도로 낮다. 그밖에 '-에 나타나다'(18.29%), '-에서 나타나다'(6.47%), '-에게 나타나다'(0.36%) 정도로 '나타나다'의 통사 교육 패턴을 상정해 볼 수 있다.

　'어미+나타나다'의 결합 유형은 '두드러지게 나타나다', '분명하게 나타나다'와 같이 '-게 나타나다'가 전체 어미 결합 유형의 53.34%로 가장 많다. 그 뒤는 '잇따라 나타나다', '관계되어 나타나다'와 같은 '-아/어 나타나다'가 25.05%로 나타나고 있다.

　'명사+나타나다'를 보면, '보이지 않던 것이 드러나다' 혹은 '생각이나 느낌이 드러나다'라는 기본 의미로 사용된 경우가 대다수이고, 별도로 파생 의미라 볼 수 있는 경우나 비유적으로 사용된 용례는 잘 보이지 않는다. 그러므로 '나타나다'는 주로 통사적 특성에 유의하여, 해당 패턴이 갖는 기본 의미를 중심으로 교수되는 것이 바람직하다고 하겠다.

- '나타나다'의 통사 교육 패턴
  a. '격 조사+나타나다'의 패턴

	통사적 대규칙	통사적 소규칙
빈도상 대규칙	-로 나타나다 (-이/가 나타나다)	-은/는 것으로 나타나다
빈도상 소규칙	-에 나타나다 -에서 나타나다 -에게 나타나다	

  b. '어미+나타나다'의 패턴

	통사적 대규칙	통사적 소규칙
빈도상 대규칙	A-게 나타나다	
빈도상 소규칙	V-아/어 나타나다	

  -게 나타나다 : 높게 나타나다, 다르게 나타나다, 두드러지게 나타나다, 흔하게 나타나다, 분명하게 나타나다, 현저하게 나타나다 등
  -아/어 나타나다 : -을/를 통하여 나타나다, -에 따라 나타나다, -에 걸쳐 나타나다 등

- '나타나다'의 의미 교육 패턴(기본 의미로 사용되는 패턴)
  ① 주로 '-은/는' 관형절이 선행하는 패턴

  > 예 값이 오르는 현상이 나타나다

  현상이·으로 나타나다   형태로 나타나다   결과가(로) 나타나다
  증상(증세)이 나타나다   모습이 나타나다   변화가 나타나다
  과정에서 나타나다   효과가 나타나다   경향이 나타나다

  ② 주로 '-이/가'가 선행하는 패턴

  > 예 꿈에 그리던 세계가 눈앞에 나타나다

  눈앞에 나타나다   현실로 나타나다   화면에 나타나다
  광고에 나타나다

③ 기타

~ 순(順)으로 나타나다   위에 나타나다(실용문에서)

13. '남다'

(4,963회 / 56위 / ⓑ)

'격 조사+남다'의 결합 유형을 보면, '-이/가 남다'가 38.79%로 가장 많은데, 이중에서도 형용사에 명사화소 '-음'이 결합되어 '아쉬움이 남다', '그리움이 남다'와 같은 용례도 소수 나타난다. 이들은 별도의 의미 항목으로 다뤄볼 수도 있지만, 한국어 고급 학습자들에 대해서는 '-이/가 남다'의 하위 패턴으로 교수할 수도 있으리라 생각된다.

바로 앞에서 '나오다'가 다양한 격 조사의 결합에 따라 다의를 가질 수 있음을 언급한 바 있는데, '남다' 역시 다양한 격 조사와 결합될 수 있고, 그 빈도 역시 상대적으로 높다는 점에서 '나오다'와 같이 격 조사에 따른 다의를 예상해 볼 수 있다. 문맥 색인에 따르면, '-에 남다'(28.42%), '-로 남다'(25.86%) 등은 '나머지가 있게 되다'라는 기본 의미에서 파생되어 '잊혀지지 않거나 그대로 있다'는 의미로 해석되는 것이 많다는 사실에서도 확인이 된다.

'어미+남다'의 경우 가장 많은 빈도를 차지하는 것은 '-아/어 남다'(32.68%)이다. 그런데 이 중 대부분은 '살아남다'이다. 이는 현대 국어에서 하나의 단어로 인정되고 있는데, 세종 말뭉치의 원문 그대로 형태 분석을 한다는 지침에 따라 두 단어인 것처럼 분석되어 나타났다. 그밖에 '-아/어 남다'는 '해방되어 남은 사람들과 함께'에서와 같이 '남다'와의 의미적 긴밀성이 떨어지는 것들이므로, 빈도는 가장 높지만 패턴에서는 제외된다.

이와 마찬가지 이유로 '-고 남다'(23.37%)로서 상대적으로 상위 빈도를 차지하고 있지만 패턴으로 간주할 수 없다. 그러나 '-게 남다'(15.99%)는 '아름답게 남아 있다', '의문이 질기게 남는다' 등과 같이 수식하는 용법으로 사용되고 있으므로, 이는 패턴으로 삼을 수 있다.

'명사(+격 조사)+남다'의 결합을 보면, 대체로 기본 의미로 사용된 것과 파생 의미로 사용된 것들이 골고루 발견이 된다. '혼자 남다', '집에 남다', '돈이 남다' 등은 기본 의미로 볼 수 있고, '기억에 남다', '문제로 남다', '미련이 남다' 등은 파생 의미로 볼 수 있다.

- '남다'의 통사 교육 패턴
  a. '격 조사+남다'의 패턴

	통사적 대규칙	통사적 소규칙
빈도상 대규칙	(-이/가 나타나다)	A-음이 남다
빈도상 소규칙	-에게 남다 (결과)-로 남다	

  b. '어미+남다'의 패턴

	통사적 대규칙	통사적 소규칙
빈도상 대규칙	V-다가 남다	
빈도상 소규칙	A-게 남다	

-다가 남다 : 먹다가 남다, 쓰다가 남다, 팔다가 남다,
  타다가 남다 등
-게 남다 : 앙상하게 남다, 생생하게 남다, 강하게 남다,
  ~ 넘게 남다 등

- '남다'의 의미 교육 패턴
  a. 기본 의미로 사용되는 패턴

흔적이 남다	집에 남다	시간이 남다
일이 남다	학교에 남다	돈이 남다

  b. 파생 의미로 사용되는 패턴
    ① 주로 '-이/가'가 선행되는 패턴

    > 예 옛날 살던 동네가 기억에 남다

기억에 남다	문제로 남다	기록에 남다
아쉬움이 남다	과제(숙제)로 남다	

    ② 주로 '-은/는' 관형절이 선행되는 패턴

    > 예 부어 있는 상태로 남다

상태로 남다	모습으로 남다	흔적이 남다

    ③ 주로 '-의'가 선행하는 패턴

    > 예 일기장에 그 사람의 흔적이 남다

흔적이 남다	인상에 남다

14. '낳다'

(2,566회 / 110위 / ⓑ)

'낳다'는 '배 속의 아이, 새끼, 알을 몸 밖으로 내놓다'는 기본 의미를 가지고 있으며, 여기서 파생되어 '어떤 결과를 이루게 되다', '어떤 환경이 인물을 나타나게 하다' 등의 의미로 쓰일 수 있다. 이러한 파생 관계는 한국어 모어 화자들에게는 비교적 쉽게 다가갈 수 있지만, 외국인 학습자들에게는 유표적인 특성의 하나이므로 의미 교육 패턴으로 각종 파생 의미로 사용된 용례들을 다루는 것이 좋을 것이다.

한편 '격 조사+낳다'의 결합 유형에서는 '-을/를 낳다'가 86.71%로 가장 많고, 그 뒤를 '-이/가 남다'(7.32%), '-에 낳다'(3.71%) 등이 잇고 있다. 어미와의 결합 유형으로는 형용사를 선행하여 '-게 낳다'(27.78%) 정도만을 꼽을 수 있다. '-아/어 낳다'(20.37%), '-고 낳다'(11.11%) 등에서는 문맥 색인에서 살펴봐도 특별히 어미와의 의미적 긴밀성을 찾을 수 없기 때문에 이들은 패턴에서 제외된다. 비교적 단순하고 평이한 통사적 패턴을 갖고 있는 만큼, 이 동사는 주로 의미 교육의 측면을 강조하여 학습자들에게 제시되는 것이 바람직해 보인다.

- '낳다'의 통사 교육 패턴
  a. '격 조사+낳다'의 패턴

	통사적 대규칙	통사적 소규칙
빈도상 대규칙	-을/를 낳다	
빈도상 소규칙	(시간)-에 낳다 -에서 낳다	

  b. '어미+낳다'의 패턴

  A-게 낳다 : 힘들게 낳다, 어렵게 낳다, 귀하게 낳다 등

- '낳다'의 의미 교육 패턴
  a. 기본 의미로 사용되는 패턴

  아이(를) 낳다   아들(을) 낳다   알을 낳다
  새끼를 낳다   딸을 낳다   자식을 낳다
  자녀를 낳다

b. 파생 의미로 사용되는 패턴

    - 주로 '-은/는' 관형절을 선행

> 예 일에 쫓기는 결과를 낳다

결과를 낳다	부작용을 낳다	우려를 낳다
효과를 낳다	문제를 낳다	

15. '내리다'

(5,054회 / 52위 / ⓐ)

'격 조사+내리다'의 결합 유형을 보면, '-을/를 내리다'가 58.09%로 가장 많고, '-이/가 내리다'는 21.03%로 나타난다. '-에서 내리다', '-에 내리다', '-로 내리다' 등이 모두 한 자릿수의 빈도를 기록하고 있는 것과 대조적이다. 앞서 살펴본 동사의 경우에, 이렇듯 '격 조사+동사'의 결합 유형이 고른 분포를 보이기보다 특정 격 조사와의 결합이 높은 경우, 대체로 다양한 종류의 '명사(+격 조사)+동사' 패턴이 발견되는 경향이 있음을 앞서 살핀 '나다'의 경우에서도 확인한 바 있다. '명사(+격 조사)+내리다'를 보면, 세종 말뭉치에서 빈도 10이상을 기록한 것들만도 50여개가 넘는데, 기본 의미인 '눈이나 비, 이슬 따위가 오다'는 뜻보다는 비유적으로 사용되거나 파생적으로 사용된 것이 월등히 많음을 볼 수 있다. '결론을 내리다', '뿌리를 내리다' 등이 그것이다. 이런 면에서 '내리다'는 기본적인 '격 조사+내리다'의 유형을 바탕으로 다양한 의미 파생의 모습을 교수하여야 하는 동사라 할 수 있다.

한편, '어미+내리다'의 결합 유형에서는 '-아/어 내리다'가 67.68%로 매우 많은 편인데, 문맥 색인을 통해 '내리다'의 용례를 보면, '떨어져 내리다', '무너져 내리다' 등과 같이 합성 동사의 구성을 띠고 있는 경우가 많다. 이들은 하나의 패턴으로 간주해도 좋을 것들이다.

- '내리다'의 통사 교육 패턴
  a. '격 조사+내리다'의 패턴

	통사적 대규칙	통사적 소규칙
빈도상 대규칙	-을/를 내리다	
빈도상 소규칙	-에서 내리다 -에 내리다	

  b. '어미+내리다'의 패턴

	통사적 대규칙	통사적 소규칙
빈도상 대규칙	V-아/어 내리다	
빈도상 소규칙	V-다가 내리다	V-았/었다가 내리다

-아/어 내리다 : 무너져 내리다, 쏟아져 내리다, 흘러 내리다, 깎아 내리다, 굴러 내리다, 훑어 내리다, 허물어져 내리다, -을/를 따라 내리다, 뻗어 내리다, 미끄러져 내리다 등
-(았/었)다가 내리다 : 타려다가 내리다, 올렸다가 내리다 등

- '내리다'의 의미 교육 패턴
  a. 기본 의미로 사용되는 패턴

비가 내리다	첫눈이 내리다	차(茶)를 내리다
차에서 내리다	버스에서 내리다	서리가 내리다
닻을 내리다	봄비가 내리다	아래로 내리다

b. 파생 의미 또는 비유적인 의미로 사용되는 패턴

① 주로 '-은/는다는, -이라는'이 선행하는 패턴

> 예 범인은 김 씨라는 결론을 내리다

결론을 내리다	판결(판정)을 내리다	명령을 내리다
정의를 내리다	해석을 내리다	처분을 내리다
진단을 내리다		

② 주로 '-이/가'가 선행하는 패턴

> 예 민주주의가 뿌리를 내리다

뿌리를 내리다　　　막이 내리다

③ 기타

결단을 내리다	어둠이 내리다	처방을 내리다
상을 내리다	땅거미가 내리다	금리를 내리다

'내리다'에 선행하는 명사들로 '결론', '명령', '판단', '지시', '평가' 등이 오는 만큼, 이들은 앞에 이들을 한정할 수 있는 수식어로서 절이 위치할 때가 많으며, 이 경우 대체로 '-은/는다는'이나 '-이라는'의 어미가 위치하는 것을 간단한 문맥 색인에서 살필 수 있었다. 따라서 이러한 특징을 반영하여 위와 같은 다의 교육 패턴을 선정해 볼 수 있다.

16. '넘다'

(3,431회 / 79위 / ⓑ)

'넘다'는 '-을/를 넘다'가 전체 '격 조사+넘다' 결합 유형 중 50.36%, '-이

/가 넘다'가 **47.41%**로서 목적격 조사와 주격 조사와 결합되는 비율이 모두 높은 동사이다. 반면에, '-에서 넘다'나 '-에 넘다' 등 직관적으로도 그 의미가 쉽게 파악되지 않는 것들은 세종 말뭉치 전체에서도 4~6회 정도만 쓰이고 비율로서도 1% 미만으로 나타났다.

'명사(+격 조사)+넘다'의 결합 유형을 보면, 용례는 많은 편이지만 대체로 기본 의미로 쓰인 것들이 많고, 파생된 의미라 해도 그 정도가 심하지 않고 평이한 것들이 대부분이다. 다만, 어떤 명사와 어울려서 '넘다'가 쓰일 수 있는지 아는 것이 한국어 학습자에게 중요한 일인 만큼, 의미 교육 패턴에서 중요하게 다뤄야 할 것이다.

- '넘다'의 통사 교육 패턴
  a. '격 조사+넘다'의 패턴

	통사적 대규칙	통사적 소규칙
빈도상 대규칙	-을/를 넘다	
빈도상 소규칙	(경로)-로 넘다1 (수단)-로 넘다2	

  b. '어미+넘다'의 패턴

	통사적 대규칙	통사적 소규칙
빈도상 대규칙	V-고 넘다	
빈도상 소규칙	A-게 넘다	

-고 넘다 : -을/를 타고 넘다 등
-게 넘다 : 어렵게 넘다 등

- '넘다'의 의미 교육 패턴
  a. 기본 의미로 사용되는 패턴

~ 년이 넘다	~ 명이 넘다	~ 원이 넘다
~ 시를 넘다	산을 넘다	담을 넘다
국경을 넘다	~ 달[月]이 넘다	산맥을 넘다
배(倍)가 넘다		

  b. 파생 의미 또는 비유적 의미로 사용되는 패턴
  ① 주로 '-의'가 선행하는 패턴

  > 예 기술의 한계를 넘다

한계를 넘다	벽을 넘다	문턱을 넘다

  ② 주로 '-은/는' 관형절이 선행하는 패턴

  > 예 일반인이 생각하는 차원을 넘다

차원을 넘다	수준을 넘다	선(線)을 넘다

  ③ 기타
  -이/가 도(道)를 넘다

17. '넣다'

(3,963회 / 68위 / ⓐ)

'격 조사+넣다'의 결합 유형으로는 '-을/를 넣다'와 '-에 넣다'가 각각 52.08%, 44.46%로서 거의 대부분의 용례를 차지한다. 그밖에 저빈도 결합 유형 중에서 주목할 만한 것은 '-로 넣다'이다. '문틈으로 넣다'와 같은 '(장소)-로 넣다1', '곡 중 솔로로 넣었다'에서의 '(결과)-로 넣다2'가 있는데,

이들을 하나의 패턴으로 간주해 봄 직하다.

'어미+넣다'의 유형으로는 '-아/어 넣다'가 99.93%라는 매우 높은 빈도로 나타난다는 점이 특징이다. '받아 넣다', '떼어 넣다' 등과 같이 다양한 동사들과 어울려서 합성 동사처럼 사용되는 경우가 많으므로, 이는 패턴으로 간주하여 볼 수 있다.

'넣다'와 어울리는 명사들의 유형들을 보면, 대체로 기본 의미로서 사용되는 예가 많다는 것을 볼 수 있다. '속에 넣다', '입에 넣다' 등을 비롯하여, '가방에 넣다' 등이 있고, 파생 의미로 사용된 것으로는 '계산에 넣다', '범주에 넣다' 등이 있다.

- '넣다'의 통사 교육 패턴
  a. '격 조사+넣다'의 패턴

	통사적 대규칙	통사적 소규칙
빈도상 대규칙	-을/를 넣다	
빈도상 소규칙	-에 넣다 (방향)-로 넣다 (결과)-로 넣다	

  b. '어미+넣다'의 패턴
  V-아/어 넣다 : 밀어 넣다, 끼워 넣다, 던져 넣다, 불어 넣다, 쑤셔 넣다, 그려 넣다, 찔러 넣다, 털어 넣다, 적어 넣다, 채워 넣다, 떠 넣다, 써 넣다, 쏟아 넣다, 새겨 넣다, 부어 넣다 등

- '넣다'의 의미 교육 패턴
  a. 기본 의미로 사용되는 패턴
    ① 주로 '-을/를'이 선행하는 패턴

    예 사탕을 입에 넣다

    입에 넣다   주머니(호주머니)에 넣다   물에 넣다
    냉장고에 넣다   가방(봉투·상자)에 넣다

② 주로 '-에'가 선행하는 패턴

예 찌개에 양념을 넣다

양념을 넣다　　　　동전을 넣다　　　　물을 넣다
골을 넣다

③ 기타

~ 속에 넣다　　　　~ 등(等)을 넣다

b. 파생 의미 또는 비유적인 의미로 사용되는 패턴
-에게 압력을 넣다　　　　-을/를 계산에 넣다
-은/는·-의 범주에 넣다　　　　-에 신문을 넣다

18. '놓다'

(3,216회 / 87위 / ⓐ)

'놓다'에서 두드러진 '격 조사+놓다'의 결합 유형으로는 '-을/를 놓다'가
76.98%로 가장 높다. 이의 하위 패턴으로는 특이하게 '-을 것인가를 놓다'
가 있는데, 이는 '어떻게 할 것인가를 놓고 토론을 벌였다'와 같이 '어떤
문제에 대하다'의 의미가 있다. 이는 '놓다'가 가진 고유의 문형으로 볼
수 있으므로 일정 수준에 다다른 한국어 학습자에게 제시해 볼 수 있는
패턴이라 할 수 있다. 이밖에도 '-느냐를 놓다'(0.33%), '-을지를 놓다'(0.14%)
와 같이 의문형 연결 어미 뒤에 '-을/를 놓다'가 오는 경우가 많은데, 이
경우 '놓다'의 활용형은 '놓고'로 제한된다. 이들은 비록 빈도는 낮은 편이
지만 패턴으로 삼을 필요가 있다고 생각된다. 또한 이때의 '놓다'가 갖는
활용형을 고려하여 '-을 것인가를 놓고'와 같이 설정하는 것이 바람직하다.

이밖에도 '-에 놓다'(19.52%)를 패턴으로 삼을 수 있으며, '수평으로 놓다', '-은/는 대상으로 놓다' 등에서 보이는 '-로 놓다'(1.66%)는 '-로 삼다, 간주하다'의 의미가 있으므로 빈도는 낮지만 패턴으로 설정할 수 있다.

'어미+놓다'의 경우를 보면 '옮겨다가 놓다', '갖다가 놓다' 등에서 보이는 '-다가 놓다'(39.85%)가 가장 높은데, 그 하위 패턴이라 할 수 있는 '-았/었다가 놓다'도 14.56%로 다른 결합 유형에 비하여 높은 빈도를 갖고 있다. 또한, '-아/어 놓다'(35.5%)에서 '놓다'는 본용언이 아니라 보조 용언 구성에서 쓰인 것이므로, 이는 본용언의 '놓다' 패턴에서 제외되지만, '펼쳐 놓다', '내어 놓다' 등 '-아/어서 놓다'와 기능상으로 동일한 '-아/어 놓다'는 패턴으로 삼아 볼 수 있다. '-게 놓다'는 '자유롭게 놓다', '안전하게 놓다'와 같이 수식어로 역할을 할 수 있으므로 이는 패턴에 포함된다.

- '놓다'의 통사 교육 패턴
  a. '격 조사+놓다'의 패턴

	통사적 대규칙	통사적 소규칙
빈도상 대규칙	-을/를 놓다	-을 것인지를 놓고 -느냐를 놓고 -을지를 놓고
빈도상 소규칙	-에·-다가 놓다 (지정)-로 놓다	

  b. '어미+놓다'의 패턴

	통사적 대규칙	통사적 소규칙
빈도상 대규칙	V-다가 놓다	V-았/었다가 놓다
빈도상 소규칙	V-아/어서 놓다	

-(았/었)다가 놓다 : 갖다가 놓다, 들었다가 놓다, 잡았다가 놓다, 가지다가 놓다, 쥐었다가 놓다, 옮겨다가 놓다 등
-아/어(서) 놓다 : 내어 놓다, 펴서 놓다 등

- '놓다'의 의미 교육 패턴
  a. 기본 의미로 사용되는 패턴

    ~ 앞에 놓다   ~ 위에 놓다   ~ 옆에 놓다
    -에 책을 놓다   -에 숟가락을 놓다   -에 상을 놓다

  b. 파생 의미 또는 비유적 의미로 사용되는 패턴
    ① 주로 '-은/는' 관형절이 선행하는 패턴

    > 예 금리 인상이라는 문제를 놓고 고민에 빠졌다

      문제를 놓고   결과를 놓고   중심에 놓고
      방법을 놓고

    ② 주로 '-에'가 선행하는 패턴

    > 예 비단 위에 수를 놓다

      수를 놓다   다리[橋]를 놓다   주사(침)을 놓다
      불을 놓다   훼방을 놓다

    ③ 주로 '-에게'가 선행하는 패턴

    > 예 그에게 으름장을 놓다

      으름장을 놓다   엄포를 놓다   세(貰)를 놓다

    ④ 기타
      마음(을) 놓다   손(을) 놓다   목을 놓아 울다
      일손을 놓다   수화기를 놓다   V-을 것인지의 여
      부를 놓고
      줄행랑을 놓다

대개의 단음절 어간의 동사가 그렇듯이, '놓다' 역시 매우 많은 다의어
를 갖고 있다. 그리고 기본적인 의미보다는 파생적으로 쓰이는 예가 많다.

예를 들어, '마음을 놓다', '손을 놓다' 등이 그러하다. 이 중에는 '목을 놓아 울다'처럼 '목을 놓다' 단독이 아니라 뒤에 '울다' 또는 '외치다'를 후행하여 연어적인 구성으로 쓰이는 것도 있다. 이 경우 '목을 놓아 울다' 전체가 하나의 어휘처럼 간주되는 관용 표현으로 볼 수 있지만, 말뭉치에서는 '목을 놓다'가 그 자체로 '울다'의 뜻으로 쓰이거나 혹은 '울다'의 유의어 즉, '방성대곡하다'나 '통곡하다' 등의 동사와 어울리는 면이 있으므로, 일부 생산적인 특성을 인정하여 패턴으로 설정할 수 있다. 이렇게 볼 때 '놓다'는 통사적 패턴은 물론, 의미 교육 패턴 모두 골고루 교수되어야 할 중요 동사라고 할 수 있다.

19. '느끼다'

(5,757회 / 45위 / ⓑ)

'격 조사+느끼다' 결합 유형에서는 '-을/를 느끼다'가 86.04%로 가장 많다. 이 중에서 명사를 선행하는 경우는 65.67%이고, 명사화소 '-음' 또는 '-은/는 것'을 통하여 절이 선행하는 경우도 20%를 넘으므로, 이들 '-음을 느끼다', '-는 것을 느끼다' 등의 하위 패턴들도 중요한 통사 교육 패턴으로 다루어야 할 필요가 있다. '-을/를 느끼다' 외에 '-로 느끼다'(4.18%) 역시 패턴으로 볼 수 있다. 여기서 '-로'는 '도구'의 의미를 갖는데, 대체로 '피부로 느끼다', '몸으로 느끼다'와 같이 관용 표현으로 볼 수 있는 것부터 '대중들이 직관적으로 느끼는', '일상적으로 느끼는 것'처럼 '-적' 접미사에 붙은 부사어들과 호응되는 예들이 있다. 이 중에서 후자의 '~적으로 느끼다'는 결합되는 두 어휘 사이의 의미적 긴밀성이 뚜렷하지 않다. '직관적으로 대중들이 느끼는'과 같이 '직관적으로'와 '느끼다'가 얼마든지 분리가 될 수 있고, 한자어 접미사 '-적'이 문장에서 부사어로 기능하는 경우는 대체로 '-로' 조사를 통해 실현되는 경향이 있으므로 이는 패턴에서 제외해 볼 수 있다. 그러나 전자의 '몸으로 느끼다' 등의 '-로 느끼다'는 문맥 색인 속에서 매우 높은 빈도로 '-로 느끼다'의 용례를 차지하고 있으며, 그 의미의 긴밀성이 높다고 여겨지므로 패턴으로 삼을 수 있다.

그밖에 '격 조사+느끼다'의 결합 유형 중 통사 교육 패턴으로 다뤄 볼 수 있는 것들로는 '-이/가 느끼다'(3.81%), '-에서 느끼다'(2.18%), '-처럼 느끼다'(1.36%) 등이 있다. 이때 '-처럼 느끼다'는 빈도는 낮지만 '-는 것처럼 느끼다'와 같이 절을 선행하는 하위 패턴이 있는데, 이때의 '-처럼'은 모양이 서로 비슷하거나 같음을 나타내는 의미가 거의 느껴지지 않는다. 예를 들어, '그가 환생한 것처럼 느껴졌다', '그것을 당연한 소망처럼 느끼고 있다'에서 볼 수 있듯이, '-처럼 느끼다'는 그 고유의 의미적 특성이 있는 패턴으로 손색이 없다.

한편, '어미+느끼다'의 결합 유형 중에서는 단연 '-게 느끼다'(35.43%), '-(았/었)다고 느끼다'(21.57%)가 두드러진다. '어렴풋하게 느끼다', '진하게 느끼다' 등의 예에서 볼 수 있듯이 전형적으로 동사의 수식어로 사용되는 경우의 어미 '-게'를 포함하는 '-게 느끼다'는 패턴으로 선정될 수 있다. '자신이 구석으로 몰렸다고 느끼다'에서 보이는 것과 같은 '-다고 느끼다' 혹은 '-이라고 느끼다' 등의 결합 유형도 패턴으로 간주할 수 있다.

아래의 패턴들을 보면 알 수 있지만, '느끼다'는 감각 기관을 통해 어떤 자극을 깨닫는다는 기본 의미를 가지고 있으므로, 이에 결합되는 다양한 명사들을 살펴보면 대체로는 기본 의미의 차원에서 이해될 수 있는 것들이 다수를 차지함을 볼 수 있다. 일례로 '추위를 느끼다'가 기본 의미로서 사용된 경우라고 할 때 '불안을 느끼다'는 어느 정도 파생된 의미로 볼 수 있지만, 대체적으로는 기본 의미의 차원에서 논할 수 있으므로, 대다수의 용례를 기본 의미로 보는 데 별 문제가 없다고 여겨진다.

- '느끼다'의 통사 교육 패턴
  a. '격 조사+느끼다'의 패턴

	통사적 대규칙	통사적 소규칙
빈도상 대규칙	-을/를 느끼다	-음을 느끼다 -은/는 것을 느끼다
빈도상 소규칙	(수단)-로 느끼다 -에서 느끼다 -처럼 느끼다	

  b. '어미+느끼다'의 패턴

	통사적 대규칙	통사적 소규칙
빈도상 대규칙	A-게 느끼다	
빈도상 소규칙	V·A-다고 느끼다 V-고 느끼다	

-게 느끼다 : 뼈저리게 느끼다, 강하게 느끼다, 절실하게 느끼다, 심하게 느끼다, 쉽게 느끼다, 새삼스럽게 느끼다, 크게 느끼다, 예민하게 느끼다 등

-다고 느끼다 : ~ 있다고 느끼다, ~ 없다고 느끼다, -아/어 간다고 느끼다 등

-고 느끼다 : 보고 느끼다 등

- '느끼다'의 의미 교육 패턴 (주로 기본 의미로 사용됨)
  ① 주로 '-에'가 선행되는 패턴

예 이런 일에 보람을 느끼다

보람을 느끼다	흥미를 느끼다	매력을 느끼다
통증을 느끼다	공포를 느끼다	싫증을 느끼다
만족을 느끼다	책임(감)을 느끼다	회의를 느끼다
한계를 느끼다	염증을 느끼다	환멸을 느끼다
불만을 느끼다	한기를 느끼다	

② '-에'와 '-로'가 모두 선행될 수 있는 패턴

> 예 이 영화에 감동을 느끼다 · 이 영화로 감동을 느끼다

감동을 느끼다	부끄러움을 느끼다	불편을 느끼다
슬픔을 느끼다	부담을 느끼다	열등감을 느끼다
재미를 느끼다	절망을 느끼다	자부심을 느끼다

③ 주로 '-에게'가 선행되는 체언

> 예 그녀에게 매력을 느끼다

매력을 느끼다	분노를 느끼다	사랑을 느끼다
연민을 느끼다	배신감을 느끼다	고마움을 느끼다

④ 관형절이 선행되는 체언

> 예 때리고 싶은 충동을 느끼다

충동을 느끼다	기분을 느끼다	감정을 느끼다
고통을 느끼다	두려움을 느끼다	필요를 느끼다

위에서 알 수 있듯이, '명사(+격조사)+느끼다'에 선행하는 내용으로는 '무엇인가를 느끼는 이유나 원인'을 의미하는 성분들이 위치하는 특성이 있는데, 대체로 '-에'나 '-로'가 위치할 수 있다는 특징이 있다. 그밖에 '충동을 느끼다' 등을 비롯하여 '감정을 느끼다'나 '두려움을 느끼다'는 선택적으로 혹은 필수적으로 관형절을 선행하는 경우가 발견되어 이를 '느끼다'의 의미 교육 패턴의 분류 기준으로 삼았다.

20. '다니다'

(4,360회 / 65위 / ⓐ)

동사 '다니다'는 주로 '-에 다니다'(43.61%), '-을/를 다니다'(36.75%)로

쓰이는 경우가 많으며, '목적이 있어 일정한 곳을 정하여 놓고 드나들다'라는 기본 의미로 사용된 경우가 많다. 이러한 기본 의미로 쓰이는 용례는 '명사(+격 조사)+다니다'의 결합 유형에서도 확인이 된다. '어미+다니다'의 결합에서는 '-고 다니다'가 인접 선행하는 연결 어미 가운데 가장 많은 52.25%를 차지한다. 이는 '태우고 다니다', '누비고 다니다'처럼 일종의 합성 동사 구성으로 사용된 경우가 대다수이다. 이러한 합성 동사 구성으로 볼 수 있는 것으로서 '-아/어 다니다'가 있는데 33.96%의 상대 빈도를 가지고 있어 '-고 다니다' 다음으로 많이 쓰이며, '끌려 다니다', '붙어 다니다' 등에서와 같은 용례에서 이들 용례를 확인할 수 있다.

- '다니다'의 통사 교육 패턴
  a. '격 조사+다니다'의 패턴

	통사적 대규칙	통사적 소규칙
빈도상 대규칙	-에 다니다	
빈도상 소규칙	-을/를 다니다 (방향)-로 다니다1 (수단)-로 다니다2	

  b. '어미+다니다'의 패턴

	통사적 대규칙	통사적 소규칙
빈도상 대규칙	V-고 다니다	
빈도상 소규칙	V-아/어 다니다 V-러 다니다	

-고 다니다 : 들고 다니다, ~ 하고 다니다, 입고 다니다, 넣고 다니다, 누비고 다니다, 몰고 다니다, 지니고 다니다, 해집고 다니다 등
-아/어 다니다 : 걸어 다니다, 옮겨 다니다, 붙어 다니다, 기어 다니다, 끌려 다니다, 쫓겨 다니다 등
-러 다니다 : 놀러 다니다, 보러 다니다, -을/를 구하러 다니다 등

- '다니다'의 의미 교육 패턴 (기본 의미로 사용되는 패턴)

  학교를·에 다니다   대학을·에 다니다   직장을·에 다니다

  회사에 다니다   학원을·에 다니다   고등학교를·에 다니다

  교회에 다니다   도망(을) 다니다   구경(을) 다니다

21. '당하다'

(2,743회 / 104위 / N)

동사 '당하다'에서 가장 많은 빈도를 보이는 '격 조사+동사' 유형은 '-을/를 당하다'(88.79%)이다. 특히 명사화소 '-음'을 취하여 '-음을 당하다'와 같은 하위 유형도 4.52% 정도를 차지하는데 대부분은 형용사를 선행하여, '어려움을 당하다', '괴로움을 당하다'와 같은 유형이다. 그 다음으로 많은 유형은 '-이/가 당하다'(5.14%)이고, '-에 당하다'(1.70%), '-에게 당하다'(1.23%) 정도가 있는데, 전자는 시간을 나타내는 명사와 어울려 '겨울에 당한 일'과 같은 구성과 함께, '그 사람의 방망이에 당했다'와 같이 '당하다'의 원인으로 쓰이는 경우도 있다. 이 둘은 각각 '-에 당하다1', '-에 당하다2'로 놓을 수 있다. 한편, '-에게 당하다'는 그 의미가 두 가지 정도로 좁혀지는데, 그 하나는 '철수가 도둑에게 당했다'와 같이 '-에게'에 이끌린 성분이 '당하다'의 원인 제공자가 되는 경우와 '공부는 철수에게 당할 수 없다'와 같이 '비교할 수 없다'의 뜻으로 쓰이는 경우 두 가지이다. '-로 당하다'의 경우는 앞서 열거한 것에 비해 더 낮은 빈도인 1.13%로 나타나는데, '일방적으로 당하다', '무방비로 당하다'와 같이 관용 표현처럼 쓰여, 앞의 명사들이 대체로 '태도나 상태'를 나타낼 때가 많은 것이 특징이다.

한편, '어미+당하다'의 결합 유형에서는 형용사를 선행하는 '-게 당하다'(34.51%), 명사를 선행하여 '사고라도 당하면', '무슨 일이라도 당하면'

과 같은 용례에서 보이는 '-이라도 당하다'(18.58%)이다. 이때 '당하다'는 거의 대부분 '당하면'과 같이 활용하므로 이를 패턴에 반영해 줄 필요가 있다.

'명사(+격 조사)+당하다'의 결합 유형에서는 대체로 '당하다'가 갖는 기본 의미로 해석될 수 있는 것들이 많은 편이며, 통사적으로는 '-을/를 당하다'의 꼴이 대부분이라는 특징이 있다.

- '당하다'의 통사 교육 패턴
  a. '격 조사+당하다'의 패턴

	통사적 대규칙	통사적 소규칙
빈도상 대규칙	-을/를 당하다	A-음을 당하다
빈도상 소규칙	(시간)-에 당하다1 (원인)-에 당하다2 -에게 당하다	-에게 당할 수 없다

  b. '어미+당하다'의 패턴

	통사적 대규칙	통사적 소규칙
빈도상 대규칙	A-게 당하다	
빈도상 소규칙	V-아/어서 당하다 N-이라도 당하면	

- '당하다'의 의미 교육 패턴 (기본 의미로서의 패턴)
  ① 주로 '-에게'가 선행하는 패턴

  > 예 그 사람에게 나쁜 일을 당하다

나쁜 일을 당하다	폭행을 당하다	강간을 당하다
봉변을 당하다	수모를 당하다	망신을 당하다
구타를 당하다	창피를 당하다	떼죽음을 당하다
사기를 당하다	구속을 당하다	모욕을 당하다
무안을 당하다	고문을 당하다	

② 주로 '-로'가 선행하는 패턴

> 예 이 사건으로 죽임을 당하다

죽임을 당하다	불이익을 당하다	고통을 당하다
변을 당하다	피해를 당하다	부상을 당하다
떼죽음을 당하다		

③ 주로 '-에서'가 선행하는 패턴
(교통)사고를 당하다

④ 주로 명사나 관형절이 선행하는 패턴

> 예 바보 취급을 당하다 · 밤새 일하는 취급을 당하다

취급을 당하다	꼴을 당하다	수난을 당하다

⑤ 주로 '-을/를'이 선행하는 패턴
도난을 당하다

위에서 보이는 분류는 각 패턴의 문맥 색인을 관찰하여, 그에 선행하는 문법 형태들의 특징에 따라 정리해 본 것이다. 격조사 '-로'의 경우는 '-로 당하다'와 같이 '당하다' 앞에 선행하여 쓰이는 일이 별로 없는 데 반해서, '명사(+격 조사)+당하다'에서는 '원인'이나 '이유'의 의미를 나타내는 체언에 연결되어 '전쟁으로 죽임을 당하다', '사업 실패로 불이익을 당하다'와 같이 쓰이는 용례가 발견된다. 물론, 위에 열거한 패턴들의 형태가 고정돼 있는 것은 아니다. 가령 '수난을 당하다'는 격 조사 '-에게'를 선행할 수도 있고, '사고를 당하다'는 '-로' 격 조사가 선행되는 일도 있다. 다만 여기서는 문맥 색인에서 발견되는 주된 패턴 중 대표적이라 여겨지는 것을 중심으로 열거한 것이다.

22. '대하다'

(34,833회 / 4위 / ⓑ)

동사 '대하다'는 '-에 대하여'와 같이 기능적으로 주로 사용되는 것으로 잘 알려져 있다. 이러한 특성상 '격 조사+대하다'의 유형을 살펴보면 대체로 '-에 대하다'가 98.39%라는 놀라운 빈도를 기록하고 있음을 확인할 수 있다. 그리고 이때의 문맥 색인을 보면, 대체로 '-에 대하여'보다는 '-에 대한'과 같이 '대하다'가 관형형으로 활용하는 경우가 더 많다는 것을 볼 수 있다. 따라, '-에 대하다'는 통사적 패턴으로 볼 때, '-에 대한'과 '-에 대하여'를 동시에 반영하는 것이 바람직해 보인다.

쉽게 간과되기 쉬운 것으로서 '대하다'가 실질적인 동사로서 사용되는 용법이 있다. 비록 소수이기는 하지만 '-을/를 대하다'(0.95%), '-로 대하다'(0.30%) 등이 그것이다. 그러나 '대하다'의 빈도가 매우 높기 때문에, 비록 상대 빈도로 볼 때는 낮다고 하더라도 그 용례는 수백 개에 이르는 만큼, 이들도 통사 교육의 패턴에서 다뤄줄 필요가 있다. 다만, 이러한 용법은 초급이 아닌 중급이나 고급에서 제시되는 것이 좋을 것이다.

한편 '어미+대하다'의 결합 용례에서는 '대하다'가 실질적인 의미를 갖고 있는 경우로 사용되는 경우에 국한되어 '친절하게 대하다', '살갑게 대하다'와 같이 '-게 대하다'가 유일한 어미로 기록되고 있다.

- '대하다'의 통사 교육 패턴
  a. '격 조사+대하다'의 패턴

	통사적 대규칙	통사적 소규칙
빈도상 대규칙	-에 대한·대하여	-은/는 것에 대한·대하여
빈도상 소규칙	-을/를 대하다 (자격·지위)-로 대하다	

b. '어미+대하다'의 패턴

A-게 대하다 : 친절하게 대하다, 따뜻하게 대하다, 부드럽게 대하다, 다정하게 대하다 등

'대하다'가 '-에 대한', '-에 대하여'와 같이 기능적인 용법으로 쓰이는 일이 많고, 그 빈도도 매우 높기 때문에 '명사(+격 조사)+대하다'의 결합 유형에서도 매우 많은 명사들이 나타남을 볼 수 있다. 그 중에서 제일 빈도가 높은 것은 실용문에서 나타나는 '이에 대한', 또는 '이에 대하여'이고, '~ 문제에 대한', '~ 문제에 대하여' 등이다.

● '대하다'의 의미 교육 패턴

※ '-에 대한, -에 대하여'에 선행하는 명사 (빈도 100 이상)

이·그·저	문제	-은/는 데	등(等)
사건	사회	일	명(名)
문화	관계	기업	행위
사람	현실	자신	세계
삶	씨(氏)	사실	자체
상황	미래	현상	점(點)
역사	기관	질문	정책

23. '돌리다' ('돌다'의 사동사)

(2,747회 / 101위 / ⓑ)

동사 '돌리다'는 「표준국어대사전」에서 4개의 동음어가 등재돼 있는데, '돌다'의 사동사로 쓰인 경우가 아닌 것들은 그 용례가 무척 적어서 말뭉치 상에서도 빈도가 매우 낮게 나타나거나 아예 발견되지 않는다. '돌리다'가

'돌다'의 사동사로 사용될 때에는 일차적으로 선행하는 격 조사에 따라 구분할 수 있다.

'격 조사+돌리다'의 유형으로 제일 많은 것은 '-을/를 돌리다'(74.09%)이고, 그 뒤를 '-로 돌리다'(19.09%), '-에 돌리다'(2.88%), '-에게 돌리다'(2.16%) 등이다. 이 중에서 기본 의미로 쓰일 때를 비롯하여, '기계를 움직이게 한다'는 의미 등으로 사용되는 것은 '-을/를 돌리다'이고, '잘한 것이나 잘못한 것에 대한 책임을 다른 사람에게 떠넘기다'는 의미, 혹은 '술잔이나 차례를 정해진 범위에서 차례로 전전하다'는 뜻으로는 '-에 돌리다'나 '-에게 돌리다' 등이라 할 수 있다. 그러므로 '격 조사+돌리다'의 통사 교육 패턴은 '돌리다'에 선행되는 격 조사에 따라 의미에 대한 교육이 함께 이뤄질 수 있도록 하는 것이 좋을 것이다.

'어미+돌리다'의 유형 중에서는 '-아/어 돌리다'가 41.53%로 가장 많다. 이들은 대체로 합성 동사 구성처럼 사용되는 경우로서 '끼워 돌리다', '잡아 돌리다' 등과 같다. 그밖에 형용사를 선행하여 '돌리다'를 수식하는 '-게 돌리다'(24.58%)가 패턴으로 가르칠 필요가 있는 구성이라 하겠다.

- '돌리다'의 통사 교육 패턴
  a. '격 조사+돌리다'의 패턴

	통사적 대규칙	통사적 소규칙
빈도상 대규칙	-을/를 돌리다	
빈도상 소규칙	(방향)-로 돌리다 -에게·한테 돌리다	

  b. '어미+돌리다'의 패턴

	통사적 대규칙	통사적 소규칙
빈도상 대규칙	V-아/어 돌리다	
빈도상 소규칙	A-게 돌리다	

-아/어 돌리다 : 잡아 돌리다 등

-게 돌리다 : 늦게 돌리다 등

- '돌리다'의 의미 교육 패턴
  - a. 기본 의미로 사용되는 패턴
    - ① 주로 '-로'가 선행하는 패턴

    > 예 바다 쪽으로 고개를 돌리다

    고개를 돌리다   몸을 돌리다   머리를 돌리다
    ~ 쪽으로 돌리다   방향(뱃머리)을 돌리다

    - ② 기타
    바퀴를 돌리다

  - b. 파생 의미나 비유적 의미로 사용되는 패턴
    - ① 주로 '-로'가 선행하는 패턴

    > 예 새로운 직업으로 눈을 돌리다

    눈(시선)을 돌리다   얼굴을 돌리다   마음을 돌리다
    화제를 돌리다   채널을 돌리다

    - ② 주로 '-의'가 선행하는 패턴

    > 예 철수의 탓으로 돌리다

    탓으로 돌리다   관심을 돌리다

    - ③ 기타
    -에게 등을 돌리다   숨(한숨)을 돌리다   다이얼을 돌리다
    접시를 돌리다

'명사(+격 조사)+돌리다'에서는 기본 의미로 볼 수 있는 '돌리다'의 용
례는 물론, 활발하게 쓰이는 '돌리다'의 다의어를 확인할 수 있는 예들을

다수 찾을 수 있다. '고개를 돌리다', '눈을 돌리다' 등이 기본 의미의 관점에서 볼 수 있다면, '발길을 돌리다', '얼굴을 돌리다'는 그 전체 구성이 비유적으로 사용되어, '돌아가다', '외면하다' 등의 의미를 가질 수 있으며, '탓으로 돌리다', '숨을 돌리다', '화제를 돌리다' 등은 파생 의미로서 볼 수 있는 예들이라 하겠다.

또한 기본 의미로 사용되는 패턴들은 대체적으로 '-쪽으로' 또는 '~을/를 향하여'라는 패턴이 선행하는 경우가 많아 보인다. 이를 테면 '망루 쪽으로 고개를 돌렸다'나 '그가 부르는 쪽을 향해 몸을 돌렸다'와 같은 예에서 볼 수 있다. 또한, 파생 의미로 사용되거나 비유적인 의미로 사용되는 패턴에서도 이러한 현상이 보이지만, '-에게' 또는 '-한테' 등의 조사를 선행하는 '사람들에게 등을 돌리고 산다'에서의 '-에게 등을 돌리다'가 그것이다.

24. '돌아가다'

(3,337회 / 84위 / ⓐ)

'돌아가다'와 결합될 수 있는 격 조사들은 '-로', '-이/가', '-을/를', '-에', '-에게' 등 다양하다. 이들 격 조사에 따라 일차적으로 다의를 구분할 수 있는데, 가령 '-로 돌아가다'는 원래의 위치로 다시 가거나, 어떤 상태로 끝이 난다는 의미로 쓰이고, '-이/가 돌아가다'는 원 운동을 하면서 움직인다는 의미를 갖는다. '돌아가다'에 인접 선행하는 격 조사들의 유형을 세종 말뭉치에서 살펴보면, 대체로 '-로 돌아가다'(62.53%), '-이/가 돌아가다'(17.18%), '-에 돌아가다'(10.78%), '-을/를 돌아가다'(2.84%), '-에게 돌아가다'(2.74%) 등의 순으로 나타난다. 이 중 '-을/를 돌아가다'나 '-에게 돌아가다' 등은 빈도가 상대적으로 낮은 축에 속하지만, '돌아가다'와 결합되는 격 조사와의 의미적 긴밀성을 고려하여 패턴으로 간주할 수 있다. 한편, '돌아가다'가 '돌아가시다'로 쓰이면 '죽다'의 존대 표현으로 사용되므로, 이는 '-이/가 돌아가시다'와 같이 패턴으로 설정하는 것이 패턴의 취지에서 볼 때 바람직하다.

'어미+돌아가다'의 패턴으로 가장 많은 것은 '-고 돌아가다'이다. 이들은 합성 동사 구성처럼 쓰이는데, 연결 어미 '-고'에 선행하는 것은 동사이고, 그 동사의 동작이 끝마친 후에 제자리로 간다는 의미를 갖는다. 예를 들면 '끝마치고 돌아가다', '실망하고 돌아갔다' 등에서와 같다. 이 패턴은 여러 동사들을 선행하여 매우 생산적으로 사용되는 것이 문맥 색인 속에서 확인되므로, 하나의 패턴으로 간주할 수 있다. 빈도상 그 뒤를 잇는 '-게 돌아가다'(22.66%)는 형용사를 선행하여 '돌아가다'를 수식하는 용법으로서 매우 생산적이고 흔한 수식의 방법이기 때문에 패턴으로 선정해 볼 수 있다.

'명사(+격 조사)+돌아가다'의 유형에서는 대체로 기본 의미로 볼 수 있는 것들이 많은데, 통사 패턴으로는 '-로 돌아가다'와 '-에 돌아가다', '-이/가 돌아가다' 유형이 많다. '돌아가다' 자체가 파생적으로 쓰이는 경우는 많지 않지만, '명사(+격 조사)+돌아가다' 전체가 비유적으로 쓰이는 경우는 있다. 예를 들어, '흙으로 돌아가다', '원점으로 돌아가다' 등이 그것이다.

- '돌아가다'의 통사 교육 패턴
  a. '격 조사+돌아가다'의 패턴

	통사적 대규칙	통사적 소규칙
빈도상 대규칙	-로 돌아가다	
빈도상 소규칙	-에 돌아가다 -을/를 돌아가다 -에게·한테 돌아가다	

b. '어미+돌아가다'의 패턴

	통사적 대규칙	통사적 소규칙
빈도상 대규칙	V-고 돌아가다	
빈도상 소규칙	A-게 돌아가다	

-고 돌아가다 : ~ 하고 돌아가다, ~ 못 하고 돌아가다,
　　마치고 돌아가다 등
-게 돌아가다 : 바쁘게 돌아가다, -지 않게 돌아가다 등

● '돌아가다'의 의미 교육 패턴
　a. 기본 의미로 사용되는 패턴
　　집에·으로 돌아가다　　　　고향에·으로 돌아가다
　　~의 자리로 돌아가다　　　방으로 돌아가다

　b. 파생 의미 또는 비유적 의미로 사용되는 패턴
　　① 주로 '-이/가'가 선행하는 패턴

　　　예 사업이 실패로 돌아가다

　　실패(수포)로 돌아가다　　　흙으로 돌아가다
　　원점으로 돌아가다

　　② 기타
　　세상 돌아가는 ~　　　　　-의 상태로 돌아가다
　　-은/던 생활로 돌아가다

25. '돌아오다'

(3,643회 / 76위 / ⓐ)

‘돌아오다’는 ‘돌아가다’와 매우 유사한 결합 양상을 보이는 것으로 파악된다. 이는 직관적으로도 어느 정도 짐작되기는 하는데, 실제 말뭉치 조사 결과에서도 ‘격 조사+돌아오다’나 ‘어미+돌아오다’의 결합 유형에서의 빈도는 ‘돌아가다’의 경우와 거의 동일하게 나타났다. 세부적인 차이를 들면, ‘-에서 돌아오다’(11.23%), ‘-로부터 돌아오다’(0.75%)는 ‘돌아오다’만이 갖는 패턴이라 할 수 있으며, ‘어미+돌아가다’의 패턴 중에서 ‘-다가 돌아가다’(6.18%)는 있고, ‘-았/었다가 돌아가다’(1.50%)는 상대적으로 매우 낮은 빈도를 보이는 데 반해, ‘돌아오다’의 경우에는 ‘-았/었다가 돌아오다’(8.60%)나 ‘-다가 돌아오다’(5.14%) 모두 골고루 나타나는 편이다. 직관적으로 생각해 봐도, ‘일하다가 돌아간 사람’은 자연스럽지만, ‘?일했다가 돌아간 사람’은 어색하고, ‘일하다가 돌아온 사람’이나 ‘일했다가 돌아온 사람’은 모두 비교적 어색하지 않게 받아들여지는데, 이러한 직관이 말뭉치에서도 확인되는 것이다.

다만, ‘명사+돌아오다’는 다소 차이가 있다. 대체로 ‘돌아가다’에서 기본 의미로 사용된 명사들은 ‘명사+돌아오다’의 결합 유형에서도 거의 모두 나타난다. 가령, ‘집에 돌아오다’, ‘학교에 돌아오다’, ‘고향에 돌아오다’ 등이 그러하다. 당연한 말이겠지만, 파생 의미로 사용되거나 ‘명사+돌아오다’ 구성 전체가 비유적으로 사용되는 경우는 예외이다. 예를 들어, ‘제자리로 돌아오다’, ‘정상으로 돌아오다’ 등이 그렇다.

- ‘돌아오다’의 통사 교육 패턴
  a. ‘격 조사+돌아오다’의 패턴

	통사적 대규칙	통사적 소규칙
빈도상 대규칙	-로 돌아오다	-에게로 돌아오다
빈도상 소규칙	(시간)-에 돌아오다 -에서 돌아오다 -에게·한테 돌아오다 -을/를 돌아오다	

b. '어미+돌아오다'의 패턴

	통사적 대규칙	통사적 소규칙
빈도상 대규칙	V-고 돌아오다	
빈도상 소규칙	-다가 돌아오다 A-게 돌아오다	V-았/었다가 돌아오다

-고 돌아오다 : ~ 하고 돌아오다, 마치고 돌아오다, ~ 가지고 돌아오다, 보고 돌아오다, 끝내고 돌아오다, 주고 돌아오다, 먹고 돌아오다 등

-(았/었)다가 돌아오다 : 갔다가 돌아오다, 나갔다가 돌아오다, ~ 있다가 돌아오다 등

-게 돌아오다 : 늦게 돌아오다 등

- '돌아오다'의 의미 교육 패턴
  a. 기본 의미로 사용되는 패턴

집에·으로 돌아오다　　학교에서 돌아오다　　학교에 돌아오다
고향에·으로 돌아오다　방으로 돌아오다　　-의 자리로 돌아오다
방으로 돌아오다　　　(얼마) 만에 돌아오다

  b. 파생 의미 또는 비유적 의미로 사용되는 패턴

현실로 돌아오다　　　제자리로 돌아오다　　　정상으로 돌아오다

26. '두다'

(5,701회 / 47위 / ⓑ)

동사 '두다'는 대개의 단음절 동사들이 그러하듯이 매우 많은 다의를

갖고 있고, 다양한 명사와 결합되어 하나의 동사처럼 기능하는 특성을 가지고 있다. 우선 '격 조사+두다'의 예에서 가장 많은 유형은 '-을/를 두다'(44.78%)이다. 이 패턴이 절을 선행하는 경우 '-은 것을 두다', '-는 것을 두다'가 쓰이는데, 앞서 보았던 '놓다'와 같이 의문형 연결 어미를 취하여 '누가 범인이냐를 두고'에서 보이는 것처럼 '-느냐를 두다', '-는가를 두다'와 같은 유형도 발견된다. 이를 문맥 색인에서 살펴보면, '두다'의 활용형이 '두고'로 나타나는 일이 많으므로, 이를 패턴으로 선정 시에는 '-느냐를 두고', '-는가를 두고'의 꼴로 하는 것이 바람직할 것이다. 그 뒤로 많은 결합 유형을 보이는 것은 '-에 두다'(25.51%)이고 그 뒤를 다시 '-로 두다'(1.84%), '-이/가 두다'(0.43%)등이 잇고 있다.

'어미+두다'의 결합에서 가장 높은 빈도를 차지하고 있는 것은 '-아/어 두다'(45.04%)와 '-고 두다'(12.21%)이다. 전자는 태깅의 오류로 인한 것으로 보조용언 구성으로 보아 본용언 '두다'의 패턴에서는 제외될 수 있지만, '-고 두다'는 언뜻 합성 동사 구성으로 의심되기도 한다. 문맥 색인에서 살펴본 결과, '-고 두다'의 대부분의 용례는 부사 '두고두고'로 나타났다. '두고두고'에 '두다'의 의미적 특징이 느껴지기는 하지만, 현재 부사로 다뤄지고 있는 만큼, 이는 패턴에서 제외된다. 기타 '-고 두다'는 합성 동사로 볼 수 없고 의미적인 긴밀성이 느껴지지 않는 '그 사람은 석방하고 두고 온 사람들은 다시~' 와 같은 용례들이 차지하고 있으므로 패턴에서 제외된다.

오히려, 이보다 빈도가 낮은 '-다가 두다'(8.4%)는 하나의 패턴으로 볼 수 있다. '먹다가 두다', '사용하다가 두다'와 같은 용례에서 '두다'는 예외 없이 '어떤 행동을 마치지 않고 그대로 보관하다'는 의미를 갖고 있는 것으로 파악되는데, 이는 '-다가 두다'가 갖는 의미적 긴밀성을 보여주므로 패턴으로 선정될 수 있다.

전술한 논의에서 각종 '어미+동사' 패턴의 하나로 선정하였던 '-게+동사'의 유형에서 '-게'는 주로 형용사를 선행하여, 후행하는 동사를 수식하는 특징이 있었다. 이는 '-게 두다'(7.63%)에서도 동일하지만, 그와 별도로 동사를 선행하는 경우 즉, '살게 둘 거 같은가', '그걸 먹게 둘지 모르겠다'와 같이 '누구로 하여금 어떤 동작을 하게 허용하다'의 의미를 갖는 경우도 발견된다. 이런 면에서 '-게 두다'는 단순한 수식일 때의 용법과 동사를 선행하여 '허용'을 뜻하는 패턴으로 나눠 살펴 볼 수 있다.

- '두다'의 통사 교육 패턴
  a. '격 조사+두다'의 패턴

	통사적 대규칙	통사적 소규칙
빈도상 대규칙	-을/를 두다	-느냐를 두고 -는가를 두고
빈도상 소규칙	-에 두다 (자격)-로 두다	

  b. '어미+두다'의 패턴

	통사적 대규칙	통사적 소규칙
빈도상 대규칙	V-다가 두다	
빈도상 소규칙	V-게 두다	

  V-다가 두다 : 갖다가 두다 등
  V-게 두다 : 살게 두다, 먹게 두다 등

- '두다'의 의미 교육 패턴
  a. 기본 의미로 사용되는 패턴
    -을/를 눈앞에 두다   -을/를 가운데 두다   -의 곁에 두다
    -의 뒤에 두다   -의 옆에 두다   -을/를 혼자 두다

b. 파생 의미로 사용되는 패턴

① 격조사 '-을/를'이 선행하는 패턴

> 예 이 일을 염두에 두다

염두에 두다 　　　　사이에 두다 　　　목전에 두고(도)
코 앞에 두고(도) 　　마음에 두다

② 격조사 '-에'가 선행하는 패턴

> 예 이러한 생각에 바탕을 두다

바탕을 두다 　　　　중점(역점)을 두다 　　관심을 두다
비중을 두다 　　　　근거(뿌리·토대·기초·기반)를 두다
목적(목표)을 두다 　　뜻(의미)을 두다 　　　주안점을 두다
가치를 두다 　　　　제한을 두다 　　　　순위를 두다
(시간)-을/를 두고(두는)

③ 격조사 '-에게'가 선행하는 패턴

> 예 그 사람에게 혐의를 두다

혐의를 두다 　　　　다짐을 두다

④ 격조사 '-와/과'가 선행하는 패턴

> 예 친구와 바둑을 두다

바둑(장기)을 두다 　　간격을 두다 　　　차이를 두다

⑤ 기타
자녀(자식)를 두다 　　　　　　　시간을 두다
-은/는 사람을 두고 하는 말이다

한편, '명사(+격 조사)+두다'의 결합 유형은 주로 기본 의미로서 '일정한

곳에 놓다'는 의미로 쓰인 경우보다는 다양한 명사와 결합하여 파생 의미로, 혹은 구 전체가 하나의 동사처럼 기능하는 경우가 많은 것으로 관찰되었다. 예를 들어, '염두에 두다', '바탕을 두다', '중점을 두다', '거리를 두다' 등은 그 전체가 구 동사처럼 쓰여, '-을/를 염두에 두다', '-을/를 바탕에 두다', '-에 중점을 두다', '-와/과 거리를 두다' 등으로 쓰이는 것이 확인이 되는데, 이는 각 '명사(+격 조사)+두다' 구성이 하나의 동사처럼 기능하는 것을 보여주는 예라 하겠다. 따라서 단순히 '바탕에 두다'를 패턴으로 선정하는 것이 아니라, 이들 패턴과 함께 어울리는 격 조사들을 고려하여 '-을/를 바탕에 두다' 전체를 하나의 패턴으로 선정하는 것이 바람직하다. 이런 면에서 볼 때, '두다'는 의미 교육 패턴을 중심으로 하여, 이때의 통사적 패턴에 주목하는 방식의 교수 방법을 고려하는 것이 좋으리라고 여겨진다. 이러한 패턴의 선정 방식은 '사람을 두다'를 패턴으로 놓는 것이 아니라, '-은/는 사람을 두고 하는 말이다' 전체를 패턴으로 삼는 것에서도 마찬가지로 적용된다.

27. '듣다'

(9,386회 / 26위 / ⓐ)

동사 '듣다'는 귀를 통해서 소리를 알아차린다는 기본 의미를 갖는 대표적인 감각 동사이며, 한국어 교육 초급 단계부터 배우는 기초 동사이기도 하다. 이 동사에 인접 선행하는 명사들을 세종 말뭉치에서 살펴보면, 빈도 10 이상을 기록하는 명사들은 대체로 '노래를 듣다', '이야기를 듣다'와 같이 기본 의미의 측면에서 볼 수 있는 것들이 대다수임을 확인할 수 있다.

'듣다'에 인접 선행하는 격 조사들의 빈도를 조사해 보면, '-을/를 듣다'

가 82.75%로 절대적으로 높은 빈도를 차지하고 있음을 볼 수 있다. 그리고 절을 선행할 때에 '-는 것을 듣다', '-음을 듣다'와 같이 '-은/는/을 것'과 '-음'의 두 명사화소를 통해 실현되는 경우가 대부분이다. '-을/를 듣다'의 뒤를 잇는 것은 '-이/가 듣다'(5.27%), '-에서 듣다'(2.89%), '-로 듣다'(2.87%), '-에 듣다'(1.88%) 등으로 나타난다. 이 중 '-로 듣다'는 다시 선행 명사의 의미적 특징에 따라서 '헤드폰으로 듣다'와 같은 '(도구)-로 듣다1', 그리고 '그가 이 일을 결정한 것으로 들었다'와 같은 용례에서 보이는 '(결과)-로 듣다2'으로 나눠 볼 수 있다. 이 후자의 경우에는 '-은·는 것으로 듣다'라는 하위 패턴을 갖고 있으므로, 이는 어느 정도 '-로 듣다'를 충분히 이해하고 있는 한국어 학습자에게 제시될 수 있는 패턴으로 선정할 수 있다. 또한, '-에 듣다'는 대체로 시간을 뜻하는 명사가 선행하여, '예전에 듣다', '근간에 듣다'와 같은 구성이 절대적으로 다수이므로 이를 패턴으로 삼을 수 있다.

한편, '어미+듣다'의 결합 유형에서는 '-아/어 듣다'가 37.04%를 차지하여 가장 높은 빈도를 보인다. 이는 '전해 듣다', '농담 삼아 듣다', '사람을 통해 듣다' 등에서 보이는 것처럼 '-아/어서 듣다'(5.95%)와 거의 동일한 의미를 갖는 것으로 보인다. '-아/어 듣다' 뒤를 이어 고빈도를 차지하는 '-고 듣다'(17.18%)는 '보고 듣다'라는 용례 외에는 모두 '비밀로 약속하고 들은 이야기는 모두 처참했다'에서 보는 것처럼, 연결 어미 '-고'와 '듣다' 사이의 뚜렷한 의미적 긴밀성을 감지하기 어려운 것들이어서 역시 패턴에서 제외된다. 그보다 낮은 빈도의 '-게 듣다'는 그 의미적 긴밀성에 있어서 패턴이 될 자격이 있다. '듣다'의 감각 동사로서의 특징은 '-(았/었)다고 듣다'(5.09%), '-이라고 듣다'(1.82%) 등에서 드러난다. 이들의 빈도는 상대적으로 낮게 측정되지만, '듣다'가 다른 동사에서 일반적으로 가질 수 있는 구성은 아니므로, '듣다' 고유의 중요한 패턴으로 삼아볼 수 있다.

- '듣다'의 통사 교육 패턴
  a. '격 조사+듣다'의 패턴

	통사적 대규칙	통사적 소규칙
빈도상 대규칙	-을/를 듣다	-은/는 것을 듣다 -음을 듣다 -은/는다는 것을 듣다 -이라는 것을 듣다
빈도상 소규칙	(수단)-로 듣다1 (결과)-로 듣다2 (시간)-에 듣다 -로부터·한테서 듣다	-은/는 것으로 듣다

  b. '어미+듣다'의 패턴

	통사적 대규칙	통사적 소규칙
빈도상 대규칙	V-아/어(서) 듣다	
빈도상 소규칙	V·A-다고 듣다 A-게 듣다	

  -아/어(서) 듣다 : 전해 듣다, 귀담아 듣다, 귀 기울여 듣다,
    반복해서 듣다 등
  -다고 듣다 : ~ 있다고 듣다, ~ 한다고 듣다 등
  -게 듣다 : 진지하게 듣다, 재미있게 듣다, 쉽게 듣다 등

- '듣다'의 의미 교육 패턴 (기본 의미로 사용되는 패턴)
  ① 주로 '-은/는다는, -이라는' 관형절이 선행하는 패턴

  > 예 그가 이사 간다는 말을 듣다

  말(이야기)을 듣다　　소리를 듣다　　소식(소문·뉴스·발표)을 듣다
  설명(대답)을 듣다　　평(評)을 듣다

② 주로 '-에게(서)'가 선행하는 패턴

> 예 선생님에게 말씀을 듣다

말씀을 듣다   꾸지람을 듣다   증언을 듣다

③ 기타
음악을 듣다   노래를 듣다   목소리를 듣다
귀로 듣다

28. '들다1' (안으로~), '들다2' (물건을~)

(17,745회 / 12위 / 들다1 : ⓐ / 들다 2 : ⓐ)

　동사 '들다'는 다의어일 뿐만 아니라, 각종 사전에서 동음어로도 등재돼 있는 단어이다. 이 중에서 한국어 교육용 기본 어휘로 선정돼 있는 것은 '밖에서 안으로 향해 가다'의 의미를 갖는 '들다1'과 '손에 가지거나 아래에 있는 것을 올리다'는 뜻을 갖는 '들다2'이다.

　형태 분석만이 이뤄져 있는 세종 말뭉치에는 의미의 정보가 전혀 없기 때문에, 이들 각각의 정확한 빈도를 찾기는 어렵다. 그러나 이들 동사가 취하는 격틀에 따라서 대체적인 빈도는 구할 수 있다. 앞서 1부의 3.2에서 한송화(1997b) 및 남기심(1992) 등을 인용하면서 언급했듯이, 동사의 다의나 동음성은 대체로 격틀에 따라 어느 정도 구분될 수 있기 때문이다. 이렇게 볼 때 '들다1'은 격 조사 '-에'를 취하여 '-에 들다'와 같은 패턴이 주종을 이룰 것으로 생각되며, '들다2'는 격 조사 '-을/를'을 취하여 '-을/를 들다'와 같은 패턴을 이루게 될 것이라 예상할 수 있다.

　그러나 목적격 조사가 밖에서 '안으로 향하여 가다'는 의미를 갖는 '들다1'과 어울리는 경우가 있을 수 있고, 반대로 아래에 있는 물건을 올린다

는 의미를 갖는 '들다2'가 부사격 조사 '-에'를 취할 수도 있다. 이 문제는 '명사(+격 조사)+동사'의 결합 유형을 통해서 어느 정도 극복할 수 있다. 가령, '들다1'이 부사격 조사 '-에'가 아닌 '-을/를'을 취한다면, 이는 '동아리를 들다'에서와 같이 '가입하다'의 의미를 갖거나 혹은 '보험을 들다'처럼 '보험이나 금융 관련 거래를 하다'의 경우, 또는 '남을 위하여 일을 하다'는 뜻의 '시중을 들다', '편을 들다'와 같은 경우나, '장가를 들다'와 같은 관용구 정도로 압축될 것이다. 반면, 아래에 있는 물건을 올린다는 의미를 갖는 '들다2'가 부사격 조사 '-에'를 취할 수 있는 경우는 '들다2'의 의미적 특성 상 '손에 들다' 정도밖에는 보이지 않는다.

또한, '격 조사+동사'의 결합 유형을 판단함에 있어서도, 단순히 빈도를 의미하는 수치에 의존하는 것만이 아니라, 문맥 색인 등을 통하여 그 쓰임을 확인하면서 동사와 격 조사 등의 결합 간에 보이는 의미적 긴밀성을 중시하는 것이 패턴 선정의 주요 방법론이므로, 말뭉치 조사 결과에서 나온 빈도의 높고 낮음을 떠나 '들다1'과 '들다2'의 패턴을 조심스럽게 구분해 볼 수는 있다.

동음어가 구분되지 않은 상태에서의 '들다'가 갖는 '격 조사+들다'의 전체 결합 유형을 보면, 가장 많은 것으로 '-을/를 들다'(44.74%)를 꼽을 수 있다. 그 다음이 '-이/가 들다'(35.43%), 그리고 '-에 들다'(16.03%), '-로 들다'(3.23%) 순으로 이어진다. 이러한 빈도 정보를 참고로 하여, '격 조사 +들다'의 패턴을 구분하여 보면 대략 다음과 같이 보일 수 있을 것이다.

- '들다1'(밖에서 안으로 향하여 가다)의 통사 교육 패턴

	통사적 대규칙	통사적 소규칙
빈도상 대규칙	-에 들다	
빈도상 소규칙	-을/를 들다 (방향)-로 들다 (출발점)-에서 들다	

- '들다2'(아래에 있는 것을 위로 올리다)의 패턴

	통사적 대규칙	통사적 소규칙
빈도상 대규칙	-을/를 들다	
빈도상 소규칙	(도구)-로 들다 (장소)-에서 들다	

위 두 표 모두에서 격 조사 '-로 들다'와 '-에서 들다'가 동시에 나타나고 있지만, 그 해석되는 의미는 다르다. '들다1'에서 '-로'는 '집으로 들다'에서처럼 '방향'의 의미를 가질 것이지만, '들다2'에서는 '기중기로 들다'와 같이 '도구'로서의 의미를 가지는 것이 가장 전형적인 예이다.[10] 마찬가지로, '들다1'에서의 '-에서'는 '햇볕이 창밖에서 들다'에서 보이는 것처럼 출발점 혹은 시발점을 나타내는 데 반해, '들다2'에서의 '-에서'는 '역기를 체육관에서 들었다'와 같이 동작이 이뤄지는 장소의 의미를 가질 수 있다.

동사의 의미에 따라 동음어의 패턴을 구분하는 문제는 '어미+들다'의 결합 유형에서도 적용될 수 있다. '어미+들다'의 결합 유형 중 가장 많은 빈도를 차지하는 것은 '-아/어 들다'(68.48%)이다. 이를 문맥 색인에서 살펴보지 않더라도, 이때의 '들다'는 '아래에서 위로 올리다'의 '들다2'가 제일 많다. '집어 들다', '옷을 벗어 들다'와 같은 예가 그러하다. 말뭉치 상에서는 '스며들다', '끼어들다' 같이 하나의 단어로 굳어진 '들다1'의 분석을

---

10 '도구'로서의 '-로'와 '방향'으로서의 '-로'를 구분하는 문제는 '-로'를 지배하는 동사가 갖는 타동성에 따른 차이라고 할 수 있다. 졸고(1999)에서는 '경로'나 '방향'의 '-로'가 은유적으로 타동성에서의 '도구'로 해석될 수 있다는 점을 들어, 종래 동음어처럼 구분하였던 '-로'의 의미 기능에 대한 기본 의미론적 해석을 내린 바 있다.

가령, '그는 수박 재배로 큰돈을 벌었다'와 같은 예문에서 '-로'는 전형적인 '도구'나 '수단'의 의미를 갖는데, 이는 '그는 수박 재배를 통하여 큰돈을 벌었다'에서 보이는 '-을/를 통하여'와도 대치가 된다. 여기서 '통하다'가 갖는 기본 의미를 생각해 볼 때, '방향'이나 '경로'의 '-로'와의 의미적 유연성을 확인할 수 있다. 이러한 해석은 이후 정주리(1999)에서의 '-로'와 '-을/를 통하여' 를 중심으로 하는 조사의 의미 기술을 위한 논의에서도 발견된다.

한 것 외에는 대체로 '들다2'의 용례가 차지함을 볼 수 있다. '-게 들다'(7.55%)는 '생산비가 적게 들다'나 '힘차게 들고 나가다'와 같은 예에서 볼 수 있듯이 '들다2'에서 주로 사용되는 패턴으로 볼 수 있다.

- '어미+들다1'(밖에서 안으로 향하여 가다)의 교육 패턴
  V-아/어 들다 : 새어 들다, 빠져 들다, 뛰어 들다, 빨려 들다 등

- '어미+들다2'(아래에 있는 것을 위로 올리다)의 패턴
  V-아/어 들다 : 집어 들다, 받아 들다, 싸 들다, 펴 들다,
     꺼내어 들다 등
  A-게 들다 : 적게 들다, 맛있게 들다 등

'명사(+격 조사)+들다'의 패턴을 보면, 대체로 격 조사에 따른 두 '들다'의 구분이 확연히 드러난다. 가령, '-이/가 들다'는 패턴과 관련되는 것은 '들다1'이고, '-을/를 들다'의 패턴과 관계 깊은 것들은 '들다2'이다. 예를 들면, '생각이 들다', '잠이 들다', '힘이 들다' 등은 모두 '들다1'과 관계되는 반면, '손을 들다', '고개(를) 들다', '이유를 들다' 등은 모두 '들다2'의 패턴과 관련된다. 이에 따라 격형의 차이에 따라 1차적으로 '들다'의 동음어를 구분하고, 그 뒤에 각 '들다'에 대한 기본 의미로 쓰인 패턴과 파생 의미로 쓰인 패턴을 구분해 볼 수 있다.

- 들다1(밖에서 안으로 향하여 가다)의 의미 교육 패턴
  a. 기본 의미로 사용되는 패턴

  | 숙소에 들다 | 방에 들다 | 도둑이 들다 |
  | 뱃속에 들다 | -은/는 내용이 들다 | 안에·으로 들다 |

  b. 파생 의미 또는 비유적 의미로 사용되는 패턴

① 주로 '-이/가'가 선행하는 패턴

> 예 저 옷이 마음에 들다

마음에 들다	잠이 들다	나이가 들다
잠자리에 들다	주눅이 들다	세 들다
병이 들다	철이 들다	장가를 들다

② 주로 관형절이 선행하는 패턴

> 예 잠자고 싶은 생각이 들다

생각(느낌·기분·예감)이 들다	의심(의문)이 들다
범주(축)에 들다	착각이 들다

③ 주로 '-에게'가 선행하는 패턴

> 예 우등생에게 주눅이 들다

주눅이 들다	세 들다	정이 들다
물이 들다	돈이 들다	공이 들다
장가를 들다		

④ 주로 '-에'가 선행하는 패턴

> 예 디자인 작업에 비용이 들다

비용(돈)이 들다	흉년이 들다	멍이 들다
공(功)이 들다		

⑤ 기타

~ 월(년·분기) 들어(서)   최근(올해·요즘) 들어(서)

(돈)-이/가 -는 데 들다   -은/는 문제를 들어(서)

위에 보인 것들 중에는, '최근 들어(서) ~'나 '작전에 실패했다는 문제를

들어(서) ~ '와 같은 용례가 있다. 이때의 '들다1'은 '들어' 또는 '들어서'로
활용이 제한되는 것을 문맥 색인에서 확인할 수 있으므로, 이를 반영하여
'최근 들어(서)'나 '-은/는 문제를 들어(서)'와 같은 패턴을 설정할 수 있다.

- 들다2(아래에 있는 것을 위로 올리다)의 의미 교육 패턴
  a. 기본 의미로 사용되는 패턴

손을 들다	고개를 들다	가방을 들다
잔을 들다	눈을 들다	머리를 들다
수화기를 들다	병을 들다	총을 들다
몽둥이를 들다	우산을 들다	술병을 들다
주전자를 들다	책가방을 들다	수저를 들다
펜을 들다	주먹을 들다	밥상을 들다
바구니를 들다	피켓을 들다	삽을 들다
그릇을 들다	가위를 들다	흉기를 들다
신문을 들다	상자를 들다	빗자루를 들다
짐을 들다		

  b. 파생 의미 또는 비유적 의미로 사용되는 패턴

-의·-은/는 예(例)를 들다	-에게 두 손(백기)을 들다
-은/는다는 점을 들다	-은/는 이유를 들다
-에·-에게 반기를 들다	-의·-은/는 사례를 들다
붓을 들다	-은/는다는 사실을 들다
-은·-는 문제를 들다	(수량) 가지를 들다
음식을 들다	실례(實例)를 들다
매를 들다	술을 들다

위에서는 '음식을 들다', '술을 들다'와 같이 '먹다'의 존칭으로 사용되
는 '들다' 패턴이 포함돼 있다. 원래 이때의 '들다'는 존자의 행동에 대해
간접적으로 묘사하는 한국어의 특징과 관련되는 것으로서, 기본적으로는

'수저를 들다'가 '먹다'의 간접 표현으로 사용되던 것이 점차 그 의미가 확대되어 '들다' 자체가 '먹다'의 존칭으로 쓰이게 된 경우이다. '들다2'의 기본 의미와 '먹다'의 존칭의 의미로서의 '들다'는 언뜻 기본 의미와 파생 의미 사이의 거리가 느껴지기도 하므로 교육 시에는 서로 다른 동사로 다뤄 볼 수 있겠지만, 그 어원을 아는 과정을 통해 한국어 존칭의 특징도 살필 수 있으므로 여기서 '들다2'의 범주에 묶어 보았다.[11]

29. '들리다' ('듣다'의 피동사)

(2,528회 / 115위 / ⓑ)

한국어 교육용 기본 동사로 분류된 '들리다'는 '소리를 듣다'의 피동사이다. '들리다'는 앞서 살핀 '물건을 들다'할 때의 '들다'의 피동사이기도 한데, 이를 구분하기 위해서는 역시 격 조사와의 결합 유형에서 파악하는 것이 도움이 된다.

피동사의 격틀을 생각해 봐도 짐작할 수 있듯이 '격 조사+들리다'의 결합 유형에서 가장 많은 것은 '-이/가 들리다'(65.19%)이고, '-에 들리다'(7.93%), '-로 들리다'(7.63%), '-에서 들리다'(5.76%) 등의 순이다. 여기서 '-에 들리다'는 '손에 들리다'와 같은 예가 섞여서 빈도가 높지만, '듣다'

---

11 간접적이고 완곡한 묘사를 통한 존대 방식은 한국어의 주된 특징 중 하나이므로 이러한 원칙을 한국어 교육에서도 다뤄봄 직하다. 왕을 가리켜 '전하(殿下)'라 하는 것이나, 어머니의 높임말로 '자당(慈堂)'이라 하는 것 등은 높이는 상대의 처소를, 편지 받는 이를 높여 '안하(案下)', '족하(足下)'라 하는 것은 존자와 가까운 사물이나 그 일부를 가리키는 말로서, 본디 존자를 함부로 부르는 것을 꺼리는 것과 관련되며, '죽다'의 높임으로서의 '돌아가시다', '먹다'의 높임으로서 '드시다', '아프다'의 높임으로서 '편찮으시다(←편하지 않으시다)' 등도 역시 완곡한 표현으로서의 높임의 의미를 갖는 경우이다. 이를 일괄적인 원칙으로 제시해 볼 수도 있겠지만, 이에 대한 문제는 여기서 깊이 다루지는 않도록 한다.

의 피동사로서의 '-에 들리다'는 주로 시간을 뜻하는 명사나 공간을 나타내는 명사들이 위치하여 '하루에 들리는 소리', '밖에 들리는 소리' 등과 같이 쓰이는 용법만을 반영하여 패턴으로 삼을 수 있다.

'격 조사+들리다'에서 특징적인 것은 '-처럼 들리다'(5.54%)이다. 이는 명사만을 선행하는 것이 아니라, '-은/는/을 것' 명사화소를 통해 절을 선행하는 경우가 있는데, 이때의 '-처럼 들리다'에서 '-처럼'은 '바람 소리가 자장가처럼 들린다'와 같이 동일하거나 비슷한 부류를 나타내는 것만이 아니라, '그 말은 내가 범인인 것처럼 들리네요'에서 보듯 '추측'이나 '짐작'이 가미된 '들리다'의 의미를 가지므로 하나의 패턴으로 삼을 수 있다.

'어미+들리다'의 결합에서 가장 많은 유형은 '-게 들리다'인데, 이 빈도만 75.20%로서 다른 어미와의 결합에 비해 무척 높은 수치를 보여준다. 이들은 '이상하게 들리다', '아름답게 들리다'와 같이 전형적으로 '들리다'를 수식할 수 있는 형용사는 물론, '그 소리는 참 한가롭게 들린다'나 '그 말은 매우 의심스럽게 들린다'에서 보는 바와 같이 전형적으로 '들리다'를 꾸며준다고 보기 어려운 형용사들이 생각 외로 많이 사용된다. 이러한 측면에서 '-게 들리다'는 패턴으로 삼을 수 있다. 이 뒤를 잇는 '-아/어 들리다'(9.66%)나, '-고 들리다'(3.39%)는 어미와 '들리다' 사이의 특별히 의미적 긴밀성이 보이지 않으므로 패턴에서 제외된다.

'명사(+격 조사)+들리다'의 유형에서는 기본 의미로 사용되는 '들리다'의 용례만이 있으므로, 이 동사는 통사 교육에 중점을 두고 교수하는 것이 좋으리라 여겨진다.

- '들리다'의 통사 교육 패턴
  a. '격 조사+들리다'의 패턴

	통사적 대규칙	통사적 소규칙
빈도상 대규칙	(-이)가 들리다 (장소·시간)-에 들리다	

빈도상 소규칙	(결과)-로 들리다 -에서 들리다 -처럼 들리다	-은/는 것으로 들리다 -은/는 것처럼 들리다

b. '어미+들리다'의 패턴

    A-게 들리다 : 크게 들리다, 이상하게 들리다, ~ 듯하게 들리다,

        ~ 있게 들리다, 요란하게 들리다, 처량하게 들리다, 생소하게

        들리다 등

● '들리다'의 의미 교육 패턴 (기본 의미로 사용되는 패턴)

-은/는 소리가(로) 들리다   -의 목소리가 들리다

-의 귀에 들리다   -은/는다는 말이 들리다

울음소리가 들리다   -은/는다는 소식이 들리다

30. '들어가다'

(7,158회 / 33위 / ⓐ)

    '격 조사+들어가다'의 결합 유형들은 전체적으로 볼 때 6.1.1.의 '가다'
와 흡사한 양상을 보여준다. 일례로 제일 높은 빈도를 차지하고 있는 것은
'-에 들어가다'(48.83%)이지만, '-로 들어가다'(40.11%)도 많이 사용되고
있음은 '가다'와 비슷한 특징이다. 다만, '-을/를 들어가다'는 8.88%로 비교
적 낮다. 전형적으로 '어떤 장소를 향해 밖에서 안으로 가다'는 의미를 가
질 것으로 보이는 '들어가다'는 특이하게도 '-에게 들어가다'와 같은 유형
이 1% 남짓의 비율로 사용되는 것을 볼 수 있다. 이것은 '나는 그 사람에게
들어갔다'와 같이 어떤 조직이나 단체의 수장의 부하가 된다는 의미를 갖
고 있는 것으로서, '들어가다'가 갖는 파생 의미로 볼 수 있으므로 빈도는

낮지만 패턴으로 간주할 수 있다.

'어미+들어가다'의 경우에는 '-아/어 들어가다'(42.22%), '-고 들어가다'(33.62%)가 상위 빈도를 기록하고 있다. 이들은 '기어 들어가다'나 '감추고 들어가다'처럼 합성 동사 구성처럼 사용되는 것으로, 하나의 패턴으로 삼아봄 직하다. 또한, '명사(+격 조사)+들어가다'의 경우에는 대체로 기본 의미와 파생 의미로 사용된 용례들이 골고루 발견된다. '안에 들어가다', '속으로 들어가다', '방으로 들어가다' 등이 그것인데, '활동에 들어가다', '농성에 들어가다'에서처럼 '개시하다', '시작하다'의 파생 의미를 갖는 것도 다수 발견된다.

- '들어가다'의 통사 교육 패턴
  a. '격 조사+들어가다'의 패턴

	통사적 대규칙	통사적 소규칙
빈도상 대규칙	-에 들어가다 -로 들어가다	
빈도상 소규칙	-을/를 들어가다 -에서 들어가다 -에게 들어가다	

  b. '어미+들어가다'의 패턴

	통사적 대규칙	통사적 소규칙
빈도상 대규칙	V-아/어 들어가다	
빈도상 소규칙	V-고 들어가다 A-게 들어가다	

-아/어 들어가다 : 걸어 들어가다, 흘러 들어가다, 빨려 들어가다, ~ 따라 들어가다, 잡혀 들어가다, 녹아 들어가다 등
-고 들어가다 : 열고 들어가다, 뚫고 들어가다, 데리고 들어가다, 밀고 들어가다, 끌고 들어가다, ~ 타고 들어가다 등
-게 들어가다 : 쉽게 들어가다, 늦게 들어가다 등

- '들어가다'의 의미 교육 패턴
   a. 기본 의미로 사용되는 패턴

   ~ 안에·으로 들어가다   ~ 속에·으로 들어가다   방에·으로 들어가다
   집에·으로 들어가다   교실에 들어가다   사무실에 들어가다
   물에 들어가다   화장실에·로 들어가다

   b. 파생 의미로 사용되는 패턴

   작업에 들어가다   대학에 들어가다   활동에 들어가다
   농성에 들어가다   -은/는 단계에 들어가다   촬영에 들어가다
   단식에 들어가다   -의 귀에 들어가다   -은/는 상태에 들어가다
   시행에 들어가다   준비에 들어가다   돈이 들어가다
   가동에 들어가다   조사에 들어가다   시판에 들어가다
   수업에 들어가다   본론으로 들어가다

31. '들어오다'

(4,458회 / 63위 / ⓐ)

'들어오다'의 세종 말뭉치 내 총 빈도는 4,458회로서, 바로 앞서 제시한 '들어가다'의 7,158회에 비해 절반 정도의 수준이다. 그러나 '격 조사+들어오다'의 결합 유형들을 보면, 대체로 '들어가다'와 비슷한 꼴을 취하고 있다. 대표적인 '격 조사+들어오다'로는 '-에 들어오다'(45.17%), '-이/가 들어오다'(28.72%), '-로 들어오다'(21.53%) 등이며, 그밖에 '-에서 들어오다'(2.69%), '-을/를 들어오다'(0.83%), '-에게 들어오다'(0.12%) 등이 저빈도군에 속하는 결합 유형들이지만, 패턴으로 삼을 수 있는 것들이다. 한편, '어미+들어오다'의 결합 유형에서도 '들어가다'와 비슷한 양상을 볼 수 있다. '-아/어 들어오다'(42.22%), '-고 들어오다'(33.62%), '-게 들어오다'(6.28%),

'-다가 들어오다'(4.93%) 등에서 확인할 수 있다.

'들어오다'의 '명사(+격 조사)+들어오다'의 결합 유형들을 보면, 대체로 기본 의미로 사용된 것들이 많고 파생 의미로 사용되는 패턴들은 시간을 나타내는 단위 명사와 더불어 쓰이는 '1900년대에 들어와서~'나 주로 시각과 관련된 '서울이 한눈에 들어오다'와 같은 패턴으로 제한되는 것이 많다.

- '들어오다'의 통사 교육 패턴
  a. '격 조사+들어오다'의 패턴

	통사적 대규칙	통사적 소규칙
빈도상 대규칙	-에 들어오다	
빈도상 소규칙	-로 들어오다 -에서 들어오다 -로부터 들어오다 -에게 들어오다	

  b. '어미+들어오다'의 패턴

	통사적 대규칙	통사적 소규칙
빈도상 대규칙	V-아/어 들어오다	
빈도상 소규칙	V-고 들어오다 A-게 들어오다 V-다가 들어오다	V-았/었다가 들어오다

-아/어 들어오다 : 쏟아져 들어오다, ~을 통해 들어오다, 밀려 들어오다, 흘러 들어오다, 걸어 들어오다, 기어 들어오다 등

-고 들어오다 : 들고 들어오다, 열고 들어오다, 비집고 들어오다, 뚫고 들어오다, 밀고 들어오다, ~ 가지고 들어오다, 파고 들어오다 등

-게 들어오다 : 늦게 들어오다 등

-다가 들어오다 : 나갔다가 들어오다 등

- '들어오다'의 의미 교육 패턴
  - a. 기본 의미로 사용되는 패턴

    ~ 안에·으로 들어오다   집에·으로 들어오다

    방에·으로 들어오다   국내에 들어오다

  - b. 파생 의미로 사용되는 패턴

    -이/가 눈(한눈·시야)에 들어오다   ~ 년대·세기에 들어오다

    대학에 들어오다   -이/가 귀에 들어오다

    -의 손에 들어오다   -은/는 제의가 들어오다

32. '따르다' (뒤를 좇다)

(16,996회 / 14위 / ⓑ)

'따르다'는 '-에 따르면', '-에 따라(서)'의 형태로 쓰여서 '대하다'와 함께 실질적인 동사로서의 의미보다는 기능적인 의미를 갖고 사용되는 동사 중의 하나로 알려져 있다. '따르다'는 '술을 따르다'와 같은 동음어가 있지만, 말뭉치 조사 결과로는 대체로 전자의 경우가 훨씬 많이 관찰되며, 대규모의 말뭉치에서 추려낸 빈도 조사에 반영된 '술이나 물을 컵에 붓다'의 뜻을 갖는 '따르다'의 비율은 무시할 수 있는 수준이다.

'따르다'가 갖는 이러한 특징은 '격 조사+따르다'의 결합 유형에서도 확인이 되는데, 약 82.33%가 부사격 조사 '-에'를 선행하는 형태로 나타난다. 그밖에 '따르다'가 실질적인 의미로 사용되는 경우인 '-을/를 따르다'(14.29%), '-이/가 따르다'(2.91%) 등도 저빈도이기는 하지만 간과할 수 없는 '따르다'의 패턴이다. 그런데 '따르다'의 추상적이고 기능적인 의미는 '-을/를 따르다'에서도 볼 수 있다. '길을 따라 난 나무', '해안을 따라 생긴 도로' 등에서와 같이 '-을/를 따라'의 꼴로 쓰이는 예가 그러하다.

'-에 따르다'의 결합 유형은 매우 많은 종류의 절을 취할 수 있는 것으로 조사됐는데, 명사화소 '-음'과 결합된 '-음에 따르다', 명사화소 '-기'와 어울린 '-기에 따르다'는 물론, 의문형 연결 어미 '-는가', '-느냐' 등이 어울린 '-는가에 따르다', '-느냐에 따르다' 등이 상위 빈도를 기록하는 결합 유형으로 자리 잡고 있다. 그런데 문맥 색인에서 이들의 패턴을 조사해 보면, '따르다'에 선행하는 격 조사가 '-에'일 경우 대체로 '따르다'는 '따른' 혹은 '따라(서)'로 활용되는 것이 일반적인데, 명사화소 '-기'에 후행할 때에는 '-기에 따라(서)'와 같이 그 활용형이 '따라(서)'로 제한되는 것이 특징이다. 이 경우에는 '-기에 따라 달렸다'나 '-기에 따라 다르다' 등과 같이 주로 '달리다', '다르다'라는 동사를 후행하는 경우가 많으므로, 이를 패턴에서 반영해 주는 것이 바람직해 보인다.

'어미+따르다'의 결합 유형 중에서 가장 많은 유형은 '-고 따르다'(37.40%)이지만, 문맥 색인으로 확인한 결과로는 '믿고 따르다'나 '~ 보고 따라하다' 등을 제외한 나머지는 '-고'와 '따르다' 간의 의미적 긴밀성이 느껴지지 않는 경우가 많다. '-게 따르다'(12.18%)는 '쉽게 따라서 하다', '끈질기게 따르다'와 같이 일반적인 수식의 용법으로 사용될 수 있으므로 패턴에 포함된다.

- '따르다'의 통사 교육 패턴
  a. '격 조사+따르다'의 패턴

	통사적 대규칙	통사적 소규칙
빈도상 대규칙	-에 따라(서), -에 따른	-음에 따라(서) -기에 따라 다르다 -기에 따라 달렸다 -았/었느냐에 따른·따라(서) -았/었는가에 따른·따라(서) -았/었는지에 따른·따라(서)
빈도상 소규칙	(장소)-을/를 따라 -을/를 따르다 (단체·장소)-에서 따르다	

b. '어미+따르다'의 패턴

	통사적 대규칙	통사적 소규칙
빈도상 대규칙	V-고 따르다	
빈도상 소규칙	A-게 따르다	

-고 따르다 : 믿고 따르다, ~ 보고 따르다 등

-게 따르다 : 쉽게 따르다 등

　　한편, '명사(+격 조사)+따르다'의 경우에는 '-에 따르다'의 꼴로 쓰이는 것과 상관없이 다양한 패턴들이 목격된다. '지시에 따르다'와 같이 기본 의미의 측면에서도 이해될 수 있는 것이 있는가 하면, '앞의 자료에 따르면'이나 '필요에 따라'와 같은 용례는 이보다는 좀 더 추상적이고 기능적으로 쓰인 '따르다'라 할 수 있다. 실질적인 의미로 사용된 '따르다'의 경우에도 '-의 뒤를 따르다', '-의 길을 따르다'처럼 비유적으로 사용될 수 있는 패턴이 있다. 이밖에도 '-이/가 따르다'의 패턴을 갖고 있는 '위험이 따르다', '무리가 따르다' 등도 패턴으로 삼을 수 있다.

● '따르다'의 의미 교육 패턴 (인접 명사 빈도 30이상)

　a. 기능적으로 사용된 '-에 따른, -에 따라서'에 선행하는 명사

이·그·저	-ㄴ 데	경우	등(等)	변화
결과	지시	필요	말	상황
-은 바	자료	경찰	원칙	법
지역	조사	계획	흐름	판단
시대	규정	뜻	정도	기준
방침	여하(如何)	때	업계	법칙
능력	발전	검찰	요청	요구
절차	조건	이론	방법	원리
방법	추세	내용	결정	방식

형편   합의   씨(氏) 논리   지방
여부   보도

b. 기능적으로 사용된 '-을/를 따르다'에 선행하는 명사
 도로   해안선 숲 강 국도   소리

c. 실질 의미로 사용된 '따르다'가 기본 의미로 사용되는 패턴
 사람을 따르다   아버지를 따르다   엄마를 따르다
 그녀를 따르다

d. 실질 의미로 사용된 '따르다'가 파생 의미 또는 비유적인 의미로 사
 용되는 패턴
 -의 뒤를 따르다   경우를 따르다 사람을 따르다
 -의 뜻을 따르다   무리가 따르다 위험이 따르다
 부담이 따르다

33. '떠나다'

(4,120회 / 66위 / ⓐ)

 '격 조사+떠나다'의 유형은 '-을/를 떠나다'(75.10%), '-로 떠나다'(11.21%), '-이/가 떠나다'(7.94%) 등이다. '-을/를 떠나다'의 경우에는 형용사를 선행하여 '크고 작음을 떠나'나 '크고 작고를 떠나'와 같이 '떠나다'가 기능적인 의미로 사용되는 경우가 있으므로 이를 패턴에 포함시킬수 있다. '-을/를 떠나다'는 사실 '-에서 떠나다'와 동일한 의미를 갖고 있는데, 목적격 조사를 주로 취하기 때문에 유표적인 패턴이라 할 수 있다. 앞서 5.2.2에서 유표성의 문제를 거론하면서 대개 유표적인 패턴은 고빈도성

을 갖고 있음을 논한 바 있는데, 이는 '-을/를 떠나다'의 빈도 75.10%, '-에서 떠나다'의 빈도 3.04%의 차이에서도 드러난다.

- '떠나다'의 통사 교육 패턴
  a. '격 조사+떠나다'의 패턴

	통사적 대규칙	통사적 소규칙
빈도상 대규칙	-을/를 떠나다	V·A-고 V·A-음을 떠나(서) V·A-고 V·A-고를 떠나(서)
빈도상 소규칙	(방향)-로 떠나다1 (수단)-로 떠나다2 -에서 떠나다 -에게서·한테서 떠나다	

  b. '어미+떠나다'의 패턴

	통사적 대규칙	통사적 소규칙
빈도상 대규칙	V-아/어 떠나다	
빈도상 소규칙	V-고 떠나다 A-게 떠나다	

  -아/어 떠나다 : 찾아 떠나다, -을/를 향해 떠나다 등

  -고 떠나다 : ~ 타고 떠나다, -을/를 두고 떠나다, -을/를 버리고 떠나다 등

  -게 떠나다 : 쉽게 떠나다

- '떠나다'의 의미 교육 패턴
  a. 기본 의미로 사용되는 패턴

집을 떠나다	길을 떠나다	곁을 떠나다
그곳을 떠나다	자리를 떠나다	현장을 떠나다
마을을 떠나다	도시를 떠나다	농촌을 떠나다
차가 떠나다	배가 떠나다	

b. 파생 의미 또는 비유적 의미로 사용되는 패턴

① 주로 '-의'가 선행하는 패턴

> 예 하고 안 하고의 여부를 떠나(서) 시도했다는 것이 중요하다

여부를 떠나(서)　　　손을 떠나다　　　문제를 떠나(서)
관계를 떠나(서)

② 기타
세상을 떠나다　　　여행(휴가)을 떠나다　　　유학을 떠나다
현실을 떠나다

　위에 보인 '명사(+격 조사)+따르다'의 유형 중에서는 어떤 장소에서 벗어난다는 기본 의미로 쓰인 것과 '휴가를 떠나다', '유학을 떠나다'처럼 장소를 선행하지 않고 '목적'을 의미할 수 있는 명사를 선행하여 파생 의미로 사용되는 예를 찾을 수 있다. 또한, 명사와 결합된 구성 전체가 비유적으로 쓰일 수 있는 '세상을 떠나다'와 같은 용례도 소수 있음을 볼 수 있다.

34. '떨어지다'

(4,653회 / 58위 / ⓑ)

　'격 조사+떨어지다'의 결합 유형에서는 '-이/가 떨어지다'가 48.25%, '-에 떨어지다'가 20.77%, '-로 떨어지다'(16.42%) 등으로 조사됐다. '뒤떨어지다'와 같은 파생 의미로 사용된 경우의 '떨어지다'의 패턴으로는 '-보다 떨어지다', '-만큼 떨어지다' 등이 있는데 빈도는 낮지만, '떨어지다'가 파생 의미로 해석되는 만큼 패턴으로 고려해 볼 수 있다고 하겠다.
　'명사(+격 조사)+떨어지다'에서는 비교적 다양한 파생 의미로 쓰인 용

례를 관찰할 수 있다. 실제로 '어떤 물체가 아래를 향하여 추락하다'의 의미를 갖지 않는 경우를 파생 의미로 본다면, '입이 떨어지다', '질이 떨어지다', '명령이 떨어지다' 등은 파생 의미로 사용된 용례로 볼 수 있을 것이다.

- '떨어지다'의 통사 교육 패턴
  a. '격 조사+떨어지다'의 패턴

	통사적 대규칙	통사적 소규칙
빈도상 대규칙	(-이/가 떨어지다) -에 떨어지다 -로 떨어지다	
빈도상 소규칙	-에서 떨어지다 -에게서 떨어지다 -보다 떨어지다 -만큼 떨어지다	

  b. '어미+떨어지다'의 패턴

	통사적 대규칙	통사적 소규칙
빈도상 대규칙	A-게 떨어지다	
빈도상 소규칙	V-아/어 떨어지다	

  -게 떨어지다 : 크게 떨어지다, 쉽게 떨어지다 등
  -아/어 떨어지다 : 굴러 떨어지다, 맞아 떨어지다, 흘러 떨어지다, 곪아 떨어지다, 부딪치며 떨어지다 등

- '떨어지다'의 의미 교육 패턴
  a. 기본 의미로 사용되는 패턴

  ~ 위로 떨어지다   ~ 쯤 떨어지다   아래로 떨어지다
  빗방울이 떨어지다   밑으로 떨어지다   나무에서 떨어지다
  ~ 속으로 떨어지다

b. 파생 의미 또는 비유적 의미로 사용되는 패턴

-이/가 땅에 떨어지다   -라는 명령(말)이 떨어지다

발등에 떨어지다   수준(능력)이 떨어지다

경쟁력이 떨어지다   기능이 떨어지다

지옥에 떨어지다   질이 떨어지다   입이 떨어지지 않다

불이 떨어지다   돈이 떨어지다   해가 떨어지다

성적이 떨어지다   사기가 떨어지다   값이 떨어지다

파생 의미로서 사용된 패턴 중에는 '입이 떨어지지 않다'도 포함될 수 있으리라 본다. 문맥 색인에서는 '입이 떨어지다'에 후행하는 성분이 부정을 의미하는 말로서, '입이 떨어지지 않았다'와 같이 쓰이는 것이 확인되었기 때문이다.

35. '마시다'

(2,747회 / 101위 / ⓐ)

'마시다'가 격 조사와 결합되는 양상은 비교적 단순한 편이다. '-을/를 마시다'(89.71%)가 제일 많고, '-이/가 마시다'(4.47%), 그리고 '-로 마시다 (도구)'(2.19%) 등이 뒤를 잇고 있다.

'마시다'는 연결 어미 '-아/어'를 인접 선행하는 일이 51.91%로 비교적 높으며, '받아 마시다', '섞어 마시다'에서처럼 '-아/어서 마시다'(7.87%)와 뜻이나 기능이 동일한 경우가 다수이다. '-고 마시다'(19.57%)는 이를 선행하는 동사의 동작이 끝난 뒤에 마신다는 의미로 쓰이는 경우가 많은데, '-아/어 마시다'나 '-아/어서 마시다'에 비해 의미적 긴밀성이 떨어지는 편이어서 패턴에서는 제외된다. 빈도는 낮지만, '취하도록 마시다'나 '미치도

록 마시다' 등에서의 '-도록 마시다'(1.49%)는 그 고유의 의미를 인정하여 패턴으로 삼을 수 있다.

● '마시다'의 통사 교육 패턴
   a. '격 조사+마시다'의 패턴

	통사적 대규칙	통사적 소규칙
빈도상 대규칙	-을/를 마시다	
빈도상 소규칙	(수단)-로 마시다	

   b. '어미+마시다'의 패턴

	통사적 대규칙	통사적 소규칙
빈도상 대규칙	V-아/어 마시다	
빈도상 소규칙	A-도록 마시다	

   -아/어 마시다 : 받아 마시다, 얻어 마시다, 나눠 마시다, 즐겨 마시다,
      타 마시다, 빨아 마시다, -에 따라 마시다, 갈아 마시다 등
   -도록 마시다 : 취하도록 마시다, 배부르도록 마시다 등

● '마시다'의 의미 교육 패턴
   a. 기본 의미로 사용되는 패턴
      술(을) 마시다   물(을) 마시다   커피(를) 마시다
      차(를) 마시다   ~ 잔(을) 마시다   ~ 모금(을) 마시다
      맥주(를) 마시다   소주(를) 마시다   공기를 마시다
      우유를 마시다

   b. 비유적 의미로 사용되는 패턴
      고배를 마시다

위에서 볼 수 있듯이, 세종 말뭉치에서 '명사(+격 조사)+마시다'의 결합을 보일 때 빈도 10이상인 것만을 추리면, 대체로는 모두 기본 의미의 관점에서 볼 수 있는 예들이고, 비유적으로 사용된 것은 '고배를 마시다' 정도밖에 없다.

36. '만나다'

(6,758회 / 37위 / ⓐ)

'격 조사+만나다'의 유형을 보면 '-을/를 만나다'(65.31%), '-에서 만나다'(11.18%), '-와/과 만나다'(9.55%), '-이/가 만나다'(7.4%) 순으로 나타난다. '-에 만나다'(4.02%)는 선행 하는 명사가 시간을 나타내는 경우에 한정된다. '-로 만나다'(2.84%)는 빈도가 낮은 편이지만, '메일로 만나다', '마음으로 만나다'에서 보는 것처럼 선행하는 명사의 특성이 '도구'나 '수단'의 의미로 해석되는 것들이 있는 반면, '정기적으로 만나다'나 '처음으로 만나다'와 같은 예외적인 경우도 있다. 한자어 접미사 '-적'이 부사어로 사용될 때에는 예외 없이 '-로'를 동반하므로 이는 예외적으로 취급할 수 있으므로, '처음으로 만나다', '정기적으로 만나다'는 별도의 어휘처럼 교수하는 방법을 취한다면, '-로 만나다'를 하나의 통사적 패턴으로 삼을 수 있다고 하겠다.

'명사(+격 조사)+만나다'의 결합 유형에서는 '운명과 만나다', '죽음과 만나다' 또는 '횡재를 만나다' 등과 같은 파생적인 의미로 사용된 '만나다'의 예보다는 주로 기본 의미의 측면에서 볼 수 있는 용례가 발견되었다. 따라서 '만나다'는 기본 의미로서 사용되는 때가 더 많은 동사이므로, 통사적 특성에 유의하여 가르칠 동사라 할 수 있다.

- '만나다'의 통사 교육 패턴
  a. '격 조사+만나다'의 패턴

	통사적 대규칙	통사적 소규칙
빈도상 대규칙	-을/를 만나다	
빈도상 소규칙	-에서 만나다 -와/과 만나다 (시간)-에 만나다 (수단)-로 만나다	

  b. '어미+만나다'의 패턴

	통사적 대규칙	통사적 소규칙
빈도상 대규칙	A-게 만나다	
빈도상 소규칙	V-아/어서 만나다 V-다가 만나다	V-았/었다가 만나다

  -게 만나다 : 쉽게 만나다, 어렵게 만나다

  -아/어서 만나다 : 가서 만나다, -을/를 통해서 만나다 등

  -다가 만나다 : 가다가 만나다 등

- '만나다'의 의미 교육 패턴
  a. 기본 의미로 사용되는 패턴

  사람을 만나다   처음으로 만나다   그녀를 만나다

  남자를 만나다   친구를 만나다   기자들을 만나다

  한번 만나다   오랜만에 만나다   다방에서 만나다

  길에서 만나다   가족을 만나다

  b. 파생 의미로 사용되는 패턴

  때를 만나다   장관(壯觀)을 만나다

37. '만들다'

(12,726회 / 20위 / ⓐ)

　대표적인 타동사 '만들다'는 '-을/를 만들다'가 65.31%로 가장 많고, 명사화소 '-은/는 것'을 이용하여 동사나 형용사를 취하는 꼴인 '-은/는 것을 만들다'가 있는데, 절이 아니라, '묘한 것을 만들다', '쓸데없는 것을 만들다'와 같이 단순 명사형으로 이해되는 경우가 대부분이다. '-을/를 만들다'에 이어 '-로 만들다'(23.31%)는 '판자로 만든 집'과 같이 '도구'나 '수단'으로 해석될 수 있는 '-로 만들다1'과 '공터를 주차장으로 만들었다'에서 보이는 것과 같은 '결과'의 의미로 해석되는 '-로 만들다2'로 구분해 볼 수 있다. 이어서 패턴으로 볼 수 있는 '격 조사+만들다'의 유형은 '-이/가 만들다'(8.12%), 장소나 단체 명사가 앞서서 주어 구실을 하는 경우인 '-에서 만들다'(1.49%), 시간을 뜻하는 명사가 선행하는 '-에 만들다'(0.78%) 등을 꼽을 수 있다.

　'어미+만들다'의 결합 유형에서는 형용사를 앞세워 동사를 수식하는 '손쉽게 만들다', '매끄럽게 만들다'와 같이 쓰이는 '-게 만들다'(65.66%), '-아/어 만들다'(17.21%)는 '섞어 만들다'와 같이 그 의미가 '-아/어서 만들다'와 비슷한 기능을 한다. '-도록 만들다'(6.26%)나 '-게끔 만들다'(0.88%)은 동사를 선행하여 '사역'의 의미를 갖는 기능으로 쓰이므로 그 의미의 긴밀성을 인정하여 패턴으로 선정할 수 있다. '아버지 눈을 뒤집히도록 만들었다'나 '그 사람이 성찰하게끔 만들었다' 등에서 볼 수 있듯이, 이때의 '만들다'는 '하다'로 대체될 수 있는 특징이 있다. 그밖에 '-라고 만들다'(0.11%)가 있는데, 이는 '이걸 자동차라고 만든거냐'와 같이 의문형으로 끝맺는 문장에서 볼 수 있는 것으로서 '만들다'가 갖는 독특한 구성으로 볼 수 있으므로 패턴으로 선정할 수 있다.

- '만들다'의 통사 교육 패턴
  a. '격 조사+만들다'의 패턴

	통사적 대규칙	통사적 소규칙
빈도상 대규칙	-을/를 만들다	-은/는 것을 만들다
빈도상 소규칙	(수단)-로 만들다1 (결과)-로 만들다2 (단체)-에서 만들다 (시간)-에 만들다	

  b. '어미+만들다'의 패턴

	통사적 대규칙	통사적 소규칙
빈도상 대규칙	A-게 만들다	
빈도상 소규칙	V-아/어 만들다 V-도록 만들다 V-게끔 만들다 N-(이)라고 만든 거냐	

-게 만들다 : 어렵게 만들다, 좋게 만들다, 크게 만들다, -에 쓰게 만들다, 불안하게 만들다, 아름답게 만들다, 힘들게 만들다, 떠들썩하게 만들다, 곤란하게 만들다 등

-아/어 만들다 : -을/를 위하여 만들다, 섞어 만들다, 모아 만들다 등

-도록 만들다 : ~ 있도록 만들다, -지 않도록 만들다, ~ 되도록 만들다 등

- '만들다'의 의미 교육 패턴
  a. 기본 의미로 사용되는 패턴

영화를 만들다	음식을 만들다	~는 모양으로 만들다
물건을 만들다	작품을 만들다	옷을 만들다
인간이 만들다	책을 만들다	법을 만들다
나무로 만들다	쇠로 만들다	종이로 만들다
천으로 만들다	가루로 만들다	집에서 만들다

b. 파생 의미나 비유적 의미로 사용되는 패턴

① 주로 '-은/는' 관형절이 선행하는 패턴

> 예 화기애애한 분위기를 만들다

분위기(환경)를 만들다   계기(기회·자리)를 만들다

이론을 만들다   틀을 만들다   문제를 만들다

조건을 만들다

② 기타

-을/를 사람을·으로 만들다   역사를 만들다

~ 지경으로 만들다   문제를 만들다

추억을 만들다

위에서 볼 수 있듯이, '명사(+격 조사)+만들다'의 유형에서는 대체로 다양한 격 조사를 통해 실현되는 '만들다'의 기본 의미를 확인할 수 있는 것들이 많다. '-을/를 만들다'의 경우 '길을 만들다', '-로 만들다1' 패턴에서 비롯된 '손으로 만들다', '-로 만들다2'와 관계있는 '이 지경으로 만들다' 등이 그것이다. 구 전체가 비유적으로 사용될 수 있는 '말을 만들다', '틀을 만들다' 등도 '만들다'의 의미 교육에서 다뤄봄 직한 것들이다.

38. '말하다'

(24,774회 / 7위 / ⓐ)

'격 조사+말하다'의 유형 중에서 가장 많이 차지하는 것은 '-을/를 말하다'(37.96%)인데, 이 중에서도 명사화소 '-음'이나 '-은/는 것' 등을 이용하여 절을 선행하는 경우도 11% 정도로 높은 편이다. 유표적이라고 할 수 있는 특징으로는 '-에 대해 말하다'의 의미를 나타내는 데 '-을/를 말하다'

가 사용되는 일이 많다는 것이다. '그를 말한다', '그와의 관계를 말한다' 등과 같이 '-을/를'을 '-에 대해'와 바꿔 쓸 수 있는 예들이 제법 많다. 한편, 낮은 빈도를 보이는 것으로서, 의문형 연결어미 '-는가', '-는지' 등이 선행하는 경우도 있는데 이 경우에는 '누가 범인인가를 말하고 있다'와 같이 사용되는 용법으로 이 역시 어느 정도 한국어에 익숙해진 학습자들을 대상으로 가르쳐봄 직한 패턴이다.

그밖에 '-이/가 말하다'(27.88%), '-로 말하다'(17.74%), '-에게 말하다'(6.24%), '-에서 말하다'(5.90%) 등이 통사 교육 패턴으로 삼을 수 있는 것들이다. '-로 말하다'는 '수단'이나 '방법'을 뜻하는 경우가 많은데, '한 마디로 말하면', '단순한 논리로 말하면'과 같은 용례가 이에 해당된다. 또한, 명사화소 '-기'와 관련된 '-기로 말하다'(0.14%)는 비록 빈도는 낮지만 '-기로 약속하다'의 의미로 쓰이는 경우로서 패턴으로 삼을 수 있다.

'말하다'의 특색이 가장 잘 드러나는 경우는 '어미+말하다'의 결합 유형이다. '-게 말하다'(25.87%)도 있지만, '-다고 말하다'(18.11%)는 '-았/었다고 말하다', '-겠다고 말하다', '-이라고 말하다', '-는 것이라고 말하다' 등 매우 다양한 하위 패턴을 지니고 있으므로 초급~고급에 걸쳐 한국어 학습자들에게 제시하여 가르쳐야 할 중요한 패턴이라고 할 수 있다. 그밖에 '-며 말하다'(9.58%)는 '-면서 말하다'와 비슷한 의미 기능으로 사용되는 것으로 '일으키면서 말하다', '바라보며 말하다' 등과 같은 용례를 들 수 있다.

- '말하다'의 통사 교육 패턴
  a. '격 조사+말하다'의 패턴

	통사적 대규칙	통사적 소규칙
빈도상 대규칙	-을/를 말하다	-은/는 것을 말하다 -(았/었)음을 말하다 -은/는다는 것을 말하다 -은/는가-은/는지를 말하다

	통사적 대규칙	통사적 소규칙
빈도상 소규칙	(수단)-로 말하다 V-기로 말하다 -에게 말하다 (시간)-에 말하다 -와/과 말하다	

b. '어미+말하다'의 패턴

	통사적 대규칙	통사적 소규칙
빈도상 대규칙	A-게 말하다	
빈도상 소규칙	V·A-다고 말하다 V-며·면서 말하다 V-듯 말하다 V-아/어서 말하다	V·A-았/었다고 말하다

-게 말하다 : 쉽게 말하다, 정확하게 말하다, 좋게 말하다, 다르게 말
하다, 단호하게 말하다, 자랑스럽게 말하다 등

-(았/었)다고 말하다 : ~ 있다고 말하다, ~ 한다고 말하다, ~ 없다고
말하다, ~ 같다고 말하다, -지 않았다고 말하다 등

-며·-면서 말하다 : 웃으며(면서) 말하다, ~ 주며(면서) 말하다, 바라
보며 말하다, 쳐다보며 말하다, -을/를 내밀며 말하다 등

-듯 말하다 : 속삭이듯 말하다, 타이르듯 말하다, 애원하듯 말하다 등

-아/어서 말하다 : 가서 말하다, 꼬집어서 말하다, 과장해서 말하다 등

- '말하다'의 의미 교육 패턴
  a. 기본 의미로 사용되는 패턴
    ① 주로 '-은/는다는, -이라는' 관형절이 선행하는 패턴

    예 의외라는 표정으로 말하다

    표정으로 말하다   얼굴로 말하다   투로 말하다
    식(式)으로 말하다

② 기타

-은/는다는·라는 목소리(음성)로 말하다

앞(위)에서 말하다(실용문)

한마디로 말하다　　사실을 말하다

의견을 말하다　　　단적으로 말하다

큰소리로 말하다

b. 파생 의미로 사용되는 패턴

상태를 말하다	느낌을 말하다	방법을 말하다
능력을 말하다	행위를 말하다	역사를 말하다
문제를 말하다	현상을 말하다	

위를 보면, '명사(+격 조사)+말하다'의 경우 다양한 격 조사와 어울려 사용된 기본 의미로서의 '말하다'가 많다. 실용문에서도 자주 쓰일 수 있는 용례도 다수 발견된다. '앞에서 말하다', '위에서 말하다' 등이 이에 해당된다. 한편, '상태를 말하다', '느낌을 말하다' 등에서 '-을/를'은 '-에 대하여'와 비슷한 의미로 쓰일 뿐, 이때의 '말하다'가 파생 의미로 사용된다고 보기 어려울 수도 있다. 그러나 이러한 용법은 '말하다'가 갖는 고유의 특징으로 보아 잠정적으로나마 이를 파생 의미로 분류해 보았다.

39. '맞다1' (틀리지 않다), '맞다2' (외부의 충격으로 해를 입다)

(5,754회 / 46위 / 맞다1 : ⓑ / 맞다2 : ⓑ)

'맞다'는 여러 개의 동음어를 갖고 있는 형태인데, 한국어 교육에서 주요하게 취급하고 있는 것은 '답이 맞다'에서의 '문제의 답이 틀리지 않다'라는 '맞다1'과 '총을 맞다'와 같이 '외부의 충격으로 해를 입다'의 뜻을

갖는 '맞다2'이다.12

　앞서 '들다'라는 동음어에서도 보인 바 있듯이, '맞다' 역시 동일한 방법으로 각종 결합 유형에서 '맞다1'과 '맞다2'의 패턴을 구분해 볼 수 있다. 우선 '격 조사+맞다'의 유형을 보면, '-을/를 맞다'(50.46%), '-에 맞다'(29.19%), '-이/가 맞다'(13.89%), '-로 맞다'(2.22%), '-에게 맞다'(1.49%), '-와/과 맞다'(1.02%), '-에서 맞다'(0.76%) 등으로 나타난다. 이 중에서 '문제의 답이 틀리지 않다'의 뜻으로 쓰인 '맞다1'은 '답이 맞다'의 '-이/가 맞다', '사람들과 맞다'의 '-와/과 맞다' 등이며, '총을 맞다'의 '-을/를 맞다'는 '외부의 충격으로 해를 입다'의 '맞다2'가 될 것이다.

　그밖에 '-에 맞다', '-에서 맞다', 그리고 '-에게 맞다'는 '맞다1'과 '맞다2' 두 동사에 걸쳐 골고루 사용될 수 있는 패턴이 될 수 있다. '-에 맞다'의 패턴에서 '입맛에 맞다'는 '맞다1', '주사를 엉덩이에 맞다'는 '맞다2'가 될 수 있고, '-에서 맞다' 패턴에서 '정상에서 맞은 해돋이'는 '맞다1', '비를 차 안에서 맞다'는 '맞다2'로 볼 수 있다. '-에게 맞다'도 마찬가지로 '내게 맞는 옷'은 '맞다1', '총을 그에게 맞았다'는 '맞다2'가 될 것이다.

　한편, '어미+맞다'의 결합 유형에서도 '맞다'의 동음어에 따른 패턴을 구분할 수 있다. 제일 높은 빈도를 보이는 '-아/어 맞다'(39.32%)는 대체로 '두들겨 맞다'와 같이 '맞다2'의 용례가 대다수이다. '-게 맞다'(30.34%)는 '반갑게 맞다'에서는 '맞다1', '아프게 맞다'는 '맞다2'이다. 이 후자의 용법은 '-도록 맞다'(1.71%)와 유사한데, 이는 대체로 '맞다2'와 관계되는 경우가 대부분이다. 이런 방식으로 동음어 '맞다1'과 '맞다2'의 통사 교육 패턴을 마련하면 아래와 같이 보일 수 있다.

---

12 「표준어대사전」과 「외국인을 위한 한국어 학습 사전」에서의 '맞다'는 그 다의 및 동음어를 약간 다르게 취급하고 있다. 전자에서는 '답이 맞다'와 '옷이 맞다'를 다의어로 보고 있지만, 후자에서는 동음어로 간주하고 있다. 앞서 언급했듯이, 이 책은 「표준어대사전」에 의거하여 '답이 맞다'나 '옷이 맞다'를 다의 관계에 있는 것으로 보고자 한다.

- '맞다1'(문제의 답이 틀리지 않다)의 통사 교육 패턴
  a. '격 조사+맞다1'의 패턴

	통사적 대규칙	통사적 소규칙
빈도상 대규칙	-에 맞다	
빈도상 소규칙	-에게·-한테 맞다 -와/과 맞다 -에서 맞다	

  b. '어미+맞다1'의 패턴

  A-게 맞다 : 반갑게 맞다, 기쁘게 맞다 등

- '맞다2'(외부의 충격으로 해를 입다)의 통사 교육 패턴
  a. '격 조사+맞다2'의 패턴

	통사적 대규칙	통사적 소규칙
빈도상 대규칙	-을/를 맞다	
빈도상 소규칙	-에 맞다 -에게·한테 맞다 (수단)-로 맞다 -에서 맞다	

  b. '어미+맞다2'의 패턴

  V-아/어 맞다 : 두들겨 맞다 등

  V-도록 맞다 : 죽도록 맞다 등

'명사(+격 조사)+맞다'의 결합 유형에서는 비교적 동음어를 구분하기 쉽다. 이 중에서도 기본 의미로 사용된 것과 파생 의미로 쓰이거나 구 전체가 비유적으로 사용될 수 있는 것들을 가려낼 수 있다.

- '맞다1'(문제의 답이 틀리지 않다)의 의미 교육 패턴
  a. 기본 의미로 사용되는 패턴

  말이 맞다 문제를 맞다 답이 맞다
  번호가 맞다 액수가 맞다

  b. 파생 의미 또는 비유적 의미로 사용되는 패턴
  ① 주로 '(-은/는 것)-이/가'가 선행하는 패턴

  예 이렇게 하는 것이 이치에 맞다

  이치에 맞다 입에 맞다 몸에 맞다
  능력에 맞다 사리에 맞다 격에 맞다
  분수에 맞다 정서에 맞다 체질에 맞다
  적성에 맞다 취향에 맞다 수지가 맞다

  ② 주로 '-와/과'가 선행하는 패턴

  예 그녀와 마음이 맞다

  마음(뜻)이 맞다 눈이 맞다 궁합이 맞다

  ③ 주로 '-의'가 선행하는 패턴

  예 우리의 특성에 맞다

  특성에 맞다 실정에 맞다 정서에 맞다
  시대에 맞다 현실에 맞다 상황에 맞다
  입맛에 맞다

- '맞다2'(외부의 충격에 의해 해를 입다)의 의미 교육 패턴
  a. 기본 의미로 사용되는 패턴

  매를 맞다 비를 맞다 총을 맞다
  돌을 맞다 뺨을 맞다 화살을 맞다
  몰매를 맞다

b. 파생 의미 또는 비유적인 의미로 사용되는 패턴

주사를 맞다	벼락을 맞다	야단을 맞다
바람을 맞다	서리를 맞다	침을 맞다

'맞다2'의 경우 '총을 맞다'는 '해를 입다'는 기본 의미를 포함하고 있으므로, 기본 의미로 사용되는 패턴이라 할 수 있지만, '주사를 맞다'는 그와 관계가 없으므로 파생 의미로 구분해 보았다. '벼락을 맞다'는 실제로 벼락을 맞는 것을 의미하기보다는 '큰일을 당하다'의 의미로 쓰이므로 비유적인 의미로 사용되는 패턴으로 간주되었다.

40. '맡다' (책임을 지고 담당하다)

(2,720회 / 105위 / ⓑ)

동사 '맡다'는 '냄새를 느끼다'의 '맡다'와 '책임을 지고 담당하다'는 의미의 '맡다'가 있는데, 이 중에서 한국어 교육용 주요 동사로 선정돼 있는 것은 후자이다. 두 동음어가 모두 주격 조사 '-이/가'와 목적격 조사 '-을/를'이라는 격 조사를 갖고 있기 때문에, 형태 분석만이 돼 있는 세종 말뭉치에서 추출한 '격 조사+맡다'의 결합 유형을 살피면 '냄새를 느끼다'의 '맡다'도 함께 반영돼 있음을 확인할 수 있다.

이렇게 동일한 격 조사를 취하는 두 동음어에 대한 빈도의 문제를 생각해 보자. 확률적으로 논한다면, '냄새를 느끼다'의 '맡다'와 '책임을 지고 담당하다'는 '맡다'가 고른 분포를 보인다고 할 때 '냄새를 느끼다'의 용례를 모두 제거하더라도, '책임을 지고 담당하다'의 '맡다'가 갖는 빈도상의 특성은 크게 변함이 없을 것이라는 예상이 가능하다. 다시 말해, '-이/가 맡다'나 '-을/를 맡다'의 용례 중에서 '냄새를 감지하다'의 '맡다'를 제거하더라도, '책임을 지고 담당하다'는 의미의 '맡다'에 인접 선행하는 요소의 빈도는 차이가 나더라도 순위는 쉽게 바뀌지 않을 것이다. 다행히도 '격조사+맡다'의 유형을 살펴보면, '-을/를 맡다'가 79.2%, '-이/가 맡다'가 16.04%, '-에서 맡다'가 2.04% 순으로 나타나는 등, 각 유형 간의 급간 차이가 심하여, '냄새를 맡다'와 같은 용례가 모두 제거되더라도 이 순위에는 큰 영향이 없어 보인다 할 수 있다.

'-로 맡다'의 경우는 빈도는 낮은 편이나, 이 중에는 한자어 계열 접미사 '-적'이 포함된 '~적으로'가 다수 포함돼 있다. '일반적으로 맡은 일', '전체적으로 맡아 했다'와 같은 용례에서 '~적으로' 형태를 제외하면 그 빈도는 더 낮아지겠지만, '도구'로서의 '마음으로 맡은 일'과 같은 용례와 더불어, '그 배역을 단골로 맡았다'와 같이 '지정'의 '-로'가 사용된 경우도 있다. 따라서 '-로 맡다'는 '-로 맡다1'과 '-로 맡다2'가 구분될 수 있다. 또한 아래에서 볼 수 있듯이, '맡다'를 '책임을 지고 담당하다'라고 기본 의미를 정의하면, 대체로 '명사(+격 조사)+맡다'의 구성의 대부분은 기본 의미로 사용된 것이 대부분이다.

- '맡다'(책임을 지고 담당하다)의 통사 교육 패턴
  a. '격 조사+맡다'의 패턴

	통사적 대규칙	통사적 소규칙
빈도상 대규칙	-을/를 맡다	
빈도상 소규칙	(단체·집단)-에서 맡다 (수단)-로 맡다1 (지위·결과)-로 맡다2 -로서 맡다	

  b. '어미+맡다'의 패턴
     V-아/어 맡다 : 나눠 맡다 등

- '맡다'(책임을 지고 담당하다)의 의미 교육 패턴 (기본 의미로 사용되는 패턴)

역할(역)을 맡다	일을 맡다	책임을 맡다
직(업무)을 맡다	담임을 맡다	기능을 맡다
사건을 맡다	안내(관리)를 맡다	주연(감독)을 맡다
살림을 맡다	강의를 맡다	실무를 맡다

41. '먹다'

(10,641회 / 25위 / ⓐ)

'먹다' 역시 동음어로서 '귀가 먹다'와 같은 용법이 있지만, 문맥 색인을 검토해 볼 때, 그 빈도는 높지 않아 무시할 만하다. '먹다'에 인접 선행하는 격 조사를 살펴보면, '-을/를 먹다'가 77.99%로 가장 높고, 그 뒤를 '-이/가 먹다'(9.3%), '-로 먹다'(4.14%), '-에 먹다'(3.47%), '-에서 먹다'(2.90%) 등이 잇는다. 직관적으로도 이들 패턴의 의미가 쉽게 파악이 되는데, 문맥 색인의 검토로도 '-로 먹다'는 대체로 '도구'가 될 수 있는 명사를 선행하는 경우와 '-을/를 반찬으로 먹다'에서처럼 '지정'의 의미를 갖는 경우가 있으며, '-에 먹다'는 시간을 나타내는 명사가 앞서는 것으로 나타난다.

'어미+먹다'의 결합 유형 중에서는 단연 '-아/어 먹다'가 눈에 띈다. 이 패턴 앞에는 사실상 '먹다'의 조리법과 관련되는 동사가 모두 위치할 수 있다. 예를 들어, '쪄 먹다', '구워 먹다', '삶아 먹다' 등이 그러하다. 이때의 의미는 '-아/어서 먹다'와 유사하지만, 실제로 '-아/어 먹다'와 '-아/어서 먹다'의 빈도를 비교해 보면, 압도적으로 전자가 우세하다.

- '먹다'의 통사 교육 패턴
  a. '격 조사+먹다'의 패턴

	통사적 대규칙	통사적 소규칙
빈도상 대규칙	-을/를 먹다	
빈도상 소규칙	(도구)-로 먹다1 (지정)-로 먹다2 (시간)-에 먹다 -에서 먹다 -처럼 먹다 -만큼 먹다	

  b. '어미+먹다'의 패턴

	통사적 대규칙	통사적 소규칙
빈도상 대규칙	V-아/어 먹다	
빈도상 소규칙	A-게 먹다 V-아/어다가 먹다	

  -아/어 먹다 : 사 먹다, 나눠 먹다, 얻어 먹다, 뜯어 먹다, 즐겨 먹다,
    빨아 먹다, 만들어 먹다, 씹어 먹다, 지어 먹다, 구워 먹다, 찍어
    먹다, 챙겨 먹다 등
  -게 먹다 : 적게 먹다, 배부르게 먹다, 맛나게 먹다, 게걸스럽게 먹다,
    즐겁게 먹다 등
  -아/어다가 먹다 : 갖다가 먹다, 거두다가 먹다 등

- '먹다'의 의미 교육 패턴
  a. 기본 의미로 사용되는 패턴

밥(을) 먹다	저녁(을) 먹다	음식(을) 먹다
점심(을) 먹다	약(을) 먹다	술(을) 먹다
고기(를) 먹다	아침(을) 먹다	물(을) 먹다
날것을 먹다	~ 끼(를) 먹다	

b. 파생 의미로 사용되는 패턴

-겠다고 마음(을) 먹다　　　나이를 먹다　　　애(를) 먹다

겁을 먹다　　　　　　　　욕을 먹다　　　　물(을) 먹다

꿀 먹은 벙어리　　　　　　벌레 먹다　　　　담배 먹다

~ 살[歲] 먹다　　　　　　골탕 먹다　　　　한솥밥을 먹다

큰맘 먹다

　한편, '명사(+격 조사)+먹다'의 결합 유형에서는 다양한 '먹다'의 쓰임을 보여준다. 이 중에서 기본 의미로 사용된 것과 파생 의미로 사용된 것들을 구분해 볼 수 있는데, 대체로는 기본 의미로 사용되는 것이 많다. 위에서 '꿀 먹은 벙어리'는 원래 '꿀 먹-'과 같은 패턴이 발견되어 이를 문맥 색인에서 확인하여 얻은 것으로, '먹다'가 명사 '꿀'을 목적어로 취하는 경우 거의 예외 없이 '벙어리'와 함께 쓰인 특징을 반영한 것이다. 이를 '벙어리'라는 명사의 패턴으로 봐도 좋지만, 앞서 소개한 패턴 발견 절차에 따라 '먹다'가 갖는 하나의 패턴으로 등재하여 보았다.

42. '모르다'

(14,209회 / 18위 / ⓐ)

　'격 조사+모르다'의 결합 유형에서는 단연 '-을/를 모르다'가 전체 87.97%를 차지하여 가장 높은 빈도를 보인다. 특히, 이 중 12% 정도는 절을 취하는 경우로서, 명사화소 '-는 것', '-음'을 취하는 '-은/는다는 것을 모르다', '-음을 모르다'나, 의문형 연결 어미 '-은지', '-는지' 등을 취하여 '-은/는지를 모르다' 등이 있다. 이들은 '모르다'의 통사 교육적 측면에서 교수되어야 할 필요가 있는 패턴이라 할 수 있다. 그 뒤는 '-이/가 모르다'(10.16%), '-에 모르다'(0.66%) 등이 있으나, '-에 모르다'를 포함하여

뒤에 이은 것들은 빈도도 현저히 낮지만, 문맥 색인 검토 결과 무의미한 결합 유형이어서 패턴에서는 제외된다.

'모르다'의 특색은 '어미+모르다'의 결합 유형에서 돋보인다. '-(았/었)을지 모르다'가 전체 38.52%를 차지하며, '-(았/었)는지 모르다'와 '-은 것인지 모르다'가 각각 23.44%, 17.22% 등을 차지하고 있다. '모르다'의 통사는 격 조사보다는 주로 어미와 관련이 깊음을 확인할 수 있다. 또한 대부분의 동사에서 나타나는 어미 '-게'는 '모르다'와도 어울리지만, 항상 '까맣다'는 형용사만을 선행하여 '까맣게 모르다'와 같이 사용되므로, 이는 규칙적인 것으로 가르치기보다는 그 전체를 하나의 패턴으로 삼는 것이 바람직해 보인다.

- '모르다'의 통사 교육 패턴
  a. '격 조사+모르다'의 패턴

	통사적 대규칙	통사적 소규칙
빈도상 대규칙	-을/를 모르다	-은/는다는 것을 모르다 -을지를 모르다 - 는 것을 모르다 -(았/었)는지를 모르다 -는가를 모르다
빈도상 소규칙	(-이/가 모르다)	

  b. '어미+모르다'의 패턴

	통사적 대규칙	통사적 소규칙
빈도상 대규칙	V·A-을지 모르다 V·A-는지 모르다	V·A-았/었을지 모르다 V·A-았/었는지 모르다
빈도상 소규칙	V-을는지 모르다	

  -(았/었)을지 모르다 : 있을지 모르다, 할지 모르다, 좋았을지 모르다,
    될지 모르다 등

-(았/었)는지 모르다 : 있었는지 모르다, 했는지 모르다 등

-을는지 모르다 : 할는지 모르다, 갈는지 모르다 등

기타 : 까맣게 모르다[13]

한편, '명사(+격 조사)+모르다'의 유형에서는 의존 명사 '줄'과의 결합 형이 눈에 띈다. '-을 줄을 모르다'(16.56%)가 가장 높은 빈도를 보이는데, 이러한 빈도는 다른 동사의 경우에 있어서 현저하게 많이 사용된 명사와의 결합 빈도보다도 더 높은 수치이다.

- '모르다'의 의미 교육 패턴
  a. 기본 의미로 사용되는 패턴

-을 줄(을) 모르다	-을 바(를) 모르다	사실을 모르다
까닭을 모르다	이름을 모르다	뜻을 모르다
원인을 모르다	정체를 모르다	이유를 모르다
사정을 모르다	방법을 모르다	내용을 모르다
-는 거 모르다	영문을 모르다	

  b. 파생 의미 또는 비유적 의미로 사용되는 패턴

세상을 모르다	현실을 모르다

위에서 '세상을 모르다'나 '현실을 모르다'에서 '모르다'는 기본 의미적 인 성격으로 볼 수 있지만, 이들 구성 전체가 비유적으로나 관용적으로 사용되어 '철이 없다'나 '무지하다' 등의 의미를 가질 수 있으므로 따로 구분하여 보았다.

---

13 '-게 모르다'의 유형은 적지 않은 빈도로 나타나기는 하지만, 선행 형태는 '까맣 다'라는 형용사에 국한된다. 이에 따라 '까맣게 모르다' 전체를 하나의 패턴으로 삼았다.

43. '모으다'

(2,560회 / 112위 / ⓑ)

'모으다'의 '격 조사+모으다'의 결합 유형이나 '어미+모으다'의 결합 유형은 비교적 단순한 편이다. 우선적으로 '격 조사+모으다'의 유형에서는 '-을/를 모으다'(88.90%)로 가장 높고, '-에 모으다'(5.05%), '-로 모으다'(3.47%), '-이/가 모으다'(1.70%) 의 순으로 나타나는데, 이들은 직관적으로도 그 의미를 쉽게 짐작할 수 있으며, 의미적 긴밀성도 인정되므로 패턴으로 삼을 수 있다. '어미+모으다'의 유형으로는 '-아/어 모으다'가 78.66%로 현저히 높은 수치를 보이고 있음이 확인된다. 문맥 색인을 검토해 보면, '끌어 모으다', '불러 모으다'와 같이 합성 동사 구성으로 사용되는 경우가 많다.

- '모으다'의 통사 교육 패턴
  a. '격 조사+모으다'의 패턴

	통사적 대규칙	통사적 소규칙
빈도상 대규칙	-을/를 모으다	
빈도상 소규칙	(장소)-에 모으다 (도구)-로 모으다	

  b. '어미+모으다'의 패턴
  V-아/어 모으다 : 끌어 모으다, 불러 모으다, 사 모으다, 주워 모으다, 쓸어 모으다, 애써 모으다 등

- '모으다'의 의미 교육 패턴
  a. 기본 의미로 사용되는 패턴
  돈을 모으다   손을 모으다   힘을 모으다

한데 모으다 　　　 정보를 모으다 　　　 재산을 모으다

사람들을 모으다 　　 기금을 모으다 　　　 한자리에 모으다

성금을 모으다

b. 파생 의미로 사용되는 패턴

① 주로 '-의'가 선행하는 패턴

예 사람들의 관심을 모으다

관심을 모으다 　　　 의견을 모으다 　　　 인기를 모으다

기대를 모으다 　　　 지혜를 모으다 　　　 뜻을 모으다

② 주로 '-이/가'가 선행하는 패턴

예 새로 나온 제품이 화제를 모으다

화제를 모으다 　　　 시선(눈길)을 모으다

③ 기타

입을 모으다 　　　 -에 수사력을 모으다

앞서 특정 격 조사와의 결합 비율이 매우 높은 경우 대체로 동사들이 파생 의미로 사용되는 경우가 많음을 언급한 바 있었는데, '모으다'는 '-을/를 모으다'가 높은 빈도를 보이는 만큼, 모든 의미 패턴들이 전부 '-을/를 모으다'의 꼴을 포함하고 있다. 그런 면에서 통사적 특징보다는 의미적 특징이 두드러진다고 하겠다. '명사(+격 조사)+모으다'의 결합 유형에서 기본 의미인 '한 데 합치다'의 뜻으로 쓰인 경우와 비유적으로나 추상적인 명사와 결합되어 '관심을 모으다', '눈길을 모으다'와 같은 용례가 다수 발견된다.

44. '묻다' (대답이나 설명을 요구하다)

(6,516회 / 39위 / ⓐ)

상대방의 대답이나 설명을 요구한다는 의미의 '묻다'는 각종 한국어 교재에 공통적으로 등재돼 있고, 국립국어연구원(2003)에서도 초급용 어휘로 선정돼 있다. 이 단어는 몇 개의 동음어를 갖는데, 그 하나는 '땅 속에 넣다'는 의미의 '묻다'와 '얼룩이 붙다'의 뜻을 갖는 '묻다'이다. 문맥 색인의 검토 결과, 다른 동사에 비해서 월등히 많이 사용되고 있는 동사는 '질문하다'의 '묻다'로 나타난다. 앞서 살펴봤던 동음어 구분의 방법론과 문맥 색인의 검토를 통해서 '묻다'의 패턴을 가려내면, '격 조사+묻다'의 경우, '-을/를 묻다', '-이/가 묻다', '-에게 묻다', '-로 묻다(방법)' 등이 선별될 수 있다.

'어미+묻다'의 유형에 대해서도 '집요하게 묻다'의 '-게 묻다', '따져 묻다'의 '-아/어 묻다'와 더불어, '묻다'의 특징을 잘 보여주는 것으로서, '-느냐고 묻다', '-은/는지 묻다' 등이 패턴으로 선정될 수 있을 것이다.

- '묻다'의 통사 교육 패턴
  a. '격 조사+묻다'의 패턴

	통사적 대규칙	통사적 소규칙
빈도상 대규칙	-을/를 묻다	-은/는지를 묻다 -을지를 묻다
빈도상 소규칙	-에게·한테 묻다 (수단·방법)-로 묻다	

  b. '어미+묻다'의 패턴

	통사적 대규칙	통사적 소규칙
빈도상 대규칙	V·A-느냐고 묻다	V·A-았/었느냐고 묻다

빈도상 소규칙	A-게 묻다 V-아/어 묻다 V-며·면서 묻다	

-(았/었·겠)느냐고 묻다 : ~ 없느냐고 묻다, -지 않았느냐고 묻다 등
-게 묻다 : 조심스럽게 묻다, -을/를 가리키며 묻다, 진지하게 묻다 등
-아/어 묻다 : -에 대하여 묻다, -에 관하여 묻다, -을/를 향하여 묻다 등
-며·면서 묻다 : 놀라며 묻다, 바라보며 묻다, 쳐다보면서 묻다 등

- ● '묻다'의 의미 교육 패턴
  - a. 기본 의미로 사용되는 패턴
    - -은/는 얼굴로 묻다   -은/는 목소리로 묻다   이유를 묻다
    - -을 것인지 여부를 묻다   어머니에게 묻다   이것저것 묻다
    - 소식을 묻다

  - b. 파생 의미 또는 비유적 의미로 사용되는 패턴
    - 책임을 묻다   안부를 묻다   과거를 묻다
    - 길을 묻다

   '명사(+격 조사)+묻다'의 결합 유형에서는 '책임을 묻다', '안부를 묻다' 등에서 '-을/를'은 '-에 대하여'와 비슷한 의미를 가지며 이는 앞서 본 '말하다'와 비슷한 양상이다. 이에 따라 이들 용례들은 파생 의미로 사용된 것으로 분류해 보았다. 반면, '-는 목소리로 묻다', '-은/는 얼굴로 묻다', '의견을 묻다' 등은 기본 의미로서의 패턴으로 선정될 수 있다.

45. '미치다' (닿거나 이르다)

(2,552회 / 113위 / ⓑ)

   '어디에 닿거나 이르다'의 기본 의미를 갖는 '미치다'는 실제 기본 의미

로 사용되는 '발길이 미치다'와 같은 경우보다는 비유적으로 사용되는 경우가 많은 동사이다. 그 중에서도 가장 돋보이는 것은 '영향을 미치다'로서 그 빈도는 무려 78.65%에 이른다. 이 수치는 다른 동사의 '명사(+격조사)+동사'에서 볼 수 있는 것보다도 매우 높다.

이러한 이유로 '격 조사+미치다'의 용례에서는 '-을/를 미치다'가 51.28%를 차지하여, 직관적으로 '미치다'에 우선할 것 같은 '-에 미치다'(26.65%)는 상대적으로 낮은 수치를 기록하고 있다. 이렇게 볼 때, 빈도상으로만 보면 '-을/를 미치다'가 대규칙으로 선정되어야 할 텐데, 이렇게 하는 것보다는 '-을/를 미치다'의 대부분을 차지하는 '영향을 미치다'나 '악영향을 미치다'를 그냥 하나의 패턴으로 삼는 것이 바람직하다.

그밖에 '격조사+미치다'의 유형에서 '-에게 미치다'나 '-로 미치다' 등은 주로 '정신에 이상이 있다'는 뜻의 '미치다'가 갖는 패턴으로 나타나 이는 제외된다. 또한, '-에 미치다'의 결합 유형에서 '미치다'는 주로 관형형으로 사용되는 경우가 많은데, 그 뒤에 후행하는 명사들은 '영향', '효과' 등의 단어가 주로 온다는 특성이 있다. 또한, 부사형으로 활용될 때에는 '-에 미치게 되다'와 같이 '-게 되다'의 보조 용언 구성을 후행한다. 이런 점에서 '미치다'에 대해서는 예외적으로 통사적 대규칙을 '-에 미치다'로 선정하는 방안을 제시해 봄직하다. 또한, 의미 교육이나 용례에서는 '경제에 미치는 ~', '경제에 미치게 되다'와 같이 제시하는 편이 낫다고 생각된다.

한편, '어미+미치다'에서는 '답답해 미치다', '말을 듣고 미치다'처럼, 대체로 연결 어미들과의 결합들이 대체로 '정신이 돌다'의 의미로 쓰이는 패턴들이 많아서 패턴으로 삼을 만한 것이 없다.

- '미치다'의 통사 교육 패턴(격 조사+미치다)

	통사적 대규칙	통사적 소규칙
빈도상 대규칙	-에 미치다	-에 미친 N -에 미치게 되다

빈도상 소규칙	-에게 미치다	

- '미치다'의 의미 교육 패턴
  a. 기본 의미로 사용되는 패턴
    - 주로 '-에' 또는 '-에게'를 선행

    > 예 불쌍한 사람들에게 손길이 미치다

    손길이 미치다　　　발길이 미치다　　　눈길이 미치다
    힘이 미치다

  b. 파생 의미 또는 비유적 의미로 사용되는 패턴
    ① 주로 '-에' 또는 '-에게'가 선행하는 패턴

    > 예 발육에 영향을 미치다

    영향(악영향)을 미치다　　　생각이 미치다

    ② 기타
    경제에 미치는　　　사회에 미치는　　　생활에 미치는
    -의 전반에 미치는

46. '믿다'

(3,731회 / 74위 / ⓑ)

'믿다'는 전형적인 타동사로서 '격 조사+믿다'의 결합 유형으로는 단연 '-을/를 믿다'가 69.37%로 가장 많다. 그 앞에 절을 선행할 때에는 '-은/는/을 것' 또는 '-음' 명사화소를 대동하는 일이 잦다. 그 중에서도 제일 높은 빈도를 차지하는 것은 '-은/는/을 것'이다. '-로 믿다'는 '그가 결정할 것으로 믿는다'에서처럼 쓰이는 경우가 대부분으로서, 이때의 '-로 믿다'는 '-

을/를 믿다'와 비슷한 의미로 쓰일 때가 많은 것이 특징이다.

'어미+믿다'의 결합 유형에서는 '-다고 믿다'(26.56%)가 가장 두드러진다. 그 외에 '-리라고 믿다'도 패턴으로 선정해 볼 수 있다. 한편, '명사(+격조사)+믿다'의 유형에서는 기본 의미로 볼 수 있는 것들이 대다수로서, 파생 의미로 사용될 만한 패턴이 발견되지 않는다.

- '믿다'의 통사 교육 패턴
  a. '격 조사+믿다'의 패턴

	통사적 대규칙	통사적 소규칙
빈도상 대규칙	-을/를 믿다	-을 것을 믿다 -음을 믿다 -(았/었)다는 것을 믿다
빈도상 소규칙	(결과)-로 믿다 (시간)-에 믿다	-은/는/을 것으로 믿다

  b. '어미+믿다'의 패턴

	통사적 대규칙	통사적 소규칙
빈도상 대규칙	V·A-다고 믿다	V·A-았/었다고 믿다 V·A-은/는다고 믿다 V-리라(고) 믿다
빈도상 소규칙	A-게 믿다	

  -(았/었)·은/는)다고 믿다 : ~ 있다고 믿다, ~ 한다고 믿다, 된다고 믿다, 옳다고 믿다, 존재한다고 믿다 등
  -은/는/을 것이라고 믿다 : 올 거라고 믿다, 줄 거라고 믿다 등
  -리라(고) 믿다 : 주리라 믿다, 있으리라 믿다 등
  -게 믿다 : 굳게 믿다, 확고하게 믿다 등

- '믿다'의 의미 교육 패턴(기본 의미로 사용되는 경우)
  -의 말을 믿다   -을 줄(로) 믿다   나를 믿다
  종교를 믿다

47. '바꾸다'

(2,927회 / 95위 / ⓐ)

   '격 조사+바꾸다'의 패턴에서는 부사격 조사 '-로'와 어울린 '-로 바꾸다'(34.36%)가 다른 동사에 비해 높은 빈도로 나타나고 있다. 주로 '새 옷으로 바꿨다'에서처럼 바꾼 결과를 나타내는 체언이 선행할 때가 많고, 그보다 약간 낮은 빈도로서 '도구'나 '수단'으로서의 '-로 바꾸다'도 있다.

   '어미+바꾸다'에서 보이는 특징적인 어미는 '-게'이다. '화장실을 편하게 이용할 수 있게 바꾸었다'와 같이 '목적'을 뜻하는 어미가 올 수 있는데, 이런 면에서 동사가 선행하는 '-도록 바꾸다'와 의미가 통한다. 한편, '명사(+격 조사)+바꾸다'의 유형에서는 주로 기본 의미의 측면에서 볼 수 있는 패턴이 많은데, '말을 바꾸다', '틀을 바꾸다' 등은 파생 의미로 사용된 경우로 선정할 수 있다.

- '바꾸다'의 통사 교육 패턴
  - a. '격 조사+바꾸다'의 패턴

	통사적 대규칙	통사적 소규칙
빈도상 대규칙	-을/를 바꾸다	
빈도상 소규칙	(수단)-로 바꾸다1 (결과)-로 바꾸다2 -와/과 하고 바꾸다 -에서 바꾸다	V·A-은/는 것으로 바꾸다

   b. '어미+바꾸다'의 패턴

	통사적 대규칙	통사적 소규칙
빈도상 대규칙	A-게 바꾸다	

빈도상 소규칙	V-도록 바꾸다	

-게 바꾸다 : 쉽게 바꾸다, 어렵게 바꾸다, 크게 바꾸다 등
-도록 바꾸다 : 편하게 보도록 바꾸다 등

- '바꾸다'의 의미 교육 패턴
  a. 기본 의미로 사용되는 패턴

방향을 바꾸다	생각을 바꾸다	이름을 바꾸다
태도를 바꾸다	방식으로 바꾸다	자리를 바꾸다
인식을 바꾸다	화제를 바꾸다	모습을 바꾸다
마음을 바꾸다	현금으로 바꾸다	분위기를 바꾸다
입장을 바꾸다		

  b. 파생 의미 또는 비유적 의미로 사용된 패턴

  말을 바꾸다   틀을 바꾸다

'말을 바꾸다'는 '과거에 했던 말을 번복하다'의 의미를, '틀을 바꾸다'는 '일의 기반이나 전제 따위를 바꾸다'로서 이들 패턴 자체가 비유적으로 쓰이는 특성을 감안하여 기본 의미로서 사용된 '바꾸다'로 보지 않고 따로 분류해 보았다.

48. '바라보다'

(3,257회 / 85위 / ⓑ)

직관적으로 '격 조사+바라보다'의 결합 유형 중에서 가장 많은 유형을

차지할 것으로 보이는 것은 '-을/를 바라보다'(85.68%)인데, 절을 선행할 때 '-은/는 것' 명사화소를 이용한 '그가 춤추는 것을 바라보았다'와 같은 용례가 있다. 그밖에 '창밖으로 바라보다'와 같이 '방향'의 의미를 갖는 '-로 바라보다'와 '따스한 시선으로 바라보았다'와 같이 '방법'을 뜻하는 명사를 선행하는 '-로 바라보다'가 구별된다.

'어미+바라보다'의 경우에는 '번갈아 바라보다', '일어나 바라보다'와 같이 어떤 동작의 끝과 동시에 '바라보다'의 동작이 시작되는 의미를 갖는 '-아/어 바라보다'가 있는데, 이런 면에서 '-아/어서 바라보다'와 의미가 갖다. 또한, '뚫어지도록 바라보았다'나 '눈이 시리도록 바라보았다'처럼, 흔치는 않지만 '어떤 정도로'의 의미를 갖는 '-도록 바라보다'도 '바라보다'가 가질 수 있는 독특한 구성으로 간주하여 패턴으로 삼을 수 있다.

- '바라보다'의 통사 교육 패턴
  a. '격 조사+바라보다'의 패턴

	통사적 대규칙	통사적 소규칙
빈도상 대규칙	-을/를 바라보다	-은/는 것을 바라보다
빈도상 소규칙	(방향)-로 바라보다1 (방법)-로 바라보다2 -에서 바라보다	

  b. '어미+바라보다'의 패턴

	통사적 대규칙	통사적 소규칙
빈도상 대규칙	V-게 바라보다 · V-도록 바라보다	
빈도상 소규칙	V-아/어(서) 바라보다	

-게·-도록 바라보다 : 뚫어지게 바라보다 등
-아/어(서) 바라보다 : 번갈아 바라보다 등, (고개·목·등)-을/를 돌려 바라보다, 놀라 바라보다 등

- '바라보다'의 의미 교육 패턴
  a. 기본 의미로 사용되는 패턴

  눈(나얼굴)을 바라보다   ~ 쪽(곳)을 바라보다

  하늘(바다)을 바라보다   정면으로(을) 바라보다

  뒷모습을 바라보다   -은/는 모양을 바라보다

  창밖을 바라보다   사물을 바라보다

  -은/는 눈(눈길·시선)으로 바라보다

  b. 비유적 의미로 사용되는 패턴

  세상을 바라보다   사물을 바라보다   앞을 바라보다

한편, '바라보다'는 '세상을 바라보다', '사물을 바라보다'와 같이 다소 추상적인 의미로 쓰일 경우를 파생적인 의미로 볼 수 있으며, 그 나머지 '명사(+격 조사)+바라보다'의 결합 유형들은 대체로 기본 의미의 관점에서 볼 수 있다.

49. '받다' (남이 주어 가지다)

(22,190회 / 9위 / @)

한국어 교육에서 기본 동사로 삼고 있는 '받다'는 '남이 주어 가지다'의 뜻을 갖는 경우이다. 말뭉치에 나타난 '받다'의 용례는 이러한 의미로 쓰인 것이 대부분이기 때문에, 동음어로서 '머리나 뿔로 세차게 치다'의 의미를 갖는 '받다'가 전체 빈도에 미치는 영향은 매우 낮은 것으로 파악된다.

'격 조사+받다' 중에서 특이한 것은, '불쌍히 여김을 받다', '~라고 불리움을 받다'와 같이 절을 취할 때에 명사화소 '-음'을 취하는 경우가 있는 경우이다. 또한, '-을/를 받다'의 하위 패턴으로서 '그에게서 선물이라는

것을 받았다'와 같이 '-라는 것을 받다'는 그에 선행하는 명사가 '받은 대상에 대해 준 사람이 생각하는 자격'을 뜻하는 경우가 있으므로, 이를 '받다'에 독특한 패턴으로 삼을 수 있다. 이런 점은 '나는 자동차를 선물로 받았다'의 '선물'이 갖는 의미와도 비슷하다. 이런 의미는 '어미+받다'의 여러 결합 유형 중에서 '-이라고 받다'에서도 보인다. '이걸 약이라고 받았는데~'에서 보는 바와 같이, 화자는 받은 물건에 대해서 미심쩍거나 확실히 알 수는 없지만, 그것을 준 사람이 생각하는 물건의 가치나 자격을 화자가 말할 때 사용하는 용법이 있다. 이런 점에서 '-이라는 것을 받다', '-로 받다', '-이라고 받다'는 그 의미나 기능이 유사한 패턴이라 할 수 있겠다.

- '받다'의 통사 교육 패턴
  a. '격 조사+받다'의 패턴

	통사적 대규칙	통사적 소규칙
빈도상 대규칙	-을/를 받다	V-음을 받다 N-이라는 것을 받다
빈도상 소규칙	(자격)-로 받다 (시간)-에 받다 -에서 받다 -에게서·한테서 받다	

  b. '어미+받다'의 패턴

	통사적 대규칙	통사적 소규칙
빈도상 대규칙	A-게 받다	
빈도상 소규칙	V-아/어 받다 N-이라고 받다	

  -게 받다 : 크게 받다, 달게 받다, 강하게 받다, 쉽게 받다, 비싸게 받다 등
  -아/어 받다 : 되돌려 받다, 올려 받다, 나눠 받다, 전해 받다, 내려 받다 등
  -이라고 받다

한편, '받다'의 의미를 '구체적인 유형의 물건이나 사물을 가지게 되다'로 삼는다면, 추상적인 실체를 받거나 혹은 실제로 받지 않지만 관용적으로 '받다'와 결합되어 쓰이는 경우는 기본 의미로 사용되지 않았다고 볼 수 있다. 이렇게 볼 때, '받다'는 매우 많은 파생 의미 혹은 비유적 의미로 사용되는 패턴을 갖고 있다고 할 수 있는데, 이때의 통사적 패턴은 '-을/를 받다'로 고정되고 있음을 문맥 색인에서 확인할 수 있다.

이렇게 보면, '영향을 받다', '평가를 받다'는 추상적인 실체를 받는다는 경우라 할 수 있고, '억압을 받다', '소개를 받다'와 같은 경우는 관용적인 결합으로 볼 수 있을 것이다. 이렇게 비유적으로 사용되는 경우에 있어 목적격 조사 '-을/를'을 생략하고 붙여 쓴 형태인 '평가받다'나 '소개받다' 등에서의 '받다'는 접미사로 간주된다. 이런 점을 통해 추상적 의미로 사용되는 '받다'의 특징을 읽을 수 있다고 하겠다.

- '받다'의 의미 교육 패턴
  a. 기본 의미로 사용되는 패턴

돈(을) 받다	도움을 받다	도움을 받다
사랑(을) 받다	상을 받다	벌을 받다
편지를 받다	선물을·로 받다	질문을 받다
스트레스(를) 받다	서비스를 받다	이자를 받다
금품을 받다	융자(를) 받다	월급을 받다
술잔을 받다		

  b. 파생 의미 또는 비유적 의미로 사용되는 패턴
    ① 주로 '-라는' 또는 '-다는'에 이끌린 절이 선행하는 패턴

    예 다음부터 열심히 하겠다는 다짐을 받다

다짐을 받다	명령(지시)을 받다	보고를 받다
부탁을 받다	비난(비판·지적)을 받다	선고를 받다

요구(요청)를 받다　주문을 받다　　　　　진단을 받다
통보를 받다　　　판정(평가)을 받다　　　혐의를 받다
호평을 받다

② 주로 '-로부터'가 선행하는 패턴

예 적으로부터 공격을 받다

공격을 받다　　　복을 받다　　　　봉투를 받다
불이익을 받다　　상처를 받다　　　수업을 받다
억압을 받다　　　오해를 받다　　　위협을 받다
의혹을 받다　　　자백을 받다　　　초청을 받다
타격을 받다

③ 주로 '-에게'가 선행하는 패턴

예 형에게 구박을 받다

구박(놀림·벌·기합·모욕·미움·손가락질·저주·지탄)을 받다
각광(주목)을 받다　경고를 받다　　　고문을 받다
교육(지도)을 받다　구원(심판)을 받다　도장(확인·서명)을 받다
도움(지원·보장·보호)을 받다　　　　　박수(인정·존경)를 받다
상담(치료)을 받다　심판(조사)을 받다
용서를 받다　　　절을 받다

④ 주로 '-에서'가 선행하는 패턴

예 동사무소에서 발급을 받다

발급을 받다　　　소개를 받다　　　신청을 받다
연수를 받다　　　재판을 받다　　　진료를 받다
학위를 받다

⑤ 주로 '-의'가 선행하는 패턴

> 예 외세의 간섭을 받다

간섭(방해·압력·침해)을 받다		구애를 받다
면제를 받다	부축을 받다	사주를 받다
승인(허가·허락)을 받다	신임을 받다	영향을 받다
위로를 받다	위임을 받다	유혹을 받다
의심을 받다	적용(지배)을 받다	제한을 받다
조명을 받다	지지(호응·환영)를 받다	
질문을 받다	추천을 받다	항의를 받다

⑥ 주로 '-은/는' 관형절이 선행하는 패턴

> 예 안전성을 확인하는 검사를 받다

검사를 받다	고통(충격·차별·형벌)을 받다	
느낌(인상)을 받다	대우(대접)를 받다	도전을 받다
수술(치료)을 받다	시선을 받다	제약을 받다
혜택을 받다	훈련을 받다	

⑦ 주로 '-에'가 선행하는 패턴

> 예 이런 동화에 감동을 받다

감동을 받다	열을 받다	자극을 받다

⑧ 주로 '-을/를'이 선행하는 패턴

> 예 임무를 부여 받다

부여 받다	전달 받다

⑨ 기타

날[日]을 받다	빛을 받다	손님을 받다
휴가를 받다		

여기서 보인 것은 '받다'에 선행하는 명사 중 빈도 10이상을 기록하고 있는 것들을 가려내어 정리한 것이다. 이들 패턴들은 선행하는 형태로서 다양한 문법 형태들을 취할 수 있는데, 그 중에서도 대표적이라 할 만한 문법 형태들을 중심으로 나열해 보았다. 이들 예에서 볼 수 있듯이 대체로는 '받다' 앞에 선행하는 명사들이 서술성을 띠고 있다. 이에 따라 목적격 조사 '-을/를'을 생략하고 명사와 '받다'를 붙여 쓰면 각 패턴은 하나의 동사로 간주된다. 이밖에 '날을 받다', '빛을 받다' 등은 '받다'의 기본 의미로 사용된 것은 아니지만 서술성 명사도 아닌 것들과 결합한 용례들로서 관용적인 성격이 매우 짙으므로, 나머지 8개의 항과 별도로 정리하였다.

50. '밝히다'

(6,142회 / 42위 / ⓑ)

'밝게 하다'의 기본 의미를 가진 이 동사는 실제 용례에서 '진리나 사실을 드러내어 알리다'라는 파생 의미로 사용되는 경우가 많다. 이는 격 조사나 어미, 명사와의 결합 유형에서도 확인이 된다. 먼저, '격 조사+밝히다'에서는 '-을/를 밝히다'(81.20%)가 가장 많이 쓰이고 절을 선행할 때에는 '-(았/었)음을 밝히다'와 같이 명사화소 '-음'과 어울리는 특성이 강하고, 의문형 연결 어미 '-는가', '-는지' 등을 대동하는 경우가 많다. 이렇게 절을 선행할 때에는 예외 없이 '사실을 드러내다'라는 파생 의미로 사용된다. 따라서 이때의 '-(았/었)음을 밝히다'는 하나의 패턴으로 삼을 필요가 있다.
　'격 조사+밝히다'의 결합 유형 중, '-에 밝히다'는 시간이나 알리는 대상이 선행하고, '-에서 밝히다'는 알리는 주체나 매체가 선행한다. '-로 밝히다'의 경우에도 '사실로 밝히다'와 같이 알려진 결과를 선행하는 경우와,

'육성으로 밝히다'처럼 수단이나 도구를 선행하는 경우로 나눌 수 있다.

한편 '어미+밝히다'에서도 '밝히다'가 갖는 중요한 파생 의미를 발견할 수 있다. '-다고 밝히다'는 '-았/었다고 밝히다', '-겠다고 밝히다' 등 다양한 하위 패턴을 포함하여 55.45%라는 매우 높은 비중으로 나타난다. 그런데 이때의 '밝히다'는 '오는 15일에 종료된다고 밝혔다'에서와 같이 '(주로) 공식적인 입장을 내비치다', '발표하다' 등의 의미로 해석된다. 이로 인하여 '-다고 밝히다' 역시 중요하게 다뤄야 할 패턴으로 삼을 필요가 있다.

- '밝히다'의 통사 교육 패턴
  a. '격 조사+밝히다'의 패턴

	통사적 대규칙	통사적 소규칙
빈도상 대규칙	-을/를 밝히다	VA-(았/었)음을 밝히다 VA-는가를 밝히다 VA-는지를 밝히다
빈도상 소규칙	-에서 밝히다 (수단)-로 밝히다1 (결과)-로 밝히다2 -에게 밝히다	VA-은 것으로 밝히다

  b. '어미+밝히다'의 패턴

	통사적 대규칙	통사적 소규칙
빈도상 대규칙	VA-다고 밝히다	VA-았/었다고 밝히다 VA-겠다고 밝히다
빈도상 소규칙	A-게 밝히다	

-(았/었·겠)다고 밝히다 : 있다고 밝히다, 없었다고 밝히다, -아/어 왔다고 밝히다, 나타났다고 밝히다, ~ 하겠다고 밝히다 등
-게 밝히다 : 분명하게 밝히다, 환하게 밝히다, 명확하게 밝히다, 명백하게 밝히다, 정확하게 밝히다 등

- '밝히다'의 의미 교육 패턴
  a. 기본 의미로 사용되는 패턴

     불을 밝히다   밤을 밝히다   촛불을 밝히다

  b. 파생 의미로 사용되는 패턴
     ① 주로 '-의'를 선행하는 패턴

     예 자신의 입장을 밝히다

        입장(소감·견해)을 밝히다   진실(진상·전모)을 밝히다
        신분(이름)을 밝히다   이유를 밝히다
        이름을 밝히다   관계를 밝히다
        의지를 밝히다

     ② 주로 '-다고, -라고'가 선행하는 패턴

     예 곧 수사에 착수한다고 뜻을 밝히다

        뜻(의미·의사·포부)을 밝히다   방침(계획)을 밝히다
        내용을 밝히다   회견에서 밝히다
        의견을 밝히다   구체적으로 밝히다

   파생 의미로 사용될 때의 '밝히다'는 대체로 '-라고', '-라며'와 같은 인
용의 연결 어미는 물론, '-에 대한', '-에 관한', '자신의', '정부의' 등을 선
행할 때가 많다. 따라서 이를 패턴 교육 시에 반영할 필요가 있다. 가령,
'입장을 밝히다'는 '-에 대한 입장을 밝히다'와 같이, '포부를 밝히다'는
'-라며 (자신의) 포부를 밝히다'와 같이 패턴으로 조직하여 제시하는 것이
좋으리라는 것이다.

51. '배우다'

(2,968회 / 92위 / ⓐ)

'배우다'는 전반적으로 '새로운 지식이나 교양을 얻어 익히다'는 기본 의미의 뜻으로 사용되는 경우가 많다. 따라서 특별히 '배우다'와 결합되는 명사에 초점을 두기보다는 각종 통사적인 특징을 염두에 두고 교수하는 것이 바람직하다. 먼저 '격 조사+배우다'의 결합 유형 중에서는 '-을/를 배우다'(68.75%) 외에도 절을 선행할 때에 '-은/는 것' 명사화소 또는 '-기'가 사용될 수 있으므로 '-은/는 것을 배우다'와 '-기를 배우다'를 패턴으로 선정하는 것이 바람직하다. 또한, '-로 배우다'의 경우는 '귀동냥으로 배우다'와 같이 '도구'나 '수단'이 선행할 때가 가장 많으며, 드물게 '~는 것을 미덕으로 배웠다'에서처럼 배우는 내용이나 결과를 선행할 때가 있으므로 이를 교육에서도 반영하는 것이 좋을 것이다.

- '배우다'의 통사 교육 패턴
  a. '격 조사+배우다'의 패턴

	통사적 대규칙	통사적 소규칙
빈도상 대규칙	-을/를 배우다	-은/는 것을 배우다 -기를 배우다 -은/는다는 것을 배우다
빈도상 소규칙	-에서 배우다 (수단)-로 배우다1 (대상)-로 배우다2 -에게·께 배우다 -로부터 배우다	

  b. '어미+배우다'의 패턴

	통사적 대규칙	통사적 소규칙
빈도상 대규칙	V-고 배우다	

빈도상	A-게 배우다	
소규칙	V-아/어 배우다	

-고 배우다 : 보고 배우다, 가르치고 배우다, 연구하고 배우다 등
-게 배우다 : 늦게 배우다, 쉽게 배우다 등
-아/어 배우다 : -에 따라 배우다, -에 대해 배우다 등

● '배우다'의 의미 교육 패턴(기본 의미로 사용되는 패턴)
　① 주로 '-은/는' 관형절이 선행하는 패턴

> 예 자전거 타는 법을 배우다

　법(방법)을 배우다　　시간에 배우다　　일을 배우다
　동안 배우다

　② 기타
　말(글)을 배우다　　학교에서 배우다　　컴퓨터를 배우다
　기술을 배우다　　외국어를 배우다　　운전을 배우다

52. '보내다'

(4,900회 / 57위 / ⓐ)

'사물을 다른 곳으로 가게 하다'의 기본 의미를 가진 '보내다'는 기본 의미로 쓰이는 경우와 파생 의미로 사용되는 경우가 골고루 발견되는 동사이다. '격 조사+보내다'의 결합 유형 중에서 가장 많은 '-을/를 보내다'(61.25%)를 중심으로 하여, 기본 의미로 사용되는 '편지를 보내다', '신호를 보내다' 등을 비롯하여, '시간을 보내다', '눈길을 보내다' 등 파생 의미로 사용되는 패턴과, 관용구인 '박수를 보내다' 등이 패턴으로 삼을

수 있는 것들이다.

'어미+보내다'의 경우, '올려 보내다' 등에서 보이는 '-아/어 보이다'를 포함하여, 형용사를 선행하여 '보내다'를 꾸미는 '-게 보내다' 등을 패턴으로 선정해 볼 수 있다.

- '보내다'의 통사 교육 패턴
  a. '격 조사+보내다'의 패턴

	통사적 대규칙	통사적 소규칙
빈도상 대규칙	-을/를 보내다	
빈도상 소규칙	(방향)-로 보내다1 (수단)-로 보내다2 -에·께 보내다 -에게·한테 보내다 -에서·께서 보내다 -로부터 보내다	

  b. '어미+보내다'의 패턴

	통사적 대규칙	통사적 소규칙
빈도상 대규칙	V-아/어 보내다	
빈도상 소규칙	A-게 보내다	

-아/어 보내다 : 내려 보내다, 날려 보내다, 올려 보내다, 되돌려 보내
다, 실어 보내다, 딸려 보내다 등[14]
-게 보내다 : 바쁘게 보내다, 알차게 보내다, 즐겁게 보내다 등

- '보내다'의 의미 교육 패턴
  a. 기본 의미로 사용되는 패턴
    -에게 편지를 보내다   -에게 신호를 보내다

---

14 '흘려보내다', '돌려보내다' 등은 현재 동사로 간주되어 목록에서 제외된다.

-을/를 집에·으로 보내다   -을/를 학교에 보내다
-에(게) 사람을 보내다   -에게 서한을 보내다
-에게 메시지를 보내다   -에(게) 돈을 보내다
-에 사신을 보내다   -을/를 학원에 보내다
-에 공문을 보내다

b. 파생 의미 또는 비유적 의미로 사용되는 패턴
　① 주로 '-에게'가 선행하는 패턴

예 그에게 박수를 보내다

　　박수를 보내다   눈길(시선)을 보내다   찬사를 보내다
　　지지를 보내다   일생(평생·여생)을 보내다 야유를 보내다
　　미소를 보내다

　② 주로 '-은/는' 관형절이 선행하는 패턴

예 몸도 마음도 편안한 나날을 보내다

　　나날을 보내다   하루를 보내다   시절을 보내다

　③ 주로 '-을/를'이 선행하는 패턴

예 막내딸을 유학을 보내다

　　유학을 보내다   저승으로 보내다   대학에 보내다

　④ 기타
　　시간을 보내다   세월을 보내다   밤을 보내다
　　겨울을 보내다

　'보내다'가 기본 의미로 사용될 때의 패턴에서는 주로 선행하는 요소로서 '-에게'나 '-한테', '-을/를' 등이 자주 오는 특징이 있다. 예를 들면, '신호를 보내다'는 '-에게 신호를 보내다'이며, '학원에 보내다'는 '-을/를 학

원에 보내다'와 같다. 또한 기본적으로 보내는 대상이 구체물이 아니라 시간일 때도 유의미하게 교육시킬 필요가 있다. '시간을 보내다', '세월을 보내다', '밤을 보내다'와 같은 예가 그것이다.

53. '보다'

(33,232회 / 5위 / ⓐ)

동사 '보다'는 선행하는 격 조사나 어미에 따라 다양한 의미를 갖는 동사로서, 그 간략한 예는 앞선 논의에서 보인 바 있다. 여기서 세종 말뭉치에 기록된 모든 용례를 대상으로 5회 이상의 빈도를 보이는 결합 유형 중에서 통사 교육이나 의미 교육에서 유의미하다고 판단되는 패턴들을 추출하여 보면 아래와 같다.

'어미+보다' 중에서 '-(았/었)나 보다'와 같은 유형에서 보이는 '보다'는 보조 용언이 아닌 본용언으로 사용된 것으로서, '그가 왔나 봐라'에서처럼 '확인하다, 점검하다'의 의미를 갖는 경우이다. 기본 의미로 사용되지 않은 패턴 중에서 10회 이상의 빈도를 보인 것들만 간추리면 '눈치를 보다'나 '일을 보다', '손해를 보다' 등의 다수를 열거할 수 있다.

- '보다'의 통사 교육 패턴
  a. '격 조사+보다'의 패턴

	통사적 대규칙	통사적 소규칙
빈도상 대규칙	-을/를 보다	V-은/는 것을 보다 VA-(았/었)음을 보다 VA-(았/었)는가를 보다 V-려는 것을 보다 VA-(았/었)는지를 보다 VA-(았/었)다는 것을 보다

빈도상 소규칙	(수단)-로 보다1 (대상)-로 보다2 -에서 보다 -에 보다 -에게서 보다 -로써 보다	V-을 것으로 보다, V-은다는 것으로 보다

b. '어미+보다'의 패턴

	통사적 대규칙	통사적 소규칙
빈도상 대규칙	A-게 보다	
빈도상 소규칙	VA-은/는/을 것이라고 보다 VA-리라(고) 보다	

-게 보다 : 크게 보다, 우습게 보다, 좋게 보다, 가볍게 보다, 드물게
　　　보다, 넓게 보다, 길게 보다, 재미있게 보다, 깊게 보다, 어둡게
　　　보다 등 -은/는/을 것이라(고) 보다
-리라 보다 : ~ 있으리라 보다, ~ 하리라 보다 등

　'보다'가 기본 의미로 사용되는 경우에는 자립적으로 쓰일 수 있는 패턴
'거울을 보다', '꽃을 보다' 등을 비롯하여, '장동건이 나오는 광고를 봤더
니'와 같이 '-은/는' 관형절을 취하는 패턴, 그리고 '사람을 겉으로 봐서는'
에서와 같이 '-을/를'이 선행하는 패턴 등 다양하다.

● '보다'의 의미 교육 패턴
　a. 기본 의미로 사용되는 패턴
　　① 주로 '-은/는' 관형절이 선행하는 패턴

예 연예인이 나오는 광고를 보다

　　　광고를 보다　　　기록을 보다　　　기사를 보다
　　　꼴을 보다　　　　눈으로 보다　　　모습을 보다
　　　문제를 보다　　　사람으로 보다　　자료를 보다

② 주로 '-을/를'이 선행하는 패턴

| 예 | 사람을 겉으로 보다 |

겉으로 보다   한눈에 보다

③ 주로 '-의'가 선행하는 패턴

| 예 | 유명 작가의 글을 보다 |

글을 보다   내용을 보다   눈을 보다
사진을 보다   얼굴을 보다   예(例)를 보다
작품을 보다

④ 기타
거울을 보다   꽃을 보다   나를 보다
달을 보며 ~   밖에서 보다   비디오를 보다
사람을 보다   산을 보다   시계를 보다
신문을 보다   영화를 보다   옆에서 보다
위에서 본 ~ (실용문)   잡지를 보다   책을 보다
텔레비전을 보다

b. 파생 의미 또는 비유적인 의미로 사용되는 패턴
① 주로 '-로'가 선행하는 패턴

| 예 | 이 일로 끝장을 보다 |

끝장을 보다   낭패를 보다
손실(손해·적자·피해)을 보다   이익(이득)을 보다
재미(를) 보다   피를 보다

② 주로 '-와/과'가 선행하는 패턴

| 예 | 그와 맞선을 보다 |

맞선을 보다   선을 보다
일치를 보다

③ 주로 '-은/는' 관형절이 선행하는 패턴

예 인도적인 견지에서 보다

견지(각도·기준·차원·처지)에서 보다   맥락(면·측면)에서 보다
분위기(정황)로 봐서   의미에서 보다
정도로 보다   행위로 보다
효과를 보다

④ 주로 '-을/를'이 선행하는 패턴

예 형광등을 손을 보다

손을 보다   중심으로 보다

⑤ 주로 '-의'가 선행하는 패턴

예 어린이의 기준에서 보다

기준에서 보다   경험으로 보다
눈(시각)으로 보다   눈치를 보다
덕을 보다   시각(의미·차원·처지·측면)에서 보다
흥을 보다   흐름을 보다
사정을 보다

⑥ 기타
-이/가 진전을 보다   결과를 보다
기회를 보다   맛을 보다
망을 보다   볼일을 보다
불을 보듯 뻔하다(하다)   사무를 보다
사물을 보다   성과를 보다
세상을 보는 관점(눈·시각)   소변을 보다
시험을 보다   아기를 보다
역사를 보는 관점(눈·시각)   예배를 보다

일을 보다   자리를 보다

집(을) 보다   현실을 보다

환자를 보다

    파생 의미로 사용되는 패턴에서는 '보다'의 활용형까지도 고정적인 패턴들이 눈에 띈다. 예를 들면, '불을 보듯 뻔하다'나 '불을 보듯하다'와 같은 구성에서 쓰이는 '불을 보다', '세상을 보다'나 '현실을 보다'에서 '보다'는 대체로 '보는'으로 활용되고 그 뒤에는 '눈', '관점', '시각' 등의 명사가 후행하는 경우가 많다. 따라서 이들의 활용적 특성을 고려하여 이들 각각은 '불을 보듯 뻔하다', '세상을 보는 눈', '현실을 보는 눈'과 같이 정형화하는 것이 패턴의 선정 기준에서 볼 때 바람직하다.

54. '보이다' ('보다'의 피동사)

(18,536회 / 11위 / ⓑ)

    '보이다'의 사전적인 풀이는 '보다'의 피동사로서 '보다'의 뜻풀이에 의존하여 해석되는 경향이 있다. 그런데 말뭉치 용례에서 발견되는 '보이다'의 용례는 '산이 보인다'에서처럼 '보다'의 피동사로서의 기본 의미로 해석되는 것보다는, 대체로 '추측되다, 생각되다'의 의미로 사용되는 경우가 많고, 이 경우 '-은/는/을 것으로 보이다'나 '-았/었을 것으로 보이다'와 같은 꼴로 나타나는 것이 특징적이다.

    한편, '어미+보이다'의 경우, 동사를 선행하는 '지어 보이다, 만들어 보이다' 등과 더불어, 형용사를 선행하여 '예뻐 보인다', '가련해 보인다' 등에서 보이는 '-아/어 보이다'(75.19%)를 주요한 패턴으로 선정할 수 있다.

- '보이다'의 통사 교육 패턴
  a. '격 조사+보이다'의 패턴

	통사적 대규칙	통사적 소규칙
빈도상 대규칙	-로 보이다	VA-은/는/을 것으로 보이다 VA-았/었던 것으로 보이다 VA-았/었을 것으로 보이다
빈도상 소규칙	(-이/가 보이다) -처럼 보이다 -에 보이다 -에게 보이다 -에서 보이다 -같이 보이다 -로서 보이다	VA-은/는 것이 보이다 VA-은/는/을 것처럼 보이다 VA-은/는/을 것 같이 보이다

  b. '어미+보이다'의 패턴

	통사적 대규칙	통사적 소규칙
빈도상 대규칙	A-아/어 보이다	
빈도상 소규칙	V-아/어 보이다 A-게 보이다	

(형)-아/어 보이다 : 없어 보이다, 있어 보이다, 같아 보이다, 좋아 보이다, 세련되어 보이다, 당당해 보이다, 불쌍해 보이다 등

(동)-아/어 보이다 : ~ 해 보이다, 들어 보이다, 지어 보이다, 펼쳐 보이다, 꺼내어 보이다, 열어 보이다 등

-게 보이다 : 극명하게 보이다, 아름답게 보이다, 크게 보이다, 다르게 보이다, 뚜렷하게 보이다 등

- '보이다'의 의미 교육 패턴
  a. 기본 의미로 사용되는 패턴

-은/는 모습이 보이다	눈에 보이다
-은/는/을 듯(이) 보이다	-을 조짐(기미)이 보이다
~ 때문으로 보이다	얼굴이 보이다
-은/는 행동으로 보이다	사람으로 보이다

눈앞에 보이다   ~ 앞에 보이다

바다(하늘·산)가 보이다   밖으로 보이다

~ 너머(사이)로 보이다   눈치가 보이다

     b. 파생 의미 또는 비유적인 의미로 사용되는 패턴

     끝이 보이다   눈치가 보이다   길이 보이다

여기서 볼 수 있듯이, '명사(+격 조사)+보이다'의 용례를 보면, 대체적으로는 기본 의미로 해석되는 것이 많고, 파생 의미로 이해될 만한 것은 '끝이 보이다'나 '길이 보이다'와 같이 구 전체가 비유적인 의미로 해석되는 것 정도 외에는 특기할 만한 것이 없다는 것이 특징이다. 이런 점에서 '보이다'는 주로 의미적인 측면보다는 통사적인 측면을 염두에 두고 교수되어야 할 패턴이라 할 수 있겠다.

55. '부르다' (오라고 하다)

(6,184회 / 41위 / ⓐ)

'말이나 행동으로 다른 사람의 주의를 끌거나 오라고 하다'는 의미를 갖는 '부르다'는 '배가 부르다'에서의 '부르다'와 동음어 관계를 갖고 있다. 이 중에서 전자의 '부르다'를 가려내기 위한 방법론은 앞서 소개했던 것과 동일하게 '부르다'가 취하는 격 조사의 유형과 용례를 확인함으로써 해결할 수 있다.

'격 조사+부르다'의 결합 유형으로는 '-을/를 부르다'(76.26%), '-로 부르다'(10.04%) 등이 고려될 수 있는데, '-로 부르다'는 다시 '동료 사이에서는 박사로 부른다'와 같이 '대상'을 선행하는 '-로 부르다1'과 '큰 목소

리로 불렀다'와 같이 '수단'이나 '방법'을 선행하는 '-로 부르다2'로 구분할 수 있다. '-에 부르다'는 '예전에 불렀던~'과 같이 시간을 뜻하거나 '궁전에 불렀다'처럼 목적지를 뜻하는 명사를 선행하므로 이를 구분하여 볼 수 있다.

파생 의미로 사용되거나 비유적 의미로 사용되는 패턴 중에는 '만세를 부르다'나 '쾌재를 부르다' 등과 같이 기본 의미로도 이해할 수 있는 것이 있지만, 이들 구성이 갖는 의미는 '기뻐하다, 즐거워하다'로 볼 수 있으므로 파생 의미로 간주하는 것이 타당해 보인다. 상술한 바에 따라 '부르다'의 통사 교육 패턴과 의미 교육 패턴을 보이면 아래와 같다.

- '부르다'의 통사 교육 패턴
  a. '격 조사+부르다'의 패턴

	통사적 대규칙	통사적 소규칙
빈도상 대규칙	-을/를 부르다	
빈도상 소규칙	(지정)-로 부르다1 (수단)-로 부르다2 -에서 부르다 (시간)-에 부르다1 (목적지)-에 부르다2	

  b. '어미+부르다'의 패턴

	통사적 대규칙	통사적 소규칙
빈도상 대규칙	V-아/어 부르다	
빈도상 소규칙	N-이라고 부르다	

-아/어 부르다 : -을/를 따라 부르다, 지어 부르다, 즐겨 부르다, 바꿔 부르다, 손짓하여 부르다, 높여 부르다, 고쳐 부르다 등
-라고 부르다

- ‘부르다’의 의미 교육 패턴
  a. 기본 의미로 사용되는 패턴
     노래(를) 부르다 　　　이름을·로 부르다 　　　~ 등(等)으로 부르다
     어머니를 부르다 　　　콧노래를 부르다 　　　자기를 부르다
     유행가를 부르다 　　　-은/는 소리로 부르다 　　~ 곡(曲)을 부르다
     큰소리로 부르다 　　　아이를 부르다

  b. 파생 의미 또는 비유적 의미로 사용되는 패턴
     만세를 부르다 　　　　사람을 부르다 　　　쾌재를 부르다
     -의 관심을 부르다

56. ‘빠지다1’ (밖으로 나오다), ‘빠지다2’ (떨어지다)

(3,856회 / 69위 / 빠지다1 : ⓑ, 빠지다2 : ⓑ)

　한국어 교육에서 주요한 동사로 선정돼 있는 ‘빠지다’는 두 종류의 동음어를 포함하고 있다. 그 하나는 ‘밖으로 나오다’의 의미를 갖는 ‘빠지다1’, 다른 하나는 ‘잠기거나 떨어지다’의 의미를 갖는 ‘빠지다2’이다. 전자의 통사 교육 패턴에는 ‘동아리를 빠지다’, ‘회식을 빠지다’와 같은 ‘-을/를 빠지다’를 포함하여, ‘-이/가 빠지다’, ‘-에서 빠지다’를 선정해 볼 수 있고, 후자에서는 ‘-에 빠지다’를 포함하여, ‘곤란함에 빠지다’, ‘더러움에 빠지다’ 등에서와 같이 형용사를 선행하여 비유적으로 쓰이는 ‘-음에 빠지다’, ‘-에·-에게 빠지다’와 같은 패턴을 선정해 볼 수 있다. 인접 선행하는 격조사의 특징을 보면, ‘-에 빠지다’가 62.45%를 차지하고, ‘-이/가 빠지다’가 17.68%를 나타내고 있다. 이런 점에서 ‘빠지다2’가 ‘빠지다1’보다는 좀 더 높은 빈도를 보인다는 생각이 가능하다. 한편, ‘어미+빠지다1’의 결합 유형에서는 특별히 패턴으로 삼을 만한 것이 눈에 띄지 않지만, ‘어미+빠지

다2'에서는 '-게 빠지다' 정도를 선정해 볼 수 있다.

- '빠지다1'(밖으로 나오다)의 '격 조사+빠지다1'의 패턴

	통사적 대규칙	통사적 소규칙
빈도상 대규칙	(-이/가 빠지다) -을/를 빠지다	
빈도상 소규칙	-에서 빠지다	

- '빠지다2'(잠기거나 떨어지다)의 통사 교육 패턴
  a. '격 조사+빠지다2'의 패턴

	통사적 대규칙	통사적 소규칙
빈도상 대규칙	-에 빠지다	A-음에 빠지다
빈도상 소규칙	(장소)-로 빠지다 -을/를 빠지다 -에게·한테 빠지다	

  b. '어미+빠지다2'의 패턴
     A-게 빠지다 : 쉽게 빠지다 등

'명사(+격 조사)+빠지다'의 결합 유형에서도 이들 동음어를 구분하여 정리해 볼 수 있다. 이들을 관찰하여 보면, 대체로 '빠지다2'의 용례가 많다. 또한, 기본 의미보다는 파생 의미로 사용되는 경우가 좀 더 많다. 아래에 '빠지다1'과 '빠지다2'가 기본 의미로 사용된 것과 그렇지 않은 것들을 열거하도록 한다.

- '빠지다1'(밖으로 나오다)의 의미 교육 패턴
  a. 기본 의미로 사용되는 패턴
     물이 빠지다   힘이 빠지다   이가 빠지다
     밖으로 빠지다

b. 파생 의미 또는 비유적인 의미로 사용되는 패턴

넋이 빠지다   얼이 빠지다   뼈 빠지게 ~

밑 빠지다   정신이 빠지다   김이 빠지다

뒤로 빠지다   기운이 빠지다   회의에 빠지다

- '빠지다2'(잠기거나 떨어지다)의 의미 교육 패턴
  a. 기본 의미로 사용되는 패턴

  물에 빠지다   속으로 빠지다   늪에 빠지다

  바다에 빠지다   우물에 빠지다

  b. 파생 의미 또는 비유적인 의미로 사용되는 패턴
  ① 주로 '-은/는' 관형절이 선행하는 패턴

  > 예 걷잡을 수 없는 상태에 빠지다

  상태(상황)에 빠지다   잠에 빠지다   착각에 빠지다

  고민(콤플렉스)에 빠지다   생각에 빠지다

  ② 기타

  사랑에 빠지다   함정에 빠지다   절망(실의·침체)에 빠지다

  곤경(위기·수렁·혼란)에 빠지다   미궁에 빠지다

여기서 '뼈 빠지다'는 실제 문맥 색인에서는 '뼈 빠지게 고생했더니 ~', '뼈 빠질 정도로 일을 해도 ~'와 같은 용례가 관찰되고 '뼈가 빠졌다'처럼 문장을 맺는 용례는 없으므로, 이러한 특성을 반영하여 대표적이라 할 만한 '뼈 빠지게'를 패턴으로 선정한 것이다. 또한, '빠지다2'가 파생 의미로 사용될 때에는 대체로 어떤 감정이나 생각을 나타내는 명사들이 선행하는 예가 많다. 대표적으로 '사랑에 빠지다', '절망에 빠지다' 등이 그러하다.

57. '사다'

'격 조사+사다'의 패턴은 '-을/를 사다'(81.23%)과 그 하위 패턴으로 '싼 것을 샀다'와 같이 형용사를 선행하여 단순 명사형을 만들어 주는 명사화소 '-은 것'이 결합된 '-은 것을 사다'를 패턴으로 포함해 볼 수 있다. 특이한 것은 '헐값으로 샀다'나 '헐값에 사다'와 같이 공히 '수단'이나 '방법'을 뜻하는 명사가 '-로 사다'와 '-에 사다'에 모두 선행할 수 있다는 것이다. '-에 사다'는 그밖에도 시간을 뜻하는 명사를 선행하여 '처음에 산 물건', '예전에 샀다'와 같이 사용될 수 있으므로 이들 패턴을 구분해 볼 수 있다.

'사다'의 특징은 '명사(+격 조사)+사다'의 유형에서도 발견된다. 이 동사의 기본 의미가 '값을 지불하고 손에 얻다'라고 볼 때, '관심을 사다', '빈축을 사다' 등은 고도로 파생된 의미라 할 수 있는데, 일부는 관용구적 성격도 갖고 있다고 할 만하다. 이런 특성으로 인해 '사다'는 기본 의미로 사용될 때의 통사적 특성과 더불어, 의미 면에서 파생 의미나 관용구적 특성까지 깊이 있게 학습되어야 한다고 볼 수 있다.

- '사다'의 통사 교육 패턴
  - a. '격 조사+사다'의 패턴

	통사적 대규칙	통사적 소규칙
빈도상 대규칙	-을/를 사다	A-은 것을 사다 V-을 것을 사다
빈도상 소규칙	-에서 사다 (수단)-로 사다1 (대상)-로 사다2 (수단)-에 사다1 (시간)-에 사다2	

b. '어미+사다'의 패턴

	통사적 대규칙	통사적 소규칙
빈도상 대규칙	V-고 사다	
빈도상 소규칙	A-게 사다 V-아/어 사다	

-고 사다 : ~ 주고 사다, 팔고 사다, ~ 내고 사다, 보고 사다 등
-게 사다 : 싸게 사다, 비싸게 사다 등
-아/어 사다 : 골라 사다, ~ 들여 사다 등

- '사다'의 의미 교육 패턴
  a. 기본 의미로 사용되는 패턴

물건을 사다	책을 사다	집을 사다
땅을 사다	옷을 사다	약을 사다
술을 사다	표를 사다	선물을 사다
돈으로 사다	~ 원에 사다	쌀을 사다
주식을 사다	상품을 사다	빵을 사다
저녁을 사다		

  b. 파생 의미 또는 비유적인 의미로 사용되는 패턴
  ① 주로 '-의'나 '-에게'가 선행하는 패턴

  예 사람들의 반발을 사다 · 사람들에게 반발을 사다

반발을 사다	의혹을 사다	환심을 사다
오해를 사다	빈축을 사다	비난을 사다
미움을 사다	불만을 사다	분노를 사다

  ② 기타

사람을 사다	여자를 사다

파생 의미로 쓰인 '사다'는 '반발을 사다', '의혹을 사다' 등이 가장 높은 빈도로 쓰이고 있는데, 대체로는 '시민들의 반발을 샀다' 또는 '시민들에게 반발을 샀다'와 같이 '-의'나 '-에게'를 모두 사용할 수 있다는 점도 특징이다. 이러한 용례에 해당되는 것들로는 '반발을 사다', '의혹을 사다'를 비롯하여, '환심을 사다', '오해를 사다', '빈축을 kt다', '비난을 사다' 등 다수이다.

58. '살다'

(14,866회 / 17위 / ⓐ)

'격 조사+살다'의 결합 유형 중에서 돋보이는 것은 '-에 살다'(33.10%)이고, 그 뒤를 '-이/가 살다'(27.44%), '-을/를 살다'(13.95%) 등이다. 특히 '-을/를 살다'는 대체로 선행하는 명사들이 '삶', '시대' 등과 같이 구체물과 관계없는 것들로서, '살다'의 파생 의미라는 측면에서 이해될 수 있는 것들이 다수이다. 한국어 학습자의 입장에서 볼 때에는 이들이 충분히 유표적인 특성이라 할 수 있으므로, 이를 패턴으로 삼아 학습시킬 필요가 있을 것이다. '-로 살다'(6.43%)는 '지금까지 식모로 살았다'와 같이 '자격'을 뜻하는 경우와 '한 달에 20만원으로 살았다'와 같이 '수단'을 뜻하는 명사가 오는 경우가 있으므로 이를 분리하여 볼 필요가 있다.

'어미+살다'에서는 '-고 살다'(29.23%)와 '-게 살다'(22.64%) 등을 꼽을 수 있다. '-고 살다'에 해당되는 유형은 '먹고 살다', '모시고 살다' 등 몇 가지에 불과하지만, 그 빈도가 높은 편이므로, 하나의 단어처럼 묶어서 학습하는 것이 바람직할 것으로 보이며, '-게 살다'는 다양한 형용사를 선행하여 매우 활발하게 쓰이므로 이 역시 패턴으로 제시할 필요가 있다.

- '살다'의 통사 교육 패턴
  a. '격 조사+살다'의 패턴

	통사적 대규칙	통사적 소규칙
빈도상 대규칙	(장소)-에 살다	
빈도상 소규칙	(-이/가 살다) -에서 살다 (자격)-로 살다1 (수단)-로 살다2 -을/를 살다 -와/과 살다	VA-은/는 것이 살다

  b. '어미+살다'의 패턴

	통사적 대규칙	통사적 소규칙
빈도상 대규칙	V-고 살다	
빈도상 소규칙	A-게 살다 V-아/어 살다	

  -고 살다 : 먹고 살다, 모시고 살다, -을/를 모르고 살다, ~ 하고 살다,
  ~ 보고 살다, 참고 살다 등
  -게 살다 : 행복하게 살다, 편하게 살다, 사람답게 살다, 가난하게 살
  다, 인갑답게 살다, 자유롭게 살다, 바쁘게 살다, 즐겁게 살다,
  치열하게 살다, 착실하게 살다, 당당하게 살다, 생생하게 살다,
  평범하게 살다 등
  -아/어 살다 : 모여 살다, 갇혀 살다, 숨어 살다, 들어와 살다, 흩어져
  살다, 결혼해 살다, 헤어져 살다 등

- '살다'의 의미 교육 패턴
  a. 기본 의미로 사용되는 패턴

사람이 살다	혼자 살다	집에서 살다
땅에서 살다	-은/는 곳에서 살다	여기에서 살다
~ 나라에서 살다	도시에서 살다	~ 지역에 살다

아파트에 살다   이웃에 살다   농촌에 살다

~ 근처에 살다   -은/는 재미로 살다

b. 파생 의미 또는 비유적 의미로 사용되는 패턴

-의·-은/는 삶을 살다   -의·-은/는 시대를 살다

세상을 살다   징역을 살다

-은/는 인생을 살다   -의·-은/는 사회에서 살다

-의·-은/는 세월을 살다

59. '생각하다'

(13,974회 / 19위 / ⓐ)

동사 '생각하다'는 '-을/를 생각하다'(62.22%)라는 고빈도 패턴을 중심으로 하는 '격 조사+생각하다'의 패턴을 갖고 있다. '-을/를 생각하다'는 그 하위 패턴도 매우 다양하게 나타나는데, 절을 선행하는 경우 '-은/는·을 것을 생각하다'를 포함하여, 의문형 연결 어미와 어울려 쓰인 '-(았/었)는지를 생각하다' 등도 빈도나 의미의 긴밀성 등의 측면에서 패턴으로 교수될 필요가 있는 것들이라 여겨진다. '-로 생각하다'는 '그 사람을 의사로 생각했다'에서처럼 주로 '대상'의 의미를 가지는 경우가 많으며, '-에서 생각하다'는 선행하는 명사로서 '관점'이나 '시각'을 뜻하거나 혹은 '단체'를 의미하는 명사가 와서 주어의 역할을 하는 경우가 있으므로 이들에 유의하여 학습시키는 것이 바람직해 보인다.

'생각하다'의 특성은 '어미+생각하다'에서 분명하게 드러난다. '-다고 생각하다'(27.45%)라는 상위 패턴을 중심으로, '-았/었다고 생각하다', '-은/는다고 생각하다', '-겠다고 생각하다' 등의 다양한 하위 패턴은 물론이며,

'-리라 생각하다' 등이 두루 패턴으로 편입될 수 있는 것들이다. 그밖에 '-게 생각하다'는 매우 다양한 형용사와 더불어 활발하게 쓰이는 만큼 중요하게 교수되어야 하는 패턴으로 선정할 수 있다.

반면, '명사(+격 조사)+생각하다'의 경우를 보면, 대체로 기본 의미의 관점에서 볼 수 있는 것들이 다수이므로, 이 동사는 주로 통사적 측면에 중점을 두어 가르치는 것이 바람직하다고 할 수 있다.

- '생각하다'의 통사 교육 패턴
  a. '격 조사+생각하다'의 패턴

	통사적 대규칙	통사적 소규칙
빈도상 대규칙	-을/를 생각하다	V-은/는/을 것을 생각하다 V-음을 생각하다 V-던 것을 생각하다 V-은/는/을 것인가를 생각하다 VA-(았/었)던 것을 생각하다 VA-을까를·을지를 생각하다 VA-았/었는지를 생각하다
빈도상 소규칙	(대상)-로 생각하다 -처럼 생각하다 (관점)-에서 생각하다 (단체)-에서 생각하다 -로서 생각하다	VA-은/는/을 것으로 생각하다 VA-은/는 것처럼 생각하다

  b. '어미+생각하다'의 패턴

	통사적 대규칙	통사적 소규칙
빈도상 대규칙	VA-다고 생각하다	VA-았/었다고 생각하다 VA-은/는다고 생각하다 VA-겠다고 생각하다
빈도상 소규칙	V-게 생각하다 VA-리라 생각하다 V-아/어 생각하다	

-(았/었·은/는·겠)다고 생각하다 : ~ 있다고 생각하다, ~ 한다고 생각
하다, 하겠다고 생각하다, 모른다고 생각하다, 좋다고 생각하
다, 좋겠다고 생각하다, 옳다고 생각하다, 중요하다고 생각하
다, 마땅하다고 생각하다, 괜찮다고 생각하다 등

-게 생각하다 : 중요하게 생각하다, 자랑스럽게 생각하다, 고맙게 생
각하다, 진지하게 생각하다, 쉽게 생각하다, 다행스럽게 생각하
다, 죄송하게 생각하다 등.

-리라 생각하다 : -지 않으리라 생각하다, ~ 하리라 생각하다 등

-아/어 생각하다 : 미루어 생각하다, 바꿔 생각하다, 돌려 생각하다, 분
리하여 생각하다, -에 관하여 생각하다, -에 대하여 생각하다 등

- ● '생각하다'의 의미 교육 패턴(기본 의미로 사용되는 패턴)

-았/었던 일을 생각하다	무엇인가를 생각하다
무엇을 생각하다	문제를 생각하다
-의··은/는 경우를 생각하다	방법을 생각하다
-을 정도로 생각하다	속으로 생각하다
-을/를 중심으로 생각하다	~ 등(等)을 생각하다
사실을 생각하다	현실을 생각하다
-을/를 다행으로 생각하다	

60. '생기다'

(4,634회 / 60위 / ⓐ)

'없던 것이 새로 나타나다'라는 기본 의미를 갖고 있는 '생기다'는 '-이/
가 생기다'(77.94%)를 중심으로, '예쁜 것이 생기다'와 같이 형용사를 선행
하여 단순 명사화하는 '-은 것이 생기다', '병원이라는 것이 생기다'와 같이

화자의 생각이나 판단과 상관없이 다른 사람의 견해나 판단을 그대로 전하여 말하는 '-이라는 것이 생기다' 등을 패턴으로 선정해 볼 수 있으며, 단순한 장소를 뜻하는 '-에 생기다'(6.23%), 일의 발생이나 원인의 출처를 뜻하는 '-에서 생기다'(5.77%), 묘사하고자 하는 사물을 친숙한 대상에 빗대어 설명할 때 쓰이는 '-처럼 생기다'(2.97%) 등도 '생기다'가 갖는 주요한 통사 교육 패턴으로 선정해 볼 수 있다.

'어미+생기다'에서는 '-게 생기다'(58.41%)가 가장 두드러진다. '무섭게 생기다', '귀엽게 생기다' 등이 그러한데, '생기다'가 사용될 때에는 자주 함께 나타나는 '-게'를 '생기다'와 함께 묶어 패턴으로 제시하고, 고빈도의 용례들과 함께 소개하는 것이 바람직하다. 그런데 이때의 의미는 '없던 것이 새로 나타나다'는 기본 의미보다는 '사물의 생김새가 어떤 모양으로 되어 있다'는 파생 의미로 사용된다.

실제로 말뭉치에서 만날 수 있는 '생기다'의 용례들은 '없던 것이 새로 나타나다'의 기본 의미에서 볼 수 있는 것들이 다수이다. 다만, '길이 생기다', '염증이 생기다' 등은 그 전체 구성이 비유적으로 사용되어 '해결책이 생기다', '싫증나다'의 의미를 가질 수 있으므로 이들은 따로 구별하여 볼 수 있다.

- '생기다'의 통사 교육 패턴
  a. '격 조사+생기다'의 패턴(기본 의미로 사용)

	통사적 대규칙	통사적 소규칙
빈도상 대규칙	(-이/가 생기다)	VA-은 것이 생기다 N-이라는 것이 생기다
빈도상 소규칙	-에 생기다 -에서 생기다 -처럼·같이 생기다 (원인)-로 생기다	

b. '어미+생기다'의 패턴(파생 의미로 사용)

	통사적 대규칙	통사적 소규칙
빈도상 대규칙	A-게 생기다	
빈도상 소규칙	V-아/어 생기다	

-게 생기다 : 무섭게 생기다, 예쁘게 생기다, 귀엽게 생기다, 험상궂
　　　게 생기다, 다르게 생기다, 길쭉하게 생기다, 좋게 생기다, ~ 있
　　　게 생기다 등
-아/어 생기다 : -에 의하여 생기다, -지 못하여 생기다 등

● '생기다'의 의미 교육 패턴
　a. 기본 의미로 사용되는 패턴
　　　일이 생기다　　　　　문제가 생기다　　　~ 때문에 생기다
　　　이상이 생기다　　　　-을 마음이 생기다　돈이 생기다
　　　여유가 생기다　　　　버릇이 생기다　　　의문이 생기다
　　　변화가 생기다　　　　차이가 생기다　　　차질이 생기다
　　　자신이 생기다　　　　사건이 생기다　　　병이 생기다
　　　기회가 생기다　　　　자신감이 생기다　　현상이 생기다
　　　-은/는 과정에서 생기다　물집이 생기다
　　　의문이 생기다　　　　-은/는 모양으로 생기다
　　　갈등이 생기다　　　　-을 필요가 생기다　용기가 생기다
　　　오해가 생기다　　　　오해가 생기다

　b. 비유적 의미로 사용되는 패턴
　　　염증이 생기다　　　균열이 생기다　　　틈이 생기다
　　　길이 생기다

61. '서다'

(6,212회 / 40위 / ⓐ)

　'격 조사+서다'의 결합 유형 중에서는 주로 '장소'를 선행하는 '-에 서다'(60.32%)가 단연 높다. 반면, 이와 동일한 의미를 나타내는 '-에서 서다'는 0.46%로 그 빈도가 매우 낮다. '장소'를 나타낼 때에 '-에서'를 사용하지 않는 것은 한국어 학습자들에게는 유표적으로 여겨질 수 있는 것이므로, '-에 서다'는 교육 패턴으로 제시하고, '-에서 서다'는 패턴에 반영하지 않는 것이 좋을 것이다. '-에 서다'를 이어 '-이/가 서다'(20.65%), '-을/를 서다'(11.63%), '-로 서다'(5.27%)가 나타나는데, 이때 '-을/를 서다'의 용례는 '줄을 서다', '당직을 서다' 등이 해당된다.

　한편, '어미+서다'의 결합 유형으로는 '-고 서다'(40.08%), '-아/어 서다'(39.23%), '-게 서다'(10.34%) 정도를 패턴으로 선정해 볼 수 있다. '-고 서다'는 '지키고 서다', '가로막고 서다'와 같이 어떤 동작과 '서다'의 동작이 동시에 일어나는 것을 뜻하는 경우가 많으며, '-아/어 서다'는 '붙어 서다', '모여 서다'와 같이 '서다'의 동작이 갖는 양태적인 측면을 나타낼 때가 많은 것이 특징이다.

- '서다'의 통사 교육 패턴
  a. '격 조사+서다'의 패턴

	통사적 대규칙	통사적 소규칙
빈도상 대규칙	-에 서다	
빈도상 소규칙	-을/를 서다 (수단·방법)-로 서다	

b. '어미+서다'의 패턴

	통사적 대규칙	통사적 소규칙
빈도상 대규칙	V-고 서다 V-아/어 서다	
빈도상 소규칙	A-게 서다	

-고 서다 : 버티고 서다, 바라보고 서다, 들고 서다, 지키고 서다, 딛고
　　서다, 가로막고 서다, 잡고 서다, -지 않고 서다, 벌리고 서다,
　　등지고 서다 등

-아/어 서다 : 멈춰 서다, 붙어 서다, 기대어 서다, 모여 서다, 나와
　　서다, -을/를 향해 서다, 줄지어 서다, 지켜 서다 등

-게 서다 : 곧게 서다, 멍하게 서다, 꼿꼿하게 서다, 굳게 서다 등

● '서다'의 의미 교육 패턴

　a. 기본 의미로 사용되는 패턴

　　~ 앞을·에 서다　　　　줄을 서다　　　　(몇) 줄로 서다

　　앞장(을) 서다　　　　~ 위에 서다　　　~ 옆에 서다

　　-은/는 자세로 서다　　~ 입구에 서다　　창가에 서다

　　제자리에 서다　　　　마당에 서다　　　길가에 서다

　　한복판에 서다

　b. 파생 의미 또는 비유적 의미로 사용되는 패턴

　　-의·-은/는 입장(관점·편)에 서다　　무대에 서다

　　교단(강단)에 서다　　　　　　　　장(시장)이 서다

　　판단(결심)이 서다　　　　　　　　주례를 서다

　　법정에 서다　　　　　　　　　　　선두(우위·선봉)에 서다

　　보증을 서다　　　　　　　　　　　-의 갈림길(기로)에 서다

　　보초를 서다　　　　　　　　　　　벌을 서다

‘명사(+격 조사)+서다’의 결합 유형들을 보면, ‘서다’ 자체가 파생 의미로 해석되는 일은 많지 않아 보인다. 그러나 ‘갈림길에 서다’, ‘강단에 서다’와 같이 그 전체가 은유나 환유에 의해 비유적인 의미를 가질 수 있는 경우가 많음을 볼 수 있다.

62. ‘세우다’

(2,899회 / 97위 / ⓑ)

‘세우다’의 ‘격 조사+세우다’의 유형에서는 ‘-을/를 세우다’가 81.81%로 인접 선행하는 격조사로서는 ‘-을/를’이 압도적으로 높은 모습을 보여준다. 이 뒤를 잇는 ‘-에 세우다’는 9.45%, ‘-이/가 세우다’는 4.70% 정도이므로, ‘-을/를 세우다’가 가지는 빈도는 상대적으로 매우 높다고 할 것이다. 앞서 보았듯이 특정 격 조사의 인접 선행 비율이 높은 경우, 파생 의미로 사용되는 다양한 용례들이 보일 가능성이 높다. 실제로 ‘계획을 세우다’, ‘체계를 세우다’ 등의 다양한 용례들이 ‘명사(+격 조사)+세우다’의 결합 유형에서 발견되었다.

‘격 조사+세우다’의 유형 중에서는 전술한 ‘-을/를 세우다’, ‘-에 세우다’, ‘-이/가 세우다’를 포함해 볼 수 있고, 빈도는 낮지만, ‘그 사람을 반장으로 세웠다’에서 보이는 ‘(자격)-로 세우다1’과 ‘크레인으로 전봇대를 세웠다’에서 보이는 ‘(수단)-로 세우다2’, 그리고 ‘단체’가 주어가 될 때 ‘-에서 세우다’를 패턴으로 고려해 볼 수 있다.

또한, ‘어미+세우다’에서는 ‘-아/어 세우다’(79.38%)를 패턴으로 삼을 수 있는데, 이 때 ‘-아/어’에 선행되는 동사들을 보면, ‘일으켜 세우다’, ‘불러 세우다’ 등과 같이 어떤 동작과 ‘세우다’ 간의 계기 관계가 보이는 것이 많다. 이런 점은 ‘-아/어서 세우다’와 비슷한 면이 있다.

- '세우다'의 통사 교육 패턴
  a. '격 조사+세우다'의 패턴

	통사적 대규칙	통사적 소규칙
빈도상 대규칙	-을/를 세우다	
빈도상 소규칙	-에·에다 세우다 (자격)-로 세우다1 (수단)-로 세우다2 (단체)-에서 세우다	

  b. '어미+세우다'의 패턴

	통사적 대규칙	통사적 소규칙
빈도상 대규칙	V-아/어(서) 세우다	
빈도상 소규칙	A-게 세우다	

  -아/어(서) 세우다 : 일으켜 세우다, 불러 세우다, -을/를 위하여 세우다, 깎아 세우다, 돌려 세우다, 만들어 세우다 등
  -게 세우다 : 튼튼하게 세우다 등

- '세우다'의 의미 교육 패턴
  a. 기본 의미로 사용되는 패턴
     ~ 앞에 세우다   무릎을 세우다

  b. 파생 의미 또는 비유적 의미로 사용되는 패턴
     -은/는 계획(전략·대책)을 세우다   공을 세우다
     차를 세우다   목표를 세우다
     -다는 방침(정책)을 세우다   -의··은/는 체계를 세우다
     -은/는 기록(공)을 세우다   공장(학교·교회)을 세우다
     나라(정부)를 세우다   신기록을 세우다
     -은/는 뜻을 세우다   가설을 세우다

'세우다'가 기본 의미로 사용되는 경우는 '철수 앞에 세웠다'나 '무릎을 세우고 서라'와 같은 몇 가지 용례에 지나지 않는다. 우리가 흔히 만나는 '세우다'의 의미는 대체로 파생 의미로 사용된 것들임을 볼 수 있다. 이런 점에서 한국어 학습자들에게는 '세우다'에 대한 교육의 필요성이 느껴질 때에는 기본 의미를 알게 한 후 곧바로 파생 의미로 사용되는 다양한 용례들을 우선적으로 접하게 하는 것이 바람직하다고 생각된다.

63. '시작하다'

(8,011회 / 30위 / ⓐ)

'시작하다'는 기본 의미로 사용되는 경우가 많은 동사로서, 절을 목적어로 취할 때에는 '-기를' 또는 명사화소 '-기'를 직접 취하기도 한다는 데 초점을 두어 가르쳐야 할 동사이다. 그밖에 '격 조사+시작하다'는 '-에서 시작하다'(7.30%), '-로 시작하다'(6.91%) 등을 주요한 패턴으로 삼을 수 있다. '-로 시작하다'는 '맨손으로 시작하다'처럼 '수단'을 뜻하는 명사가 선행하는 경우와, '신입사원으로 시작하여~'와 같이 '지위'나 '자격'을 뜻하는 명사를 선행하는 경우가 있으므로 이를 구별하여 제시하는 것이 필요하다.

- '시작하다'의 통사 교육 패턴
  a. '격 조사+시작하다'의 패턴

	통사적 대규칙	통사적 소규칙
빈도상 대규칙	-을/를 시작하다	V-기를 시작하다
빈도상 소규칙	-에서 시작하다 (지위)-로 시작하다1 (도구)-로 시작하다2 -로부터·에서부터 시작하다	

b. '어미+시작하다'의 패턴

	통사적 대규칙	통사적 소규칙
빈도상 대규칙	V-기 시작하다	
빈도상 소규칙	A-게 시작하다	

-기 시작하다 : 출발하기 시작하다, 만나기 시작하다 등

-게 시작하다 : 새롭게 시작하다, 늦게 시작하다 등

● '시작하다'의 의미 교육 패턴(기본 의미로 사용되는 패턴)

일을 시작하다	-은/는 생활을 시작하다	활동을 시작하다
이야기를 시작하다	운동을 시작하다	공부를 시작하다
서비스를 시작하다	장사를 시작하다	사업을 시작하다
판매를 시작하다	방송을 시작하다	공격을 시작하다
전쟁을 시작하다	수업을 시작하다	~ 여행을 시작하다
삶을 시작하다	공사를 시작하다	

64. '쓰다1' (글을~), '쓰다2' (모자를~), '쓰다3' (사용하다)

(15,461회 / 15위 / 쓰다1 : ⓐ / 쓰다2 : ⓐ / 쓰다3 : ⓐ)

한국어 교육에서 중요하게 취급하고 있는 '쓰다' 동사는 3개의 동음어를 포함하고 있다. 이는 '글을 쓰다'의 '쓰다1', '모자를 쓰다'의 '쓰다2', '사용하다'의 의미를 갖는 '쓰다3'이다. 이들은 공교롭게도 서로 비슷한 통사적 행태를 보이기 때문에 구분에 있어서 직관적 해석이 더욱 필요하게 된다. 따라서 '격조사+쓰다'의 결합 유형만을 보고 이들 동음어들을 구분해 내는 일은 쉽지 않다. 이보다는 '쓰다'의 문맥 색인을 놓고 이들 동음어들의 용례를 보아서 각 '쓰다'에 대한 통사 패턴의 모습을 살피는 것이 더

낮다. 아래에 이들 '쓰다'가 가질 수 있는 패턴들을 소개하고자 한다.

- '쓰다1'(기록하다)의 통사 교육 패턴
  a. '격 조사+쓰다1'의 패턴

	통사적 대규칙	통사적 소규칙
빈도상 대규칙	-을/를 쓰다	VA-은/는/을 것을 쓰다
빈도상 소규칙	(대상)-에 쓰다 -에서 쓰다 -에게 쓰다	

  b. '어미+쓰다1'의 패턴

	통사적 대규칙	통사적 소규칙
빈도상 대규칙	V-아/어 쓰다	
빈도상 소규칙	A-게 쓰다	

  -아/어 쓰다 : 눌러 쓰다, 즐겨 쓰다, 고쳐 쓰다, -에 대하여 쓰다, 베껴
    쓰다, 휘갈겨 쓰다, 풀어 쓰다, 옮겨 쓰다 등
  -게 쓰다 : 크게 쓰다, 작게 쓰다, 자유롭게 쓰다, 솔직하게 쓰다, 정확
    하게 쓰다, 길게 쓰다, 짧게 쓰다 등

- '쓰다2'(모자를~)의 통사 교육 패턴('격 조사+쓰다2'의 패턴)
  a. '격 조사+쓰다2'의 패턴

	통사적 대규칙	통사적 소규칙
빈도상 대규칙	-을/를 쓰다	
빈도상 소규칙	-에서 쓰다	

  b. '어미+쓰다3'의 패턴
  V-아/어 쓰다 : 덮어 쓰다, 눌러 쓰다 등

- '쓰다3'(사용하다)의 통사 교육 패턴
  a. '격 조사+쓰다3'의 패턴

	통사적 대규칙	통사적 소규칙
빈도상 대규칙	-을/를 쓰다	
빈도상 소규칙	(도구)-로 쓰다 (대상)-에 쓰다	

  b. '어미+쓰다3'의 패턴

	통사적 대규칙	통사적 소규칙
빈도상 대규칙	V-아/어 쓰다	
빈도상 소규칙	A-게 쓰다	

　　-아/어 쓰다 : 만들어 쓰다, 즐겨 쓰다, 빌려 쓰다, 아껴 쓰다, 얻어
　　　　쓰다, 사 쓰다, 가져다가 쓰다, 쪼개 쓰다, 찾아 쓰다, 보태어
　　　　쓰다, 가려 쓰다, 끌어 쓰다, ~ 갖다가 쓰다, 훔쳐 쓰다 등
　　-게 쓰다 : 적게 쓰다, 쉽게 쓰다, 헤프게 쓰다 등

　'모자를 쓴다'고 할 때의 '쓰다2'에서 '-에 쓰다'의 패턴을 고려해 볼 만
하지만, 이 유형 앞에 쓰이는 명사로는 오직 '머리'로 국한된다는 특징이
있으므로, 이는 통사 교육의 패턴에서 제외된다. 대체적으로는 '사용하다'
의 의미를 갖는 '쓰다3'이 가장 높은 빈도를 보이는 만큼, 그 용례도 많다.
이는 '어미+쓰다3'의 다양한 패턴에서도 잘 나타난다. 이어 아래에는 각
'쓰다'의 의미 교육 패턴으로 선정된 것을 보이도록 한다.

- '쓰다1'(기록하다)의 의미 교육 패턴(기본 의미로 사용되는 패턴)
  글(글씨)을 쓰다　　시(소설·작품)를 쓰다　　편지(답장)를 쓰다
  책(원고)을 쓰다　　기사를 쓰다　　　　　사표를 쓰다
  한글로 쓰다

- '쓰다2'(모자를~)의 의미 교육 패턴
  a. 기본 의미로 사용되는 패턴
     모자(가발·헬맷·갓)를 쓰다　　　안경을 쓰다　　　가면을 쓰다
     우산을 쓰다

  b. 파생 의미 또는 비유적 의미로 사용되는 패턴
     누명을 쓰다　　　　　-의 탈을 쓰다　　　　　베일을 쓰다

- '쓰다3'(사용하다)의 의미 교육 패턴
  a. 기본 의미로 사용되는 패턴
     돈을 쓰다　　　존댓말(사투리)을 쓰다　　　가정에서 쓰다

  b. 파생 의미 또는 비유적 의미로 사용되는 패턴
     -에 신경을 쓰다　　　　　기(氣)를 쓰다　　　손을 쓰다
     -은/는 방법(수단)을 쓰다　　힘(안간힘)을 쓰다　　머리를 쓰다
     인상을 쓰다　　　　　　　약을 쓰다　　　　　선심을 쓰다
     수(속임수)를 쓰다　　　　　용을 쓰다

　한편, '명사(+격 조사)+쓰다'의 유형 검색을 통해 선별된 것들을 '쓰다'의 동음어별로 구별하여 보이면 위와 같다. 전체적으로 '쓰다1'은 기본 의미로 사용되는 경우가 많고, '쓰다2'는 '누명을 쓰다', '베일을 쓰다', '-의 가면을 쓰다' 정도 외에는 모두 기본 의미로 이해될 수 있는 것들이며, '쓰다3'은 이들에 비해 많은 수의 파생 의미적인 용법을 갖고 있음을 볼 수 있다.

65. '앉다'

(5,913회 / 44위 / ⓐ)

'앉다'의 통사적 패턴은 비교적 평범한 편이고, 그 의미로 기본 의미의 관점에서 충분히 이해될 수 있는 것들이 많다. '격 조사+앉다'의 경우 '-에 앉다'가 81.17%로 가장 높은 빈도를 보이고 있으며, 그 뒤를 '-이/가 앉다'(11.95%), '-로 앉다'(3.55%) 등이 잇고 있다. '-로 앉다'는 '가부좌로 앉다'처럼 '자세'를 뜻하는 명사가 선행되는 경우와, '창쪽으로 앉다'와 같이 '위치'나 '방향'을 의미하는 명사를 선행하는 경우로 나누어 살필 수 있다.

'어미+앉다'의 경우에는 '-고 앉다'가 46.70%로 높은 빈도를 보여주는데, 실제로 5회 이상 쓰인 '-고 앉다'는 주로 '자세'와 관련된 동사들이 선행하는 특성이 나타난다. 이런 점에 유의하여 '-고 앉다'를 하나의 패턴으로 삼을 필요가 있을 것이다. 그밖에 '-아/어 앉다'(38.51%), '-게 앉다'(5.27%) 역시 패턴으로 삼아 교수할 수 있을 것이다.

- '앉다'의 통사 교육 패턴
  a. '격 조사+앉다'의 패턴

	통사적 대규칙	통사적 소규칙
빈도상 대규칙	-에 앉다	
빈도상 소규칙	(자세)-로 앉다1 (위치)-로 앉다2	

  b. '어미+앉다'의 패턴

	통사적 대규칙	통사적 소규칙
빈도상 대규칙	V-고 앉다	
빈도상 소규칙	V-아/어 앉다 A-게 앉다	

-고 앉다 : 쪼그리고 앉다, 웅크리고 앉다, ~ 잡고 앉다, 무릎 꿇고
앉다, 깔고 앉다, 버티고 앉다, 차지하고 앉다, 죽치고 앉다, -을/
를 등지고 앉다, -에 기대고 앉다 등

-아/어 앉다 : 일어나 앉다, 모여 앉다, 들어가 앉다, 와 앉다, 끼어
앉다, 당겨 앉다, 나가 앉다, 내려와 앉다 등

-게 앉다 : 점잖게 앉다 등

- ● '앉다'의 의미 교육 패턴
  a. 기본 의미로 사용되는 패턴

앞에 앉다	의자에 앉다	옆에 앉다
곁에 앉다	소파에 앉다	책상에 앉다
벤치에 앉다	맞은편에 앉다	창가에 앉다
좌석에 앉다	구석에 앉다	식탁에 앉다
-은/는 자세로 앉다	운전석에 앉다	

  b. 파생 의미 또는 비유적 의미로 사용되는 패턴

  먼지가 앉다

'앉다'가 파생 의미로 이해될 수 있는 것은, 사람이 아닌 다른 사물이
앉는 경우인데, 빈도 5 이상을 기록한 것 중에서는 '먼지가 앉다' 정도 외
에는 발견할 수 없었다.

66. '알다'

(20,050회 / 10위 / ⓐ)

'알다'는 기본 의미로서 이해되는 용례가 많으므로, 주로 통사적인 특징
을 염두에 두어 학습되어야 할 동사라 할 수 있다. '격 조사+알다'의 경우
'-을/를 알다'(71.51%), '-이/가 알다'(12.66%), '-로 알다'(9.06%) 등의 순

으로 나타나는데, 절을 목적어로 취하는 경우에는 '-(았/었)음을 알다', '-다는 것을 알다', '-은/는지를 알다' 등 다양한 어미들을 통해 실현될 수 있으므로 이들 형태에 초점을 두어 교수할 필요가 있다. '-로 알다'는 주로 '선생으로 알고 지내다'에서처럼 사람의 지위나 내용을 나타내는 명사가 선행하며, '-에 알다'는 '예전에 알다', '처음에 알다'에서처럼 시간을 나타내는 명사가 선행하는 특징이 있으므로, 이를 용례 제시할 때 반영하여 한국어 학습자들이 주의를 기울이게 해야 할 것이다.

'어미+알다'의 경우에는 '-게 알다'(18.07%), '-는지 알다'(17.26%) 등이 패턴으로 선정될 수 있는 유형이라 할 수 있다. 이밖에 중고급 한국어 학습자들을 대상으로 할 때에는 '-아/어 알다'(9.42%), '-어도 알다'(3.88%) 등을 패턴으로 삼아 가르쳐 볼 수 있을 것이다.

- '알다'의 통사 교육 패턴
  a. '격 조사+알다'의 패턴

	통사적 대규칙	통사적 소규칙
빈도상 대규칙	-을/를 알다	VA-(았/었)음을 알다 VA-다는 것을 알다 VA-는지·는가를 알다
빈도상 소규칙	(내용)-로 알다 (시간)-에 알다 -에서 알 수 있다	VA-은/는 것으로 알다

  b. '어미+알다'의 패턴

	통사적 대규칙	통사적 소규칙
빈도상 대규칙	A-게 알다 VA-는지 알다	VA-은/을지 알다
빈도상 소규칙	V-아/어 알다 V-아/어도 알다 V-아/어서 알다	

-게 알다 : 쉽게 알다, 정확하게 알다, 우습게 알다, 뒤늦게 알다, 확실
　　하게 알다, 분명하게 알다, 소상하게 알다 등
-(았/었)는지 알다 : 왔는지 알다, ~ 하는지 알다, 그랬는지 알다 등
-은/을지 알다 : ~ 할지 알다 등
-아/어 알다 : 깨달아 알다, -에 대하여 알다, 들어 알다, -을/를 통해
　　알다 등
-아/어도 알다 : -지 않아도 알다, -을/를 봐도 알다 등
-아/어서 알다 : 봐서 알다, 들어서 알다 등

● ‘알다’의 의미 교육 패턴(기본 의미로 사용되는 패턴)

-는/을 줄(을·로) 알다	사실을 알다	나중에 알다
이유를 알다	뜻을 알다	자신을 알다
이름을 알다	사정을 알다	-은/는 방법을 알다
까닭을 알다	원인을 알다	마음을 알다
의미를 알다	소식을 알다	비밀을 알다
정체를 알다	영문을 알다	맛을 알다
진실을 알다	-은/는 법을 알다	존재를 알다
이치를 알다	행방을 알다	위치를 알다
세계를 알다	내막을 알다	구조를 알다
진상을 알다	가치를 알다	

67. ‘얻다’

(4,640회 / 59위 / ⓑ)

　‘얻다’의 기본 의미를 ‘거저 주어서 받다’라고 본다면, 대체로 기본 의미
로 쓰인 것들은 구체적인 사물을 받는 것으로 보고, 추상적인 사물을 가지
거나 얻는 것으로 이해되는 것들은 파생 의미적인 측면에서 볼 수 있을
것이다. 이렇게 보면 ‘얻다’는 기본 의미와 파생 의미로 골고루 사용되는

동사라 볼 수 있다. 기본 의미로 사용되는 '얻다'는 통사 패턴에서 쉽게 관찰되는데, '-을/를 얻다'(86.83%), '-에서 얻다'(4.78%) 등을 비롯하여, '-로 얻다'(2.76%) 등의 '격 조사+얻다'의 패턴을 상정해 볼 수 있다. 여기서 '-로 얻다'는 '전세로 얻다'처럼 '대상'을 뜻하는 명사가 앞서는 경우와, '귀띔으로 얻다'처럼 '수단'을 의미하는 명사가 선행하는 경우로 나누어 볼 수 있다. '-에서 얻다'나 '-로 얻다'가 갖는 빈도는 낮지만, '얻다'가 세종 말뭉치 전체에서 보이는 빈도는 낮지 않기 때문에 낮은 빈도라고 해도 충분히 많은 수의 유의미한 패턴을 찾아볼 수 있다.

'어미+얻다'의 경우, '-아/어 얻다'와 '-아/어서 얻다'가 비슷한 의미 기능을 갖고 있는데, 이 두 용례의 빈도만도 54.50%에 이를 정도로 높다. 주로 '-을/를 통해(서) 얻다'가 많은 빈도를 차지하고, '싸워서 얻다'처럼 '얻은 이유'로 해석될 수 있는 동사가 선행하는 경우도 많다. 그밖에 '쉽게 얻다' 등에서 보이는 '-게 얻다'(16.01%)까지 패턴으로 삼을 수 있다.

- '얻다'의 통사 교육 패턴
  a. '격 조사+얻다'의 패턴

	통사적 대규칙	통사적 소규칙
빈도상 대규칙	-을/를 얻다	
빈도상 소규칙	-에서 얻다 (대상)-로 얻다1 (수단)-로 얻다2 -로부터·에게서 얻다	

  b. '어미+얻다'의 패턴

	통사적 대규칙	통사적 소규칙
빈도상 대규칙	V-아/어(서) 얻다	
빈도상 소규칙	A-게 얻다	

-아/어(서) 얻다 : -을/를 통해서 얻다, 싸워서 얻다, ~ 해서 얻다 등

-게 얻다 : 쉽게 얻다, 어렵게 얻다, 손쉽게 얻다 등

● '얻다'의 의미 교육 패턴

　　a. 기본 의미로 사용되는 패턴

　　　정보(자료)를 얻다　　　힘(용기)을 얻다　　　이익(소득)을 얻다

　　　표(점수)를 얻다　　　지식을 얻다　　　돈(땅·밥)을 얻다

　　　휴가를 얻다　　　자신감을 얻다　　　힌트를 얻다

　　　일자리를 얻다　　　공짜로 얻다

　　b. 파생 의미 또는 비유적 의미로 사용되는 패턴

　　　빚을 얻다　　　　　　-은/는 효과를 얻다

　　　인기(명성)를 얻다　　　호응(동의·지지·공감·신뢰·신임)을 얻다

　　　-은/는 반응을 얻다　　-은/는 결과(결론·성과)를 얻다

　　　방을 얻다　　　　　　승인(허가)을 얻다

　　　깨달음(교훈)을 얻다　　도움(협조·기회)을 얻다

　　　자유를 얻다　　　　　해답을 얻다

　　　만족을 얻다　　　　　위안을 얻다

　　　지혜를 얻다　　　　　사랑을 얻다

　　　자신감을 얻다　　　　양해(양보)를 얻다

　　　설득력을 얻다　　　　생명을 얻다

　　　아들을 얻다

'얻다'는 '거저 주어서 받다'는 것으로 기본 의미를 삼는다면, 사람의 노력으로 얻었다거나 특별히 누가 주었다고 말하기 어려운 경우에는 파생 의미의 측면에서 볼 수 있을 것이다. 그런 면에서 '지지를 얻다', '만족을 얻다' 등에서의 '얻다'는 다분히 일반 연어적인 성격이나 관용구적인 성격이 강하다. 왜냐하면 원칙적으로 볼 때, '지지를' 이나 '만족을' 뒤에 '얻다'

가 반드시 쓰여야 하는 이유가 없어 보이기 때문이다.

68. '열다'

(4,395회 / 64위 / ⓐ)

'격 조사+열다'에서는 '-을/를 열다'(96.22%)가 가장 높은 빈도를 보여, 실제로 '열다' 앞에 인접 선행하는 격 조사의 거의 대부분을 차지한다. '열다'가 파생 의미로 사용되는 경우에도 대개 '-을/를 열다'의 통사 패턴을 취한다.

- '열다'의 통사 교육 패턴
  a. '격 조사+열다'의 패턴

	통사적 대규칙	통사적 소규칙
빈도상 대규칙	-을/를 열다	
빈도상 소규칙	-에서 열다 (도구)-로 열다 (시간)-에 열다	

  b. '어미+열다'의 패턴

	통사적 대규칙	통사적 소규칙
빈도상 대규칙	V-아/어 열다	
빈도상 소규칙	A-게 열다	

-아/어 열다 : 잇따라 열다 등

-게 열다 : 성대하게 열다 등

'열다'의 기본 의미를 '닫히거나 잠긴 것을 트거나 벗기다'로 보는 경우, '행사를 개최하다' 혹은 '막혔던 것을 뚫다'라는 의미로 사용되는 '회의를 열다', '길을 열다' 등은 파생 의미로 사용되는 것으로 이해할 수 있을 것이다. 이에 따라 기본 의미로 사용되는 경우와 파생 의미로 사용되는 경우를 나누면 아래와 같이 보일 수 있다.

- '열다'의 의미 교육 패턴
  a. 기본 의미로 사용되는 패턴
     문(창문·현관문·대문)을 열다   뚜껑을 열다   서랍을 열다
     가방을 열다

  b. 파생 의미 또는 비유적 의미로 사용되는 패턴
     입(말문)을 열다   회의를 열다   -의 지평(길)을 열다
     대회(집회·행사)를 열다   -의·-은/는 시대를 열다
     마음(가슴)을 열다   회담을 열다   -의 가능성을 열다
     전시회(간담회)를 열다   잔치를 열다   강좌를 열다
     포문을 열다   막을 열다

69. '열리다' ('열다'의 피동사)

(3,351회 / 83위 / ⓑ)

'열다'의 피동사인 '열리다'는 실제로 '문이 열리다'와 같은 기본 의미로 사용되는 경우보다는 '행사가 시작되다, 개최되다'의 의미로 사용되는 예가 월등히 많다. '격 조사+열리다'의 패턴으로는 '-이/가 열리다'(45.29%), '단체'나 '장소'를 뜻하는 명사에 후행하는 '-에서 열리다'(138.29%) 등을 선정해 볼 수 있는데, '-에서 열리다'는 '(장소)에서 개최되다'의 의미로서

'열리다'가 파생 의미로 사용되고 있다. 또한 '-로 열리다'는 '~의 주최로 열리다'에서와 같이 '수단'이나 '방법'으로 볼 수 있는 명사가 선행하면 파생 의미로, '남쪽으로 열리다'와 같이 '방향'을 뜻하는 명사가 선행하면 기본 의미로 해석이 되므로, 이를 구분하여 교수할 수 있을 것이다. '어미+열리다'의 경우에는 '잇따라 열리다', '-을/를 위해 열리다' 등에서 보이는 '-아/어 열리다'(32.81%)와 형용사를 선행하는 '-게 열리다'(27.08%) 등을 패턴으로 선정해 볼 수 있다.

- '열리다'의 통사 교육 패턴
  a. '격 조사+열리다'의 패턴

	통사적 대규칙	통사적 소규칙
빈도상 대규칙	(-이/가 열리다) -에서 열리다	
빈도상 소규칙	(방향)-로 열리다1 (수단)-로 열리다2	

  b. '어미+열리다'의 패턴

	통사적 대규칙	통사적 소규칙
빈도상 대규칙	V-아/어 열리다	
빈도상 소규칙	A-게 열리다	

-아/어 열리다 : 잇따라 열리다, -을/를 위하여 열리다, -을/를 향하여
　　　　　열리다 등
-게 열리다 : 넓게 열리다, 쉽게 열리다 등

앞서 보았던 '열다'와 마찬가지로, '열리다' 역시 파생 의미로 사용되는 경우가 더 많이 관찰되며, '명사(+격 조사)+열리다' 구성이 '세계로 가는 문이 열렸다'에서 보는 것처럼 '-의 문이 열리다' 전체가 비유적으로 사용

되는 경우도 있다.

- '열리다'의 의미 교육 패턴
  a. 기본 의미로 사용되는 패턴
     문(창문)이 열리다

  b. 파생 의미 또는 비유적 의미로 사용되는 패턴
     -의 문(길)이 열리다   대화가 열리다
     -의·-은/는 시대가 열리다   -은/는 가운데 열리다
     -의 주최로 열리다   호텔(회의실)에서 열리다
     축제가 열리다   국회가 열리다
     공판이 열리다   막이 열리다

  여기를 보면 대체로 앞서 본 '열다'와 비슷한 명사들이 사용되는 것을 볼 수 있다. 다만, '장소'를 나타내는 '-에서 열리다'의 구성이 있다는 점은 '열다'와 다르다. 이는 주로 신문 및 각종 기사에서 '열다'보다는 '열리다'가 많이 쓰이기 때문이다.

70. '오다'

(17,037회 / 13위 / ⓐ)

  '격 조사+오다'의 결합 유형에서는 '-이/가 오다'(40.47%), '-에 오다'(28.24%), '-에서 오다'(11.90%), '-로 오다'(11.00%), '-을/를 오다'(5.00%) 등이 있다. '-이/가 오다'의 하위 패턴으로 '-을 것이 오다'와 같은 예가 있지만, 이는 '올 것이 오다'의 예로서 통사 교육을 위한 패턴으

로 삼기보다는 그 전체를 관용 표현으로 익히게 하는 것이 나으므로, 통사 교육을 위한 패턴에서는 제외된다. '-로 오다'는 선행하는 명사에 따라서 약 3가지의 용법을 나눌 수 있다. 그 하나는 가장 높은 빈도로 사용되는 것으로서, '집으로 왔다'처럼 '방향'을 뜻하는 경우, 다른 하나는 '우리나라에 특사로 왔다'와 같이 '자격'을 뜻하는 경우, 그리고 마지막으로는 '버스로 왔다'와 같이 '수단'이나 '도구'를 뜻하는 경우가 그것이다. '어미+오다'의 결합 유형에서는 '가지고 오다', '데리고 오다' 등에서 보이는 '-고 오다'(46.36%), '놀러 오다' 등에서의 '-러 오다'(20.09%), '살다가 오다'에서 보이는 '-(았/었)다가 오다'(13.58%) 등을 선정해 볼 수 있다.

- '오다'의 통사 교육 패턴
  a. '격 조사+오다'의 패턴

	통사적 대규칙	통사적 소규칙
빈도상 대규칙	(-이/가 오다) -에 오다	
빈도상 소규칙	-에서 오다 (방향)-로 오다1 (자격)-로 오다2 (수단)-로 오다3 -을/를 오다 -에게·한테 오다	

  b. '어미+오다'의 패턴

	통사적 대규칙	통사적 소규칙
빈도상 대규칙	V-고 오다	
빈도상 소규칙	V-러 오다 V-다가 오다	V-았/었다가 오다

  -고 오다 : 가지고 오다, 데리고 오다, 타고 오다, 들고 오다, 싣고 오다, 데리고 오다, 공부하고 오다, 이끌고 오다 등

-러 오다 : 놀러 오다, ~ 하러 오다, 보러 오다, 만나러 오다, 데리러
　　오다, 주러 오다, 잡으러 오다 등
-(았/었)다가 오다 : 갔다가 오다, -에 있다가 오다, 놀다가 오다 등

'오다'의 기본 의미는 '어떤 사물이 말하는 사람과 가까워지다'라고 할
수 있다. 이 경우, 구체물이 가까워지거나 시간이 가까워지는 것까지는 기
본 의미의 범주에서 충분히 이해될 수 있다고 봐서, '세월이 오다', '겨울이
오다' 등은 기본 의미적인 측면에서 이해하고, 그 외의 것들은 파생 의미로
분류해 볼 수 있으리라고 본다. 설령 기본 의미적인 관점에서 충분히 이해
할 수 있다고 해도, 그것이 한국어 학습자들에게는 유표적으로 받아들여질
수 있는 것들은 파생 의미의 측면에서 볼 수도 있다. 가령, '연락이 오다'나
'졸음이 오다' 등이 그렇다. 이들 패턴에서는 반드시 '오다'를 써야 한다는
이유가 있는 것이 아니며, 다분히 연어적이며 관용적인 성격이 있기 때문
에 이들을 별도의 파생 의미 항목에서 다룰 수 있다는 것이다. 이러한 기준
에 따르면, 아래와 같은 '명사(+격 조사)+오다'의 패턴들을 열거할 수 있으
리라 본다.

- '오다'의 의미 교육 패턴
  a. 기본 의미로 사용되는 패턴
  　비(눈)이 오다　　　　　집(학교·병원)에·으로 오다
  　여기를 오다　　　　　　~ 앞에 오다
  　손님이 오다　　　　　　차가 오다
  　-은/는/을 일로 오다　　봄(여름·가을·겨울)이 오다

  b. 파생 의미나 비유적 의미로 사용되는 패턴
  ① 주로 '-에'나 '-로'가 선행하는 패턴
  ┌─────────────────────────────────────┐
  │ 예 부산에 이사를 오다 · 부산으로 이사를 오다 │
  └─────────────────────────────────────┘

이사(이민)을 오다   면회를 오다   구경(을) 오다
유학(전학)을 오다   피난(을) 오다   전학(을) 오다
시집을 오다

② 주로 '-에'가 선행하는 패턴

예 몸에 변화가 오다

변화가 오다   통증이 오다   이상(異狀)이 오다

③ 주로 '-은/는/을' 관형절이 선행하는 패턴

예 편하게 쉴 수 있는 날이 오다

날(시대·세상)이 오다   기회가 오다   단계에 오다

④ 기타
-다는 연락(전화·편지·소식)이 오다   잠(졸음)이 오다
근래에 와서   다음에 오는 ~(실용문)
새벽(아침)이 오다

71. '오르다'

(3,426회 / 80위 / ⓐ)

'오르다'는 '-에 오르다'(58.70%), '-이/가 오르다'(22.44%), '-을/를 오르다'(9.67%), '-로 오르다'(8.15%) 등에서 볼 수 있듯이, 전형적인 이동 동사인 '가다'나 '오다'와 비슷한 격 조사들이 선행하며, 그 격 조사들의 빈도 순위도 유사하다. '어미+오르다'의 결합에서는 '-아/어 오르다'(79.74%)가 단연 두드러지는 패턴인데, 이는 '치밀어 오르다', '부풀어 오르다' 등의

다양한 용례를 포함하며, 대체로 '오르다'의 양태적 특징들을 나타낼 수 있는 동사들이 선행하는 특징이 있으므로 하나의 패턴으로 삼을 수 있다.

- '오르다'의 통사 교육 패턴
  a. '격 조사+오르다'의 패턴

	통사적 대규칙	통사적 소규칙
빈도상 대규칙	-에 오르다	
빈도상 소규칙	-을/를 오르다 (방향)-로 오르다1 (도구)-로 오르다2 -에서 오르다	

  b. '어미+오르다'의 패턴

	통사적 대규칙	통사적 소규칙
빈도상 대규칙	V-아/어 오르다	
빈도상 소규칙	A-게 오르다	

-아/어 오르다 : 치밀어 오르다, 부풀어 오르다, 솟구쳐 오르다, 뛰어 오르다, 북받쳐 오르다, -을/를 따라 오르다, 걸어 오르다, 치켜 오르다, 돋아 오르다, 날아 오르다 등
-게 오르다 : 크게 오르다 등

한편, '오르다'의 기본 의미를 '낮은 데에서 높은 곳으로 이동하다'로 본다면, 탈것에 오르는 것까지는 기본 의미의 범주로 이해할 수 있고, '가격이 오르다'나 '약이 오르다' 등은 파생 의미의 측면에서 이해할 수 있을 것이다. 이에 따라 '오르다'의 통사 및 의미 교육 패턴들을 제시하면 아래와 같다.

- '오르다'의 의미 교육 패턴
  a. 기본 의미로 사용되는 패턴

     산(정상·하늘)을·에 오르다   -은/는 길에 오르다
     차(배·버스·비행기·기차)에 오르다   계단을 오르다

  b. 파생 의미 또는 비유적 의미로 사용되는 패턴
     ① 주로 '-이/가'가 선행하는 패턴

     | 예 새로운 뮤지컬이 무대에 오르다 |

     무대에 오르다   스타덤에 오르다
     구설수(화제)에 오르다   왕(벼슬길)에 오르다
     마운드에 오르다   물망에 오르다
     궤도에 오르다   살이 오르다

     ② 주로 '-의'가 선행하는 패턴

     | 예 물건의 가격이 오르다 |

     가격(값·물가)이 오르다   막이 오르다   대상에 오르다
     자리(수준)에 오르다

     ③ 기타
     ~ 폭으로 오르다   ~ 정도 오르다   열이 오르다
     ~ 원으로 오르다   약이 오르다   ~ 위(位)에 오르다
     취기가 오르다   독이 오르다

72. '올리다'

(3,382회 / 81위 / N)

'격 조사+올리다'의 패턴 중에서 독특한 것은 '-로 올리다'이다. 이의

용례를 문맥 색인에서 살피면, 대체로 '가격'이나 '가치'와 관련된 텍스트가 많으며, '15% 정도로 올릴 예정이다', '500원으로 올리다'와 같이 '정도'의 뜻을 담은 명사가 위치하는 때가 많으므로, 이를 하나의 패턴으로 삼을 수 있다. '화물을 트럭으로 올리다'와 같이 '-로 올리다' 앞에 '방향'이나 '장소'를 뜻하는 명사가 위치하는 경우는 드물고, 대신 '-에 올리다'가 이를 대신하여 활발하게 사용되므로, '-로 올리다'는 '(정도)-로 올리다' 하나 정도만을 교육용 패턴으로 선정하는 것이 바람직하다고 생각된다.

'어미+올리다'에서는 '-아/어 올리다'가 92.87%로 거의 압도적으로 많다. 이에 해당하는 용례들은 '들어 올리다', '쌓아 올리다', '끌어 올리다' 등 '올리다'의 동작과 관련된 양태적 특징을 나타내는 동사들이 선행하는 특성이 있으므로 하나의 패턴으로 삼을 만하다.

- '올리다'의 통사 교육 패턴
  a. '격 조사+올리다'의 패턴

	통사적 대규칙	통사적 소규칙
빈도상 대규칙	-을/를 올리다	
빈도상 소규칙	-에 올리다 (정도)-로 올리다 -에게·께 올리다	

  b. '어미+올리다'의 패턴

	통사적 대규칙	통사적 소규칙
빈도상 대규칙	V-아/어 올리다	
빈도상 소규칙	A-게 올리다	

-아/어 올리다 : 들어 올리다, 쌓아 올리다, 쏘아 올리다, 끌어 올리다, 쓸어 올리다, 퍼 올리다, 밀어 올리다, 뽑아 올리다, 건져 올리다, 잡아 올리다, 걷어 올리다, 안아 올리다 등
-게 올리다 : 어렵게 올리다, 간단하게 올리다 등

● '올리다'의 의미 교육 패턴

   a. 기본 의미로 사용되는 패턴

     위에 올리다   값을 올리다   성적을 올리다

     손을 올리다   상에 올리다

   b. 파생 의미 또는 비유적 의미로 사용되는 패턴

     -에 열을 올리다   -이/가-와 결혼식(혼례)을 올리다

     -의 약(을) 올리다   수익(실적·성과·수입·소득)을 올리다

     -을/를 입에 올리다   -의 막을 올리다

     -에게 말씀(글)을 올리다   -에게 제사(기도·절)를 올리다

     -을/를 무대에 올리다   -이/가 기세를 올리다

     매출을 올리다   -이/가 환성을 올리다

     스위치를 올리다   -에게 술을 올리다

한편, '명사(+격 조사)+올리다'의 패턴에서는 주로 파생 의미로 사용되는 '올리다'가 매우 많이 나타나는 것을 (156b)에서 확인할 수 있다. '수익을 올리다', '성과를 올리다'에서 보는 것처럼 소기의 성과나 목표를 의미하는 명사와 어울리는 경우가 그 중에서도 가장 많은 용례에 해당된다. 그 다음으로 많은 종류의 '올리다'는 '절을 올리다'나 '술을 올리다'에서 보이는 것과 같이 '드리다' 대신 사용되는 높임의 표현으로서의 '올리다'이다.

73. '울다', '웃다'

(울다 : 2,563회 / 111위 / ⓐ) (웃다 : 3,359회 / 82위 / ⓐ)

'울다'나 '웃다'는 대개의 용례가 기본 의미의 관점에서 충분히 이해될

수 있으므로, 통사적 측면에 초점을 두어 가르쳐야 할 동사라 볼 수 있다. 그런데 '울다'는 '감정의 표시로서 소리 내며 눈물을 흘리다'의 의미를 갖는다. 그런데 「표준국어대사전」에서는 '장판이 울다'의 '울다'와 동음어로 보고 있는 반면, 「외국인을 위한 한국어 학습 사전」에서는 이 동음어들을 다의어처럼 간주하고 있다. 한국어 교육에서 기본 의미로 삼고 있는 것은 전자의 '소리 내며 눈물을 흘리다'이므로, 여기서도 이러한 의미를 갖는 '울다'에 대해 다룬다.

전형적인 자동사로서 '울다'나 '웃다'는 '-이/가 울다'(58.04%), '-이/가 웃다'(40.28%)가 가장 많다. '울다'나 '웃다'는 모두 '-로 울다', '-로 웃다'의 패턴을 갖는데, 이때 선행하는 명사는 '큰 소리', '큰 목소리' 등으로 나타나지만 빈도가 제법 높다. 대체로 '격 조사+동사'의 패턴들은 다른 동사와 비교해 볼 때 그리 까다롭지는 않지만, '어미+울다'의 패턴에서는 '-아/어 울다'(28.42%)에 주의하여 교수할 필요가 있다고 여겨진다. 이 예로는 '소리 내어 울다', '목 놓아 울다', '흐느껴 울다' 등 '울다'의 양태와 관련되는 표현들이 많은데, 이러한 패턴은 그다지 많지 않으므로, '-아/어 울다'라는 패턴에 주의를 집중케 하기보다는 이 전체를 하나의 관용구처럼 익히게 하는 방법도 고려될 수 있으리라 본다.

- '울다'의 통사 교육 패턴
  a. '격 조사+울다'의 패턴

	통사적 대규칙	통사적 소규칙
빈도상 대규칙	(-이/가 울다) (정도)-로 울다	
빈도상 소규칙	(시간)-에 울다 -에서 울다 -처럼 울다	

b. '어미+울다'의 패턴

	통사적 대규칙	통사적 소규칙
빈도상 대규칙	V-아/어 울다	
빈도상 소규칙	V-고 울다 A-게 울다	

-아/어 울다 : 소리 내어 울다, 목 놓아 울다, 흐느껴 울다, 느껴 울다
-고 울다 : ~ 하고 울다, -을/를 붙들고 울다, -을/를 보고 울다 등
-게 울다 : 서럽게 울다, 크게 울다, 섧게 울다, 슬프게 울다, 심하게
        울다, 길게 울다 등

● '울다'의 의미 교육 패턴(기본 의미로 사용되는 패턴)
  -은/는 소리로 울다   암탉이 울다   아기가 울다
  울음을 울다   아이가 울다   닭이 울다

'웃다'는 '울다'와 비슷한 '격 조사+동사'의 패턴을 갖는다. '어미+웃다'의 결합 유형에서는 '-게 웃다'(41.40%)가 가장 많은 용례를 차지하는 것으로 나타나는데, 그 예를 보면, '환하게 웃다', '크게 웃다'와 같이 웃는 모양과 관계되는 일이 많다.

● '웃다'의 통사 교육 패턴
  a. '격 조사+웃다'의 패턴

	통사적 대규칙	통사적 소규칙
빈도상 대규칙	(-이/가 웃다) (정도)-로 웃다	
빈도상 소규칙	-처럼 웃다 -에서 웃다	

b. '어미+웃다'의 패턴

	통사적 대규칙	통사적 소규칙
빈도상 대규칙	A-게 웃다	
빈도상 소규칙	V-고 웃다 V-며 웃다	

-게 웃다 : 크게 웃다, 환하게 웃다, 어색하게 웃다, 밝게 웃다, 쓸쓸하
　　　　게 웃다, 수줍게 웃다, 호탕하게 웃다, 유쾌하게 웃다, 씁쓸하게
　　　　웃다, 묘하게 웃다, 싱겁게 웃다, 행복하게 웃다 등
-고 웃다 : ~ 하고 웃다, 울고 웃다, -지 않고 웃다 등
-며 웃다 : 낄낄대며 웃다, -을/를 보며 웃다, -을/를 치며 웃다 등

- '웃다'의 의미 교육 패턴(기본 의미로 사용되는 패턴)
　웃음을 웃다　　　　혼자 웃다　　　　~ 소리로 웃다
　~ 듯이 웃다

74. '위하다'

(26,988회 / 6위 / ⓑ)

동사 '위하다'는 '대하다'나 '따르다'와 더불어, '-을/를 위한', '-을/를 위
하여'의 꼴로 사용되어 기능적인 의미를 담당하는 용법으로 잘 알려져 있다.
이 동사가 기능적인 의미로 자주 사용된다는 것은 26,988회라는 매우 높은
말뭉치 내 빈도를 가지면서도 '격 조사+위하다'나 '어미+위하다'의 결합 용
례에가 매우 제한적이라는 사실에서 확인이 된다. '-을/를 위하다'의 용례는
격 조사가 인접 선행하는 전체에 있어서 99.94%로서, 주어나 다른 문장 성
분이 앞서는 경우는 단 한 개의 용례도 발견되지 않으며, 절을 선행할 때에

는 '-기를 위하다'보다는 '-기 위하다'가 월등히 많이 사용되는 데서 알 수 있다. 따라서 '위하다'는 말뭉치 전체적으로 '-을/를 위한·위하여' 혹은 '-기 위한·위하여'라는 꼴에 유의하여 교수하여야 하는 동사라 할 수 있다.

- '위하다'의 통사 교육 패턴
  a. '격 조사+위하다'의 패턴

	통사적 대규칙	통사적 소규칙
빈도상 대규칙	-을/를 위한·위하여	V-기를 위한·위하여 VA-는 것을 위하여
빈도상 소규칙	(정도)-로 위하다	

  b. '어미+위하다'의 패턴

	통사적 대규칙	통사적 소규칙
빈도상 대규칙	-기 위한·위하여	
빈도상 소규칙		

- '위하다'의 의미 교육 패턴
  - '-을/를 위한·위하여'의 꼴로 쓰일 때 선행하는 빈도 50이상의 명사들

이·그·저	발전	해결	이익
통일	실현	안정	목적
유지	확보	보호	등(等)
나	그	개선	교육
강화	방지	생존	사람
향상	개발	민주화	자신
누구	사회	아이	해소
건강			

75. '이루다'

(3,465회 / 78위 / ⓑ)

　　동사 '이루다'의 기본 의미에 대해서 「표준국어대사전」은 '어떤 대상이 일정한 상태나 결과를 생기게 하거나 일으키거나 만들다'라고 제시하고 있다. 이러한 기본 의미는 어느 정도는 추상적인 의미라 할 수 있기 때문에, 한국어 학습자들에게 기본 의미를 설명하기가 다소 어려운 동사라 할 수 있다. 따라서 이 동사는 개별 의미의 교수보다는 다른 명사와 더불어 사용될 때를 패턴으로 삼아 가르치는 것이 유용하리라고 생각된다. 예를 들어, '조화를 이루다', '주류를 이루다'와 같은 용례들을 학습자들에게 패턴으로 제시하는 것이 낫다는 것이다.

- '이루다'의 통사 교육 패턴
  a. '격 조사+이루다'의 패턴

	통사적 대규칙	통사적 소규칙
빈도상 대규칙	-을/를 이루다	
빈도상 소규칙	(수단)-로 이루다 (시간)-에 이루다 -에서 이루다 -로써 이루다	

  b. '어미+이루다'의 패턴

	통사적 대규칙	통사적 소규칙
빈도상 대규칙	V-아/어 이루다	
빈도상 소규칙	A-게 이루다	

-아/어 이루다 : -을/를 통해 이루다 등

-게 이루다 : 멋지게 이루다 등

- '이루다'의 의미 교육 패턴(기본 의미로 사용되는 패턴)

  ① 주로 '-이/가'가 선행하는 패턴

  | 예 사람들이 북새통을 이루다 |

북새통을 이루다	붐(성황·장사진)을 이루다
숲을 이루다	장관을 이루다
장사진을 이루다	주(주류·주종·주축·중심)를 이루다
진전을 이루다	집단을 이루다
핵심을 이루다	

  ② 주로 '-와/과'가 선행하는 패턴

  | 예 그녀와 가정을 이루다 |

가정을 이루다	균형을 이루다
대조를 이루다	무리를 이루다
사랑을 이루다	쌍벽(짝)을 이루다
조(組)를 이루다	통일(통합·합의·조화)을 이루다

  ③ 주로 '-의'가 선행하는 패턴

  | 예 바다가 두 나라의 경계를 이루다 |

  | 경계를 이루다 | 일부를 이루다 |
  | 핵(核)을 이루다 | |

  ④ 주로 '-의'나 '-은/는' 관형절이 선행하는 패턴

  | 예 사회의 근간을 이루다 · 사회 발전을 위한 근간을 이루다 |

  | 근간(바탕·배경)을 이루다 | 관계를 이루다 |

구조(모양)를 이루다 　　　　꿈(뜻)을 이루다

발전(성장)을 이루다 　　　　사회를 이루다

업적을 이루다 　　　　　　체계(형태)를 이루다

⑤ 기타

-에서 절정을 이루다 　　　잠을 이루다

　'명사(+격 조사)+이루다' 꼴의 패턴들은 구 동사(phrasal verb)처럼 기능하여 독특한 격 조사를 취하기도 한다. 가령 '조화를 이루다'나 '주류를 이루다'는 '-와/과 조화를 이루다'이며, '주류를 이루다'는 '-이/가 주류를 이루다'와 같이 쓰인다는 사실도 이들을 패턴으로 제시하여야 하는 근거가 된다. 따라서 '이루다'는 그 자체의 동사의 통사적 특징보다는 의미적 특징, 특히 '명사(+격 조사)+이루다'의 패턴에 주의하여 제시하는 것이 바람직한 방법이라 여겨진다.

76. '이르다' (목적지에 닿다)

(5,167회 / 50위 / ⓑ)

　'이르다'의 통사 교육 패턴 중에서는 '-에 이르다'(93.20%)가 가장 높은 빈도를 보이고 있으며, 절을 선행할 때에는 명사화소 '-기'를 이용하여 '-기에 이르다'와 같은 패턴으로 나타나므로, 이를 '이르다'의 교육에 반영해 줄 필요가 있다. '어미+이르다'의 결합 유형 중에서는 '말하다'의 뜻을 갖는 '이르다' 외에 패턴으로 삼을 만한 것이 발견되지 않는다.

● '이르다'의 통사 교육 패턴('격 조사+이르다'의 패턴)

	통사적 대규칙	통사적 소규칙
빈도상 대규칙	-에 이르다	V-기에 이르다
빈도상 소규칙	(장소)-로 이르다	

'이르다'의 기본 의미가 '어떤 장소나 시간에 닿다'라는 의미로 볼 때에 대체로 '오늘날에 이르다', '최근에 이르러'와 같은 용례는 기본 의미의 측면에서 이해할 수 있다고 볼 수 있다. '절정에 이르다'나 '-은/는 대목에 이르다' 등은 구체물이 아닌 추상물과 관련되므로 다소 파생된 의미로 이해할 수 있다고 본다면, 대략 '이르다'의 의미 교육 패턴은 다음과 같이 보일 수 있을 것이다.

● '이르다'의 의미 교육 패턴

  a. 기본 의미로 사용되는 패턴

~ 앞에 이르다	오늘에 이르다	지금에 이르다
오늘날에 이르다	막바지에 이르다	~곳에 이르다
현대에 이르다	-은/는 시점에 이르다	최근에 이르다

  b. 파생 의미로 사용되는 패턴

    ① 주로 '-은/는/을' 관형절이 선행하는 패턴

    [예] 도망가야 할 지경에 이르다

지경(상황)에 이르다	단계에 이르다	수준에 이르다
경지에 이르다	대목에 이르다	데에 이르다

    ② 주로 '-이/가'가 선행하는 패턴

    [예] 참석자가 천여 명에 이르다

~ 명(원·건·정도·선)에 이르다	죽음에 이르다
합의에 이르다	상당수에 이르다

③ 기타
  -다는 결론(결과)에 이르다   -에서 절정에 이르다
  -다는 문제에 이르다

77. '일어나다'

(5,578회 / 48위 / ⓐ)

'격 조사+일어나다'의 패턴에서는 '-이/가 일어나다'(54.75%), '-에서 일어나다'(23.11%), '-에 일어나다'(14.05%), '-로 일어나다'(5.34%) 등이 선정될 수 있다. '-에서 일어나다'는 주로 '장소'를 뜻하는 명사를 선행하며, '-에 일어나다'는 '시간'을 의미할 수 있는 명사가 선행된다. 한편, '-로 일어나다'는 대략 세 가지의 의미로 파악된다. 그 하나는 '~의 결핍으로 일어나는 병'에서 보이는 것처럼 '일어나다'의 '원인'이나 '이유'가 되는 명사가 선행할 때의 '-로 일어나다1'이고, 다른 하나는 '슬로우 모션으로 일어나다'에서 보이는 것처럼 '모양'이나 '행동'을 나타내는 명사에 후행하는 '-로 일어나다', 그리고 '이는 기체 결함으로 일어났다'에서처럼 '결과'를 의미하는 명사가 앞서는 경우 등이다. 비록 그 빈도는 높지 않지만, 고급의 학습자들을 대상으로 하는 수업에서 '일어나다'와 관련된 통사 패턴을 학습할 때에는 이러한 특징들을 반영하는 것이 좋을 법하다.

'어미+일어나다'의 결합 유형 중에서는 '-아/어 일어나다'가 29.40%, '-고 일어나다'가 29.28% 등으로 나란히 상위 빈도를 점하고 있다. '놀라 일어나다', '잇달아 일어나다' 등에서 보이는 바와 같이 '-아/어 일어나다'는 의미상 '-아/어서 일어나다'와 동일하다. 한편, '-고 일어나다'는 '자고 일어나다', '털고 일어나다'에서처럼 두 동작의 계기적 연속을 나타내는 것으로서 중요하게 학습되어야 하는 패턴으로 삼을 만한 가치가 있다.

- '일어나다'의 통사 교육 패턴
  a. '격 조사+일어나다'의 패턴

	통사적 대규칙	통사적 소규칙
빈도상 대규칙	(-이/가 일어나다) -에서 일어나다	
빈도상 소규칙	(시간)-에 일어나다 (이유)-로 일어나다1 (모양)-로 일어나다2 (결과)-로 일어나다3 -에게(서) 일어나다	

  b. '어미+일어나다'의 패턴

	통사적 대규칙	통사적 소규칙
빈도상 대규칙	V-아/어 일어나다 V-고 일어나다	
빈도상 소규칙	A-게 일어나다 V-다가 일어나다	V-았/었다가 일어나다

-아/어 일어나다 : 놀라 일어나다, -을/를 따라 일어나다, 잇달아 일어
　　　　나다, -에 걸쳐 일어나다, -을/를 통해 일어나다, 깨어 일어나다,
　　　　-와/과 더불어 일어나다 등

-고 일어나다 : 자고 일어나다, 들고 일어나다, 털고 일어나다, 박차
　　　　고 일어나다, -을/를 물고 일어나다, 차고 일어나다, 떨치고 일
　　　　어나다 등

-게 일어나다 : 늦게 일어나다, 활발하게 일어나다, 거세게 일어나다,
　　　　쉽게 일어나다 등

-다가 일어나다 : 자다가 일어나다, ~ 있다가 일어나다 등

　'일어나다'의 기본 의미를 '누웠다가 앉거나 앉았다가 서다'라고 볼 때에, '의자에서 일어나다' 등은 기본 의미의 측면에서 이해할 수 있는 반면, '전쟁이 일어나다'나 '사고가 일어나다' 등은 '발생하다'의 의미로서 파생 의미적 측면에서 이해할 수 있을 것이다.

● '일어나다'의 의미 교육 패턴
   a. 기본 의미로 사용되는 패턴
      자리(의자)에서 일어나다   아침(새벽)에 일어나다
      ~ 시(時)에 일어나다   침대(잠자리)에서 일어나다

   b. 파생 의미 또는 비유적 의미로 사용되는 패턴
      ~ 일(사건)이 일어나다   -은/는 변화(현상)가 일어나다
      ~ 사이에서 일어나다   ~ 때문에 일어나다
      ~ 운동이 일어나다   ~ 사고(사태·문제)가 일어나다
      전쟁(싸움·혼란·소동·분쟁)이 일어나다 -와/과 동시에 일어나다
      -은/는 과정에서 일어나다   -은/는 반응이 일어나다
      -에 경련이 일어나다   -에 기적이 일어나다

   '일어나다'에 선행하는 명사들 중 고빈도를 기록하고 있는 것들은 대체로 부정적인 의미를 가질 수 있는 것들이 많다. '일', '사건', '전쟁', '싸움', '사태' 등이 그러하다. '운동이 일어나다'나 '기적이 일어나다' 정도는 여기서 예외적인 면이 보이는 명사라 할 수 있다.

78. '일으키다'

(2,463회 / 118위 / ⓑ)

   '일어나게 하다'는 의미를 '일으키다'의 기본 의미로 삼는다면, 대부분의 '일으키다'의 용례에서 나타나는 의미는 주로 파생 의미의 측면에서 이해될 수 있는 것들이 강하다고 할 수 있다. '전쟁을 일으키다', '문제를 일으키다' 등이 그것이다. 파생 의미로 사용되는 경우의 통사적 패턴은 '-을/를 일으키다'의 꼴을 취하는 것이 특징이다. 이러한 현상은 '일으키다'

에 인접 선행하는 격 조사로서 '-을/를'이 95.90%에 이른다는 사실과도 무관하지 않아 보인다. 앞서 보았던 여러 동사들의 경우에서 보았듯이, 특정 격조사의 인접 선행 비율이 타 격 조사에 비해 높은 경우 그만큼 파생 의미로 사용되는 경우가 많았기 때문이다.

'격 조사+일으키다'의 여러 통사적 패턴 중에서 '-로 일으키다'는 '몸 앞으로 일으키다'에서처럼 '방향'을 뜻하는 명사를 앞세울 수 있기도 하고, '두 팔로 일으켰다'에서처럼 '도구'나 '수단'의 명사가 선행할 수도 있는데, 이때 '일으키다'는 기본 의미로 쓰인다.

- '일으키다'의 통사 교육 패턴
  a. '격 조사+일으키다'의 패턴

	통사적 대규칙	통사적 소규칙
빈도상 대규칙	-을/를 일으키다	
빈도상 소규칙	(방향)-로 일으키다1 (수단)-로 일으키다2 -에서 일으키다	

  b. '어미+일으키다'의 패턴

	통사적 대규칙	통사적 소규칙
빈도상 대규칙	V-아/어 일으키다	
빈도상 소규칙	A-게 일으키다	

  -아/어 일으키다 : 잡아 일으키다, 안아 일으키다 등
  -게 일으키다 : 어렵게 일으키다, 힘들게 일으키다 등

- '일으키다'의 의미 교육 패턴
  a. 기본 의미로 사용되는 패턴
    몸을 일으키다   상체를 일으키다

b. 파생 의미 또는 비유적 의미로 사용되는 패턴

문제(물의)를 일으키다	바람을 일으키다	반응을 일으키다
파문을 일으키다	변화를 일으키다	전쟁(반란)을 일으키다
경련을 일으키다	발작을 일으키다	갈등을 일으키다
~ 운동을 일으키다	혼란을 일으키다	장애를 일으키다
~ 작용을 일으키다	말썽을 일으키다	혁명을 일으키다
사고를 일으키다	현상을 일으키다	착각을 일으키다
돌풍을 일으키다	고장을 일으키다	반향을 일으키다
사건을 일으키다	염증을 일으키다	불을 일으키다
마찰을 일으키다	마비를 일으키다	논란을 일으키다
식중독을 일으키다	군사를 일으키다	혼동을 일으키다
소동을 일으키다	사태를 일으키다	

위에 보이는 의미 교육 패턴은 빈도 순에 의거하여 열거한 것이다. 대체로 앞서 본 '일어나다'와 같이 부정적으로 해석되는 명사들이 선행하는 경우가 많음을 볼 수 있다. 다만, '반향을 일으키다', '~ 작용을 일으키다', '돌풍을 일으키다' 등은 긍정적인 면에서 볼 수 있는 패턴이라 할 수 있다.

79. '읽다'

(4,996회 / 55위 / ⓐ)

'격 조사+읽다'의 패턴 중에서는 '-을/를 읽다'가 80.54%로 가장 많은 빈도를 보이며, 그 외에 특징적인 것이라면 '~ 시각으로 읽었다'나 '가슴으로 읽었다'와 같이 '도구'의 의미로 이해되는 '-로 읽다'와 더불어, '교양서로 읽었다'와 같이 '대상'을 뜻하는 명사를 선행하는 '-로 읽다'(5.60%)가 있다는 점 정도이다. '어미+읽다'의 결합 유형 중에서는 다양한 읽는 방법과 관련되는 동사들이 함께 쓰이는 경우가 발견되는데, 이들은 '돌려 읽다', '찾아 읽다', '소리 내어 읽다'에서 보는 것처럼 '-아/어 읽다'와 같이 합성 동사의 구성으로 나타나는 특징이 있으므로, '-아/어 읽다'를 하나의 패턴으로 간주해 볼 수 있다.

한편, 세종 말뭉치에서 빈도 10이상을 기록하는 '명사(+격 조사)+읽다'의 용례 중 '읽다'가 구체적으로 '글이나 문자를 보다'의 뜻이 아닌 것으로 이해되는 것은 '세상을 읽다', '마음을 읽다' 정도의 몇 가지 예에 그친다.

- '읽다'의 통사 교육 패턴
  a. '격 조사+읽다'의 패턴

	통사적 대규칙	통사적 소규칙
빈도상 대규칙	-을/를 읽다	
빈도상 소규칙	(방식)-로 읽다1 (대상)-로 읽다2 (대상)-에서 읽다 (시간)-에 읽다	

  b. '어미+읽다'의 패턴

	통사적 대규칙	통사적 소규칙
빈도상 대규칙	V-아/어 읽다	
빈도상 소규칙	A-게 읽다	

  -아/어 읽다 : 돌려 읽다, 즐겨 읽다, 찾아 읽다, 꺼내어 읽다, 소리
  내어 읽다, -을/를 구해 읽다, -을/를 따라 읽다, 밤새워 읽다 등
  -게 읽다 : 깊게 읽다, 쉽게 읽다, 재미있게 읽다, 가볍게 읽다 등

- '읽다'의 의미 교육 패턴

a. 기본 의미로 사용되는 패턴

책을·에서 읽다　　　글을 읽다　　　소설(시·작품)을 읽다

기사(신문)를 읽다　　편지를 읽다　　이야기를 읽다

원고를 읽다　　　　성경을 읽다　　　뉴스를 읽다

b. 파생 의미 또는 비유적 의미로 사용되는 패턴

세상을 읽다　　　　-의 마음을 읽다　　　-의 내용을 읽다

80. '입다'

(3,796회 / 73위 / ⓐ)

대개의 '격 조사+입다'의 패턴은 '옷 따위를 몸에 걸치다'는 기본 의미의 차원에서 이해되는 것들이 많은데, '입다'가 관형형으로 활용되는 경우에는 후행하는 명사들이 '피해, 손해, 결과' 등으로 나타나며, 이에 선행하는 명사들은 '원인'이나 '이유'로 해석되므로 결과적으로 '입다'가 파생 의미로 이해될 때가 많다. 일례로 '수해로 입은 피해', '가격 담합으로 입은 손실' 등이 그러하다. 따라서 이때의 '-로 입다'는 '-로 입은/는 피해'와 같이 '입다'를 관형형으로 제시하는 것이 바람직해 보인다.

기타 '격 조사+입다'의 패턴으로 볼 수 있는 것들은 '-을/를 입다'(88.34%)로서 높게 나는데, 이는 '손실을 입다', '화상을 입다'와 같이 주로 좋지 않은 결과로 이해되는 명사들을 선행하여 '입다'가 파생 의미로 사용되는 패턴들이 모두 '-을/를 입다'의 꼴을 취하기 때문이기도 하다. 그밖에 '-이/가 입다'(6.2%), '결혼식에 입을 옷'과 같은 예에서 보이는 '(시간)-에 입다'(2.58%), 그리고 '속옷으로 입었다'와 같은 용례에서 보이는 '-로 입다' 등이 패턴으로 선정될 수 있다.

'어미+입다'는 단연 '-아/어 입다'가 72.45%로 높은 빈도를 보이는데, 이들은 모두 '차려 입다', '즐겨 입다', '바꿔 입다'와 같이 합성 동사 구성으로 쓰이고 기본 의미로서의 '입다'와 관련되는 모습을 보여준다.

- '입다'의 통사 교육 패턴
  a. '격 조사+입다'의 패턴

	통사적 대규칙	통사적 소규칙
빈도상 대규칙	-을/를 입다	
빈도상 소규칙	(시간)-에 입다 (대상·자격)-로 입다 (원인)-로 입은/는 ~ -에서 입다	

  b. '어미+입다'의 패턴

	통사적 대규칙	통사적 소규칙
빈도상 대규칙	V-아/어 입다	
빈도상 소규칙	A-게 입다	

-아/어 입다 : 차려 입다, 즐겨 입다, 만들어 입다, 바꿔 입다, 사 입다, 주워 입다, 받쳐 입다, 챙겨 입다, 맞춰 입다, 갖춰 입다, 빌려 입다, 걸쳐 입다 등
-게 입다 : 예쁘게 입다, 멋지게 입다 등

- '입다'의 의미 교육 패턴
  a. '-을/를 입다'가 기본 의미로 사용될 때 선행하는 명사(빈도 순)

옷	양복	제복	바지
치마	잠바	상복	한복
저고리	유니폼	교복	군복
청바지	의복	가운	외투
속옷			

b. 파생 의미로 사용되는 패턴

　　상처(중상·타박상·화상·손상·부상)를 입다　　피해(손실)를 입다
　　은혜(혜택)를 입다　　　　　　　　　　　　해(화·손해)를 입다

　'입다'가 파생 의미로 사용되는 경우에는 주로 '상처'와 관련되거나, '피해', '손해'와 관련된 것들이 많다. 실제로도 문맥 색인에서는 이들 부정적으로 해석되는 명사들이 선행하는 경우가 '은혜', '혜택' 등의 명사를 선행하는 경우보다도 많은 것으로 나타났다.

81. '잇다'

　(2,576회 / 109위 / ⓐ)

　'잇다'는 타동사로서 '-을/를 잇다'가 59.48%를 차지하여 가장 높은 빈도를 보이는 패턴으로 나타나지만, '-에 잇다'도 35.75%로 낮지 않은 빈도를 보여준다. 그런데 '-에 잇다'를 문맥 색인에서 살펴보면, 대체로 '잇다'가 '이은'과 같은 관형형이나 또는 '-아/어서' 어미에 의해 활용한 '이어서'로 주로 쓰임을 볼 수 있다. '전편에 이어서', '지난 번 발표에 이은 ~'과 같은 예에서 볼 수 있듯이, '-에 이은·이어서'는 문장 속에서 기본 의미로 사용되기보다는 기능적으로 사용될 때가 많은 것이 특징이다. 따라서 '-에 잇다'는 그 활용형의 특성을 고려하여 '-에 이은', '-에 이어(서)'를 패턴으로 삼는 것이 바람직해 보인다. 이에 더하여, '-에 이은·이어서'가 절을 선행할 때에 주로 의존 명사 '데'를 취하는 경향을 보여주므로, '-은/는 데 이어' 전체를 하나의 패턴으로 삼아 일정 수준 이상을 보이는 한국어 학습자들에게 가르치는 것을 고려해 볼 수 있다.

- '잇다'의 통사 교육 패턴('격 조사+잇다'의 패턴)

	통사적 대규칙	통사적 소규칙
빈도상 대규칙	-을/를 잇다	
빈도상 소규칙	-에 이은·이어서 (방향)-로 잇다1 (수단)-로 잇다2 -와/과 잇다	V-은/는 데(에) 이어(서)

'잇다'의 의미를 '끊이지 않게 계속하다'라고 본다면, 대체로 기본 의미로 사용되는 '잇다'는 '말을 잇다', '뒤를 잇다', '줄을 잇다'와 같은 용례라고 할 수 있고, '대를 잇다'나 '생계를 잇다' 등은 좀 더 파생된 의미로 이해할 수 있을 것이다. 이에 따라 세종 말뭉치에 나타난 '잇다'의 '명사(+격 조사)+잇다'의 패턴을 보이면 아래와 같다.

- '잇다'의 의미 교육 패턴
  a. 기본 의미로 사용되는 패턴

   말을 잇다   뒤를 잇다   줄을 잇다

  b. 파생 의미 또는 비유적 의미로 사용되는 패턴

   대(맥·명맥)를 잇다   지난해(전월)에 이어(서)
   전통을 잇다   생계(끼니)를 잇다
   -은/는 사건에 이어(서)   목숨을 잇다

82. '잡다'

(6,680회 / 38위 / ⓐ)

'잡다'는 일반적인 타동사의 패턴과 유사한 모습을 보여주지만, 일부 독

특한 특성도 관찰된다. '-로 잡다'나 '-에 잡다' 모두 '도구'를 의미할 수 있는 명사가 선행될 수 있다는 점이 그렇다. '카메라로 잡다'나 '카메라에 잡다' 또는 '양손으로 잡다'나 '양손에 잡다'가 그러하다. '도구'라는 면에서 볼 때에 '-로 잡다'가 '-에 잡다'에 비해 근소하게나마 좀 더 높은 빈도를 보이므로, 우선적으로 '-로 잡다'를 가르치되, 일정 수준에 도달한 한국어 학습자들에게 '-에 잡다'의 패턴을 제시하는 것도 고려해 볼 수 있다고 하겠다.

'어미+잡다'의 경우에는 '감싸 잡다', '두들겨 잡다'에서처럼 '-아/어 잡다'의 패턴으로 쓰여 '잡다'의 양태를 보여 주는 예들이 있는데, '늘려 잡다', '따라 잡다'처럼 '잡다'가 파생 의미로 쓰이는 예들도 다수 있으므로, 학습자의 수준에 따라서, '-아/어 잡다'의 용례도 기본 의미로 사용된 '-아/어 잡다'와 그렇지 않은 '-아/어 잡다'를 구분하여 제시할 수 있으리라 본다.

- '잡다'의 통사 교육 패턴
  a. '격 조사+잡다'의 패턴

	통사적 대규칙	통사적 소규칙
빈도상 대규칙	-을/를 잡다	
빈도상 소규칙	(수단)-로 잡다 (수단)-에 잡다 -에서 잡다	

  b. '어미+잡다'의 패턴

	통사적 대규칙	통사적 소규칙
빈도상 대규칙	V-아/어 잡다	
빈도상 소규칙	A-게 잡다	

-아/어 잡다 : 따라 잡다, 늘려 잡다, 모아 잡다, 바꿔 잡다, 감싸 잡다,
　　줄여 잡다, 두들겨 잡다, 비틀어 잡다 등
-게 잡다 : 크게 잡다, 적게 잡다, 쉽게 잡다, 가볍게 잡다 등

　'잡다'의 기본 의미에서 중요한 요소가 되는 것은 '손'이다. '손으로 움켜 놓지 않다'라는 의미를 기본 의미로 삼는 경우, 손과 직접적인 연관이 없는 용례들은 '잡다'의 파생 의미의 차원으로 볼 수 있다. 이렇게 볼 때, '명사(+격 조사)+잡다'의 꼴을 갖춘 패턴들은 다음과 같이 구분하여 제시할 수 있을 것이다.

- '잡다'의 의미 교육 패턴
  a. 기본 의미로 사용되는 패턴

손을 잡다	손에 잡다	손으로 잡다
먹살을 잡다	팔을 잡다	마이크를 잡다
손목을 잡다	줄을 잡다	물고기를 잡다
범인을 잡다	어깨를 잡다	손잡이를 잡다
핸들을 잡다	놈을 잡다	귀를 잡다
쥐를 잡다	머리채를 잡다	

  b. 파생 의미 또는 비유적 의미로 사용되는 패턴
  ① 주로 '-은/는/을' 관형절이 선행하는 패턴

> 예 낚시를 할 자리를 잡다

자리를 잡다	방향을 잡다	날을 잡다
행운을 잡다	기회를 잡다	길을 잡다

  ② 주로 '-의'가 선행하는 패턴

> 예 연이은 부진이 팀 승리의 발목을 잡다

발목을 잡다	갈피를 잡다	균형을 잡다

중심을 잡다	가닥을 잡다	주도권을 잡다
혐의를 잡다	일정을 잡다	틀을 잡다

③ 주로 '-이/가'가 선행하는 패턴

> 예 무거운 세금이 사람을 잡기도 한다.

정권(권력)을 잡다	사람을 잡다	제자리를 잡다

④ 기타

트집을 잡다	-에서 교편을 잡다	택시를 잡다
폼(을) 잡다	-에 터를 잡다	감을 잡다
마음을 잡다	-에서 주름을 잡다	불길을 잡다
분위기를 잡다		

83. '주다'

(8,971회 / 29위 / ⓐ)

'격 조사+주다'의 패턴으로는 '-을/를 주다'(83.22%), '-에게 주다' (6.59%), '-이/가 주다'(5.22%), '-로 주다'(1.78%) 등이 선정될 수 있는데, 유독 '-을/를 주다'가 높은 빈도로 나타남을 볼 수 있다. 앞서 살펴보았던 '입다'나 '잡다'와 같은 동사가 유난히 '-을/를+동사'의 결합 유형이 높았으며, 이때에 파생 의미로 사용되는 패턴도 많았다는 사실을 상기해 볼 때, '주다' 역시 매우 많은 파생 의미로 사용되는 패턴들이 있으리라 예상할 수 있다. 이는 '주의를 주다', '눈길을 주다' 등과 같은 파생 의미로 이해되는 다양한 패턴이 관찰되는 것에서 쉽게 확인이 된다.

'격 조사+주다'의 패턴 중에서는 '-로 주다'가 두 가지 용법으로 사용되는 것을 구분해 주어야 할 것으로 보인다. 그 하나는 '선물로 주다', '뇌물로 주다'에서처럼 주는 대상이 갖는 자격을 나타내는 경우인데, 사실상 '-로 주다'가 갖는 대부분의 용례가 이에 해당된다. '-로 주다'의 다른 용례는 '월급을 수표로 주었다'와 같은 '도구'의 의미로 해석되는 명사를 선행하는 경우인데, 생각 외로 이러한 용례는 많지 않으므로 우선적으로는 '(자격)-로 주다'의 패턴에 익숙하게 하는 것이 좋으리라 생각된다.

한편, '어미+주다'의 결합 유형에서는 '-다가 주다'가 40.63%로 가장 높은 빈도로 나타나는 것을 볼 수 있다. 이는 '갖다가 주다', '가져다가 주다' 등에서와 같은 용례로 사용되는 경우로서, 대체로 이때의 '주다'는 기본 의미의 차원으로 이해될 수 있는 것들이다. '-아/어 주다'는 해석에 따라서 간혹 보조용언 구성인지 합성 동사 구성인지 가늠하기 어려울 때가 있는데, 예를 들면 '나눠 주다'나 '사 주다' 등이 그러하다. 문맥 색인을 통해 살펴본 바로는 이들 용례들에서 '주다'가 본용언으로 해석되는 경우도 제법 많음을 볼 수 있었다. 이에 따라서 '-아/어 주다'도 제한적으로나마 '주다'의 통사 교육 패턴으로 고려될 수 있으므로 하나의 패턴으로 삼을 수 있다.

- '주다'의 통사 교육 패턴
  a. '격 조사+주다'의 패턴

	통사적 대규칙	통사적 소규칙
빈도상 대규칙	-을/를 주다	
빈도상 소규칙	-에게 주다 (자격)-로 주다1 (수단)-로 주다2 -에 주다 -만큼 주다	

b. '어미+주다'의 패턴

	통사적 대규칙	통사적 소규칙
빈도상 대규칙	V-다가 주다	
빈도상 소규칙	V-아/어 주다 V-라고 주다	

-다(가) 주다 : 갖다가 주다, 가져다가 주다, 사다가 주다, 날라다가
　　주다 등
-아/어 주다 : 사 주다, 나눠 주다, 떠 주다, 꺼내 주다, 따라 주다
　　등
-라고 주다 : 먹으라고 주다 등

'주다'의 기본 의미는 '물건 따위를 남에게 건네어 갖게 하다'라고 할 수 있다. 사물을 주는 행위를 통해서 그 사물이 남의 소유가 된다는 것에 초점을 두면, 실제로 남의 소유가 되느냐의 문제가 중요하게 여겨지지 않거나 구체적인 물건이 이동하지 않는 예들은 기본 의미와 다른 위계로 보아 파생 의미로 간주할 수 있다. 이런 점에서 '눈길을 주다'나 '신뢰감을 주다'는 파생 의미로 쓰인 경우라 할 수 있을 것이다. 이에 따라 '주다'의 기본 의미와 파생 의미를 구분하여 패턴으로 보이면 아래와 같다.

● '주다'의 의미 교육 패턴
　a. 기본 의미로 사용되는 패턴

돈을 주다	물을 주다	나에게 주다
선물을 주다	상을 주다	뇌물을 주다
밥(을) 주다	정보를 주다	남에게 주다
거름을 주다	비료를 주다	공짜로 주다

b. 파생 의미 또는 비유적 의미로 사용되는 패턴

① 주로 '-에' 또는 '-에게'가 선행하는 패턴

> 예 이 일에 도움을 주다 · 그녀에게 도움을 주다

도움(힘)을 주다	충격(자극)을 주다
기회를 주다	면죄부를 주다
감동(즐거움·기쁨·만족·쾌감)을 주다	부담을 주다
타격(피해·고통·상처·지장)를 주다	핀잔(면박)을 주다
주의(경고)를 주다	겁을 주다
희망(용기)을 주다	시간(틈·여유)을 주다
벌(기합)을 주다	점수를 주다
변화를 주다	혜택(특혜)을 주다
눈길을 주다	이익을 주다
불이익(불편)을 주다	믿음(신뢰감)을 주다
가르침을 주다	활력을 주다
연락을 주다	세(貰)를 주다
빌미를 주다	

② 주로 관형절이 선행하는 패턴

> 예 중요한 영향을 주다

영향을 주다	느낌(인상)을 주다
효과를 주다	

'명사(+격조사)+주다'의 패턴들은 대체로 '-에게'나 '-에'를 선행할 수 있는 패턴들이 많고, '안 좋은 영향을 주었다'나 '선한 인상을 주었다'와 같이 '영향을 주다', '인상을 주다' 등은 관형절을 취하는 경우가 많은 것이 특징이다.

84. '죽다'

(7,040회 / 35위 / ⓐ)

'죽다'의 '격 조사+동사'의 결합 유형 중에서는 '-이/가 죽다'(61.13%), '-에 죽다'(11.94%), '-로 죽다'(9.26%) 등이 패턴으로 선별될 수 있다. 여기서 '-에 죽다'는 '예전에 죽다'와 같이 '시기'나 '시간'으로 해석될 수 있는 명사를 선행하는 용법이 가장 많으며, 드물게 '의리에 죽다', '의 붓어미 시샘이 죽다'와 같이 '원인'이나 '이유'로 해석되는 명사를 앞세우는 용법이 있다. 이때의 '-에 죽다'는 '-로 죽다'와의 의미적 차이에 주목하는 학습이 필요할 것으로 여겨진다. '-로 죽다' 역시 '심장병으로 죽다'나 '고통으로 죽다'와 같이 '원인'이나 '이유'로 해석되는 명사가 선행하는 특성이 있는데, 전자는 죽는 원인이나 이유가 간접적이거나 죽음의 배경과 관련되는 것이 특징이고, '-로 죽다'는 죽는 원인이 '-에 죽다'보다 직접적이다.

'어미+죽다'의 결합 유형 중에서는 단연 '-아/어 죽다'(44.49%)와 '-고 죽다'(15.22%)가 돋보인다. 전자는 '맞아 죽다', '굶어 죽다', 후자는 '먹고 죽다', '맞고 죽다'와 같은 용례와 관련되는데 둘 다 죽음의 양태와 관련이 깊다. 그밖에 '살다가 죽다'에서의 '-다가 죽다'(6.42%)나 '-게 죽다'(6.12%) 등을 유의미한 패턴으로 선정해 볼 수 있다.

- '죽다'의 통사 교육 패턴
  a. '격 조사+죽다'의 패턴

	통사적 대규칙	통사적 소규칙
빈도상 대규칙	(-이/가 죽다) (시간)-에 죽다1 (원인)-에 죽다2	

| 빈도상
소규칙 | (원인)-로 죽다
-에서 죽다 | |

b. '어미+죽다'의 패턴

	통사적 대규칙	통사적 소규칙
빈도상 대규칙	V-아/어 죽다	
빈도상 소규칙	V-고 죽다 V-다가 죽다 A-게 죽다	

-아/어 죽다 : 맞아 죽다, 굶어 죽다, 빠져 죽다, 얼어 죽다, 떨어져
　　　죽다, 말라 죽다, 병들어 죽다, 목매어 죽다 등
-고 죽다 : ~ 보고 죽다, ~ 하고 죽다, 먹고 죽다, 맞고 죽다, -지 않고
　　　죽다 등
-다가 죽다 : 살다가 죽다, 앓다가 죽다, 싸우다가 죽다 등
-게 죽다 : 억울하게 죽다 등

　한편, '죽다'의 기본 의미가 '유정물의 숨이 끊어지다'라고 볼 때에, '풀
이 죽다'나 '기가 죽다' 등은 파생 의미의 관점에서 이해할 수 있는데, 대체
로는 기본 의미로 사용되는 일이 많으므로, 기본 의미를 중심으로 하는
통사 교육에 더 집중하는 것이 좋으리라 여겨진다.

- '죽다'의 의미 교육 패턴
  a. 기본 의미로 사용되는 패턴
　　사람이 죽다　　　~ 때문에 죽다　　　-는 채(로) 죽다
　　병으로 죽다　　　사람들이 죽다　　　-은/는 자리에서 죽다

  b. 파생 의미로 사용되는 패턴
　　풀이 죽다　　　　기가 죽다　　　　　~ 속이 죽다

85. '지나다'

(11,243회 / 23위 / ⓑ)

'지나다'의 '격 조사+동사'의 결합 유형에서는 '-이/가 지나다'(50.29%), '-을/를 지나다'(22.55%), '-에 지나다'(18.77%) 등을 패턴으로 선정해 볼 수 있다. 이 동사의 문맥 색인을 살펴보면, 대체로 관형형으로 사용되어 '지난 달', '지난 해' 등과 같은 용례가 눈에 자주 띈다. '지나다'의 관형형 '지난'은 동사이지만, 문장의 어떤 요소도 지배하지 않으며 그 독자적으로 관형사처럼 사용되는 경향이 짙다. 그밖에도 '-에 지나지 않다'와 같이 '지나다'가 갖는 기본 의미인 '시간이 흘러가다'나 '어떤 공간을 거치다'의 의미가 아니라, 추상적이고 기능적인 의미로 쓰이는 용법도 다수를 차지한다. 이러한 이유로 이들의 통사 교육 패턴에서는 이러한 '지나다'의 특성을 반영해 주는 것이 필요할 것이다. 특히, '-에 지나지 않다'의 경우 절을 선행할 때에는 '-은/는 것' 명사화소나 '-음'이 쓰이므로 이 역시 패턴 교육에서 반영되어야 할 필요가 있다.

- '지나다'의 통사 교육 패턴
  a. '격 조사+지나다'의 패턴

	통사적 대규칙	통사적 소규칙
빈도상 대규칙	(시간)-이/가 지난 N	
빈도상 소규칙	(장소)-을/를 지나다 -에 지나지 않다 (경로)-로 지나다1 (수단)-로 지나다2	VA-(았/었)음‥-은/는 것에 지나지 않다

  b. '어미+지나다'의 패턴
  V-아/어 지나다 : 스쳐 지나다 등

- '지나다'의 의미 교육 패턴 (기본 의미로 사용되는 패턴)

앞을 지나다　　　　　　(시간)-이/가 지난 ~　　~ 기간이 지나다

돌(1살)이 지나다　　　~ 곳을 지나다　　　　~ 곁을 지나다

~ 사이를 지나다

　'지나다'는 주로 기본 의미적인 측면에서 해석되는 예들이 많음을 '명사 (+격 조사)+지나다'의 용례에서 확인할 수 있다. 따라서 '지나다'는 통사적 특징을 염두에 두고 교수해야 할 동사라고 할 수 있겠다.

86. '지내다'

(2,630회 / 107위 / @)

　기본적으로 '지나다'의 사동사에 기원을 두고 있는 '지내다'에 대해, 「표준국어대사전」에서는 '시간'으로 해석되는 명사들을 선행할 때를 기본 의미로 삼아 '사람이 어떤 장소에서 생활하면서 시간을 보내다'라고 정의하고 있다. 그런데, 실제로 이렇게 사용되는 예들과 더불어, '장관을 지내다', '교사를 지내다'와 같이 '직책'으로 해석되는 명사들을 앞세우는 경우도 매우 많이 관찰된다. 이에 따라 전자는 기본 의미로 사용되는 예로, 후자는 파생 의미로 사용되는 예로 구분하여 볼 수 있다.

　한편, '어미+지내다'의 패턴의 하나인 '-게 지내다'(34.25%)는 '친하게 지내다', '편하게 지내다'와 같이 주로 기본 의미로 해석될 수 있는 '지내다'의 용례가 중심이 되므로, 시간을 보내는 화자의 상태를 나타내는 경우가 많으므로 이러한 특성에 유의하여 한국어 학습자들에게 제시하는 것이 필요할 것이다. 이와 마찬가지로 '알고 지내다'의 '-고 지내다'(30.33%), '숨어 지내다'의 '-아/어 지내다'(18.95%) 등도 기본 의미적 특성에 유의하

여 교수될 필요가 있다.

- '지내다'의 통사 교육 패턴
  a. '격 조사+지내다'의 패턴

	통사적 대규칙	통사적 소규칙
빈도상 대규칙	-을/를 지내다	
빈도상 소규칙	-에서 지내다 (자격)-로 지내다 (시간)-에 지내다	

  b. '어미+지내다'의 패턴

	통사적 대규칙	통사적 소규칙
빈도상 대규칙	A-게 지내다	
빈도상 소규칙	V-고 지내다 V-아/어 지내다	

  -게 지내다 : 친하게 지내다, 가깝게 지내다, 좋게 지내다, 편하게 지내다, 사이좋게 지내다, 정답게 지내다, 외롭게 지내다, 건강하게 지내다 등
  -고 지내다 : 알고 지내다, 잊고 지내다, 먹고 지내다, 참고 지내다 등
  -아/어 지내다 : 숨어 지내다, 갇혀 지내다, 붙어 지내다, 모여 지내다 등

- '지내다'의 의미 교육 패턴
  a. 기본 의미로 사용되는 패턴
  밤을 지내다   집에서 지내다   하룻밤을 지내다

  b. 파생 의미로 사용되는 패턴
  제사(를) 지내다   장사(를) 지내다   고사(를) 지내다
  차례(를) 지내다   장관을 지내다   회장을 지내다

87. '지키다'

(3,013회 / 90위 / ⓑ)

　'지키다'의 '격 조사+동사' 결합 유형 중에서는 '-을/를 지키다'(88.98%)를 중심으로, '-이/가 지키다'(5.16%), '-로 지키다'(2.16%) 등을 선정해 볼 수 있다. '-을/를 지키다'가 유난히 높은 빈도를 차지하고 있는 것은, 이 동사가 파생 의미로 사용될 때 예외 없이 '-을/를 지키다'의 꼴을 취하는 것과 관련이 깊다. 가령, '원칙을 지키다', '자존심을 지키다' 등과 같은 다양한 명사와의 결합 용례들에서 볼 수 있는 '지키다'는 '재산 따위의 손해를 입지 않기 위해 보호하다'라는 기본적인 의미라기보다는 '각종 법안이나 정신적 가치를 견지하거나 어기지 않다'의 의미로 해석되므로, 그 쓰임의 차원에 있어서 파생 의미로 볼 수 있다.

　'-로 지키다'는 두 종류의 패턴으로 구분해 볼 수 있다. 그 하나는 '목숨으로 지키다'와 같이 '수단'이나 '도구'로 해석되는 명사 뒤에 후행하는 경우이고, 다른 하나는 '~ 법칙의 하나로 지키다'와 같이 지켜야 할 '대상'으로 해석되는 명사를 선행할 때이다. 이상에 따라 '지키다'의 통사 교육 및 의미 교육 패턴을 제시하면 아래와 같다.

- '지키다'의 통사 교육 패턴
  a. '격 조사+지키다'의 패턴

	통사적 대규칙	통사적 소규칙
빈도상 대규칙	-을/를 지키다	
빈도상 소규칙	(수단)-로 지키다1 (법칙·대상)-로 지키다2 -에서 지키다	

b. '어미+지키다'의 패턴

	통사적 대규칙	통사적 소규칙
빈도상 대규칙	A-게 지키다	
빈도상 소규칙	V-고 지키다	

-게 지키다 : 철저하게 지키다, 굳게 지키다, ~ 있게 지키다 등

-고 지키다 : -지 않고 지키다 등

● '지키다'의 의미 교육 패턴

a. 기본 의미로 사용되는 패턴

자리를 지키다   집을 지키다   나라를 지키다

카운터를 지키다   땅을 지키다

b. 파생 의미 또는 비유적 의미로 사용되는 패턴

-와의 약속을 지키다   침묵을 지키다

-은/는 원칙(법·규칙)을 지키다   질서를 지키다

중립을 지키다   -의 자존심을 지키다

예의를 지키다   -의 비밀을 지키다

-의 이익을 지키다   자유를 지키다

양심을 지키다   순결을 지키다

건강을 지키다   품위를 지키다

분수를 지키다   시간을 지키다

-의 권리를 지키다

88. '짓다'

(5,215회 / 49위 / ⓑ)

「표준국어대사전」에서는 기본 의미로서의 '짓다'를 '옷이나 집 따위를 만들다'라고 정의하고 있다. 그리고 여기서 파생된 의미로는 '여러 가지 재료를 섞어 약을 만들다', '시, 소설, 편지, 노래 가사 따위와 같은 글을 쓰다', '한데 모여 줄이나 대열 따위를 이루다' 등으로 제시하고 있는데, 이는 각각 '약을 짓다', '시를 짓다', '줄을 짓다'와 같이 선행하는 명사의 추상성의 정도에 따라서 구분되어 있다. 이러한 사전적 풀이의 특성은 앞서 6.1.4에서 본 '걸리다'의 뜻풀이 방식과 유사하다. 이런 점에서 '짓다'의 의미를 가르칠 때에는 '짓다' 고유의 의미를 가르치기보다는 선행하는 명사와의 패턴을 고려하여 교수하는 것이 바람직하다. 즉, '명사(+격 조사)+짓다' 전체를 하나의 패턴으로 간주하여 한국어 학습자들에게 제시하는 것이 더 유용할 것으로 보인다.

'격 조사+짓다'의 용례에서도 '-을/를 짓다'가 86.40%로 다른 격 조사에 비해 목적격 조사가 매우 높은 빈도로 인접 선행하고, 상대적으로 '-이/가 짓다'(5.89%), '-로 짓다'(4.13%) 등은 매우 낮은 빈도를 보인다. '-을/를 짓다'를 제외한 나머지 패턴들은 대체로 기본 의미인 '옷, 집 따위를 만들다'의 의미를 가질 때에 사용되는 경우가 많은 것이 특징이므로, 대체적으로 '격 조사+짓다' 꼴을 갖는 패턴들은 기본 의미의 측면에서 가르치는 것이 좋을 것으로 보인다. 또한, '-로 짓다'의 경우 '맨손으로 짓다'와 같이 선행하는 명사가 '도구'나 '수단'으로 풀이되는 것과 더불어, '우리가 살 집으로 지었다'에서 보이는 것처럼 짓는 대상의 '자격'을 뜻하는 경우가 있으므로, 용례를 제시할 때에 이 둘을 구분하여 주는 것이 좋을 것이다.

- '짓다'의 통사 교육 패턴
  a. '격 조사+짓다'의 패턴

	통사적 대규칙	통사적 소규칙
빈도상 대규칙	-을/를 짓다	

빈도상 소규칙	(도구)-로 짓다1 (자격)-로 짓다2 (시간)-에 짓다 -에다 짓다	

b. '어미+짓다'의 패턴

	통사적 대규칙	통사적 소규칙
빈도상 대규칙	V-아/어 짓다	
빈도상 소규칙	A-게 짓다 N-이라고 짓다	

-아/어 짓다 : -을/를 위하여 짓다, 고쳐 짓다 등

-게 짓다 : 크게 짓다 등

-라고 짓다

- '짓다'의 의미 교육 패턴
  a. 기본 의미로 사용되는 패턴

집을 짓다	공장을 짓다	건물을 짓다
주택을 짓다	무덤을 짓다	아파트를 짓다

  b. 파생 의미 또는 비유적 의미로 사용되는 패턴

표정(미소·웃음·울상·쓴웃음)을 짓다	농사를 짓다
죄를 짓다	밥을 짓다
-을/를 마무리(매듭)를 짓다	이름을 짓다
-이/가 떼(짝·무리)를 짓다	시(노래·글)를 짓다
-을/를 확정(단정)을 짓다	약을 짓다
구분(구별)을 짓다	-을/를 연결 짓다
-을/를 타결 짓다	옷을 짓다
한숨을 짓다	-을/를 조건 짓다

89. '찾다'

(7,225회 / 32위 / ⓐ)

'격 조사+찾다'의 결합 유형에서는 '-을/를 찾다'가 88.09%로서 그 뒤를 잇는 '-에서 찾다'(6.46%)나 '-이/가 찾다'(3.09%)에 비해 월등히 높은 빈도를 보이고 있다. 전술한 다른 동사들의 사례에서 짐작할 수 있듯이, 이 동사 역시 '-을/를 찾다'의 꼴로 쓰이는 다양한 파생 의미의 패턴을 갖고 있다고 할 수 있다. 따라서 빈도가 낮더라도 '-에서 찾다'나 '-이/가 찾다' 등의 결합 유형은 '찾다'의 통사적 특징을 보여주는 중요한 패턴으로 선정해야 할 것이다.

'-을/를 찾다'는 그 하위 패턴으로 '-은/는/을 것을 찾다'나 '-은가를 찾다', '-음을 찾다'와 같은 하위 패턴이 있기는 하지만, 이들은 각각 '먹을 것을 찾다'나 '무엇인가를 찾다', '아름다움을 찾다' 등과 같이 단순 명사화에 불과하므로, 주요하게 취급되어야 하는 패턴에서는 일단 제외된다.

- '찾다'의 통사 교육 패턴
  a. '격 조사+찾다'의 패턴

	통사적 대규칙	통사적 소규칙
빈도상 대규칙	-을/를 찾다	
빈도상 소규칙	-에서 찾다 (도구)-로 찾다 (시간)-에 찾다 -에게서 찾다	

  b. '어미+찾다'의 패턴

	통사적 대규칙	통사적 소규칙
빈도상 대규칙	V-아/어 찾다	

빈도상	A-게 찾다	
소규칙	V-고 찾다	

-아/어 찾다 : 즐겨 찾다, -을/를 위하여 찾다, 애써 찾다 등

-게 찾다 : 쉽게 찾다, 애타게 찾다 등

-고 찾다 : 보고 찾다, 알고 찾다 등

'찾다'의 기본 의미에 대해 「표준국어대사전」은 '주변에 없는 사물이나 사람을 보기 위해 여기저기를 살피다'라고 풀이하고 있다. '찾다'는 그 의미가 갖는 외연이 무척 넓기 때문에 다양한 명사들을 선행하여 여러 의미로 사용될 수 있는데, 대체로는 기본 의미의 관점에서 이해될 수 있는 것들이다. 가령, '자존심을 찾다', '활기를 찾다' 등도 한국어 모어 화자들에게는 기본 의미의 측면에서도 이해될 수 있을 것이다. 그러나 외국인들에게는 이것이 한국어에 특징적인 현상으로 비춰질 수도 있으므로, 구체적인 사물을 찾는 경우를 기본 의미로 설정하고, 추상적인 것을 찾는 행위는 파생된 의미로 간주하는 것이 교수에 효과적이라 판단된다. 이에 덧붙여, '병원을 찾다'와 같은 경우는 병원이 없어서 찾는 것이 아니라, 단순히 '방문하다'의 의미를 가질 수 있는데, 이런 것들은 '찾다'가 갖는 '없어서 살피다'라는 중요한 기본 의미적 성질과 무관하여 다른 차원으로 볼 수 있으므로 이를 파생 의미로 삼는 것이 바람직하다. 이에 따라 '찾다'의 기본 의미로서 쓰인 패턴과 그렇지 않은 패턴으로 나누어 제시하면 아래와 같다.

● '찾다'의 의미 교육 패턴

　　a. 기본 의미로 사용되는 패턴

　　　① 주로 '-의'가 선행하는 패턴

　　　　예 이 물건의 주인을 찾다

주인을 찾다	흔적을 찾다	땅을 찾다
목격자를 찾다	짝을 찾다	

② 주로 '-은/는' 관형절이 선행하는 패턴

> 예 하루 정도 쉴 곳을 찾다

    곳(장소·자리)를 찾다   방법(방향)을 찾다   사람(대상)을 찾다
    정보를 찾다   일(일자리)을 찾다

③ 기타
    먹이를 찾다   -에서 돈을 찾다   담배를 찾다
    여기에서 찾다   ~ 속에서 찾다   책(사전)을 찾다
    사전을 찾다

b. 파생 의미 또는 비유적 의미로 사용되는 패턴
  ① 주로 '-의'가 선행하는 패턴

> 예 삶의 의미를 찾다

    의미를 찾다   실마리를 찾다   해결책(해답)을 찾다
    행방을 찾다   대안을 찾다   뿌리를 찾다
    활기를 찾다   균형을 찾다

② 주로 '-은/는/을' 관형절이 선행하는 패턴

> 예 노년의 즐거움을 매일 등산하는 데에서 찾다

    데에서 찾다   이유를 찾다   돌파구를 찾다
    말[言]을 찾다   가능성을 찾다   여유를 찾다

③ 주로 '-에서'가 선행하는 패턴

> 예 힘든 노동 속에서 보람을 찾다

    보람을 찾다   진리를 찾다   의의를 찾다

④ 기타
    병원을 찾다   제자리를 찾다   고향(부모님)을 찾다
    자유를 찾다   산을 찾다   사랑을 찾다

90. '치다' (때리다)

(5,167회 / 50위 / ⓐ)

　동사 '치다'는 다른 단음절 어간의 동사에 비해서도 더 많은 동음어를 갖는다. 이를테면, '비바람이 치다', '주먹을 치다', '밑줄을 치다', '소금을 치다', '그물을 치다', '돼지를 치다' 등과 같은 용례들이 '치다'의 동음어와 관련되는데, 이 중에서 한국어 교육에서 우선적으로 익혀야 하는 용례는 '주먹을 치다'에서의 '치다'이다. 그런데, 이들 동음어들은 상당 부분 동일한 격형을 갖고 있기 때문에, 의미에 대한 분석이 이뤄지지 않은 상태의 세종 말뭉치에서 문맥 색인을 통한 용례 확인 작업과 모어 화자의 직관을 사용해야 할 필요가 있다. 앞서 보았던 여러 방법론을 통하여 '치다'가 갖는 '격 조사+동사' 유형의 패턴을 제시하면 대략 아래와 같이 제시할 수 있다.

- '치다'의 통사 교육 패턴
  a. '격 조사+치다'의 패턴

	통사적 대규칙	통사적 소규칙
빈도상 대규칙	-을/를 치다	
빈도상 소규칙	(수단)-로 치다	

　　b. '어미+치다'의 패턴

	통사적 대규칙	통사적 소규칙
빈도상 대규칙	VA-다고 치다	
빈도상 소규칙	A-게 치다	

-다고 치다 : 그렇다고 치다 등
-게 치다 : 가볍게 치다 등

　「표준국어대사전」에서는 '시험을 치다'나 '점을 치다', '사기를 치다'와 같은 경우의 '치다'를 '때리다'의 기본 의미에서 파생된 의미로 간주하고 있다. 문제는 '치다'에 대한 의미론적 지식이 없는 모국어 화자에게도 '때리다'와 '시험을 치다' 혹은 '사기를 치다'와의 의미적 유연성을 추측하는 것이 매우 어렵다는 데 있다. 따라서 외국인 학습자들에게는 기본 의미인 '때리다'로서의 '치다'를 제시하고, '사기를 치다'와 같은 용례들은 '명사(+격 조사)+치다' 구성 전체를 하나의 패턴으로 삼아 제시하는 것이 바람직할 것이라 생각된다. 여기서는 「표준국어대사전」의 정의에 일단 의거하여, '점을 치다', '시험을 치다' 등의 예들을 파생 의미적인 것으로 보고 그 목록을 정리하여 제시하도록 한다.

- '치다'의 의미 교육 패턴
  a. 기본 의미로 사용되는 패턴

박수를 치다	손뼉을 치다	북을 치다
가슴을 치다	화투를 치다	골프를 치다
주먹으로 치다	전보를 치다	사람(을) 치다
공을 치다	피아노를 치다	뺨을 치다

  b. 파생 의미 또는 비유적 의미로 사용되는 패턴

소리를 치다	호통을 치다	발버둥을 치다
맞장구를 치다	-이/가 판을 치다	야단을 치다
도망을 치다	진저리를 치다	큰소리를 치다
뒷걸음질을 치다	장난을 치다	몸부림을 치다
활개(를) 치다	코웃음을 치다	헤엄을 치다
시험(을) 치다	난리를 치다	종종걸음을 치다

사기를 치다	목을 치다	무릎을 치다
종을 치다	몸서리를 치다	꼬리를 치다
뺑소니를 치다	줄행랑을 치다	손사래를 치다
기타(피아노)를 치다		

위에서 '피아노를 치다'나 '기타를 치다'를 파생 의미로 분류한 것은 악기 중에서 '치다'를 치는 대상이 '피아노'나 '기타' 등 몇몇에 한정되는 특성도 있지만, '연주하다'라는 의미를 갖는 경우로 사용되는 '치다'는 한국어 학습자들에게 유표적인 특성으로 다가올 수 있기 때문이다.

91. '타다' (올라서 자리를 잡다)

(5,047회 / 53위 / ⓐ)

동사 '타다' 역시 단음절 어간의 동사답게 '담배가 타다', '커피를 타다', '월급을 타다', '가르마를 타다' 등에서 보이는 것과 같이 다양한 동음어를 갖는다. 그 중에서 여기서 다루는 것은 '버스를 타다'라고 할 때의 '타다'이다. '버스를 타다'에서의 '타다'는 직관적으로 '-을/를 타다'와 '-에 타다', 그리고 '-로 타다'와 같은 패턴을 가질 것으로 예상되는데, 이를 '타다'의 문맥 색인 용례에서 확인하여 보면 '격 조사+타다'의 통사 교육 패턴을 추려낼 수 있다.

'-로 타다'의 경우는 '문 쪽으로 탔다'와 같이 '방향'으로 해석되는 명사가 선행되는 경우가 대부분이다. '승용차로 타고 가다' 등에서 '승용차'가 갖는 '수단'의 의미는 '승용차로 타다'가 아니라 '타고 가다'가 취하는 격 조사이므로 '타다'에 대한 통사 교육 패턴에서는 일단 제외된다.

- '타다'의 통사 교육 패턴
  a. '격 조사+타다'의 패턴

	통사적 대규칙	통사적 소규칙
빈도상 대규칙	-을/를 타다	
빈도상 소규칙	-에 타다 (방향)-로 타다 -에서 타다	

  b. '어미+타다'의 패턴
     V-아/어 타다 : 얻어 타다, 옮겨 타다, 바꿔 타다, 빌려 타다, 빌어
        타다 등

'탈것에 올라 자리를 잡다'를 '타다'의 기본 의미로 삼는다면, 전형적인
탈것으로 볼 수 없는 '물결', '바람' 등의 명사나 추상적인 실체를 나타내는
'상승세', '흐름' 등의 명사에 후행하는 '타다'는 대체로 파생 의미의 관점
에서 이해될 수 있다. 이러한 기준으로 '타다'의 의미 교육 패턴을 제시하
면 아래와 같다.

- '타다'의 의미 교육 패턴
  a. 기본 의미로 사용되는 패턴

버스를·에 타다	배를·에 타다	차를·에 타다
기차를·에 타다	말(을) 타다	자전거(를) 타다
택시를 타다	비행기를 타다	열차를 타다
승용차를 타다	오토바이를 타다	전철을 타다
엘리베이터를 타다	지하철을 타다	썰매를 타다

  b. 파생 의미 또는 비유적 의미로 사용되는 패턴

-의 틈을 타다	바람을 타다	기류를 타다
전파를 타다	-은/는 붐을 타다	상승세를 타다

파도를 타다	흐름을 타다	볼(얼굴의)을 타다
물결을 타다	유행을 타다	줄을 타다

'타다'가 파생 의미로 사용되는 패턴들은 대체로 주격 조사 '-이/가'를 선행하는 특성을 지녔다. 예를 들어, '그의 처녀작이 전파를 탔다'에서의 '전파를 타다', '새로운 투자 방법이 상승세를 타고 있다'에서 보이는 '상승세를 타다' 등이 그러하다.

92. '통하다'

(11,275회 / 22위 / ⓑ)

'통하다'는 '-을/를 통한' 또는 '-을/를 통하여'와 같은 꼴로, '도구'나 '수단'의 의미를 나타내는 용례가 가장 많이 나타난다. 이런 모습은 흡사 6.8.5의 '위하다'와 비슷한 모습이라 할 수 있다. 이에 따라 '통하다'의 '격 조사+동사'의 결합 유형 중에서는 단연 '-을/를 통하다'가 95.96%로 높게 나타나며, 그밖에 '-로 통하다'(1.74%), '-이/가 통하다'(1.60%) 등의 순으로 이어지고 있음을 말뭉치 조사 결과에서 확인할 수 있다. 따라서 '통하다'의 교육은 실질적인 의미로서 다양한 활용형을 가질 수 있는 동사라는 점에 초점을 두기보다는 우선적으로 '-을/를 통한·통하여'라는 형태에 주목하게 하는 것이 바람직할 것이라 여겨진다.

'도구'나 '수단'의 의미가 아니라, 실질적으로 '통하다'의 의미로 이해될 수 있는 용례도 없지 않은데, 이는 '그는 우리 사이에서 박사로 통한다'나, '이 길은 아랫마을로 통한다'에서 보이는 '-로 통하다', 그리고 '이러한 정신은 무사도 정신과 통한다'에서 보이는 '-와/과 통하다' 등을 꼽을 수 있다.

- '통하다'의 통사 교육 패턴
  a. '격 조사+통하다'의 패턴

	통사적 대규칙	통사적 소규칙
빈도상 대규칙	-을/를 통한·통하여	V-은/는 것을 통한·통하여
빈도상 소규칙	(자격)-로 통하다1 (방향)-로 통하다2 -와/과 통하다	

  b. '어미+통하다'의 패턴

  A-게 통하다 : 시원하게 통하다 등

- '통하다'의 의미 교육 패턴
  - '-을/를 통한·통하여'에 선행하는 명사(구) (빈도 50 이상)

~ 등(等)	-은/는 과정	-은/는 활동	인터넷
성명(聲明)	매체	연설	~ 운동
경험	대화	회견	교육
조사	선거		

93. '팔다'

(2,549회 / 114위 / ⓐ)

'팔다'는 전형적인 상행위 관련 동사로서 그 격틀이 비교적 단순하여 다른 동사에 비해 익히기 쉬운 편에 속하는 동사이다. 대표적인 '격 조사+팔다'의 패턴으로는 '-을/를 팔다'(70.91%), '-에 팔다'(12.04%), '-에서 팔다'(5.02%), '-로 팔다'(4.55%), '-에게 팔다'(4.17%) 등을 꼽을 수 있다. 이 중 '-로 팔다'는 '낮은 가격으로 팔았다'나 '헐값으로 팔았다'와 같이 '헐값에 팔다', '싼 값에 팔다'에서 보이는 '-에 팔다'와 중복되는 면이 있다. 따라서 우선적으로는 '-에 팔다'를 중심으로 교수하되, 일정 수준에 이른 학습자들에게는 '-로 팔다'를 제시해 봄 직하다.

'어미+팔다'의 결합 유형 중에서는 '-아/어서 팔다'(29.69%), '-고 팔다'(25.29%), '-다가 팔다'(19.54%), '-게 팔다'(9.58%) 등이 두루 패턴으로 선정해 볼 수 있는데, 이중 '-아/어 팔다'는 '만들어 팔다', '끼워 팔다', '속여 팔다'처럼 '-아/어서 팔다'(8.24%)와 의미나 기능면에서 중복되는 일이 많으므로, '-아/어(서) 팔다'와 같은 패턴을 제시해 주는 것이 좋을 것으로 보인다.

- '팔다'의 통사 교육 패턴
    a. '격 조사+팔다'의 패턴

	통사적 대규칙	통사적 소규칙
빈도상 대규칙	-을/를 팔다	
빈도상 소규칙	(가격)-에 팔다 -에서 팔다 -에게·한테 팔다 (가격)-로 팔다	

    b. '어미+팔다'의 패턴

	통사적 대규칙	통사적 소규칙
빈도상 대규칙	V-아/어(서) 팔다 V-고 팔다	
빈도상 소규칙	V-다가 팔다 A-게 팔다	

-아/어(서) 팔다 : 만들어 팔다, 끼워 팔다, 속여 팔다, 잘라 팔다, 담아 팔다 등
-고 팔다 : ~ 받고 팔다, ~ 놓고 팔다 등
-다가 팔다 : 내다가 팔다, 갖다가 팔다 등
-게 팔다 : 싸게 팔다, 비싸게 팔다 등

한편, '팔다'의 기본 의미를 상거래의 측면에서 생각해 본다면, 대가를 지불하지 않은 것이나, 선행하는 명사가 파는 대상이라고 보기 어려운 경우에 대해서는 파생 의미로 간주할 수 있다. 이에 따르면, 빈도 10회 이상을 기록한 '명사(+격 조사)+팔다' 중에서 파생 의미라 볼 수 있는 것들로 '몸을 팔다', '정신을 팔다', '한눈을 팔다' 등을 선정해 볼 수 있고, 그 나머지는 대체로 기본 의미의 측면에서 이해할 수 있다.

- ● '팔다'의 의미 교육 패턴
  - a. 기본 의미로 사용되는 패턴

물건을 팔다	집을 팔다	땅을 팔다
꽃을 팔다	술을 팔다	약을 팔다
시중에서 팔다	시중에 팔다	~ 값에·으로 팔다
주식을 팔다	상품을 팔다	나무를 팔다

  - b. 파생 의미 또는 비유적 의미로 사용되는 패턴

몸을 팔다	한눈(을) 팔다	정신을 팔다

94. '향하다'

(3,255회 / 86위 / ⓑ)

동사 '향하다'는 '-을/를 향한·향하여'는 물론, '-로 향하다'와 같은 구성으로 많이 쓰이고 있음을 문맥 색인에서 확인할 수 있다. '격 조사+향하다'의 결합 유형들을 보아도, '-을/를 향하다'는 79.52%로 가장 높은 빈도를 보이고, '-로 향하다'는 18.92%, '-에 향하다' 등은 1% 미만의 빈도로 나타남을 볼 수 있다. 특히 두드러지는 것은 '향하다'가 주격 조사 '-이/가'를 인접 선행하는 유형인 '-이/가 향하다'는 0.41%로서 매우 낮은 빈도를 기록하고 있다는 사실이다. 문맥 색인에서 이를 확인하면, '역사가 향하는 곳은~'과 같이 '향하다'가 관형형으로 사용되어 내포절(명사절)의 술어로 기능할 때로 국한되고, '향하다' 단독으로 문장을 매듭짓는 용법으로 사용되는 예가 많지 않다. 따라서 '-이/가 향하다'는 우선적으로 '-이/가 향하는 ~'과 같은 패턴을 기본형으로 잡는 것이 바람직할 것이다.

- '향하다'의 통사 교육 패턴('격 조사+향하다'의 패턴)

	통사적 대규칙	통사적 소규칙
빈도상 대규칙	-을/를 향하다	
빈도상 소규칙	(방향)-로 향하다 (장소)-에 향하다 -에게 향하다	

한편, '향하다'는 그 의미가 '어느 방향이 화자의 정면이 되게 하다'의 의미로 볼 수 있는데, 이때의 '방향'이 구체적인지 아니면 추상적인지에 따라서 일차적으로 기본 의미와 파생 의미를 구별할 수 있다고 보면, '명사(+격 조사)+향하다'의 패턴은 아래와 같이 기본 의미로 사용된 것과 그렇지 않은 것으로 제시될 수 있으리라 생각된다.

- '향하다'의 의미 교육 패턴
  a. 기본 의미로 사용되는 패턴

~ 쪽을·으로 향하다	집을·으로 향하다	하늘을 향하다
나를 향하다	북쪽을 향하다	세계를 향하다
바다를 향하다	사람들을 향하다	-의 얼굴을 향하다

  b. 파생 의미로 사용되는 패턴

미래를 향하다	목표를 향하다	허공을 향하다
자신을 향하다	통일을 향하다	세상을 향하다

95. '흐르다'

(2,442회 / 119위 / ⓑ)

　　동사 '흐르다'의 '격 조사+동사'의 결합 유형은 '-이/가 흐르다'가 59.88%로 가장 높은 빈도를 보이며, '-로 흐르다'가 20.35%, '-에 흐르다'가 7.29% 등 순으로 나타난다. '-에 흐르다'는 기본 의미에서 '우리 몸에 흐르는 피'와 같이 주로 관형형으로 나타나는 특성이 있으므로 이를 패턴에 반영해 주는 것이 좋은데, 이렇게 관형형으로 사용된 '흐르다'는 '시중에 흐르는 돈'과 같이 파생 의미로 볼 수 있는 용례도 다수 포함되므로, 기본 의미와 파생 의미 모두를 가르칠 때에 유의해야 하는 통사적 패턴으로 다뤄주는 것이 좋을 것이다. 그밖에 '-에 흐르다'는 대체로 '-에서 흐르다'와 동일한 의미를 가지므로, 기본 의미를 중심으로 '흐르다'의 통사 교육을 위주로 하는 교실에서는 '-에서 흐르다'를 '-에 흐르다'보다 우선하여 가르치는 것이 바람직하다고 볼 수 있다.

- '흐르다'의 통사 교육 패턴
  - a. '격 조사+흐르다'의 패턴

	통사적 대규칙	통사적 소규칙
빈도상 대규칙	(-이/가 흐르다) (방향)-로 흐르다	
빈도상 소규칙	(장소)-에 흐르는 (장소)-을/를 흐르다 -에서 흐르다 -로부터 흐르다	

  - b. '어미+흐르다'의 패턴

	통사적 대규칙	통사적 소규칙
빈도상 대규칙	V-아/어 흐르다	

| 빈도상 | A-게 흐르다 | |
| 소규칙 | V-고 흐르다 | |

-아/어 흐르다 : -을/를 따라 흐르다, -을/를 통해 흐르다, 가로질러
　　흐르다 등

-게 흐르다 : 빠르게 흐르다 등

-고 흐르다 : -을/를 타고 흐르다 등

'흐르다'의 가장 기본적인 의미는 '물이 위에서 아래로 흐르다'와 같은
용례에서 보이는 바와 같이 '액체 따위가 어떤 장소를 통해 지나가다'라는
것이 될 것이다. 이에 따르면, 실제로 흐르는 대상이 구체물이 아니고 추상
적인 경우인 '시간이 흐르다'나 흐르는 대상의 이동이 현저하지 않은 '윤
기가 흐르다'의 경우는 '흐르다'의 파생 의미라고 할 수 있다. 이에 따라
기본 의미로 사용되는 패턴과 그렇지 않은 패턴을 구분하면 아래와 같다.

● '흐르다'의 의미 교육 패턴
　　a. 기본 의미로 사용되는 패턴
　　　　물이 흐르다　　　　　　눈물이 흐르다　　　　땀이 흐르다
　　　　식은땀이 흐르다　　　　강물이 흐르다　　　　~ 아래로 흐르다

　　b. 파생 의미로 사용되는 패턴
　　　　시간이 흐르다　　　　　세월이 흐르다　　　　침묵이 흐르다
　　　　윤기가 흐르다　　　　　전류가 흐르다　　　　~ 사이를 흐르다

강명순. 2005. "쓰기 교육의 연구사와 변천사."「한국어 교육론」3. 한국문화사.

강범모. 2003.「언어, 컴퓨터, 코퍼스 언어학 : 컴퓨터를 이용한 국어 분석의 기초와 이론」고려대학교 출판부.

강승식. 1993.「음절 정보와 복수어 단위 정보를 이용한 한국어 형태소 분석」 서울대학교 컴퓨터공학과 박사학위논문.

강승식. 2005.「한국어 형태소 분석과 정보 검색」홍릉과학출판사.

강승식·임해창. 2002. "복수어 단위 정보를 이용한 한국어 형태소 분석."「한국어와 정보화」태학사.

강현화. 1997. "[체언+용언] 꼴의 연어 구성에 대한 연구."「사전편찬학 연구」 8-1. 연세대학교 언어정보개발원.

강현화. 2000a. "코퍼스 상의 빈도가 동사 어휘 교육에 주는 효용성."「비교문화연구」4. 경희대 부설 비교문화연구소.

강현화. 2000b. "외국인을 위한 교육용 한국어사전의 표제어에 대한 고찰."「어문학」70. 한국어문학회.

강현화. 2000c. "외국인을 위한 한국어사전과 말뭉치."「응용 언어학」16-1. 한국응용언어학회.

강현화. 2001. "빈도를 나타내는 시간부사의 어휘 교육 방안 연구."「한국어 교육」12-1. 국제한국어교육학회.

강현화. 2004. "한국어학습을 위한 프레지올러지에 관한 연구(1) : 강조표현을 중심으로."「이중언어학」24. 이중언어학회.

강현화. 2005a. "한국어학습을 위한 프레지올러지에 관한 연구(2) : 한중 대조 자료를 중심으로."「한국어 교육」16-1. 국제한국어교육학회.

강현화. 2005b. "일반어와 국어사전."「한국어교육론」2. 한국문화사.

강현화·조민정. 2004. "스페인어권 한국어 학습자의 어미, 조사 및 시상, 사동 범주의 오류 분석."「한국어 교육」14-2. 국제한국어교육학회.

고경태. 1999. "국어 조사 '에'와 '로'의 의미연구 : 의미 기술을 위한 인지의미론적 접근." 고려대학교 대학원 석사학위논문.

고경태. 2007a. "한국어 교육에서 패턴(pattern)을 이용한 '격조사+명사' 교육의 필요성." 「문법교육」 한국문법교육학회.

고경태. 2007b. "명사화소 '-음'·'-기'의 패턴 연구 : 조사 및 체언과 공기하는 패턴을 중심으로." 「이중언어학」 35. 이중언어학회.

고석주·김미옥·김제열·서상규·정희정·한송화. 2004. 「한국어 학습자 말뭉치와 오류 분석」 연세국학총서. 한국문화사.

고석주·남윤진·서상규. 1998. "한국어 교육을 위한 기초 어휘 의미 빈도 사전의 개발." 「언어정보개발연구」 창간호. 연세대학교 언어정보개발원.

고영근. 1969. "국어의 문형연구 시론." 「언어교육」 1-2. 서울대 어학연구소.

고영근. 1993. 「우리말의 총체서술과 문법 체계」 일지사.

곽지영. 1997. "외국인을 위한 한국어 어휘 교육 : 무엇을 어떻게 가르칠 것인가?" 「외국어로서의 한국어교육」 22. 연세대학교 한국어학당.

구지민. 2005. "학문 목적 한국어를 위한 강의 담화표지 학습 연구." 「한국어교육」 16-1. 국제한국어교육학회.

국립국어연구원. 2003. 「한국어 학습용 어휘 목록」

국립국어원. 2005. 「외국인을 위한 한국어 문법」 1, 2. 커뮤니케이션북스.

권재일. 1989. "조사의 성격과 그 생략 현상에 대한 한 기술 방법." 「어학연구」 25-1. 서울대학교 어학연구소.

권재일. 2000. "한국어 교육을 위한 표준 문법의 개발 방향." 「새국어생활」 10-2. 국립국어연구원.

김광해. 1993. 「어휘론 개설」 집문당.

김건희·권재일. 2004. "구어 조사의 특성 : 문법화를 위한 계량적 분석." 「한말연구」 15. 한말연구학회.

김미옥. 1998. "인지양식을 고려한 한국어 교수 학습." 「한국어 교육」 9-1. 국제한국어교육학회.

김민수. 1954. "국어 문법의 유형." 「국어국문학」 10. 국어국문학회.

김민수. 1971. 「국어 문법론」 일조각.

김민수. 1983. 「신국어학」 일조각.

김상수. 2004. "외국어로서의 한국어 교육을 위한 조사 '이/가'와 '은/는'에 관한 연구." 부산외국어대학교 석사학위논문.

김수정. 2003. 「한국어 문법 교육을 위한 연결 어미 연구」 서울대학교 국어교육과 대학원 박사 학위 논문.

김영만. 2005. 「한국어 교육의 이론과 실제」 도서출판 역락.

김원경. 1992. "외국어로서의 한국어 교육을 위한 조사 '은/는' '이/가'에 대한 실험적 연구." 이화여자대학교 석사학위논문.

김유미. 2005. "문형 사전을 위한 문형 빈도 조사." 「인지과학」 16-2. 한국인지과학회.

김유정. 1997. "외국어로서의 한국어 문법 교육 : 문법 교육의 위치·교육·원리에 관하여." 「한국어학」 6. 한국어학회.

김유정. 1998. "외국어로서의 한국어 문법 교육 : 문법 항목 선정과 단계화를 중심으로." 「한국어 교육」 9-1. 국제한국어교육학회.

김유정. 1999. "설문 결과를 통해 본 한국어 학습자들의 인식." 「한국어 교육」 10-1. 국제한국어교육학회.

김이진. 2004. "외국어로서의 한국어 학습자의 조사 사용 오류 연구 : 중급 단계 일본어 모어 학습자의 작문을 바탕으로." 한국외국어대학교 석사학위논문.

김인규. 2003. "학문 목적을 위한 한국어 요구 분석 및 교수요목 개발." 「한국어 교육」 14-3. 국제한국어교육학회.

김인석. 1999. "제2언어 습득 이론과 보편문법이론의 위상." 「외국어 습득 및 교육과정론」 한국문화사.

김일병. 2005. "한국어 문법 교육의 실태와 발전 방향 : 한국어 핵심 문법." 「한국어 교육」 16-2. 국제한국어교육학회.

김재욱. 1998. "범주확장망 모형을 통한 한국어 문법 교육." 「한국어 교육」 12-1. 국제한국어교육학회.

김재욱. 2002. "한국어 교육에서의 격조사 교육." 「21세기 한국어교육학의 현황과 과제」 2. 한국문화사.

김재욱. 2003. "외국어로서의 한국어 문법 교육." 「이중언어학」 22. 이중언어학회.

김재욱. 2005. "문법 교육 방법론." 「한국어교육론」 2. 국제한국어교육학회. 한국문화사.

김 정. 1998. "보조사 '-까지', '-조차', '-마저'의 한일 대조 연구." 고려대학교 석사학위논문.

김정숙. 1992. 「한국어 교육 과정과 교과서 연구」 고려대학교 박사학위논문.

김정숙. 1997. "외국어로서의 한국어 교육 원리 및 방법." 「한국어학」 6. 한국어학회.

김정숙. 1998a. "과제 수행을 중심으로 한 한국어 교육 방법론." 「한국어 교육」

9-1. 국제한국어교육학회.

김정숙. 1998b. "숙달도 배양을 위한 한국어 교육 원리 및 모형." 「이중언어학」 15. 이중언어학회.

김정숙. 1999. "담화 능력 배양을 위한 외국어로서의 한국어 쓰기 교육 방안." 「한국어 교육」 10-2. 국제한국어교육학회.

김정숙. 2000. "학문적 목적의 한국어 교육과정 설계를 위한 기초 연구 : 대학 진학생을 위한 교육과정을 중심으로." 「한국어 교육」 11-2. 국제한국어 교육학회.

김정숙. 2002. "'한국어 문법 교육의 체계와 방법론' 토론문." 「외국어로서의 한국어 문법 교육」. 국제한국어교육학회 추계 학술대회 발표 논문집.

김정숙·김유정. 2002. "한국어 학습자 말뭉치 구축을 위한 기초 연구 : 개인 정보 표지 체계와 오류 정보 체계 표지를 중심으로." 「이중언어학」 21. 이중언 어학회.

김정숙·남기춘. 2002. "영어권 한국어 학습자의 조사 사용 오류분석과 교육방 법." 「한국어 교육」 13-1. 국제한국어교육학회.

김정숙·원진숙. 1992. "외국어로서의 한국어 교육의 반성과 새로운 방법론 모색 : 의사소통능력 개발을 위한 통합교육론을 중심으로." 「어문논집」 31-1. 안암어문학회.

김정은. 2002. "외국어로서의 한국어 문법 교육." 「한말연구」 11. 한말연구학회.

김정은. 2004. "일본어권 학습자의 조사 오용 양상." 「한국어 교육」 15-1. 국제 한국어교육학회.

김정은·이소영. 2001. "제2 언어로서의 한국어 표준 문법 : 조사, 어미, 관용 표 현을 중심으로." 「이중언어학」 19. 이중언어학회.

김정은·이소영. 2004. "중간언어 관점에서 한국어 학습자의 조사 오류 연구 : '을/를, 이/가, 에, 에서'를 중심으로." 「이중언어학」 24. 이중언어학회.

김제열. 2001a. "한국어 교육에서 기초 문법 항목의 선정과 배열 연구." 「한국어 교육」 12-1. 국제한국어교육학회.

김제열. 2001b. "한국어 교재의 문법 기술 방법 연구." 「말」 25-1. 연세대학교 한국어학당.

김제열. 2005. "문법 교육의 과제와 발전 방향." 「한국어교육론」 2. 한국문화사. 국제한국어교육학회.

김중섭. 1999. "한국어 교육의 새로운 방법."「국어교육연구」6-1. 서울대학교 사범대학 국어교육연구소.

김중섭. 2004.「한국어 교육의 이해」한국문화사.

김지영. 2004. "한국어 어휘 교육 항목 선정을 위한 기초 연구."「한국어 교육」15-2. 국제한국어교육학회.

김진우. 2002.「제2어 습득연구」한국문화사.

김진해. 2000.「국어 연어 연구」경희대학교 대학원 박사학위논문.

김진해. 2002. "'한국어 연어의 개념과 그 통사·의미적 성격'에 대한 토론." 제28회 국어학회 공동토론회 지정 토론문.「국어학」39. 국어학회.

김흥규·강범모. 2000.「한국어 형태소 및 어휘 사용 빈도의 분석 1」고려대학교 민족문화연구원.

남경완. 2002. "한국어 어절 중의성의 출현 양상 : 어휘의 계량적 연구 방법을 통하여."「우리어문연구」19. 우리어문학회.

남기심. 1992. "표제어의 풀이와 표제어 설정의 문제."「새국어생활」2-1. 국립국어연구원.

남기심·고영근. 1998.「표준국어문법론」개정판. 탑 출판사.

남길임. 2006. "'아니다'의 패턴 연구 : 말뭉치의 문맥색인(concordance)을 활용하여."「어문론총」44. 한국문학언어학회.

남성우·허용·고명균·진기호·김재욱·진정란·정연희·허경행·박기선. 2006.「언어교수이론과 한국어교육」한국문화사.

남윤진. 2002. "국어 연구와 빈도 정보."「한국어와 정보화」태학사.

노은희. 1999. "한국어 교육을 위한 한국어의 문형 빈도 조사."「국어교육연구」6-1. 서울대학교 국어교육연구소.

리득춘. 1997. "외국어를 위한 조선어/한국어교재의 토 사용 비교 : 기초 단계 교재를 중심으로."「한국어 교육」8. 국제한국어교육학회.

목정수. 2004. "한국어 구문 분석과 어미 처리의 문제."「한국어 정보화와 구문 분석」월인.

문금현. 1998. "외국어로서의 한국어 관용표현의 교육."「이중언어학」15. 이중언어학회.

문금현. 2000. "구어 텍스트를 활용한 한국어 어휘 교육."「한국어 교육」11-2. 국제한국어교육학회.

문금현. 2004. "한국어 유의어의 의미변별과 교육 방안."「한국어 교육」15-3. 국제한국어교육학회.

문금현. 2005a. "어휘 교육의 과제와 발전 방향."「한국어교육론」2. 한국문화사.

문금현. 2005b. "외국인을 위한 한국어 의미교육의 현황과 전망."「한국어 의미학」16. 한국어 의미학회.

문금현. 2005c. "한국어 다의어 교육의 현황과 전망."「새국어교육」71. 한국국어교육학회.

문금현. 2006. "한국어 어휘 교육을 위한 다의어 학습 방안 : 동사 '보다'를 중심으로."「이중언어학」30. 이중언어학회.

문화관광부 한국어 세계화 추진 위원회. 1998a.「한국어 교육을 위한 기초 어휘 선정」

문화관광부 한국어 세계화 추진 위원회. 1998b.「한국어 교육을 위한 기본 문형 선정」

민진영. 2002. "한국어 고급 학습자의 조사 오류 분석." 연세대학교 교육대학원 석사학위논문.

민현식. 2003. "국어 문법과 한국어 문법의 상관성."「한국어 교육」14-2. 국제한국어교육학회.

민현식. 2004. "한국어 표준교육과정 기술 방안."「한국어 교육」15-1. 국제한국어교육학회.

민현식. 2005. "문법 교육의 표준화와 다양화의 과제."「국어교육연구」16. 서울대학교 국어교육연구소.

민진영. 2002. "한국어 고급 학습자의 조사 오류 분석." 연세대 교육대학원 석사학위논문.

박동호. 1998. "대상부류에 의한 한국어 어휘기술과 한국어 교육."「한국어 교육」9-2. 국제한국어교육학회.

박미엽. 2004. "한국어 교육 방안 1 : 어휘 교육 어떻게 할 것인가."「국어문학」39. 국어문학회.

박미영·이소영·이현진. 1999. "학습자 오류를 기반으로 한 문법 평가 문항 개발 연구."「한국어 교육」10-1. 국제한국어교육학회.

박병선. 2003.「국어 공기관계의 계량언어학적 연구」고려대학교 대학원 국어국문학과 박사학위논문.

박선희. 2001. "한국어 '-더라'의 교수 방안." 「이화어문논집」 19. 이화여자대학교 이화어문학회.

박영순. 1989. "제2언어 교육으로서의 문화 교육." 「이중언어학회지」 5. 이중언어학회.

박영순. 1992. "국어 요청문의 의미에 대하여." 「주시경학보」 9. 탑출판사.

박영순. 1994a. "'대다, 가다, 보다, 서다, 들다'의 의미에 대하여 : 새로운 사전 주석을 위한 시론." 「한국어학」 1. 한국어학회.

박영순. 1994b. 「한국어의미론」 고려대 출판부.

박영순. 1997. "국어 교육과 한국어 교육." 「한국어학」 6. 한국어학회.

박영순. 1998. 「한국어 문법 교육론」 도서출판 박이정.

박영순. 2001a. "학습자 언어와 한국어 교육." 「한국어 교육」 12-2, 국제한국어교육학회.

박영순. 2001b. 「외국어로서의 한국어 교육론」 개고판. 월인.

박영순. 2002a. "한국어 교육학 연구의 현황과 과제." 박영순 편저 「21세기 한국어 교육학의 현황과 과제」 한국문화사.

박영순. 2002b. 「한국어 교육을 위한 한국문화론」 한국문화사.

박영순 편. 2002. 「21세기 한국어 교육학의 현황과 과제」 2. 한국문화사.

박영순. 2003. "한국어 교재의 개발 현황과 발전 방향." 「한국어 교육」 14-3. 국제한국어교육학회.

박진호. 2003. "통사론." 「한국어 교육을 위한 한국어 문법론」 한국문화사.

박진호. 2004. "의존문법에 기반한 한국어 구문분석기의 설계와 구현." 「한국어 정보화와 구문분석」 고려대 민족문화연구원.

박철우. 2004. "술어-논항 관련 정보의 구축과 활용." 「한국어 정보화와 구문분석」 고려대 민족문화연구원.

방성원. 2002. "한국어 교육용 문법 용어의 표준화 방안." 「한국어 교육」 13-1. 국제한국어교육학회.

방성원. 2003. "고급 교재의 문법 내용 구성 방안." 「한국어 교육」 14-2. 국제한국어교육학회.

방성원. 2005. "문법 교수 학습의 내용과 방법." 「한국어 교육론」 2. 국제한국어교육학회. 한국문화사.

배희임. 1985. "국어문형소고." 「우운 박병채 박사 환력 기념 논총」

배희임. 1987. "한국어 문형 분류 시론 : 외국인의 한국어 학습을 위한 중급 교재를 중심으로."「어문논집」27 (석헌 정규복 박사 환력 기념 특집호). 고려대학교 국어국문학연구회.

배희임·강영. 2001. "외국인의 학습 과정을 고려한 '한국어문법 학습사전' 집필에 대한 연구."「이중언어학」18호. 이중언어학회.

백봉자. 1991. "외국어로서의 한국어 문법 : 그 정립을 위한 한 방안."「동방학지」71·72. 연세대학교 국학연구원.

백봉자. 1998. "한국어 교육 성취 수준에 대한 평가 : 연세대학교 한국어학당 1급, 2급의 성취도를 중심으로."「이중언어학」15. 이중언어학회.

백봉자. 2000. "한국어 어휘 교육." 제8회 언어정보개발연구원 월례학술발표회 발표 요지.

백봉자. 2001. "교재와 교수법을 통해 본 한국어 교육의 역사와 과제."「말」25-1. 연세대학교 한국어학당.

백봉자. 2006.「외국어로서의 한국어 문법 사전」개정판. 도서출판 하우.

백소영. 2001. "러시아 학스자의 한국어 격조사 사용의 오류 분석과 지도 연구." 이화여대 교육대학원 석사학위논문.

서상규. 2002a. "한국어 정보 처리와 연어 정보."「국어학」39. 국어학회.

서상규. 2002b. "한국어 기본 어휘와 말뭉치 분석."「21세기 한국어교육학의 현황과 과제」2. 한국문화사.

서상규 편. 2003.「한국어 교육과 학습 사전」연세대학교 언어정보개발연구원. 한국문화사.

서상규·남윤진·진기호. 1998. "한국어교육을 위한 기초 어휘 선정." 문화관광부 한국어 세계화 추진위원회.

서상규·백봉자·강현화·김홍범·남길임·유현경·정희정·한송화 편. 2004.「외국인을 위한 한국어 학습 사전」문화관광부 한국어세계화재단.

서상규·유현경·남윤진. 2002. "한국어 학습자 말뭉치와 한국어 교육."「한국어 교육」13-1. 국제한국어교육학회.

서상규·한영균. 1999.「국어 정보학 입문」태학사.

서은아. 2004. "구어와 문어의 문형 연구 : 단문을 중심으로."「한국어학」24. 한국어학회.

서정수. 1989. "외국어로서의 한국어 교육을 위한 한국말 문법 연구 및 교육자료 목록." 「한국말 교육」 1. 국제한국어교육학회.

서정수. 1993. "한일 양국어의 일부 후치사(조사) 대비 연구." 「이중언어학회지」 10. 이중언어학회.

서정수. 1996. 「국어문법」 수정증보판. 한양대학교 출판원.

서정수. 2002. "외국어로서의 한국어 교육을 위한 새 문법 체계." 「외국어로서 의 한국어교육」 27. 연세대학교 한국어학당.

석주연. 2005. "한국어 교육에서의 문형 교육의 방향에 대한 일고찰." 「한국어 교육」 16-1. 국제한국어교육학회.

성광수. 1971. "국어 문형에 관한 고찰." 「어문논집」 13. 고려대 국어국문학연 구회.

성광수. 1988. "한국어 문법의 내용과 설명." 「말」 13-1. 연세대학교 한국어학당.

성광수. 1993. "제2언어의 학습과 지도법 : 해외 교포 2세를 위한 한국어 교육의 효율적 방안 모색." 「새국어교육」 48·49. 한국국어교육학회.

성광수. 1999. "어휘부의 구조와 기초어휘의 활용 : 외국인대상 교육용 및 실어 증환자 진단용 어휘설정을 위해." 「선청어문」 27-1. 서울대학교 국어교 육과.

성광수. 2005. "토와 조사의 처리에 대하여 : 통일 실용문법을 위한." 「한국어학」 29. 한국어학회.

성기철. 1998. "한국어 교육의 목표와 내용." 「이중언어학」 15. 이중언어학회.

성기철. 2002. "외국어로서의 한국어 문법 교육." 「국어교육」 107. 한국어교육 학회.

신나탈리아. 2004. "한국어 조사 사용의 오류 분석 및 지도 내용 연구 : 러시아어 를 모어로 하는 한국어 학습자들을 대상으로." 서울대학교 석사학위논문.

신명선. 2004. "어휘 교육의 목표로서의 어휘 능력(lexical competence)에 대한 연구." 「국어교육」 113. 한국어교육학회.

신명선. 2005. "어휘 능력의 성격을 통해 본 어휘에 대한 바람직한 관점 연구." 「선청어문」 33. 서울대학교 국어교육과.

신은경·송향근. 2005. "유형별 어휘를 중심으로 한 어휘 교재 개발 방안 연구." 「이중언어학」 29. 이중언어학회.

신자영. 2005. "한국어 연어의 다국어 대조 연구." 「이중언어학」 28. 이중언어학회.

신희삼. 2004. "외국어로서 한국어 어휘교육 방안 연구." 「국어문학」 39. 국어문학회.

심재기. 1980. "명사화의 의미기능."「언어」5-1. 79~102.

안경화. 1999. "한국어 어휘의 학습 난이 측정 방법에 대하여."「언어학」25. 한국언어학회.

안경화. 2003. "중간언어 어휘론 연구의 과제와 전망."「이중언어학」23. 이중언어학회.

안경화·양명희. 2005. "일본어권 한국어 학습자를 대상으로 한 조사 '의'의 교수 방안."「이중언어학」29. 이중언어학회.

안주호. 2004. "한국어교육에서의 어미 제시순서에 대한 연구."「배달말」34. 배달말학회.

양경숙·김희영. 2005. "언어의 공기관계 분석을 위한 임의화 검증의 응용."「응용통계연구」18-3. 한국통계학회.

연규동·박진호·최운호. 2003.「인문학을 위한 컴퓨터」태학사.

오미정. 2004. "한국어 교육용 어휘 교재 개발 연구."「한국어 교육」15-3. 국제한국어교육학회.

오상은. 2004. "러시아어권 한국어 학습자의 격조사 오류 분석 및 지도 방안 연구 : 초급 단계를 중심으로." 한양대 교육대학원 석사학위논문.

오선경. 2005. "대학 수학 목적의 한국어 듣기 교육 방안 연구." 고려대학교 교육대학원 석사학위 논문.

오수진. 1998. "외국어로서의 한국어 조사 교육." 부산대학교 석사학위논문.

왕 단. 2005. "중국어권 학습자를 위한 한국어 문법 교육의 현황과 개선 방안."「국어교육연구」16. 서울대학교 국어교육연구소.

우인혜. 2004. "영-일 학습자의 조사 교육을 위한 연구."「이중언어학」22. 이중언어학회.

우형식. 1987. "명사화소 '-음'과 '-기'의 분포와 기능."「말」12.

우형식. 2002. "'한국어 문법 교육의 체계와 방법론' 토론문."「외국어로서의 한국어 문법 교육」국제한국어교육학회 추계 학술대회 발표 논문집. 국제한국어교육학회.

원진숙. 1993. "서술어 결합가를 중심으로 한 한국어 문형분류."「어문논집」32. 고려대 국어국문학연구회.

원진숙. 1997. "언어, 언어학 그리고 언어교육."「한국어학」6. 한국어학회.

유석훈. 2001. "외국어로서 한국어 학습자 말뭉치 구축의 필요성과 자료 분석." 「한국어 교육」 12-1. 국제한국어교육학회.

유승만. 2006. "로만 야콥슨의 유표성 이론 연구." 「러시아연구」 16-2. 서울대학교 러시아연구소.

유현경. 1997. "형용사의 격틀과 논항의 문제 : 사전적 처리를 중심으로." 「사전편찬학 연구」 8. 연세대학교 언어정보개발원.

유현경. 2000. "국어 형용사의 유형에 대한 연구." 「국어학」 36-1. 국어학회.

유현경·이상섭. 2000. "말뭉치를 이용한 용언의 활용형에 관한 연구." 「한국어정보학」 3. 한국어정보학회.

이관규. 2002. "'한국어 문법 교육의 체계와 방법론' 토론문." 「외국어로서의 한국어 문법 교육」. 국제한국어교육학회 추계 학술대회 발표 논문집. 국제한국어교육학회.

이관규. 2004. "문법 영역의 위상과 문법론의 내용 체계." 「이중언어학」 26. 이중언어학회.

이관규·김라연·윤정민·서수현·김지연 역. 2004. 「문법을 어떻게 가르칠 것인가?」 한국문화사. Thornbury, S. 1999. *How to Teach Grammar*. Longman.

이관규. 2005a. "교육용 문법 용어." 「한국어교육론」 2. 국제한국어교육학회. 한국문화사.

이관규. 2005b. 「학교 문법론」 개정판. 도서출판 월인.

이광호. 2005. "국어 텍스트의 어휘 풍부성 연구 : 군집분석을 통한 접근." 「한국어학」 26. 한국어학회.

이기갑. 1990. "한국어의 어절 구조." 「언어연구」 2. 서울대학교 언어연구회.

이길원. 2002. "일본인 한국어 학습자의 한국어 문법 교육(1)." 「언어와 언어교육」 17. 동아대학교 어학연구소.

이동규. 2005. "중·고급 학습자를 위한 한국어 문화어휘 교육 : 속담관용어 교육을 중심으로." 고려대학교 교육대학원 석사학위논문.

이동혁. 2004. 「국어 연어관계 연구」 고려대학교 대학원 국어국문학과 박사학위논문.

이대규. 2000. "외국인을 위한 한국어 불규칙 동사의 교육 방법." 「이중언어학」 17-1. 이중언어학회.

이미혜. 2002. "한국어 문법 교육에서 '표현 항목' 설정에 대한 연구." 「한국어 교육」 13-2. 국제한국어교육학회.

이미혜. 2005a. "문법 교육의 연구사와 변천사."「한국어교육론」 2. 한국문화사.

이미혜. 2005b.「한국어 문법 항목 교육 연구」박이정.

이병규 외. 2005.「한국어 교재 분석 연구」국립국어원.

이상섭 외. 1999.「현대 한국어 어휘 빈도의 종합적 연구 : 각종 국어 정보학적 빈도 사전의 구성」한국학술진흥재단.

이상억. 2001. "현대국어의 어미 및 문법 패턴의 계량언어학적 연구."「계량국어학 연구」서울대학교 출판부.

이양혜. 2005. "외국어로서의 한국어 조사 '로' 교육."「이중언어학」 29. 이중언어학회.

이영숙. 2004. "한국어 문법 교육의 실태와 효율적인 교육 방안 연구."「교육한글」 16·17. 한글학회.

이운영. 2002.「<표준국어대사전> 연구 분석」국립국어연구원.

이유경. 2005. "외국인의 대학 수학을 위한 어휘 목록 선정의 필요성 연구 : 한국어 교육 전공 논문의 명사 어휘 중심으로."「이중언어학」 29. 이중언어학회.

이윤영. 2005. "한국어 문법 교육 방안 연구 : 문법 형태 초점을 기반으로 하여." 고려대학교 교육대학원 석사학위논문.

이윤정. 2003. "한국어 교재에 나타난 조사 교육 내용 비교 연구." 울산대 교육대학원 석사학위논문.

이은경. 1999. "구어체 텍스트에서의 한국어 연결 어미의 기능."「국어학」 34. 국어학회.

이은경. 2000. "한국어 학습자의 조사 사용에 나타난 오류 분석 : 한국어 학습자의 작문을 중심으로." 연세대학교 석사학위논문.

이은경. 2004. "한국어 학습자의 조사 오류 분석."「한국어 교육과 학습 사전」 한국문화사.

이은경·이선웅. 2004. "한국어 활용어미 교육을 위한 말뭉치 구축."「텍스트언어학」 17. 텍스트언어학회.

이재욱·남기춘. 2001. "외국인을 위한 한국어 교육 : 한국어 학습자의 어휘 학습 전략 연구."「우리어문연구」 17. 우리어문연구회.

이재욱·문양호·남기춘. 2001. "어휘빈도와 어휘친숙도 평정에서 나타나는 모국

어 어휘지식과 외국어 어휘지식의 관련성." 「이중언어학」 18. 이중언어
학회.

이정희. 2003. 「한국어 학습자의 오류 연구」 박이정.

이종은. 1998. "의사소통과 인지 중심의 한국어 문법 교수." 「한국어 교육」 9-2.
국제한국어교육학회.

이종은. 2004. 「어휘적 접근법을 통한 한국어 의존용언 교육 연구」 상명대학교
박사학위 논문.

이종은. 2005. "한국어 교육을 위한 의존용언 표현의 어휘 항목 선정." 「이중언
어학」 28. 이중언어학회.

이준호. 2005. "대학 수학 목적의 쓰기 교육을 위한 교수요목 설계 : 보고서
쓰기 교육을 중심으로." 고려대학교 교육대학원 석사학위논문.

이준호·안정수·박현주·김명호. 1996. "한글 문서의 효과적인 검색을 위한
n-Gram 기반의 색인 방법." 「정보관리학회지」 13-1.

이지영. 1996. 「한국어 조사의 교수 모형」 상명여자대학교 박사학위논문.

이지영. 1997. "한국어 조사 '-가', '-를'의 교수 모형." 「교육한글」 10. 한글학회.

이진숙. 2001. "영어 어휘 습득의 효과적인 방법에 관한 연구." 「현대영어교육」
2-2. 현대영어교육학회.

이충우. 1994. "한국어 어휘 교육을 위한 대표 어휘 선정." 「국어교육」 85. 한국
어교육학회.

이충우. 2004. "국어 문법 교육의 개선 방안." 「이중언어학」 26. 이중언어학회.

이충우. 2005. "국어 어휘 교육의 개선 방안." 「국어교육학연구」 24. 국어교육
학회.

이해영. 1998. "문법 교수의 원리와 실제." 「이중언어학」 15. 이중언어학회.

이해영. 2003. "한국어 학습자의 시제표현 문법항목 발달패턴 연구." 「이중언어
학」 22. 이중언어학회.

이해영. 2004a. "학문 목적의 한국어 교과과정 설계 연구." 「한국어 교육」 15-1.
국제한국어교육학회.

이해영. 2004b. "현행 한국어 교재 문법 분석." 「제1회 한국문법교육학회 전국
학술대회 발표집」 한국문법교육학회.

이효상. 2005. "외국어로서의 한국어 교재와 문법 교육의 문제점." 「국어교육연
구」 16. 서울대학교 국어교육연구소.

이효정. 2001. "한국어 학습자 담화에 나타난 연결어미 연구."「한국어 교육」 12-1. 국제한국어교육학회.

이희자. 1995. "현대 국어 관용구의 결합 관계 고찰."「대동문화연구」30. 성균 관대 대동문화연구원.

이희자. 1999. "구 단위 기능 조사에 대한 연구."「사전편찬학 연구」9. 연세대 학교 언어정보개발원.

이희자·이종희. 1998.「텍스트 분석적 국어 조사의 연구」한국문화사.

이희자·이종희. 2006.「어미·조사 학습자용 사전」한국문화사.

임근석. 2002. "현대국어의 어휘적 연어 연구." 서울대학교 국어국문학과 석사 학위논문.

임병빈·한혜령·송해성·김지선 역. 2003.「제2언어 교수 학습」한국문화사. Nunan, D. 1999. *Second Language Teaching & Learning*. University of Hong Kong.

임지룡. 1991. "국어의 기초어휘에 대한 연구."「국어교육연구」23. 경북대학교 국어교육학과.

임지룡. 1995.「국어 의미론」탑출판사.

임지룡·김영순. 2000. "한국어 교육을 위한 의존문법과 격문법의 적용 가능성." 「어문학」69. 한국어문학회.

임창국. 1999. "한국어 이차술어 구문 : '-로'의 계사적 양상." 고려대학교 석사 학위논문.

임호빈·홍경표·장숙인. 1997.「외국인을 위한 한국어 문법」신개정판. 연세대학 교 출판부.

장석배. 1998. "말뭉치 규모와 어절 유형 증가간의 상관성에 대한 연구."「언어 정보개발연구」창간호. 연세대학교 언어정보개발원.

전수정. 2004. "학문 목적 읽기 교육을 위한 한국어 학습자의 요구 분석 연구." 「외국어로서의 한국어교육」연세대학교 한국어학당.

전혜영. 2001. "한국어 관용 표현의 교육 방안."「한국어 교육」12. 국제한국어 교육학회.

정대성. 2000. "제2언어습득에 있어서 연어(collocation)지식 발달에 대한 연구." 「현대영어교육」1 겨울호. 현대영어교육학회.

정상근. 2001. "한국어 학습사전에서 용언활용형의 표제어 선정 방안 연구." 「한국어 교육」12-2. 국제한국어교육학회.

정주리. 1999. "조사의 의미 기술을 위한 시론." 「국어의 격과 조사」 한국어학회. 월인.

정주리. 2000. "구성문법적 접근에 의한 문장 의미 연구." 「한국어학」 12. 한국어학회.

정지은. 2004. "한국어 초급 학습자를 위한 조사 학습 순서에 관한 연구 : 기본 문형과 조사 사용 빈도를 중심으로." 홍익대 교육대학원 석사학위논문.

정호성. 2000. "「표준국어대사전」 수록 정보의 통계적 분석." 「새국어생활」 10-1. 국립국어연구원.

조남호. 2002a. "'21세기 세종계획'의 균형 말뭉치 분석." 「한국어와 정보화」 태학사.

조남호. 2002b. 「현대 국어 사용 빈도 조사」 국립국어연구원.

조선경. 1996. "한국어의 조사 '의'와 일본어 조사 'の'의 대조 연구." 이화여자대학교 석사학위논문.

조성문. 2005. "구어 말뭉치에 의한 한국어 초급교재의 어휘 분석." 「한민족문화연구」 17. 한민족문화학회.

조현용. 1999a. "한국어 교육용 기본어휘 선정에 관한 연구." 「고황논집」 25. 경희대학교 대학원.

조현용. 1999b. "한국어 어휘의 특징과 어휘교육." 「한국어 교육」 10-1. 국제한국어교육학회.

조현용. 2000. 「한국어 어휘교육 연구」 박이정.

조현용. 2005a. "문법화와 한국어 문형 교육 연구." 「교육발전 연구」 21-1. 경희대학교 교육발전연구원.

조현용. 2005b. "어휘 교육의 연구사와 변천사." 「한국어교육론」 2. 한국문화사.

주세형. 2005. "통합적 문법 교육 내용 설계." 「이중언어학」 27. 이중언어학회.

주시경. 1910. 「국어문법」 경성 : 박문서관. 김민수·하동호·고영근(공편). 1986. 「역대국어문법대계」.

진대연. 2006. "한국어 쓰기능력 구성요소로서의 어휘에 대한 연구." 「이중언어학」 30. 이중언어학회.

차재은. 2003. "국어 정보학의 응용 방안 : 한국어 교육과 국어 교육을 중심으로." 「한국어 교육」 14-2. 국제한국어교육학회.

최경봉. 2000. "단어의 의미 확장과 어휘 체계." 「언어학」 8-2. 대한언어학회.

최길시. 1998. 「외국인을 위한 한국어 교육의 실제」 태학사.

최운호. 2005. 「한국어 처리에서 '구 묶음'을 위한 명사의 특성 연구」 서울대학교 대학원 언어학과 박사학위논문.

최윤곤. 2004. 「한국어 교육을 위한 구문표현 연구」 동국대학교 박사학위논문.

최은규. 2005. "외국어로서의 한국어 문법 연구 : <외국인을 위한 한국어 문법 1, 2>의 검토를 중심으로." 「국어교육연구」 16. 서울대학교 국어교육연구소.

최지훈. 2004. "한국어 문법 교육의 실제." 「문법 연구」 1. 한국문법교육학회.

최호철. 1993. 「국어 서술어의 의미 연구」 고려대학교 박사학위논문.

최호철 외. 2000. "한국어 문형 사전의 개발 사업 보고서." 문화관광부 한국어 세계화 추진 위원회.

최호철 외. 2001. 「한국어 문형 사전의 개발(2차년도) 최종 보고서」 한국어세계화재단 한국어세계화추진위원회.

하화정. 2001. "외국인을 위한 한국어 다의어 교육 연구." 경희대학교 교육대학원 석사학위논문.

한상미. 2002. "학습자 자율성에 기초한 한국어 어휘 교육 사례 연구 : 인터넷 사전과 인터넷 자료 검색 과정을 중심으로." 「한국어 교육」 13-2.

한송화. 1997a. "활용형에 제약이 있는 동사의 사전적 처리." 「사전편찬학 연구」 7. 연세대학교 언어정보개발원.

한송화. 1997b. "동사의 사전적 처리의 제문제." 「사전편찬학 연구」 8. 연세대학교 언어정보개발원.

한송화. 2003. "어휘 사전과 어휘 관계." 「언어정보와 사전편찬」 12·13. 연세대학교 언어정보개발원.

한송화. 2005. "중급 교재의 문법 교수 요목 선정을 위한 연구 : 연세대학교 한국어학당 4급 교재를 중심으로." 「외국어로서의 한국어 교육」 30. 연세대학교 한국어학당.

한송화·강현화. 2004. "연어를 이용한 어휘 교육 방안 연구." 「한국어 교육」 15-3. 국제한국어교육학회.

한영균. 1997. "'명사+동사' 합성구의 형태론적 특성 : <동사 합성구 사전>의 거시구조와 관련된 문제를 중심으로." 「울산어문논집」 12. 울산대학교 인문대학 국어국문학부.

한영균. 2001. "한국어 학습자 사전 개발을 위한 어휘 계량적 접근."「울산어문 논집」15. 울산대학교 인문대학 국어국문학부.

한영균. 2002. "어휘 기술을 위한 연어정보의 추출 및 활용과 관련된 몇 가지 문제."「국어학」39. 국어학회.

한재영 외. 2003.「한국어 문법 교육 개발 최종 보고서」문화관광부 한국어세계 화재단.

허용. 2001. "부사격 조사에 대한 한국어 교육학적 접근."「이중언어학」19. 이 중언어학회.

허용 외. 2003.「한국어 교육을 위한 한국어 문법론」한국문화사.

허용 외. 2005.「외국어로서의 한국어교육학 개론」박이정.

현태덕. 2005. "영어 어휘지도의 실제."「현대문법연구」39. 현대문법학회.

홍윤기. 2006. "메타언어(Meta-language)를 활용한 한국어 문법 교육 방법론 연 구."「이중언어학」32. 이중언어학회.

홍윤표. 2002. "국어학 연구와 정보화."「한국어와 정보화」태학사.

홍재성. 1989. "한국어 사전에서의 동사 항목의 기술과 통사 정보."「사전편찬 학 연구」2. 연세대학교 언어정보개발원.

홍재성. 1998. "동사형용사의 사전적 처리."「새국어생활」8-1. 국립국어연구원.

홍재성 외. 1997.「현대 한국어 동사 구문 사전」두산동아.

홍종선. 2002. "'한국어 정보 처리와 연어 정보'에 대한 토론." 제28회 국어학회 공동토론회 지정토론문.「국어학」39. 국어학회.

홍종선·강범모·최호철. 2000. "한국어 연어 정보의 분석·응용에 관한 연구 : 한국 어 연어 정보의 분석, 응용에 관한 연구"「한국어학」11. 한국어학회.

홍종선·강범모·최호철. 2001.「한국어 연어관계 연구」월인.

황도삼·최기선·김태석 역. 1998.「자연언어처리」홍릉과학출판사.

황정숙. 1991. "외국인을 위한 한국어 조사의 수업 모형." 상명여자대학교 석사 학위논문.

황화상. 2004.「한국어 전산 형태론」민연 국어학 연구 총서 2. 도서출판 월인.

황화상·최정혜. 2003. "한국어 어절의 형태론적 중의성 연구."「한국어학」20. 한국어학회.

Alan, P. 1998. *Patterns and Meanings : Using Corpora For English Language*

Research and Teaching. John Benjamins Publishing Company.

Alderson, N. J. 1986. "Increasing the reading rate for ESL students." *TESOL Newsletters*. 5.

Altenberg, B. 1998. "On the Pharaseology of Spoken English : The Evidence of Recurrent Word-Combinations." Cowie, A. P. ed. *Phraseology : Theory, Analysis, and Applications*. Oxford University Press.

Asher, R. ed. 1994. *The Encyclopedia of Language and Linguistics*. Pergamon Press.

Bachman, L. F. 1990. *Fundamental Considerations in Language Testing*. NY : Oxford University Press.

Barlow M. & Suzanne Kemmer (eds.) 2000. *Usage-Based Models of Language*. CSLI Publication. Center for the Study of Language and Information. Stanford, California.

Biber, D. 2000. "Investigating Language Use through Corpus-Based Analyses of Association Patterns" *Usage-Based Models of Language*. CSLI Publication. Center for the Study of Language and Information. Stanford, California.

Bolinger. 1975. *Meaning and memory*. Forum Linguisticum 1. 2-14.

Brown, D. S. 1974. *Advanced vocabulary teaching : The Problem of collocation*. RELC Journal. 11.

Catford, J. C. 1994. "Translation : Overview." Asher's ed. *The Excyclopedia of Language and Linguisitics*. Pergamon Press.

Canale, M. & M. Swain. 1980. "Theoretical bases of communicative approaches to second language teaching and testing." *Applied Linguistics*. 1.

Carlisle, R. S. 1988. "The effect of markedness on epenthesis in Spanish/English interlanguage phonology." *IDEAL*. 3.

Carter, R. 1987. *Vocabulary*. London : Allen & Unwin.

Carter, R. 1998. *Vocabulary : Applied Linguistic Perspectives*. 원명옥 역. 한국문화사.

Chomsky, N. 1965. *Aspects of the Theory of Syntax*. Cambridge : MIT Press.

Celce-Murcia, M. ed. 2001. *Teaching English as a Second or Foreign Language*.

3rd Edition. Heinle & Heinle Thomson Learning.

Chang, Nam-Gui. 1989. "Acquisition of Topic and Subject Marking : The SOD Paradigm on Japanese and Korean." 「한국말 교육」 1. 국제한국어교육학회.

Corder, S. P. 1985. *Error Analysis and Interlanguage*. Oxford University Press.

Cowie, A. P. ed. 1998. *Phraseology : Theory, Analysis, and Applications*. Clarendon Press.

Cruse, D. A. 1986. *Lexical Semantics*. Cambridge University Press. 임지룡·윤희수 역. 1989. 「어휘 의미론」 경북대 출판부.

Cruse, D. A. 1990. "Language, Meaning and Sense : Semantics." Collinge, N. E.(ed.) *An Encyclopedia of Language*, Routledge.

Cruttenden, A. 1981. "Item-learning and System-learning." *Journal of Psycholinguistic Research*. 10.

DeKeyser, R. M. 2005. "What Makes Learning Second-Language Grammar Difficult? A Review of Issues." *Language Learning*. 55. Blackwell Publishing.

Dirven, R. 1994. "Applied Linguistics : Grammar." Asher, R. E. ed. *The Encyclopedia of Language and Linguistics*. Pergamon Press.

Doughty, C. and E. Valera. 1998. "Communicative focus on form." Doughty, C. and Williams, J. eds. *Focus on Form in Classroom Second Language Acquisition*. Cambridge : Cambridge University Press.

Doughty, C. and J. Williams eds. 1998. *Focus on Form in Classroom Second Language Acquisition*. Cambridge : Cambridge University Press.

Eckman, F. 1977. "Markedness and the contrastive analysis hypothesis." *Language Learning*. 27.

Ellis, R. 1994. *The Study of Second Language Acquisition*. Oxford University Press.

Eom, Ik-Sang. 1989. "Acquisition Order of Korean Particles and Influence of Tension on Second Language Acquisition." 「한국말 교육」 1. 국제한국어교육학회.

Fillmore, C. J. 1968. "The Case for Case." Bach & Harms eds. *Universals in Linguistic Theory*. NewYork : Reinhart and Winston.

Fillmore, C. J. 1975. *Santa Cruz Lectures on Deixis*. Indiana University Linguistics Club.

Firth, J. R. 1957. "Modes of meaning." *Paper in Linguistics* 1934-1951. London : Oxford University Press.

Graney, J. M. 2000. "Review - Teaching Collocation : Further Developments in the Lexical Approach." *TESL-EJ*. 4-4.

Granger, S. 1998. "Prefabricated Patterns in Advanced EFL Writing : Collocations and Formulae." Cowie, A. P. ed. *Phraseology : Theory, Analysis, and Applications*. Oxford University Press.

Hajičová, E. 1994. "Prague School Syntax and Semantics." Asher, R. E. ed. *The Encyclopedia of Language and Linguistics*. Pergamon Press.

Hayes, N. A. and Broadbent, D. E. 1988. "Two modes of learning for interactive tasks." *Cognition*. 28.

Heine, B., Claudi, U. and Hünnemeyer, F. 1991. *Grammaticalization : A Conceptual Framework*. The University of Chicago Press.

Hopper, P. J. and Traugott, E. C. 1993. *Grammaticalization*. Cambridge University Press.

Hornby, A. S. 1954. *A Guide to Patterns and Usage in English*. London : Oxford University Press.

Howarth, P. 1998a. "Phraseology and Second Language Proficiency." *Applied Linguistics*. 19-1. Oxford University Press.

Howarth, P. 1998b. "Learners' Academic Writing." Cowie, A. P. ed. *Phraseology : Theory, Analysis, and Applications*. Oxford University Press.

Hunston, S. and Francis, G. 1998. "Verbs Observed : A Corpus-driven Pedagogic Grammar." *Applied Linguistics*. 19-1. Oxford University Press.

Hunston, S. and Francis, G. 1999. *Pattern Grammar : A Corpus-driven approach to the lexical grammar of English*. John Benjamins Publishing Company.

Jong, N. D. 2005. "Can Second Language Grammar Be Learned Through Listening?" *SSLA*. 27. Cambridge University Press.

Krashen, S. D. 1981. *Second Language Acquisition and Second Language Learning*. Oxford : Pergamon Press.

Krashen, S. D. and R. Scarcella. 1978. "On Routines and Patterns in Language Acquisition and Performance." *Language Learning.* 28.

Larsen-Freeman, D. 2001. "Teaching Grammar." Celce-Murcia, M. ed. *Teaching English as a Second or Foreign Language.* 3rd Edition. Heinle & Heinle Thomson Learning.

Laufer, B. 1989. "What Percentage of Text-Lexis is Essential for Comprehension?" C. Lauren and M. Nordman eds. Special Language : From Humans Thinking to Machines. Clevedon : Multilingual Matters.

Laufer, B. and Hulstijn, J. 2001. "Incidental Vocabulary Acquisition in a Second Language : The Construct of Task-Induced Involvement." *Applied Linguistics.* 22-1. Oxford University Press.

Leech. 1991. "The state of art in corpus linguistics." K. Aijmer and B. Altenberg eds. *English Corpus Linguistics.* London : Longman.

Lee-Smith, A. 2005. "어휘적 접근법을 통한 한국어 교육 방안."「한국어 교육」 16-3. 국제한국어교육학회.

Levelt, W. J. H. 1989. *Speaking : From intention to articulation.* Cambridge. MA : MIT Press.

Levinson, S. C. 1983. *Pragmatics.* Cambridge Univ. Press.

Lewis, M. 1993. *The Lexical Approach.* Language Teaching Publications.

Lewis, M. 2000. "Learning in the lexical approach." Lewis, M. ed. 2000. *Teaching Collocation - Further development in the Lexical Approach.* Language Teaching Publications.

Lewis, M. ed. 2000. *Teaching Collocation - Further development in the Lexical Approach.* Language Teaching Publications.

Long, M. 1991. "Focus on Form : A design feature in language teaching methodology." K. de Bot, R. Ginsberg, and C. Kramsch eds. *Foreign Language Research in Cross-cultural Perspective.* Amsterdam : John Benjamin.

Long, M. 1998. "The Role of the Linguistic Environment in Second Language Acquisition." William, C. and Bhatia, T. eds. *Handbook of Language Acquisition.* vol. 2. Academic Press.

MacWhinney, B. 2000. "Connectionism and Language Learning." *Usage-Based Models of Language*. CSLI Publication. Center for the Study of Language and Information. Stanford, California.

McEnery, T., Xiao, R., Tono, Y. 2006. *Corpus-Based Language Studies : An Advanced Resource book*. Routledge Applied Linguistics.

Nation, P. 1990. *Teaching and Learning Vocabulary*. Heinle & Heinle Publisher.

Nation, P. 2001. *Learning Vocabulary in Another Language*. Cambridge University Press.

Nattinger, J. and DeCarrico, J. 1989. "Lexical phrases, speech acts and teaching conversation." P. Nation and R. Carter(eds). *AILA Review 6 : Vocabulary Acquisition*. Amsterdam : AILA.

Nattinger, J. and DeCarrico, J. 1992. *Lexical Phrases and Language Teaching*. Oxford University Press.

Nesselhauf, N. 2003. "The Use of Collocation by Advanced Learners of English and Some Implications for Teaching." *Applied Linguistics*. 24-2. Oxford University Press.

Nunan, D. 1989. *Designing Tasks for the Communicative Classroom*. Cambridge Univ. Press.

Nunan, D. 1999. *Second Language Teaching & Learning*. University of Hong Kong.

Pawley, A. and Syder, F. H. 1983. "Two puzzles for linguistic theory : nativelike selection and nativelike fluency." Richards, J. C. and R. W. Schmidt (eds.). *Language and Communication*. Longman.

Porzig, W. 1934. "Wesenhafte Bedeutungsbeziehungen." *Beiträge zur Geschishte der deutschen Sprache und Literatur*. 58.

Richards, J. C. 1970. "A Psycholinguistic Measure of Vocabulary Section." *IRAI*. 8(2).

Richards, J, C. 1983. "Communicative Needs in Foreign Language Learning." *ELTJ*. 37-2.

Selinker, L. and S. Gass. 1994. *Second language acquisition : An introductory course*. Hillsdale. NJ : Lawrence Erlbaum.

Sinclair, J. 1991. *Corpus, Concordance, Collocation.* Oxford : Oxford University Press.

Stockwell, R. P. 1977. *Foundation of syntactic theory.* Prentice Hall.

Thornbury, S. 1999. *How to Teach Grammar.* Longman.

Ur, P. 1988. *Grammar Practice Activities.* Cambridge University Press.

Weinert, R. 1995. "The role of formulaic language in second language acquisition." *Applied Linguistics.* 16.

Yorio, C. 1989. "Idiomacity as an Indicator of Second Language Proficiency." Hyltenstam, K. and Obler, L. K. eds. *Bilingualism across the Lifespan.* Cambridge University Press.